아동발달

조성연 · 이정희 · 천희영 · 심미경 · 황혜정 · 나종혜 공저

JEONG 신정

머 / 리 / 말

아동이 하나의 인격체로서 자신의 발달 속도에 따라 성장하고 성숙해 나간다는 사실을 이해하고 받아들이게 된 것은 그리 오래전의 일이 아니다. 더욱이 임신되는 그 순간부터 인간이 무한한 발달가능성을 가진 존재라는 사실을 알게 된 것은 더욱 최근의 일이다.

아동이 발달하는 유기체라는 생각은 르네상스와 종교개혁을 거치면서 인간을 이해하는데 변화가 일어나면서 비롯되었다. 이후 19세기와 20세기에 접어들면서 아동발달에 대한 다양한 심리학적 이론들이 등장하면서 아동기의 중요성을 강조하였고, 최근에는 아동을 둘러싼 생태학적 측면을 중요하게 인식하고 있다. 특히 아동기는 인생의 초기 단계로서 발달의 기초를 형성하는 매우 중요한 시기라는 인식에 따라 아동발달은 아동학과 유아교육학은 물론 사회복지학, 교육학, 청소년학, 의학 등에서도 필수적으로 배워야만 하는 분야로 자리 잡게 되었다.

본서는 2005년 《아동발달의 이해》라는 제목으로 출판하였는데 저자들을 비롯하여 많은 분들이 지난 5년간 대학에서 강의와 연구용으로 활용하면서 내용 구성을 달리할 필요성을 느껴 최신의 자료를 추가하고, 전체적인 틀을 재구성함으로써 새롭게 출판하게 되었다. 본서는 이전 도서의 취지와 관점을 그대로 유지함으로써 대학에서 아동발달에 관심이 있는 학부생이나 대학원생들의 관련 교과목의 주교재나 부교재로 활용할 수 있도록 집필하였다. 그에 따라 집필자들은 가능한 한 아동발달과 관련한 최근의 이론들과 관련 연구들을 학부생들이 쉽게 이해할 수 있도록 설명하고자 노력하였다.

본서는 1부와 2부의 총 9장으로 구성하여 집필하였다. 1부는 아동발달의 이해를 도모하기 위하여 발달에 대한 기본 개념과 원리, 발달과 관련된 다양한 논쟁점, 여러 관점의 발달이론, 아동발달연구를 위한 다양한 방법과 국내외 연구동향 등에 대해 설명하였다. 2부는 아동의 발달단계를 태내기, 신생아기, 영아기, 유아기와 아동기로 나누고, 각 발달단계에서 나타나는 다양한 발달적 특징과 발달과업 및 아동기의 발달과정에서 나타날 수 있는 발달이상이나 문제행동에 대해 설명하였다. 이에 따라 1장은 이정희와 조성연, 2장은 천희영, 심미경, 황혜정과 나종혜, 3장과 4장은 조성연, 5장은 나종혜, 6장은 이정희, 7장은 황혜정, 8장은 천희영, 9장은 심미경이 각각 맡아서 집필하였다.

각각의 이론과 그것의 장단점 및 아동의 발달단계를 설명함에 있어서 집필상의 어려움이 있었다. 특히 인간의 발달을 설명하기 위하여 편의상 몇 개의 단계로 나누었지만 각 단계는 서로 유기적으로 연결되어 있다. 따라서 한 단계에서의 설명을 그 다음 단계에서 다시 설명할 수밖에 없는 경우가 종종 있어서 마치 중복하여 기술하고 설명하는 것과 같은 면은 집필하는데 있어서의 한 가지 어려움이었다. 또한 아동발달과 관련한 방대한 연구결과들을 적합한 발달단계에 삽입하여 설명하는 것도 또 다른 어려움이었다. 보다 과학적이고 객관적인 자료들을 가능한 한 중복을 피하면서 적합하게 설명하고자 집필자들 나름대로 최선의 노력을 기울였지만 여전히 부족한 점이 많다는 것을 고백하지 않을 수 없다. 본서의 부족하고 미진한 부분은 앞으로 많은 선배 전문가들과 후학들의 아낌없는 충고와 조언을 통해 채워지고 거듭날 수 있으리라 생각한다. 향후 여러분들의 끊임없는 관심과 조언을 바란다. 마지막으로 미흡하지만 본서가 아동발달을 연구하는 관련 전문가들과 후학들에게 아동발달에 대한 이해를 증진시키는데 작은 도움이 될 수 있기를 바란다.

본서는 가족들의 이해와 협조뿐만 아니라 도서출판 신정의 최용구 사장님과 원고의 처음부터 끝까지 편집을 담당하면서 수고를 아끼지 않았던 편집부 직원 여러분들의 수고와 노력이 있었기에 세상에 모습을 드러낼 수 있었다. 이제야 지면을 빌어 모든 분들께 감사의 말을 전한다.

2010년 2월

저자들을 대표하여 조성연

차 / 례

■ 머리말 3

CHILD DEVELOPMENT

PART 01 아동발달의 이해

CHAPTER 01 아동발달의 기초 17

1. 아동발달의 기본 개념 19
   1) 아동발달의 연구 목적 19
   2) 발달의 정의 19
2. 발달의 원리 20
   1) 발달의 주요 원리 20
   2) 발달영역과 내용 24
3. 발달단계 25
4. 발달에 대한 논쟁 26
   1) 발달에 대한 유전과 환경 27
   2) 발달의 연속성과 비연속성 31
   3) 발달에 대한 능동적 개체와 수동적 개체 33

CHAPTER 02 발달이론 35

1. 성숙이론 37
   1) Rousseau의 자연주의 37
   2) Gesell의 성숙이론 39
2. 정신분석이론 45
   1) Freud의 심리성적 이론 46

CONTENTS

2) Erikson의 심리사회적 이론 52

3. 인지발달이론 60

1) Piaget의 인지발달이론 60

2) Vygotsky의 사회문화적 인지이론 81

4. 학습이론 87

1) Pavlov의 고전적 조건형성 90

2) Watson의 행동주의 94

3) Skinner의 조작적 조건형성 96

4) Bandura의 인지적 사회학습이론 101

5. 동물행동학 105

1) Lorenz의 각인이론 105

2) 애착이론 108

3) Wilson의 사회생물학 115

6. 맥락적 이론 117

1) Bronfenbrenner의 생태학적 이론 117

2) Elder의 생애이론 122

CHAPTER 03 아동발달 연구방법 127

1. 아동발달 연구의 역사와 목적 129

1) 아동발달 연구의 역사 129

2) 아동발달 연구의 목적 132

2. 아동발달 연구의 접근방법 133

1) 발달적 연구설계에 따른 분류 133

2) 자료수집과 분석방법에 따른 분류 138

3) 일반적인 연구설계에 따른 분류 140

3. 실질적인 아동발달 연구방법 145
1) 관찰법 145
2) 자기보고식 연구 147
3) 사례연구 151
4) 문화기술적 연구 152
5) 심리생리적 방법 153

4. 아동발달 연구의 제한점 155

5. 국내외 아동발달 연구 동향 160
1) 국내 연구 동향 160
2) 국외 연구 동향 164

CHILD DEVELOPMENT

PART 02 단계별 아동발달

CHAPTER 04 태내기와 출산 169

1. 임신 171
1) 임신의 초기 징후와 생리적 변화 171
2) 임신 중의 영양 172
3) 임신 개월별 발달 175
4) 임신 중 태아 진단 179

2. 태교 182

3. 태내 발달단계 184

CONTENTS

1) 발생기 185
2) 배아기 186
3) 태아기 187

4. 태내 발달이상 188
1) 성염색체 이상 191
2) 상염색체 이상 192

5. 태내 발달에 대한 환경 요인 195
1) 연령 196
2) 영양 198
3) 약물 199
4) 흡연 201
5) 음주 203
6) 질병 206
7) 환경호르몬 208
8) 정서 상태 209
9) Rh 인자의 불일치 210
10) 분만 횟수와 출산 간격 210

6. 임신 중 이상 211
1) 임신중독증과 임신오조 211
2) 전치태반과 자궁 외 임신 212
3) 유산, 조산, 만산 213

7. 분만 214
1) 분만 시작 214
2) 분만의 진행 215
3) 분만방법 218

CHAPTER 05 신생아기 221

1. 신생아의 신체적 특징 223
1) 신장과 체중 223
2) 머리와 가슴 223
3) 피부 224
4) 신생아의 생리 현상 225

2. 신생아의 생리적 적응 227
1) 호흡기관 227
2) 순환기관 228
3) 소화기관 228
4) 체온조절 228

3. 반사행동 229
1) 생존반사 230
2) 비생존반사 232

4. 신생아검사 236
1) Apgar척도 236
2) Brazelton 신생아 행동평가척도 237

5. 신생아의 일상생활 239
1) 수면 239
2) 수유 240
3) 배변 241
4) 울음 241

CHAPTER 06 영아기 243

1. 신체발달 245

C O N T E N T S

1) 신체적 성장 245
2) 생리적 기능 251
3) 운동기능 253

2. 인지발달 256
1) 지각발달 257
2) 사고발달 264

3. 언어발달 270
1) 언어발달단계 270
2) 언어발달에 영향을 미치는 요인 273
3) 언어발달이론 274

4. 사회정서발달 279
1) 정서 279
2) 자아인식 285
3) 기질 287
4) 타인과의 관계 289

CHAPTER 07 유아기 293

1. 신체발달 295
1) 신체적 성장 295
2) 운동기능의 발달 297

2. 인지발달 303
1) 유아기 사고의 특징 303
2) 기억발달 306

3. 언어발달 309
1) 단어 수의 증가 309

2) 단어 의미의 발달 310
3) 문장의 발달 311
4) 문법의 발달 312
5) 의사소통기술의 발달 314

4. 사회정서발달 315
1) 정서발달 315
2) 사회성발달 320
3) 놀이의 발달 325
4) 도덕성발달 329
5) 성역할발달 330

CHAPTER 08 아동기 335

1. 신체발달 337
1) 신체적 성장 337
2) 운동기능의 발달 339
3) 신체발달과 사회성발달의 관계 341

2. 인지발달 342
1) 인지발달적 접근: 구체적 조작능력의 발달 342
2) 심리측정적 접근: 지능발달 344
3) 정보처리적 접근: 기억발달 349

3. 언어발달 355
1) 음성 · 의미 · 문법의 발달 355
2) 의사소통기술의 발달 356

4. 사회정서발달 357
1) 정서발달 357

CONTENTS

2) 사회성발달 358

CHAPTER 09 발달이상 371

1. 발달의 정상성에 대한 기준 373

2. 발달이상에 대한 접근 374
1) 의학적 관점 375
2) 정신분석학적 관점 376
3) 행동주의적 관점 377
4) 발달병리적 관점 377

3. 발달이상에 대한 분류 380
1) 원인에 따른 분류 380
2) 증상 유형에 따른 분류 381
3) DSM-IV 분류 381

4. 발달장애의 유형별 특성 383
1) 정신지체 383
2) 전반적 발달장애 385
3) 의사소통장애 391
4) 운동기술장애 393
5) 학습장애 394

5. 심리기능장애의 유형별 특성 396
1) 주의력결핍/과잉행동장애 396
2) 적대적 반항장애 399
3) 품행장애 400
4) 유아 또는 아동 초기의 섭식장애 402
5) 배설장애 404

6) 틱장애 405
7) 반응성 애착장애 408
8) 분리불안장애 409
9) 선택적 함구증 410

6. 기타 장애 411
1) 불안장애 412
2) 기분장애 413
3) 수면장애 413

■ 참고문헌 415

■ 찾아보기 433

01
PART

아동발달의 이해

아동발달의 기초 01

발달이론 02

아동발달 연구방법 03

CHILD DEVELOPMENT

01

CHAPTER

아동발달의 기초

1. 아동발달의 기본 개념
2. 발달의 원리
3. 발달단계
4. 발달에 대한 논쟁

CHAPTER 01

아동발달의 기초

아동발달은 인간에게 나타나는 보편적인 발달현상과 개인만이 나타내는 독특한 발달현상을 연구하는 발달심리학의 한 부분이다. 발달심리학은 인간의 전 생애에 걸쳐 일어나는 신체적 · 심리적 변화를 다루며, 인간의 전체적인 발달을 이해하기 위하여 현재의 발달상황뿐만 아니라 과거와 미래의 발달을 연결지어 연구하는 학문이다. 발달심리학의 일부분인 아동발달은 일반적으로 정자와 난자가 수정되는 그 순간부터 아동기까지, 즉 0세에서 11, 12세까지를 대상으로 그 기간 동안 일어나는 성장과 발달 및 이에 영향을 주는 다양한 변인들을 밝혀내는 데 초점을 둔다. 이러한 학문적 특성에 따른 아동발달을 이해하기 위하여 본 장에서는 아동발달의 개념, 주요 발달원리, 발달단계, 발달에 대한 논쟁 등에 관해 살펴보고자 한다.

1. 아동발달의 기본 개념

1) 아동발달의 연구 목적

아동발달은 주로 학령기까지의 아동들을 대상으로 이들이 나타내는 다양한 측면의 발달에 대해 살펴봄으로써 인간의 건전한 성장, 발달을 도모하고자 하는데 궁극적인 목적이 있다. 이를 위해 아동발달은 몇 가지 세부적인 목적을 가지고 연구한다. 첫째, 연령 증가에 따른 신체적 · 심리적 변화를 기술함으로써 그 보편적인 변화 양상을 밝혀내고자 한다. 둘째, 아동행동의 개인차를 설명하고자 한다. 즉, 아동발달은 타고난 개인적 요인과 주위 환경이나 경험 등의 요인들이 아동행동에 어떤 차이를 가져오는지 살펴보고자 한다. 셋째, 행동 변화를 기술하고 발달차를 가져오는 요인들을 밝혀냄으로써 아동발달에 부정적인 영향을 미칠 수 있는 다양한 요인들을 사전에 예방하여 아동의 전인적인 발달을 도모하고자 한다. 즉, 아동발달은 아동의 정상적인 발달과정과 발달이상의 특성에 관한 지식을 통해 현재 아동의 상태를 정확히 파악하고 그에 적합한 교육과 양육을 하고자 하는데 목적이 있다.

2) 발달의 정의

발달(development)은 역동적 체계(dynamic systems)의 산물로(Berger, 2003, p. 2), 인간의 생명이 시작되는 수정부터 죽음에 이르기까지 전 생애에 걸쳐 연속해서 일어나는 시간에 따른 변화를 의미한다. 역동적 체계란 한 사람 또는 한 집단 내의 연속적인 변화과정을 의미하며, 이 변화는 각각의 개인들과 모든 사회 내에서 이루어지는 다른 발달과 체계적으로 연결되어 있다.

발달은 시간에 의한 연속적인 변화로서 출생 후 청년기까지의 상승적인 과정과 청년기 이후부터 사망하기까지의 하강적 과정을 모두 포함하는데 발달의 이러한 변화는 양적(quantitative) 변화와 질적(qualitative) 변화로 대별해 볼 수 있다. 양적 변화는 키가 크거나 몸무게가 늘어나는 등의 신체 변화와 같은 크기와 양의 증가 현상을 말하며, 질적 변화는 지적 수준이나 언어 수준의 향상 등과 같이 분화되지 못한 낮은 수준에서 정교화된 높은 수준으로의 구조적 변화와 미숙한 수준에서 유능한 수준으로의 기능적 변화를 뜻한다.

발달을 결정짓는 요인으로 크게 성숙(유전)과 경험(학습, 환경)을 들 수 있다. 성숙(maturation)이란 유전적 기제에 의해 나타나는 타고난 변화로 목소리의 변성, 초경, 뇌 기능의 분화, 사춘기 등과 같은 신체적 · 심리적 변화를 의미한다. 성숙과 유사한 개념으로 성장(growth)이 있는데 이는 키, 몸무게, 근육의 증가 등과 같은 단순한 양적 변화를 의미한다. 경험(experience)은 유기체가 환경과의 상호작용을 통해 획득하는 것으로 부모, 친구, 교육, 대중매체 등 아동이 접하는 모든 물리적 · 사회적 환경과의 상호작용을 의미한다. 그러므로 발달은 시간이 지남에 따라 성숙과 경험이 양적, 질적으로 상승과 하강을 역동적으로 나타내는 신체적 · 심리적 변화라고 할 수 있다.

2. 발달의 원리

1) 발달의 주요 원리

발달은 환경의 요인에 의한 영향과 무관하게 모든 아동에게 보편적으로 나타나는 몇 가지 기본 원리가 있다.

첫째, 발달에는 일정한 순서가 있으며 누적적이다.

발달은 유전에 의해 정해진 순서대로 진행하므로 앞으로 진행될 발달의 모습을 예측할 수 있다. 또한 발달은 그 이전에 획득한 행동 변화에 새로운 행동과 능력이 포함되어 다음 단계로 나아가는 것이기도 하다. 예를 들면, 이행능력은 앉고, 서고, 그 다음에 걷는 것처럼 일정한 순서를 거치며, 앉기와 관련된 신체적 능력을 획득한 다음 서기, 걷기에 필요한 새로운 능력이 추가되어 이행이 가능해진다.

둘째, 발달은 일정한 방향으로 진행된다.

신체 및 운동발달의 경우에 일정한 방향으로 발달이 이루어진다(그림 1-1 참조). 먼저 발달은 위에서 아래로(cephalo-caudal direction, top-to-bottom), 즉 머리 부분이 먼저 발달하고 점차 팔, 다리 아래쪽 부분의 기관이 발달한다. 다음으로 발달은 중앙에 있는 심장이 먼저 생기고 점차 손가락, 발가락의 말초 부분이 형성되므로 중심에서 말초로(proximal-distal direction, inner-to-outer) 진행된다. 마지막으로 발달은 전체에서 세분화된 특수운동(mass-specific direction, simple-to-complex)으로 진행된다. 예를 들면, 물건을 잡을 때 손 전체를 사용하다가 점차 필요한 손가락만으로도 잡을 수 있게 되는 현상을 들 수 있다.

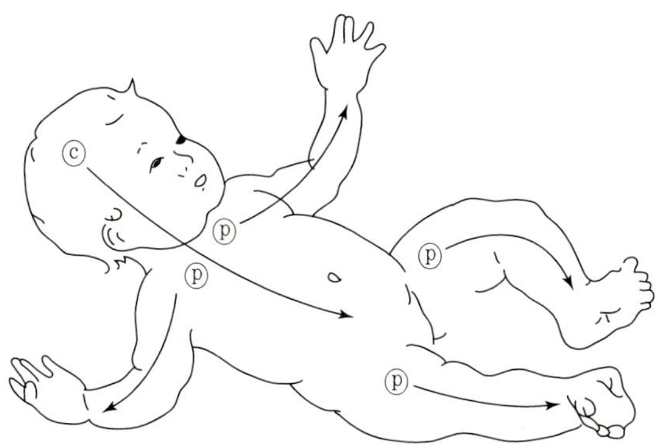

그림 1-1 발달 방향

〈출처〉 한국인간발달학회편(1997). 유아의 심리, p. 102.

셋째, 발달은 끊임없이 이루어지는 과정이지만 개인차가 있다.

발달과정에 있어 누구나 보편적으로 발달해 가는 일정한 순서가 있으나 사람마다 가지고 있는 유전인자와 처해 있는 환경이 다르기 때문에 발달속도나 그 정도에는 차이가 있다. 예를 들면, 일반적으로 2세 영아는 혼자 신발을 신는 것이 쉽지 않으나 소근육발달이 아주 빠른 영아는 혼자서도 신발을 신을 수 있다. 또 3세 유아의 경우에 말을 잘하고 비교적 이해력도 높은 아이가 있는 반면, 말이 늦거나 상대방이 알아들을 수 없을 정도로 의사소통이 원활하지 못한 유아도 있다.

한편, 발달은 상승과 하강 과정을 거치며 일생 동안 끊임없이 변화하지만 발달해 가는 속도는 신체적 · 심리적 특성에 따라 혹은 발달영역에 따라 동일하지 않다. 그림 1-2를 보면 두뇌의 경우에 급격한 발달을 나타내는 시기는 영아기이고, 생식기관은 12세까지 완만한 속도를 나타내다가 이후 빠른 발달속도를 나타낸다. 이처럼 발달영역에 따라 발달해 가는 모습이 다른데 신체 부위에 따라 성장 시기와 성장 속도가 다른 현상을 비동시적 성장(asynchronous growth)이라고 한다.

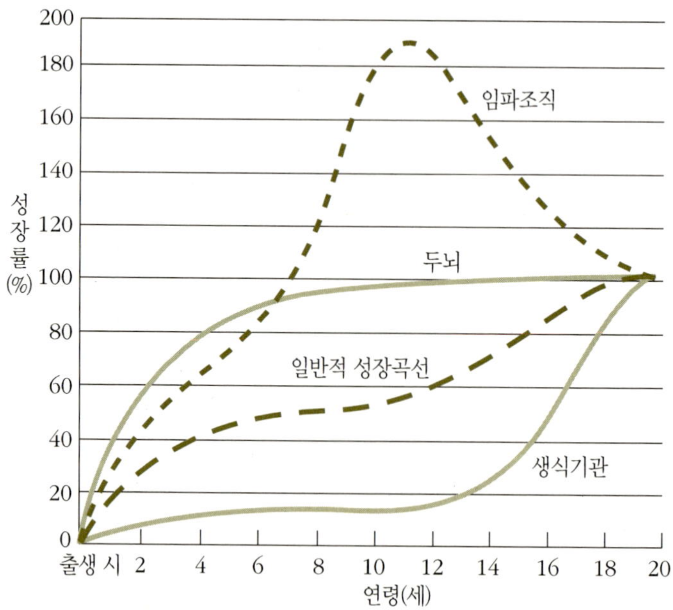

그림 1-2 성장곡선

〈출처〉 Berk, L. E. (2008). *Infants and children*, p. 296.

넷째, 발달에는 결정적 시기(critical period)가 있다.

결정적 시기는 발달이 가장 용이하게 이루어지는 최적의 시기를 의미한다(장휘숙, 1995, p. 39). 발달이 급속히 이루어지는 시기에 정상적인 발달이 이루어지지 못하는 경우에는 장기적이고 심각한 영향을 미친다. 그러나 최근 인간은 결정적 시기의 한계가 가변적이며, 환경조건을 인위적으로 조작함으로써 결정적 시기를 확대시킬 수 있을 뿐만 아니라 인생 초기에 받은 부정적 영향을 벗어날 수 있는 가소성이 있다는 주장들이 제기되고 있다. 그 결과, 결정적 시기라는 용어보다 민감기(sensitive period)라는 용어를 더 많이 사용하고 있는 추세이다. 즉, 학습이 이루어질 수 있는 최대의 가능성이 있는 시기가 있으며, 그 시기 전후에는 가능성이 다소 감소하는 시기가 존재한다고 생각한다(장휘숙, 1995, p. 40).

다섯째, 발달은 분화와 통합의 과정을 거친다.

아동의 운동발달과정을 보면 처음에는 각 부분들이 분화되지 못하여 미숙하고 정교하지 못한 둔한 모습을 보이다가 점차 각 기관이 분화되면서 필요한 부분만 사용하는 세련된 모습을 나타낸다. 보다 정확하고 신속한 행동은 각 기관이 분화된 이후, 분화된 다른 여러 기관들이 상호 협응할 수 있는 통합능력이 생겨난 후에야 비로소 가능하게 되는데 이때에 이르러 완전한 발달이 이루어진다고 볼 수 있다. 즉, 각 기관들의 분화가 이루어지고 각각으로 분화된 이후 다시 통합할 수 있는 능력이 생길 때 비로소 발달은 완성된다. 예를 들면, 아동이 물건을 집으려면 먼저 몸을 앞으로 구부리고, 팔을 뻗고, 손목을 움직이고, 필요한 손가락을 움직이는 등 각 부분에서 분화가 이루어져야 한다. 그런 뒤에 분화된 기관들이 물건을 집기 위해 서로 협응하는 통합과정을 거쳐 물건을 한 번에 쉽게 집을 수 있게 된다.

여섯째, 발달의 각 영역은 서로 밀접하게 관련되어 있다.

신체, 언어 · 인지, 사회 · 정서 발달영역은 유기적으로 연결되어 있어서 각 영역간에 서로 영향을 주고받는다. 예를 들면, 정서적으로 불안정한 아동은 친구들과의 관계 형성이 어려워 혼자 지내는 경우가 많아 사회성 발달이 늦다. 반면, 신체적으로 건강하고, 정서적으로 안정된 아동은 호기심을 충족시키기 위해 활발한 탐색활동을 하게 되고 그로 인해 인지능력도 발달한다. 이처럼 각 발달영역들은 서로 연결되어 있어서 영향을 주고받지만 한 발달영역의 극적인 변화가 다른 발달영역에 큰 영향을 주는 것은 아니다. 때로는 아주 작은 변화가 다른 영역에 강력한 영향을 미칠 수 있으며, 반대로 아주 중요한 사건이 그다지 큰 영향을 미치지 못하는 경우도 있다(Berger, 2003, p. 5).

2) 발달영역과 내용

아동발달은 신체발달, 언어발달, 인지발달, 사회성발달, 정서발달로 나누어 볼 수 있는데 경우에 따라 언어와 인지, 사회와 정서를 함께 살펴보기도 하고, 언어와 인지는 분리하고 사회와 정서만을 함께 살펴보기도 한다. 여기서는 신체, 언어, 인지, 사회 · 정서발달로 대별하여 살펴보고자 한다.

발달의 제 영역은 상호 관련되어 있으며 전 생애에 걸쳐 서로 영향을 주고받는다. 신체발달은 뇌신경발달, 감각기관의 발달, 신장과 체중, 근육, 골격, 호르몬 등의 생물학적인 신체 변화와 운동능력의 발달 및 유전, 영양, 건강 등의 요인에 의해 영향을 받는다. 인지발달은 지식을 얻고 환경에 대처해 가기 위해 사고하고 배우는 모든 정신적 과정으로 지각, 표상, 개념, 기억, 문제해결력, 지능 등의 발달을 포함한다. 언어발달은 어휘획득, 문법의 이해, 읽기와 쓰기 등의 문해능력의 발달과 의사소통방법 등과 관련한 발달을 주로 다룬다. 사회 · 정서발달은 아동의 선천적 요인과 부모의 양육행동, 형제, 또래, 교사, 학교, 지역사회, 대중매체, 문화 등의 사회적 관계의 영향을 받는다. 그리하여 사회 · 정서발달에는 부모-자녀관계, 형제자매관계, 또래관계, 교사와의 관계 등을 통한 자아개념, 정서발달, 성격발달, 사회적 기술능력의 발달 등이 포함된다.

3. 발달단계

발달과정은 일련의 순서에 의해 이루어지는데 이전 시기의 발달이 이후의 발달에 영향을 미친다. 이러한 일련의 순서를 각각의 단계(stage)나 시기(phase)로 설명할 수 있으며, 이를 분류하는 방법에 있어서는 학자마다 혹은 주장하는 이론마다 차이가 있다. 일반적으로 아동발달의 연령 범위는 수정된 이후부터 학령(동)기까지로 보고, 이 시기를 태내기(수정 이후~출산), 신생아기(출생~4주), 영아기(5주~24개월), 유아기(幼兒期, 2세~초등학교 입학 전), 아동기(6~11세)로 나누거나, 태내기(수정~출산), 신생아기(출생~4주), 영아기(4주~18개월), 걸음마기(19~36개월), 유아기(幼兒期, 3세~초등학교 입학 전), 아동기(6~11세)로 나눈다. 또한 출생 이후 18개월까지를 유아기(乳兒期) 혹은 영아기(嬰兒期)로 명명하기도 하며, 취학 전 시기를 아동 전기 혹은 유아기(幼兒期)로 명명하기도 한다. 이처럼 발달단계나 시기를 구분하는 연령 범위는 거의 비슷한데 시기에 대한 명칭과 기간에 있어서는 다소 차이가 있다.

본서에서는 아동발달단계를 태내기(prenatal period), 신생아기(neonatal period), 영아기(infancy), 유아기(early childhood, preschool age), 아동기(middle childhood & late childhood, school age)로 나누어 살펴보고자 한다. 첫째, 태내기는 정자와 난자가 수정된 이후부터 출생하기 직전까지의 기간이다. 이는 수정란이 자궁벽에 착상하여 인간의 모습으로 성장하는 기간으로서 발생기 혹은 배란기(germinal stage), 배아기(embryonic stage), 태아기(fetal stage)의 세 단계로 나누어 설명한다(이에 대한 설명은 '4장 태내기와 출산의 3. 태내 발달단계'를 참고하기 바란다.). 이 기간 동안 태아는 어머니의 자궁 속에서 신체 조직뿐만 아니라 내장기관 및 감각기관이 형성된다.

둘째, 신생아기는 출생 후부터 4주까지의 기간으로서 탯줄이 떨어져 아물며 동시에 새로운 외부 환경에 적응하는 기간이다. 그에 따라 신생아는 어머니의 자궁에서 세상으로 나와 배꼽이 아물고, 동시에 큰 환경 변화를 경험하며 새로운 환경에 적응해 나간다.

셋째, 영아기는 출생 후 4주부터 24개월까지의 기간으로 태내기를 제외하고 일생 중 가장 괄목할 만한 발달을 보이는 시기이다. 이 시기에 비로소 영아는 스스로 몸을 움직여 이동할 수 있고 의사소통도 가능해지지만 여전히 성인의 도움이 많이 필요하다.

넷째, 유아기는 3세부터 5세까지로 초등학교에 들어가기 전까지의 기간을 말한다. 흔히 이 시기를 취학 전 시기 혹은 학령전기라고도 한다. 이 시기의 아동은 운동량의 증가와 함께 다양한 탐색활동을 통해 지식을 얻으며, 주변 환경에 대해 많은 관심을 기울이고, 자신만의 성격을 형성해 나간다.

다섯째, 아동기는 초등학교에 다니는 6세부터 11세까지의 기간이다. 이 시기는 초등학교에 다니는 기간이라 하여 학령기, 학동기라고도 한다. 이 시기의 아동은 생활 중심이 가정에서 학교로 옮겨져 접촉하는 사회환경이나 인간관계의 범위가 점차 넓어진다. 또한 이 시기의 아동은 친구와 보내는 시간이 많아지기 때문에 친구들뿐만 아니라 교사, 책, 대중매체 등으로부터 많은 영향을 받는다. 그러므로 아동기는 인지 및 운동능력 등이 활발하게 발달하고, 아동이 속한 사회의 규칙과 사회생활에 필요한 기술을 익히는 중요한 시기이다.

4. 발달에 대한 논쟁

오래전부터 인간의 발달에 대해 연구하는 학자들이나 이론가들은 인간의 다양한 측면의 발달, 즉 성격, 정서, 기질, 언어 등이 어떻게 형성되고, 그 발달과정은 어떻게 전개되는지, 또한 그에 영향을 미치는 주요 요인들은 무엇이며, 인간은 어떤 존재인지 등에 대해 서로 상반되는 주장을 제기해 왔다. 발달에 대한 대표적인 논쟁은 유전과 환경(천성과 양육), 연속성과 비연속성, 능동성과 수동성 등의 측면에서 이루어져 왔다.

1) 발달에 대한 유전과 환경

발달에 대한 유전과 환경의 문제는 Plato나 Aristotle, 중세의 철학자들, 현재의 발달이론가들에 이르기까지 중요한 논쟁의 대상이었다. 유전과 환경 혹은 천성과 양육에 대한 논쟁은 어느 것이 얼마나 더 발달에 중요한 영향을 미치느냐에 대한 것이다. 이러한 유전과 환경의 문제는 시대마다 다양한 용어를 가지고 논쟁을 거듭해 왔다. 즉, 자연(nature) 대 양육(nurture), 생득론(nativism) 대 문화적 상대주의(cultural relativism), 유전(genetics) 대 사회적 통제(social control), 성숙(maturation) 대 학습(learning), 선천적 특질(innate traits) 대 획득된 특성(acquired characteristics) 등이 그것이다(Thomas, 2000, p. 32).

17세기 경험주의 철학자인 Locke는 백지설(tabula rasa)을 주장하면서 인간은 태어난 후의 외부 환경요인에 따라 각기 다른 특징적인 발달적 변화를 나타낸다고 주장하였고, 20세기 Watson, Skinner 등의 행동주의자들은 자신이 경험한 학습이 인간발달에서의 변화에 대한 근원이기 때문에 인간은 환경을 재구성하여 새로운 학습경험을 하게 되면 새로운 발달적 변화를 가져올 수 있다고 주장하였다. 결국 이러한 입장을 견지하는 이론가들은 인간은 발달이 선천적인 유전보다 후천적으로 제공되는 환경에 의해 이루어진다고 주장한다. 이러한 입장의 이론들은 양육, 학습, 획득된 특성, 문화적 상대주의, 사회적 통제 등에 의해 발달이 이루어진다고 봄으로써 인간발달에서 환경적 요인이 우선적으로 중요하다는 것을 강조한다. 그리하여 환경론은 인간이란 환경에 의해 영향을 받는 수동적인 존재로 간주한다.

한편, 유전론은 인간발달이 자연, 생득론, 유전, 성숙, 선천적 특질 등과 같은 타고난 요인들에 의해 결정된다고 보고 발달에 있어서의 선천적 요인의 중요성을 강조한다. 대표적으로 18세기 자연적 낭만주의자인 Rousseau는 발달 시 아동의 단계를 결정짓는 가장 영향력 있는 힘은 타고난 본성, 즉 자연이라고 주장하였다. 그에 의하면 아동은 자신이 가지고 태어난 천성을 자연이 이끄는 대로 발달하도록 내버려 두어야 한다. 그러므로 그는 아동들을 위한 교육은 그들의 타고난 능력과 필요에 따라 각 발달단계에 맞추어 제공해 주어야 한다고 강조하였다. 또한 20세기 성숙이론가인 Gesell도 발달이란 유기체 내부에서 자연스럽게 이루어지는 것으로서 모든 유기체들은 성장하는 데 있어 이미 성장의 방향이 결정되어 있는 성장모형(growth matrix)을 가지고 있고, 이런 성장모형은 이미 결정되어 있는 유전적 요소들로 이루어져 있다고 주장하였다(정옥분, 2003, p. 56). 그러므로 그는 아동 자신의 속도에 맞는 발달이 이루어지기 위해서는 아동중심의 양육환경을 제공해 주는 것이 무엇보다 중요하다고 지적하였다. 결국 유전을 강조하는 입장은 인간은 누구나 보편적인 발달양상이 있으며 아동이 경험하는 환경조차 유전적 특성에 의해 달라질 수 있다고 봄으로써 능동적 개체로서의 인간 유기체를 강조한다.

인간발달에서 유전과 환경의 영향을 논할 때 이 두 요인의 영향을 엄밀하게 구별하기는 어렵다. 19세기와 20세기 전반에는 환경에 비해 유전이 인간발달에 얼마나 영향을 미치는지에 대해 초점을 맞추어 연구하였다. 당시 Burks(1928)는 정신능력의 발달에 있어서 유전은 83%이고, 환경은 17%에 불과하다는 수치까지 제시하여 유전이 환경보다 더 중요하다고 결론지었다. 그러나 그 당시에도 Skeels(1940), Skodak(1939) 등은 환경이 유전보다 더 중요하다는 반대 입장을 주장하기도 하였다. 20세기 후반 들어 유전과 환경은 인간발달에 영향을 미치는 서로 다른 차원이라는 상호작용적인 접근방법을 주장하기에 이르렀다. 이런 관점에서 현재 유전과 환경은 다양한 발달 측면에 대해 환경의 범위는 얼마나 넓은지, 어떤 환경이 아동의 어떤 구조와 행동에 영향을 미치는지, 선천적인 잠재력과 환경 간의 상호작용은 아동의 각 발달단계에 어떤 힘을 발휘하는지 등에 대해 관심을 기울이고 있다. 결국 오늘날 대부분의 이론가들은 유전과 환경은 불가분의 관계를 가지고 있기 때문에 최적의 발달을 위해서는 유전과 환경이 공동으로 그 역할을 수행해야 한다고 주장한다(Thomas, 2000, pp. 33-35).

유전과 환경의 상호작용을 주장하는 이론가들은 다음과 같은 기본 가정을 제시한다(Cole & Cole, 1993; 조복희, 2000, p. 13). 즉, 유전인자에는 발달을 결정하는 기본 프로그램이 들어 있는데 이는 표현형을 결정함과 동시에 발달의 한계점을 지니고 있고, 발달의 성향을 조절한다. 유전과 환경의 어느 한편에 치우치지 않고 두 요인이 서로 발달에 영향을 미친다고 주장하는 Horowitz(1987)는 유전과 환경의 상호작용 양상은 개개 아동마다 다르다고 전제한다. 그는 유전과 환경이 어떻게 결합하여 발달이 이루어지는지에 초점을 맞추어 이 둘 사이의 관계를 설명하고자 하였다. 일반적으로 유전과 환경 간의 관계가 단순히 누적적이라면 탄력성이 있는 아동은 좋은 환경에서 자랄 경우에 가장 최적의 발달을 할 수 있지만, 쉽게 영향을 받는 취약한 특질의 아동이 열악한 환경에서 자랄 경우에는 최악의 발달을 할 것으로 기대된다. 그러나 그의 모델에 따르면 환경에 의해 쉽게 부정적인 영향을 받거나

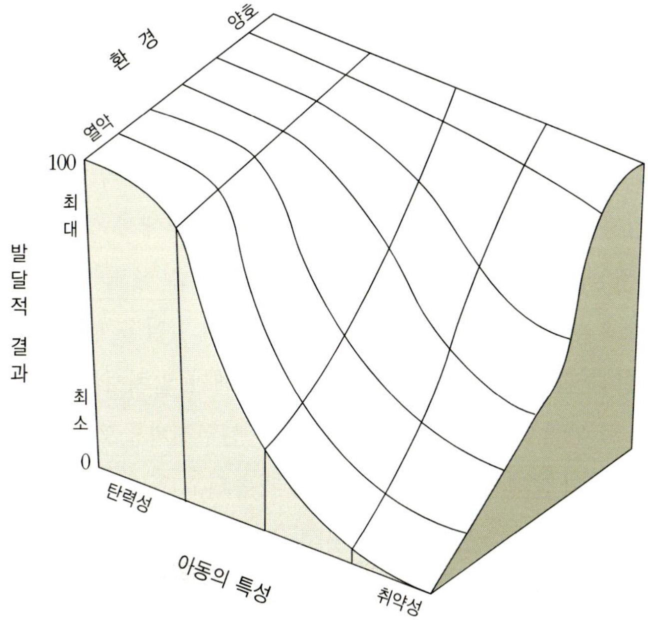

그림 1-3 Horowitz의 발달 모델

〈출처〉박성연 · 도현심(1999). **아동발달**, p. 24.

혹은 부정적인 영향을 덜 받는 특성을 갖고 태어난 아동 모두 그들 나름의 독특한 방식으로 환경과 상호작용한다. 즉, 탄력성을 타고난 아동은 열악한 환경일지라도 이를 극복하여 잘 발달할 수 있으며, 취약한 특성을 가지고 태어난 아동일지라도 좋은 환경이 제공된다면 잘 발달할 수 있게 된다. 발달이 가장 늦은 경우는 타고난 특질과 환경 조건이 모두 좋지 않은 경우이다(박성연 · 도현심, 1999, pp. 23-24).

Horowitz모델에서 알 수 있듯이 유전과 환경의 상대적인 영향력은 발달내용에 따라 차이가 있지만 선천적으로 타고난 유전적 요인이 잠재적인 발달요인으로 작용하여 표출되기 위해서는 필수적으로 적절한 환경이 제공되어야만 한다. 예를 들어, 일란성 쌍생아인 경우에 동일한 유전인자를 가지고 태어났더라도 서로 다른 환경에서 성장하면 성격과 행동특성이 서로 다른 성인으로 성장하고, 태아도 태내 환경의 좋고 나쁨에 따라 다양한 특성과 기질을 지닌 신생아로 태어날 수 있다. 뿐만 아니라 같은 가정환경에서 다른 유전인자를 가지고 태어난 형제들은 동일한 환경에서 함께 성장했다 할지라도 각기 다른 성격이나 행동특성을 나타내고, 다른 유전인자를 가지고 똑같은 유해환경에서 근무한 사람이라 할지라도 각자 질병에 걸리는 정도와 빈도에 차이가 있을 수 있다. 이런 점으로 미루어 볼 때 다른 유전인자를 가지고 동일한 환경에서 성장한다 할지라도 서로 다른 발달특성을 나타낼 수 있고, 동일한 유전인자를 가지고 다른 환경, 심지어 같은 환경에서 성장한다 할지라도 각기 다른 발달특성을 나타낼 수 있기 때문에 유전이나 환경 중 어느 것이 더 우세하거나 중요하다고 주장하기는 어렵다. 그러나 여전히 발달을 연구하는 많은 이론가들은 유전과 환경 간의 상호작용 조건에 대해 견해가 일치하지 않으며, 이 문제에 대해 보편적으로 만족할 만하게 입증된 결과나 연구결과들도 아직 제시되지 않았기 때문에 유전과 환경의 이분법적인 논쟁은 계속되고 있다.

인간의 발달은 제공되는 환경조건에 따라 달라질 수 있는 역동적인 상호작용의 산물이다. 그러므로 개인의 유전적 잠재력을 최대한 발휘하기 위해서는 최적의 환경을 제공해 주는 것만이 최적의 발달을 위한 지름길일 것이다.

2) 발달의 연속성과 비연속성

발달은 보는 관점에 따라 연속성 혹은 비연속성을 가정할 수 있다. 발달의 연속성을 가정하는 입장에서는 어떤 한 가지 기술은 오랜 시간의 훈련과 연습에 의해 숙달되어 처음의 기술에 계속 새로운 기술들이 조금씩 덧붙여져 나타나는 것이라고 주장한다. 그러므로 이 입장은 모든 행동이나 기술이 어떤 한순간에 갑자기 나타나는 것은 아니라고 주장한다. 이 입장의 이론가들은 주로 학습과 경험을 강조하는 행동주의자로서 인간의 발달은 점진적이고 연속적인 과정을 통해 이루어진다고 주장한다.

반면, 발달의 비연속성을 가정하는 입장은 발달은 일련의 독립적이고 질적으로 차이가 있는 불연속적인 몇 개의 단계들로 이루어진다고 주장한다. 이때 단계(stage)란 발달의 특정 시기를 결정짓는 행동이나 사고의 질적인 변화를 의미한다. 새로운 발달단계에 진입하게 되면 아동들은 이전에 경험했던 것을 기초로 이전보다 더 성숙하고 재조직된 기능을 가지고 행동한다. 그리하여 아동은 새로운 단계로 나아가기 위한 빠른 변화의 시기를 경험하게 되어 각 단계마다 질적으로 차이가 있는 방식으로 세상을 이해하고 반응한다. 결국 변화는 점진적으로 나타나는 것이 아니라 갑자기 나타난다. 그러므로 이 입장은 아동이 발달할 때 특정 행동이 나타나는 결정적 시기가 있고, 일정 단계에 도달하여 갑자기 나타난 행동은 어느 정도의 고원상태를 유지하면서 정해진 기간 동안 더 다듬어진 행동으로 발달한다고 주장한다. 뿐만 아니라 발달의 비연속성을 주장하는 이론가들은 발달단계는 동일한 일련의 순서로 진행되며 그 단계는 불변적이며 범문화적이라고 주장한다. 이들의 주장에 의하면 대부분의 문화에서 아동들은 비슷한 시기에 전형적인 발달을 특징짓는 행동, 즉 언어, 애착행동, 신체발달 등을 나타낸다.

예를 들어, 생후 1년 된 영아의 걷기를 각각의 입장에 따라 설명해 보면, 발달의 연속성을 가정하는 입장에서는 영아의 걷기는 생후 1년간의 근육과 중추신경계의 계속적인 발달 및 걷기를 위한 영아의 끊임없는 연습과 경험, 걷기를 위한 적절한 환경자극 등이 있기 때문에 걸을 수 있다고 본다. 그러나 발달의 비연속성을 가정하는 입장에서는 생후 1년 동안 영아는 각각의 특징적인 발달단계, 즉 생후 3개월에 뒤집고, 생후 6개월에 앉고 기며, 생후 10개월에 잡고 서는 등의 질적으로 상이한 발달단계에서의 서로 다른 행동특성들을 발달시킴으로써 걷기를 위한 이전의 행동특성이 사전 행동이 되어 이를 기초로 비로소 걷게 된다고 본다.

이론가들은 나름대로 자신의 입장을 강조하여 주장하기 때문에 보는 관점에 따라 발달적 변화는 단계적으로 혹은 점진적인 형태로 나타날 수 있다. 예를 들어, 발달에서의 고착이라는 문제에 대해 연속성과 비연속성을 주장하는 입장은 이를 각기 다르게 설명한다. 즉, 발달의 연속성을 주장하는 행동주의자들은 발달에서의 고착은 그러한 행동특성이 나타날 수 있는 환경자극이 불충분하게 제공되었기 때문에 비롯될 수 있다고 설명한다. 그러나 발달의 비연속성을 주장하는 Gesell이나 Freud 등은 다르게 설명한다. 즉, Gesell은 부적합한 유전인자로 인하여 발달이 더

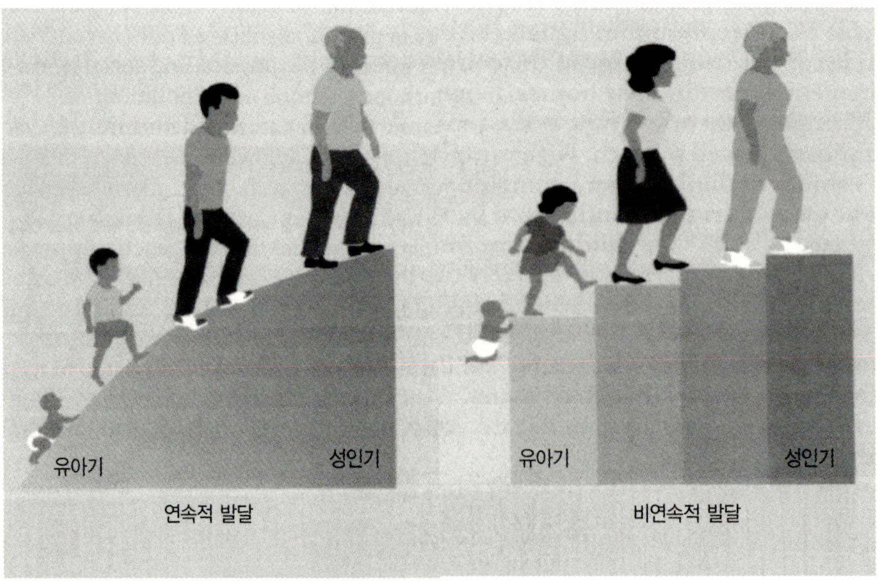

그림 1-4 발달의 연속성과 비연속성

〈출처〉 Berk, L. E. (1999). *Infants and children*, p. 7.

이상 이루어지지 않는 것으로 설명하고, Freud는 어떤 한 발달단계에서 만족되어야 하는 욕구가 지나치게 만족되었거나 혹은 매우 불만족스럽게 해결되었기 때문에 그 단계에 고착되는 것이라고 설명한다(Thomas, 2000, p. 43). 이처럼 발달의 연속성과 비연속성에 대한 논쟁도 유전과 환경에 대한 논쟁처럼 하나의 합일점을 찾기가 쉽지 않다.

3) 발달에 대한 능동적 개체와 수동적 개체

오래전부터 아동은 외부에서 제공되는 환경자극을 소극적이고 수동적으로 받아들이기만 하는 수동적 개체인가 혹은 발달을 스스로 통제하고 조절하는 보다 적극적이고 능동적 개체인가에 대한 논쟁이 있어 왔다.

아동이 능동적 개체라고 주장하는 대표적인 이론은 유기체이론이다. 유기체이론에 따르면 유기체의 변화는 유기체 내에서 자극을 받아 일어나며, 더 세부적으로는 아동 내부에 발달을 조절하는 심리적 구조가 존재하고 있기 때문에 발달하게 된다. 그러므로 주변 환경은 아동의 발달을 지지해 주는 중요한 자원이 되고, 이 속에서 아동들은 능동적이고 목적적으로 자신이 무슨 자극을 택하여 어떻게 학습할 것인지를 스스로 결정한다. 결국 아동은 자신만의 독특한 방식으로 주변 세계를 이해하고 반응하기 때문에 환경에 의해 수동적으로 성장하지는 않는다. 대신 아동은 자신의 성장에 영향을 미칠 수 있는 환경을 적극적이고 능동적으로 선택하고 수정한다.

반면, 아동을 수동적 개체로 보는 입장은 투입된 환경과 아동이 표출하는 행동 간의 관계에 초점을 맞추어 아동을 이해한다. 이 입장에서의 아동발달은 이미 만들어져 있는 기계가 외부 환경의 조작에 따라 작동하는 것처럼 이해함으로써 아동을 수동적 개체라고 주장한다. 이 경우에 아동이 나타내는 모든 변화나 행동은 환경이 제공하는 자극을 받아 나타나서 하나의 행동으로 조성되기 때문에 결국 아동은 수동적인 반응자에 불과하다. 그러므로 아동이 새로운 능력을 나타내는 것은 아동에게 가해지는 외적인 힘, 즉 환경적 자극에서 비롯되기 때문에 아동의 발달은 예측할 수 있다.

예를 들면, 영아가 갑자기 새로운 발성을 하고 새로운 놀이를 시도한다면 이는 능동적 개체로 이해할 수 있지만, 누군가가 한 말을 모방하거나 부모가 하는 행동을 여과 없이 따라 한다면 이는 수동적 개체가 된다. 그리하여 능동적 개체로서의 아동이 언제, 어느 때 어떤 행동을 나타낼지에 대해서는 부모나 보호자들이 예측하기 어렵지만 어떤 행동을 계속 따라 하는 아동은 어느 순간에 그 행동이 나타날 것인지를 기대하게 되고 또 그 시기를 짐작할 수도 있다.

능동적 개체냐 수동적 개체냐의 논쟁도 유전과 환경, 연속성과 비연속성에 대한 논쟁을 크게 벗어나지 않는다. 즉, 아동은 성장하면서 때로는 자신의 환경을 보다 적극적으로 탐색하면서 자신만의 독특한 방식으로 문제를 해결하고 새로운 언어를 발달시키는 능동적 개체로서 행동한다. 그러나 아동이 처음 말을 배우거나 새로운 기술을 배울 때는 주변의 부모나 양육자가 하는 말이나 행동을 계속 반복하여 따라함으로써 습득할 수 있기 때문에 이런 경우 아동은 수동적 개체가 된다. 그러므로 아동이 새로운 지식과 기술을 발달시키기 위해서는 새로운 것을 탐색하려는 동기를 가지고 환경에 대해 보다 적극적이고 목적적으로 행동하는 능동적 개체로서 작용하기도 하지만, 다른 한편에서는 주변 환경을 있는 그대로 받아들여 자기 것으로 만들어 가는 수동적 개체로서의 역할도 하기 때문에 결국 이 두 요인들도 상호작용하는 것이라고 볼 수 있다.

02

CHAPTER

발달이론

1. 성숙이론
2. 정신분석이론
3. 인지발달이론
4. 학습이론
5. 동물행동학
6. 맥락적 이론

CHAPTER 02

발달이론

인간의 발달, 특히 아동기의 발달 상황은 오랜 역사에 걸쳐 많은 철학자, 교육학자, 심리학자들의 관심 대상이었다. 학자들은 일반적인 발달 양상에는 동의하는 편이나 발달을 일으키는 원인과 과정에 대해서는 각기 다른 이론을 펼쳐 왔다. 특히 20세기에 접어들면서 현대심리학의 영향을 받아 발달의 본질을 좀더 체계적으로 분석하려는 시도가 이루어졌다. 따라서 본 장에서는 여러 가지 발달과 관련된 이론들 중 성숙이론, 정신분석이론, 인지발달이론, 학습이론, 동물행동학, 생태학적 이론을 소개하면서 아동의 발달에 대한 이들 접근방법에 대하여 살펴보고자 한다.

1. 성숙이론

성숙이론에서 인간은 태어나면서 물려받은 특질이 정해진 순서에 따라 발달한다고 가정한다. 예를 들면, 기고 나서 설 수 있고 그 다음에 걸을 수 있다든지, 사춘기가 되면 제2차 성징이 나타나는 것 등은 배웠기 때문이 아니라 유전적으로 예정되어 있기 때문이라고 본다. 환경이 아동발달에 주도적인 영향을 미치지 못하기 때문에 아동을 교육할 때 아동이 지닌 능력 이상을 강요하면 아동은 좌절하고 저항한다. 따라서 성숙이론을 주장하는 이들은 아동 자신의 발달속도에 따라 발달할 수 있도록 아동중심의 양육환경을 제공할 것을 강조한다. 성숙이론은 발달의 사전 결정론(predeterministic doctrine)을 최초로 주장한 Rousseau의 자연주의 견해를 이어받은 Gesell에 의해 체계화되었다.

1) Rousseau의 자연주의

(1) Rousseau의 생애

Jean Jacques Rousseau(1712~1778)

Rousseau는 프랑스 철학자로서 그의 자연주의는 성숙론적 입장의 초석이 되었다. 가난한 시계공의 아들로 태어난 Rousseau는 어머니가 출산 중에 사망하여 아버지 슬하에서 자라다 이후 숙부에게 맡겨지는 등 불우한 아동기를 보냈다. 방랑생활을 하던 청소년기에 와랑(de Warens) 남작 부인을 만나 집사로 일하면서 공부를 시작하였다. 그는 아동발달과 교육에 관한 저서인 《에밀(Emile)》을 통해 구속과 제약이 없는 자연스런 상태에서 아동은 조화롭고 건강하게 성장한다는 자연주의 교육철학을 제시하였다. 그러나 다섯 자녀를 연구에 방해가 된다하여 모두 고아원에 보내 많은 비판을 받았으며 말년에는 피해망상증에 시달리기도 하였다.

(2) 주요 개념

Rousseau는 내적으로 통제되는 일련의 계열적 단계에 따라 모든 발달이 이루어진다고 주장하였다. 그는 발달단계를 네 단계로 규정하고 단계마다 질적인 발달전환이 발생하므로 단계별 특성에 맞는 교육과정을 실시할 것을 강조하였다. 첫째 단계는 5세경까지로 이 시기는 신체적 욕구나 미분화된 감정에 지배되기 때문에 동물과 유사하다고 하여 동물의 단계라고 하였다. 둘째 단계는 5~12세로 감각능력이 두드러지는 시기이다. 야만인의 단게로 특징짓는 이 시기에 Rousseau는 놀이와 운동, 게임을 통해 감각경험을 습득하기 때문에 감각훈련에 초점을 두고 아동을 양육할 것을 강조하였다. 셋째 단계는 이성과 자의식이 발달되는 시기로 12~15세가 이에 해당된다. 이 시기에는 호기심이 많이 유발되므로 탐색적 행동이나 진리발견의 욕구가 많이 나타난다. 따라서 이 시기에 Rousseau는 학습의 결과보다 학습의 과정을 더 강조하였다. 청년기에 해당하는 넷째 단계는 15~20세로 정서기능이 절정에 달하고 이기심에서 벗어나 사회적인 이해와 자아존중감이 발달되는 시기이다. 이 시기는 타인에 대한 강한 관심과 진실한 애정에 대한 욕구가 나타나기 때문에 Rousseau는 이 시기를 '제2의 탄생' 이라고 하였다. 이 시기는 성충동의 출현이 특징이며 양심이 습득되고 도덕과 선행이 가능해지면서 성숙하게 되고 결혼을 준비하게 된다(정옥분, 2004, pp. 37-39).

Rousseau는 이러한 인간의 발달단계는 인류가 변화되어 온 역사적 발달을 반복하는 것으로 보았다. 즉, 동물과 같은 생활의 단계, 야만인의 단계, 이성의 단계를 거쳐 사회적 · 정서적으로 성숙한 단계에 이른다. 이러한 성장은 이미 내적으로 결정된 것에 따라 이루어지므로 아동의 성장을 극대화하려면 제한적이고 왜곡된 영향을 주는 외적인 강요를 줄이고 허용적인 분위기의 환경을 조성해 주어야 한다.

Rousseau의 견해에 따르면 인간은 자연의 상태에서는 차이가 없으나 문명으로 인해 개인차가 나타난다. 그는 문명이 인간을 타락시킨다고 보았는데, 그 예로 유럽인에 비해 원주민이 훨씬 더 건강한 삶을 유지한다는 사실을 들었다. Rousseau는 가상적인 소년인 Emile을 통해 아동의 성장을 그린 《에밀(Emile)》이라는 저서에서 문명은 특정 과일나무에 비료를 잘 주어 다른 과일을 열게 하는 것과도 같다고 하였다. Rousseau는 《에밀(Emile)》을 통해 아동은 자신이 갖고 태어난 천성에 따라 발달하는 능동적인 존재이며, 교육자의 역할은 아동을 성인세계로부터 보호하는 것이라는 교육관을 나타냈다(조복희, 1999, p. 12).

(3) Rousseau에 대한 평가

"자연으로 돌아가라." 고 주장한 Rousseau는 인간의 본성을 자연 상태에서 파악하고자 하였다. 그는 인간발달을 성인의 가르침이나 사회적 강화와 같은 외적인 힘보다 내부의 생물학적 시간표에 의해 진행된다고 설명하였다. 이러한 시간표를 오늘날에는 생물학적 성숙이라고 부른다. 또한 그는 발달이란 일련의 단계를 거쳐 전개되며, 각 단계마다 아동들은 나름대로의 독특한 방식으로 사고하고 행동한다는 단계이론을 주장함으로써 현대 발달이론에서 단계이론의 기틀을 마련하였다. 내적 시간표와 단계이론을 바탕으로 그는 '아동중심 교육철학' 이라는 새로운 교육철학을 제안하였다. 그리하여 그는 아동은 특정 단계에 맞춰 교육하면 그들 나름대로의 검증과 이해력에 따라 문제를 이해할 수 있다고 주장하였다. 한편, Rousseau는 개인의 자유와 인간발달의 정서적 측면을 지나치게 강조함으로써 교육과 사회, 문화의 중요성을 무시하였다는 비판을 받고 있다.

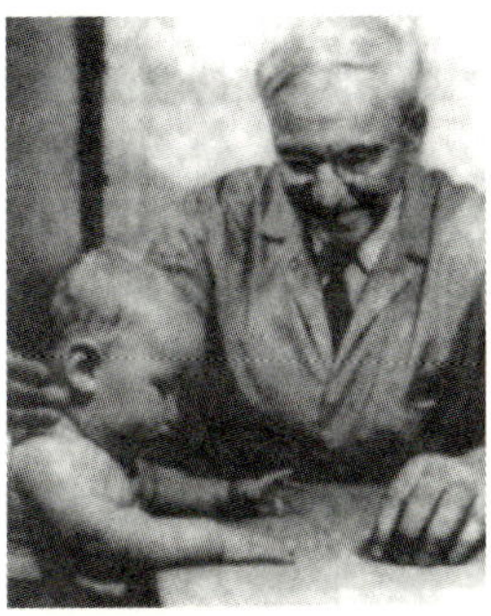
Arnold Gesell
(1880~1961)

2) Gesell의 성숙이론

(1) Gesell의 생애

Gesell은 Rousseau의 자연주의 모델을 아동발달 연구에 과학적으로 적용시켰다. Gesell은 아동심리학의 선구자 중 한 사람인 G. Stanley Hall의 지도하에 심리학으로 박사학위를 취득하였으며, 다시 의과대학에서 생리학을 연구하여 박사학위를 취득하였다. 자신이 재직하던 미국의 Yale대학교에 '아동발달연구소'를 설립하고, 심리학과 의학을 통합한 정신발달의 실증적 연구에 평생 동안 전념하면서 아동발달에 관한 많은 업적을 남겼다.

(2) 주요 개념

① 성숙에 대한 개념

Gesell은 인간 성장의 모든 측면, 즉 구조적, 생리적, 행동적, 심리적 측면을 배아모형(embryological model)으로 설명하였다. 그에 따르면 모든 성장은 사전에 결정된 유전적 요소에 의해 그 기본 방향이 결정되는 '성장모형(growth matrix)'을 갖고 있으며 환경적 요인은 단지 이를 지지해 주거나 수정할 뿐이다. 그러므로 그는 인간의 발달은 내적인 힘에 의해 이루어지는데 이를 '성숙(maturation)'이라고 하였다.

발달의 내적 통제 요인은 환경에 적응하면서 진화되어 온 유전인자에 의해 결정된다. 이러한 유전인자는 같은 종(種)의 구성원 간에 유사하여 구성원이 각기 다른 환경에서 성장하더라도 그 발달 패턴은 기본적으로 유사하다. 이러한 관점에서 Gesell은 아동발달에는 몇 가지 특징이 있다고 주장하였다(유효순, 1998, p. 44).

첫째, 신체발달이 계획된 방식에 따라 이루어지듯 행동도 계획된 방식에 따라 발달하므로 상당히 예측 가능하다.

둘째, 행동은 신체구조와 어느 정도 함수관계를 갖는다. 즉, 대부분의 아동은 신체가 그렇게 형성되어 있기 때문에 그렇게 행동한다. 따라서 같은 환경에서 자라더라도 아동마다 신체구조가 다르기 때문에 다르게 행동한다.

셋째, 환경은 아동의 행동발달에 있어서 중요한 요인이지만 그 작용은 상당히 개별적이다. 즉, 한 아동 또는 한 연령에 가장 적합한 환경이라도 다른 아동 또는 다른 연령에는 그렇지 않을 수 있다.

이러한 몇 가지 주장에서 알 수 있듯이 Gesell도 발달에 미치는 환경의 영향을 완전히 배제하지는 않았다. 예를 들면, 그는 자궁 내의 양수 온도나 모체로부터 들어오는 산소의 양에 의해 태아발달이 영향을 받는다는 점을 인정하였다. 그러나 Gesell은 발달을 촉진하는 두 가지 힘, 즉 성숙과 환경 중 성숙을 특히 더 중요시하였다.

Gesell은 성숙과 학습 중 어느 것이 발달에 더 중요한 영향을 미치는지를 연구하기 위해 이제는 고전이 된 '일란성 쌍생아 통제법' 을 도입하였다. 왜냐하면 일란성 쌍생아들은 유전인자나 유전적 배경이 동일하기 때문에 생물학적인 힘과 환경이 미치는 영향을 비교하는 것이 가능하기 때문이다. 쌍생아를 대상으로 한 대표적인 연구로 계단오르기 훈련을 들 수 있다. 쌍생아 중 한 명에게는 발달 스케줄상 계단오르기를 학습할 시기 이전에 훈련을 시작하고, 다른 한 명에게는 아무런 훈련을 시키지 않다가 아이가 계단오르기를 학습할 만큼 성숙했을 때 훈련을 시작하였다. 한 명에게만 훈련을 시키던 기간 동안 훈련받은 쌍생아는 훈련받지 않은 쌍생아보다 계단오르기를 약간 더 잘 하는 것 처럼 보였다. 그러나 훈련받지 않았던 쌍생아가 성숙하였을 때 훈련을 시작하자 이전부터 훈련을 받아왔던 쌍생아와 계단오르기 수준이 같아져 두 영아 간에 차이가 없어졌다. 이러한 연구는 생물학적으로 성숙하기 전에 이루어지는 조기훈련이 궁극적으로 발달에 거의 영향을 미치지 못한다는 점을 지적한 것으로 발달에 있어 성숙의 중요성을 강조한 것이다.

② 행동의 발달단계

Gesell은 행동발달주기를 0~5세, 5~10세, 10~16세의 세 시기로 나누었다. 행동발달의 첫 기간인 5세까지는 가장 기초적인 시기로서 이후의 발달에 많은 영향을 미치는데 Gesell은 이 시기를 다시 14단계로 나누었다. 즉, 출생 후 첫 1년은 4주, 16주, 28주, 40주, 1년 등의 5단계로, 다음 해는 15개월, 18개월, 2세 등의 3단계로, 그 다음부터는 6개월 간격의 6단계로 나누었다. 이처럼 아동의 발달을 단계로 나눈 것은 현재의 발달을 이전 단계나 다음 단계와 비교할 수 있고 각 단계별 성숙

규준을 통해 아동의 성장을 상대적으로 평가할 수 있기 때문이다.

아동은 각 발달단계를 거치는 동안 미성숙하고 바람직하지 않은 것을 보다 성숙하고 바람직한 것으로 바꾸어가지만 연령이 증가함에 따라 항상 미숙한 형태의 반응이 성숙한 형태로 바뀌는 것은 아니다. 여러 발달단계를 거치면서 아동은 미숙한 반응(불균형상태)과 성숙한 반응(균형상태)을 반복적으로 나타낸다. 그러나 성숙한 상태에서 다시 미숙한 상태로 갈 때 아동은 이전의 미숙한 행동을 그대로 반복하는 것이 아니라, 이전에는 성숙하지 않았던 부분이 성숙하여 미성숙한 정도가 향상된 상태로 반복한다. 즉, 반복은 항상 덜 미숙한 행동에서 보다 더 성숙한 행동 방향으로 진행한다.

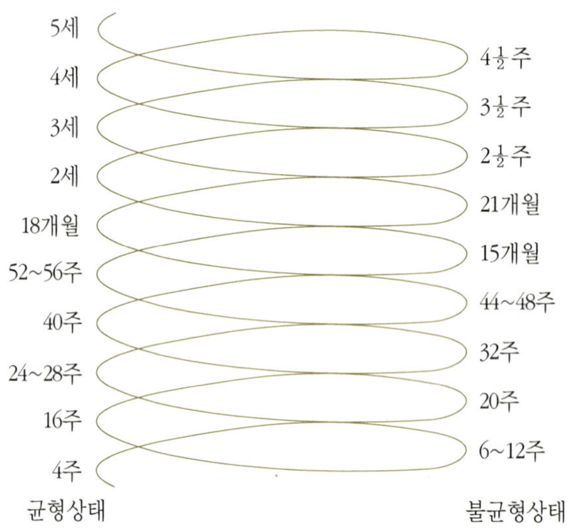

그림 2-1 행동발달 변화

〈출처〉 유효순(1988). 아동발달, p. 46.

이러한 미숙한 반응과 성숙한 반응을 Gesell은 행동의 불균형상태와 균형상태로 설명한다. 아동이 불균형상태일 때는 미숙한 반응과 행동이 나타나며, 균형상태일 때는 성숙한 반응과 행동을 나타낸다. 일반적으로 미숙한 상태, 즉 불균형상태일 때 아동은 다루기 힘들다. Gesell은 불균형에 상응하는 내부발생적 요인들이 나타나면서 이러한 불균형상태는 계통발생적 유전으로 인해 불가피하다고 주장하였다. 그리하여 그는 아동이 불균형상태일 때는 아동 스스로 보다 바람직한 행동을 하게 되기 때문에 간섭하지 말고 아동 스스로 자발적이고 자연스럽게 그 상태를 지나가도록 허용하는 것이 가장 좋다고 제언하였다. 아동이 불균형상태일 때 성인의 기대나 요구, 제한, 통제는 아동에게 불필요하고, 오히려 부정적인 태도를 초래하며, 아동과의 관계를 손상시킬 수도 있다. 따라서 아동이 불균형상태에 있을 때 성인은 인내하고 허용적인 태도를 취하여 아동이 자아통제와 자기훈육을 통해 균형상태로 전환하여 스스로 행동을 수정할 수 있도록 해주어야 한다(유효순, 1998, pp. 44-47).

③ 발달의 원리

유전적으로 결정된 순서에 따라 이루어지는 발달에는 몇 가지 기본 원리가 있다(정옥분, 2004, pp. 60-62).

가. 발달 방향의 원리

발달은 정해진 순서에 따라 일정한 방향, 즉 머리에서 꼬리로, 중심에서 말초로 이루어진다. 이러한 발달 순서는 유전자 지도에 따라 신경이 성숙하면서 이루어지는 것으로 그 순서가 결코 바뀌지 않는다.

나. 상호교류의 원리

상호교류(reciprocal interweaving)의 원리는 대칭되는 두 부분 중 한 부분이 먼저 발달한 뒤 다른 한 부분이 함께 통합하여 균형적으로 발달하는 것이다. 예를 들면, 영아가 한 손을 먼저 사용한 뒤 다른 한 손을 사용하다가 양손을 함께 사용함으로써 손을 능숙하게 사용하는 것이다. 성숙이론은 성격형성과정도 이 원리로 설명한다. 즉, 인간에게는 내향적인 특성과 외향적인 특성이 있는데 3세경의 유아는 약간 소심하며 내향적인 성격 특성을 나타내다가, 4세경이 되면 외향적인 특성을 보이고, 5세가 되면 두 가지 성격 특성이 통합하면서 균형 잡힌 성격 특성을 보인다.

다. 기능적 비대칭의 원리

아동은 상호교류작용을 통해 균형적인 발달을 이루어 가지만 완벽한 균형을 이루기는 상당히 어렵다. 오히려 약간의 불균형이 보다 기능적일 수 있다. 불균형 발달의 예로 신생아의 경직성 목반사(tonic neck reflex)를 들 수 있다. 마치 펜싱하는 자세처럼 한쪽 팔다리는 구부리고 다른 쪽 팔다리는 쭉 펴는 경직성 목반사의 자세는 손과 눈의 협응을 촉진시킨다. 생후 2~3개월간 나타나는 이 반사는 새로운 신경계가 발달하면서 사라진다. Gesell은 이러한 기능적 비대칭(functional asymmetry)의 원리가 오른손잡이, 왼손잡이와도 관련이 있다고 주장하였다.

라. 자기규제의 원리

Gesell은 일련의 신생아 연구를 통해 수유와 수면 등의 생리적인 리듬을 영아의 요구대로 따라하였더니 영아 스스로 수유시간을 점차 줄여가고 더 오랫동안 깨어 있게 된다는 것을 발견하였다. 그 과정에서 영아가 때때로 이전의 불규칙한 상태로 돌아가기는 하였지만 점차 그 리듬이 안정적으로 되어갔다. 이를 Gesell은 자기규제의 원리라고 하였다. 자기규제(self-regulation)에 대한 기제는 영아가 자신의 능력 이상으로 새로운 것을 시도하지 않도록 영아의 행동을 조절해 줌으로써 너무 빨리, 너무 많이 배우도록 강요받을 때 영아 스스로 이에 저항하면서 자신의 수준에 맞도록 성장을 조절하고 이끌어 간다.

④ 개인차에 대한 측정

Gesell은 자신이 설립한 Yale대학교 부설 아동발달연구소에서 40년간 수많은 아동들을 관찰하고 측정하면서 운동, 적응, 언어, 사회성 등의 여러 행동영역에서 개인차를 발견하였다. 이를 바탕으로 아동의 성장과 발달에 관한 정보를 조직하고, 연령별로 비교함으로써 아동 개인의 발달을 평가하는데 사용할 수 있는 일련의 행동발달목록표를 고안하였는데 이는 아동발달을 평가하는 규준이 되었다. 또한

Gesell이 개발한 발달검사는 발달지체가 나타나는 영아를 가려내기 위한 판별검사(screening test)의 기초가 되기도 하였다.

(3) Gesell의 성숙이론에 대한 평가

조상으로부터 물려받은 유전인자에 의해 발달이 전개된다고 본 Gesell의 성숙이론은 아동의 내적인 능력을 체계적인 연구방법을 사용하여 과학적으로 설명했다는 점에서 그 의의가 매우 크다. 특히 Gesell이 고안한 발달검사는 오늘날에도 발달에 대한 유용한 지침을 제공해 주고 있다. 또한 Gesell이 체계화한 아동발달에 대한 연구방법은 오늘날의 아동연구에도 많은 영향을 미쳤다. 그는 세계 최초로 영상촬영기술을 이용하여 아동행동을 관찰, 기록하였을 뿐만 아니라 일방경을 사용하여 아동연구에 새로운 정밀성을 시도하기도 하였다. 또한 그는 연령변화에 따른 아동의 발달을 보다 체계적으로 연구함으로써 종단적 연구를 실시하기도 하였다.

반면, 성숙요인 못지않게 환경요인도 중요한데 지나치게 성숙요인을 강조하였다는 점에서 오늘날 많은 심리학자들은 Gesell의 성숙이론을 비판한다. 또한 Gesell의 연구대상 아동들이 대부분 Yale대학교 근처에 살고 있던 중상류층 아동들이었기 때문에 연구결과를 다른 계층 및 다른 문화권의 아동들에게 일반화시키는데 한계가 있다는 비판을 받는다.

2. 정신분석이론

정신분석이론(psychoanalytic theory)은 처음으로 무의식의 영역을 언급하고 인간의 행동에 대한 무의식의 영향을 강조하였다. 정신분석이론을 개척한 사람은 Sigmund Freud로 그는 특히 인간의 초기 경험을 중요시하였다. 그의 이론을 근간으로 하여 Erikson, Jung 등의 신정신분석학(neo-psychoanalysis)이 정신분석이론의 맥을 이었다.

이 장에서는 대표적인 정신분석이론인 Freud의 심리성적(psychosexual) 이론과 Erikson의 심리사회적(psychosocial) 이론에 대해 살펴보고자 한다.

1) Freud의 심리성적 이론

(1) Freud의 생애

Sigmund Freud
(1856~1939)

정신분석이론의 선구자인 Freud는 체코슬로바키아의 모라비아(Moravia)에서 태어났다. 가난한 가정의 8남매 중 장남으로 태어났던 Freud는 행복한 어린 시절을 보내지 못하였으나 매우 영리하여 가족들도 그가 공부할 수 있도록 많이 배려해 주었다.

그는 의과대학에 진학하여 신경학(neurology) 분야를 연구하였다. 히스테리아(hysteria)에 관심을 가져 이에 대한 연구를 하면서 최면요법을 사용하였고, 무의식 속에 억압된 감정을 찾아서 풀어주는 것이 히스테리아 환자를 치료하는 것이라 믿게 되었다. 그러던 중 최면요법이 일부 환자들에게만 적용될 수 있다는 것을 알고 자유연상(free association)이라는 새로운 방법을 개발하였다. 자유연상이란 마음에 떠오르는 어떤 생각이라도 밖으로 자유롭게 표현하도록 하는 방법으로 이는 정신의 한 부분인 무의식으로의 잠겼던 통로를 열어주었다(정옥분, 2003, p. 125).

Freud는 많은 연구를 통해 환자들의 기억이 아동기까지 거슬러 올라감으로써 어린 시절의 경험이 그들의 무의식에 지대한 영향을 미친다고 보고 초기 경험의 중요성을 강조하였다. 또한 그는 자신의 꿈, 기억, 어린 시절 등을 분석하면서 아동기 성욕이론에 대해 확증을 가지고 '외디푸스 콤플렉스(Oedipus complex)' 를 주장하였다. 그는 이러한 이론을 《꿈의 해석(The interpretation of dreams)》(1900)이라는 책에서 처음으로 발표하였다.

중년에 그는 그의 이론에 관심을 보이는 젊은 학자들과 매주 토론을 벌이면서 모임을 이끌어갔는데 이 모임이 정신분석학파로 발전하였다. 이 모임에는 Adler와 Jung도 있었으나 후에 이들은 Freud와 다른 관점을 보이며 Freud를 떠나 독자적인 정신분석이론을 세웠는데 이들을 신정신분석학파(neo-Freudian)라고 한다.

Freud는 말년에 암으로 고통받으면서도 그의 이론을 수정하여 발전시켰고, 나치에 의해 그의 책들이 불살라지면서 빈(Wien)을 떠나야만 했다. 그리하여 그는 1938년 런던으로 가서 생의 마지막 해를 보내고 1939년 83세를 일기로 생을 마감하였다.

(2) 성격의 구조

Freud의 정신분석이론은 인간의 성격형성 과정에 대한 심층적인 연구이다. Freud는 인간의 정서적 · 감정적 측면을 강조하여 인간의 모든 행동에는 원인이 있

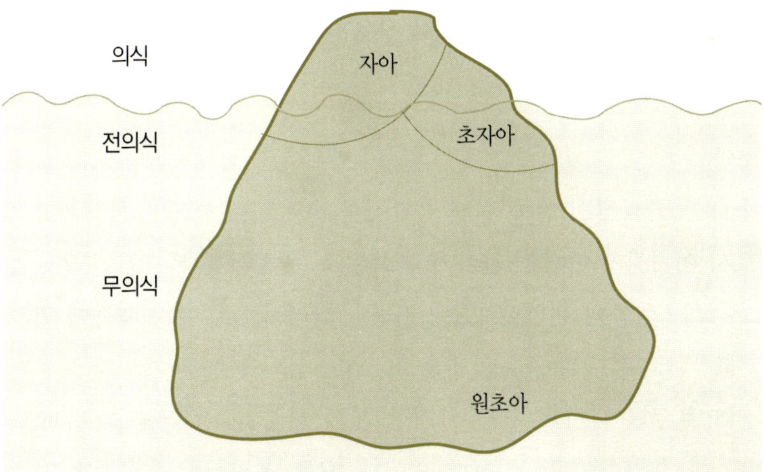

그림 2-2 성격의 구조

〈출처〉 김현택 외(2001). 심리학, p. 222.

다고 보고 인간의 무의식에서 그 원인을 찾으려고 하였다. 그는 인간의 정신세계를 빙산에 비유하여 물의 표면에 떠 있는 작은 부분을 의식(consciousness), 물속에 잠겨 있는 큰 부분을 무의식(unconsciousness), 그리고 파도에 의해서 물 표면으로 나타났다 잠겼다 하는 부분을 전의식(preconsciousness)으로 보았다.

의식이란 주의를 기울이는 순간 바로 알아차릴 수 있는 정신세계이므로 대부분의 자아가 이에 속한다. 전의식은 주의를 집중하고 노력하면 의식이 될 수 있는 정신세계이므로 전의식도 역시 자아의 영역에 속한다고 볼 수 있다. 그러나 무의식은 의식 밖에 존재하는 정신세계로서 자신이 전혀 자각하지 못한다. 어쩌다 무의식의 일부가 전의식으로 올라가 의식되는 경우도 있으나 무의식은 대부분 자신이 전혀 알지 못한다. 이러한 무의식은 원초아와 초자아로 구성되어 있다. Freud는 특히 무의식을 강조하여 무의식을 인간의 본능, 충동, 원시적 감정 등이 있는 영역이라고 보았다.

한편, Freud는 성격이 원초아, 자아, 초자아의 세 가지 요소로 구성되어 있다고 설명하였다. 이 세 가지 요소는 고유한 기능과 특성, 기제 및 역동성을 가지고 있지만 서로 밀접하게 관련되어 있다. 이들은 생물학적 충동(원초아), 적응적 행동(자아), 도덕적 통제지침(초자아)을 수행하면서 상호작용하는데 이들의 균형이 깨질 때 문제가 발생한다.

① 원초아

원초아(id)는 즉각적인 만족과 긴장 감소를 목적으로 하는 선천적이고 생물학적인 구조로서 여기서 자아와 초자아가 분화된다. 원초아는 본능적인 욕구를 관장하며, 본능은 모든 행동의 원인이 되는 생리적, 심리적 표현이기 때문에 일차적 과정이다. 이에는 삶의 본능과 죽음의 본능이 있다. 삶의 본능은 개체의 보존과 종족번식을 목적으로 하는데 Freud는 이러한 삶의 본능을 성 본능으로 보고 리비도(libido)라고 하였다. 죽음의 본능(Thanatos)은 모든 파괴적이고 공격적인 행동을 포함하며 보이지 않게 기능을 수행하는 것으로서 인간은 누구나 결국 죽기 때문에 삶의 본능의 최종 목표가 된다. 원초아는 현실을 고려하지 않은 채 쾌락적인 욕망을 수행하려 하고 고통스러운 것은 회피하려 하는 등 쾌락원리에 의해 활동하며 내부의 욕구나 긴장, 충동 등에 관여한다.

② 자아

자아(ego)는 성격의 합리적 요소로서 현실을 고려하여 합리적인 방법으로 욕구를 충족시키는 기능을 수행한다. 자아는 현실원리에 따라 원초아의 욕구나 긴장, 충동을 현실적으로 합당하게 해소시킬 수 있는 상황여건을 고려하기 때문에 이차적 과정이라고 한다. 즉, 자아는 원초아의 비합리적 사고를 저지하기 위해 심리적인 힘을 사용함으로써 유기체를 손상으로부터 보호하기 위하여 원초아의 맹목적인 열정을 통제한다. 자아의 기능은 원초아와 어느 정도 독립적이지만 원초아에서 그 힘을 빌려온다.

③ 초자아

성격의 세 요소 중 가장 늦게 나타나는 초자아(superego)는 유아기 후반(3~6세경)에 발달하기 시작하는 도덕성을 저장하는 곳으로서 원초아의 자유분방한 쾌락추구에 반대하는 힘을 가지고 작용하는 정신 에너지이다. 초자아는 자아로부터 발달되며 쾌락이나 현실보다는 이상(理想)과 완전함을 추구한다. 초자아는 사회적인 관점에서 볼 때 부적절한 원초아의 충동 표현을 금하거나 방해하고 이상을 추구함으로써 양심의 원리에 따라 활동한다. 초자아는 내면화된 행위규범인 양심과 긍정적인 열망들로 이루어진 자아이상으로 구성되어 있다. 초자아는 외디푸스적 위기의 산물이다.

(3) 성격의 발달단계

Freud는 리비도가 집중적으로 모이는 부위를 성감대라고 하였다. 리비도는 일정한 순서에 따라 여러 신체 부위로 옮겨 다니는데 리비도의 이동에 따라 성격이 발달하며, 부모의 양육태도도 자녀의 성격발달에 많은 영향을 미친다. Freud의 성격발달은 다섯 단계로 이루어진다.

① 구강기(oral stage)

출생에서 1세경까지의 시기로 리비도가 입 주위에 몰려 있기 때문에 영아는 젖을 빨고 음식을 씹는 것을 통해서 성적인 욕구를 충족한다. 구강기의 욕구가 만족되지 못하면 다음 발달단계로 이행하지 못하고 이 시기에 고착(fixation)되어 후에 손가락 빨기, 과식, 수다 떨기, 손톱 깨물기 등의 구강기적 성격을 나타낸다.

② 항문기(anal stage)

1세에서 3세경까지의 시기로 리비도가 입에서 항문으로 옮겨져 유아는 배설물의 보유와 배설에서 쾌감을 얻는다. 이 시기에 대소변 가리기가 실시되는데 부모가 억압적이거나 조급하게 대소변 가리기를 훈련시키면 유아는 결벽증적 성격이나 수전노, 수집광 같은 항문기 강박적(anal compulsive) 성격, 혹은 물건을 낭비하고 어지럽히며 자신을 지저분하게 하는 항문기 폭발적(anal explosive) 성격 등 항문기 고착적인 성격을 나타낸다.

③ 남근기(phallic stage)

3세에서 6세경까지의 시기로 리비도가 성기로 옮겨감에 따라 성기 부분이 성감대가 된다. 이 시기의 유아는 자신의 몸에 성기가 있다는 사실을 자각하게 되고 성기에 자극을 가함으로써 느끼게 되는 쾌감을 경험한다.

남아는 어머니를 이성으로 사랑하게 되는 외디푸스 콤플렉스를 경험하면서 아버지를 애정 경쟁자로 생각한다. 그러나 남아는 아버지가 자신보다 강하고 우월하기 때문에 아버지가 자신을 해칠지도 모르며 자신의 성기를 잘라버릴지도 모른다는 거세불안(castration anxiety)을 느끼게 되며, 이러한 거세불안을 여아의 성기를 보며 확인하기도 한다. 그래서 남아는 거세불안을 감소시키기 위해 어머니에 대한 성적 욕망과 아버지에 대한 적대감을 억압하게 되어 이 과정에서 아버지처럼 되기 위해 아버지와 동일시(identification)하려고 한다. 이러한 동일시 과정을 거쳐 남아는 그 사회에 적절한 남성적 성역할을 학습하게 되며, 남성적 역할을 내면화하는 과정에서 양심을 발달시켜 초자아를 형성하게 된다.

여아는 남아와 반대로 아버지를 사랑하는 엘렉트라 콤플렉스(electra complex)를 경험하면서 어머니를 동일시하여 여성적인 성역할을 학습한다. 또한 남아의 성기를 부러워하고 남아처럼 되고 싶어 하는 남근선망(penis envy)을 나타내기도 하는데, Freud는 여성의 열등의식이 여기에서 비롯되었다고 주장한다. 이 시기에 고착된 남근기적 성격은 과시적, 공격적이며 교만하고 방종하다.

④ 잠재기(latent stage)

6세에서 12세경까지의 초등학교 시기로 이 시기에는 리비도가 활동을 멈추고 숨어 있는 듯하여 성적 욕구가 억압되고 겉으로 보기에는 평온한 시기처럼 보인다. 대신 이 시기에는 지적인 탐구가 활발해지고 친구와 어울리면서 운동이나 놀이 등 사회적으로 받아들여질 수 있는 일에 자신의 에너지를 집중시킨다. 그리하여 이 시기의 아동들은 침착성과 자기통제력을 발달시킨다.

⑤ 생식기(genital stage)

성기기라고도 하며 12~13세 이후 사춘기가 시작되면서 비롯되는 시기로 잠재기에 잠복되었던 성적인 에너지가 무의식에서 의식의 세계로 나와 다시 왕성한 활동을 시작한다. 이에 따라 잠재기 이전에는 자신의 신체에서 성적인 쾌감을 추구하는 자기애착적 경향을 보였으나 이 시기부터는 이성에 관심을 갖게 되고 이성으로부터 만족을 얻으려 하는 이성애착적 경향을 나타낸다. 이 시기에 순조롭게 발달하면 이타적이고 성숙한 생식기적 성격을 보이고, 그렇지 못하면 권위에 반항하고 비행행동을 나타내거나 이성에 대한 적응곤란 등을 야기한다.

(4) Freud 이론에 대한 평가

Freud의 성격발달이론은 생물학적인 성충동에 기반을 두고 아동의 수동성을 지나치게 강조했으며 과학적 검증이나 설명이 어렵다는 점 등에서 몇 가지 비판을 받았다(유안진, 1999, pp. 61-62; Thomas, 2000, pp. 136-142). 첫째, 외디푸스 콤플렉스, 남근선망, 고착 등과 같은 개념은 검증이 불가능하다. 둘째, Freud는 성적인 욕구를 지나치게 강조하였으며, 특히 유아기의 성욕을 강조하였다. 셋째, 인간을 성욕과 과거의 경험에 의해 지배되는 수동적이고 소극적인 존재로 보았다. 즉, 그의 인간관은 수동적이며 비관적이다. 넷째, 외디푸스 콤플렉스, 엘렉트라 콤플렉스, 여성의 열등감 등에 대한 그의 편견은 비교문화연구 결과들에서 그 보편성을 증명하지 못하였다. 즉, 문화에 따라 남녀의 성역할이 바뀐 곳도 있다. 다섯째, 양심의 발달에 부모나 가족만이 아니라 이웃 등 주변 사람들의 격려와 인정, 처벌이 영향을 미친다는 사실을 무시하였다. 여섯째, 그의 개념과 가설들이 신경증 상태의 성인 환자의 임상적 자료에 근거하여 구축되었기 때문에 정상인이나 아동의 발달을 설명하는데 무리가 있다.

이러한 Freud 이론의 비판에 대한 대안으로 신프로이트학파가 등장하였는데, 이들은 인간의 다양한 욕구 측면을 강조하고 성장과정 전반에서 사회적 관계를 통한 성격발달을 논하였다.

Freud의 이론은 많은 비판을 받음에도 불구하고 성격발달에 관한 근본적인 가설을 제공하였고 무의식의 영역을 개척했다는 점에서 심리학 발달에 크게 기여하였다. Freud 이론은 인생의 초기 경험의 중요성, 특히 부모와 자녀의 관계를 중시하여 부모의 역할과 자녀양육에 대한 관심을 불러일으켰다. 또한 부모와 자녀 간의 애착, 형제관계, 공격성, 도덕성, 성역할 등의 발달에 관한 연구를 촉진시키는데도 큰 역할을 하였다(Berk, 2008, p. 16).

2) Erikson의 심리사회적 이론

Erik Erikson
(1902~1994)

(1) Erikson의 생애

Erikson은 독일의 Frankfurt에서 태어났다. 그가 태어나기 전에 어머니는 이혼하고 세 살 때 재혼하였다. Erikson의 어머니는 유태인이었으나 생부는 덴마크인이었으며 Erikson은 생부를 닮아서 덴마크인의 모습이었다.

그래서 자라는 동안 유태인 소년들에게서 이방인이라는 놀림을 당하였는데 이는 Erikson이 자아정체감 문제에 몰두하게 된 배경이 되었다.

Erikson은 틀에 박힌 학교 분위기를 싫어하여 고등학교 졸업 후 대학에 진학하지 않고 1년 동안 유럽여행을 하며 스스로를 발견하고자 하였다. 25세 때 Erikson은 Freud의 딸인 Anna Freud와 같은 학교에 근무하게 되면서 그녀와 함께 아동을 대상으로 정신분석에 대해 연구하였다. 히틀러의 출현으로 미국으로 이주한 Erikson은 미국 내 여러 지역을 옮겨 다니면서 연구하였다. 이는 다양한 문화환경에서 성장하는 아동에 대한 비교문화적인 연구의 기초가 되었다.

Erikson은 정식 학위를 받은 적은 없으나 Harvard대학교에서 교수직을 제의받아 1994년 90세를 일기로 죽을 때까지 그곳에서 연구하였다. 1950년에 출간된 그의 대표 저서인 《아동기와 사회(Childhood and society)》에서 Erikson은 생의 8단계를 제시하였다.

(2) 발달단계

Freud의 영향을 받은 Erikson은 Freud의 이론을 근간으로 자신의 이론을 발전시켰다. Freud가 성격발달의 기초로 성적 에너지, 즉 리비도를 강조한 것과 달리 Erikson은 사회적인 에너지를 강조하였다. 그는 인간의 성격발달을 개인과 사회적 환경의 상호작용 결과라고 설명하면서 다른 사람과의 사회적 관계에 초점을 맞추어 발달단계를 제시하였기에 그의 이론을 심리사회적(psychosocial) 이론이라 한다.

Erikson은 발달을 전 생애에 걸쳐 이루어지는 과정으로 보고 자아개념을 중시하면서 출생에서 노년기까지 각 단계마다 거쳐야 하는 발달과업을 제시하였다. 또한 발달과업과 대칭적인 개념인 발달의 위기를 함께 제시하면서 각 단계마다 대칭적인 두 개념이 균형을 이루면서 발달해야 다음 단계로의 진행이 원만하다고 설명하였다. 즉, 긍정적 의미의 발달과업 성취만 중요한 것이 아니라 부정적인 의미의 발달 위기도 어느 정도 경험하는 것이 개인의 충실한 성장에 도움이 된다고 보았다. Erikson은 8단계의 발달단계를 설명하면서 '…에 대한 감(sense of …)' 이라는 표현을 사용하였다. 이는 Erikson이 제시한 발달단계들이 내적으로 쉽게 접근할 수 있는 경험적 방법들이며, 타인에 의해 관찰될 수 있는 행동양식들이고, 검사와 분석을 통해 결정할 수 있는 무의식적인 내적 상태라는 것을 의미한다(Erikson, 1950; Erikson, 1997, p. 290).

① 기본적 신뢰감 대 불신감(sense of basic trust vs. mistrust)

출생에서 1세경까지의 영아기로 Freud의 구강기에 해당한다. 이 시기에 영아는 자신을 돌봐주는 양육자(주로 어머니)와 신뢰감을 형성한다. 어머니가 영아의 신체적, 심리적인 기본 요구에 잘 반응해 주면, 즉 배가 고플 때 젖을 준다든지 기저귀가 젖었을 때 갈아주는 등의 반응을 적절하게 해주면 영아는 어머니에 대한 기본적인 신뢰감을 형성하게 된다. 반대로 어머니가 영아의 필요와 요구에 잘 응해 주지 않고 일관성 있는 관계를 지속하지 못할 경우에 영아는 어머니에 대한 불신감을 형성하게 된다.

이러한 기본적 신뢰감과 불신감은 긍정적인 자아개념과 부정적인 자아개념을 형성하는 기초가 된다. 기본적 신뢰감이 형성된 영아는 다른 행동에서도 어머니에 대해 신뢰적인 태도를 보인다. 예를 들면, 어머니가 잠시 영아를 떠나도 영아는 분리불안(separation anxiety)을 심하게 보이지 않고 어머니가 곧 돌아올 것이라고 믿는다. 반대로 불신감을 가진 영아는 어머니가 곁에 있어도 언제 떠날지 모른다는 생각으로 불안해한다.

이 시기의 신뢰감 형성은 후에 사회적 관계 속에서 다른 사람들과 적응하는 데도 영향을 미친다. 즉, 어머니와의 기본적 신뢰감이 안정적으로 형성되어야 영아는 사회를 신뢰할 수 있다. 그리하여 Erikson은 이 시기를 인생에서 가장 중요한 시기로 보았다.

② 자율성 대 수치심과 회의감(sense of autonomy vs. shame and doubt)

1세에서 3세까지의 초기 유아기로 Freud의 항문기에 해당한다. 이 시기에 유아는 괄약근 통제, 혼자 걷기 등이 발달하면서 스스로 하고자 하는 자율성이 발달한다. 또한 운동능력과 언어능력이 발달함에 따라 유아는 주변 환경을 적극적으로 탐색하고 무엇이든 혼자 하겠다는 의사를 표시한다. 그래서 이 시기에 유아는 '내 거', '내가 할 거야', '싫어' 등의 언어를 많이 사용하며 자기주장을 한다. 대·소근육의 발달로 대소변의 통제도 가능해진다. 자율성이 발달하면서 유아는 사회의 기대와 압력도 배우게 된다. 그러다가 배변 실수를 하거나 신체적인 통제가 잘 안 되고 자조기능이 미숙해지는 등 사회적 기대에 대해 적절한 행동을 수행하지 못하면 수치심과 회의감이 발달한다. 수치심이란 다른 사람의 눈에 자신이 좋게 보이지 않는다는 느낌이고, 회의감은 자신이 그렇게 강력하지 못하기 때문에 다른 사람들이 자기를 통제할 수 있고 자기보다 더 나은 행동을 수행할 수 있다고 깨닫는 데서 시작된다(Crain, 1983, p. 253).

③ 주도성 대 죄책감(sense of initiative vs. guilt)

3세에서 6세 정도까지의 유아기로 Freud의 남근기에 해당한다. 이 시기의 유아는 스스로 어떤 목표나 계획을 세워 그 일을 성공적으로 완수하려고 한다. 그리하여 유아의 행동은 목표지향적이고 경쟁적이 되어 유아는 주도성을 획득하게 된다. 그러나 여전히 유아의 행동이나 발달은 미숙하여 유아는 자신의 계획과 희망이 실패할 수밖에 없다는 것을 깨닫게 된다. 결국 위험한 충동과 환상을 억제하기 위해 사회가 금지하는 것, 즉 죄의식을 만들어 내는 초자아를 내면화하여 새로운 형태의 자기억제를 하게 되면서 유아는 죄책감을 느끼게 된다.

④ 근면성 대 열등감(sense of industry vs. inferiority)

6세에서 12세경까지의 학령기로 Freud의 잠재기에 해당하는데 Erikson은 이 시기를 자아성장의 결정적 시기라고 하였다. 이 시기에 아동은 가정에서 벗어나 학교라는 넓고 새로운 세계를 경험하기 시작함으로써 학습에 필요한 기초적인 인지기능과 또래와의 관계를 통한 사회적인 기능을 습득하게 되며, 동시에 사회관계가 확대됨으로써 사회에서 통용되는 여러 가지 기능을 열심히 배우고 숙달한다. 이를 통해 아동은 근면성과 성취감을 배운다. 그러나 아동은 학습이나 놀이에서 실수나 실패를 하면 열등감이나 부적절감을 느낀다.

⑤ 정체감 대 역할 혼미(sense of ego identity vs. identity diffusion)

이 시기는 13세경부터 사춘기에 이르는 청소년기로 Freud의 생식기에 해당한다. 이 시기에 청소년은 급격한 신체변화가 나타나고 새로운 사회적 압력이나 요구에 대응하게 된다. 또한 자신의 존재에 대한 의문과 탐색이 시작되어 자신이 누구인지, 자신의 위치와 능력이 어떠한지, 자신의 역할과 책임은 무엇인지 등의 자아정체감에 대해 고민한다. 이러한 고민과 갈등, 방황이 길어지면 자신이 누구인지, 자신의 역할이 무엇인지에 대해 역할 혼미가 생긴다. 그러나 자아정체감은 빨리 획득하기 어렵기 때문에 청소년은 또래나 위인, 또는 연예인 등에게서 동일시 대상을 찾으려고 한다.

Erikson은 이 시기를 기본적 신뢰감이 형성되는 시기만큼이나 중요하게 생각하였다. 왜냐하면 이 시기에 긍정적인 자아정체감이 형성되면 이후 인생의 여러 단계에서 심리적 위기를 잘 극복할 수 있지만 부정적인 자아정체감을 형성하게 되면 계속 방황하게 되기 때문이다.

⑥ 친밀감 대 고립(sense of intimacy vs. isolation)

20세경부터 시작되는 청년기를 지나 성인기에 이르는 초기 성인기로 성인은 자신에 대한 관심에서 벗어나 직업을 선택하고 배우자를 찾고자 한다. 이러한 과정에서 다른 사람과의 친밀감 형성이 주요 과제가 된다. 진정한 친밀감은 합리적인 자아정체감이 형성되었을 때만 가능하며 이는 우정과 사랑 모두에서 필요하다. 친밀감 형성이 잘 이루어지지 않으면 자신에게만 몰두하여 사회적 관계에서 고립감을 느끼게 된다.

⑦ 생산성 대 침체(sense of generativity vs. stagnation)

중년기에 해당하는 성인기로 다양한 측면에서 생산성을 발휘한다. 가정에서는 자녀를 출산하여 양육하고, 사회적으로는 후세대를 양성하는데 노력을 기울이며 직업적인 성취나 학문적, 예술적 업적에서도 생산적으로 활동한다. 그러나 생산성을 제대로 발휘하지 못하면 성격이 침체되고 불모화되어 침체성을 형성한다.

⑧ 자아통합 대 절망(sense of integrity vs. despair)

노년기에 해당하는 시기로 지나온 삶을 되돌아보고 자신의 삶이 가치있다고 느끼며 인생의 의미를 발견할 때 자아에 대한 통합감을 가진다. 즉, 자아정체감을 획득하고 만족할 만한 친밀감을 발달시키며 후세대를 통해 생산성을 산출한 사람은 확실한 자아 통합감이나 긍정적인 자아개념을 획득하면서 인생의 마지막에 도달한다.

그러나 자신의 생을 되돌아볼 때 지나온 삶이 아쉽고 후회스러우며, 신체적 노쇠, 직업에서의 은퇴, 친구나 배우자의 사망 등으로 인생에 대한 무력감을 느끼게 되면 절망감이나 극단적인 부정적 자아개념을 가지게 된다. Erikson에 따르면 이 시기의 성공과 실패는 다가오는 신체적, 사회적 퇴보를 어떻게 수용하는가에 달려 있다.

이와 같은 8단계의 발달단계를 통해 Erikson은 각 단계에서의 위기를 만족스럽게 해결하면 보다 건전한 발달이 보장되지만 긴장이나 갈등이 계속되면 자아발달은 손상을 입게 된다고 설명하였다. 또한 그는 자신의 8단계이론이 인간발달의 보편적 양상을 기술하고 있기는 하지만 개인이 각 단계에서 위기를 해결하는 방식에는 문화마다 차이가 있다고 설명하였다.

(3) Erikson 이론에 대한 평가

Erikson 이론은 Freud 이론에 기초하여 이를 확장시키면서 사회적 요인들이 인간의 각 단계에 어떻게 영향을 미치는지에 대해 알아보고자 하였다. Erikson도 Freud와 마찬가지로 인생의 초기 경험을 중요시하면서 인간을 수동적이고 비관론적으로 봄으로써 정신분석이론이 가지고 있는 기본적인 한계를 벗어나지 못하였다. 또한 과학적인 근거가 제시되지 못하였고 이론을 구축한 개념들이 애매하고 모호하다는 비판도 받고 있다(Thomas, 2000, p. 161). 뿐만 아니라 유아기에 주도성이 위축되어 죄책감을 형성한다고 하였는데 죄책감이 이 시기의 개념 설명으로는 적절하지 못하다는 비판도 제기되고 있다.

그럼에도 불구하고 Erikson은 정상적인 성인을 대상으로 자료를 수집하여 이론을 구축하고 생의 8단계이론을 제시함으로써 정상적인 인간이 사회적 관계 속에서 발달해 나가는 과정을 설명하였다. 또한 Erikson 이론은 인간발달에서 전 생애를 통한 발달적 접근을 하였다는 점과 문화적 상대성을 인정한 점도 큰 공헌점이라 할 수 있다.

(4) Freud 이론과 Erikson 이론의 공통점과 차이점

Freud와 Erikson 이론은 정신분석이론이라는 점에서 이론의 출발점은 같지만 Erikson이 Freud 이론의 한계점을 벗어나 자신의 이론으로 발전시키는 과정에서 여러 가지 차이점을 보인다.

① 공통점

Freud와 Erikson의 연구는 아동발달에 많은 영향을 미쳤다. 두 사람 모두 유아기를 중요하게 여겼으며 정신적으로 건강한 성인이 되려면 어린 시절의 갈등구조들을 잘 해결해야 한다고 보았다. 이러한 점에서 Freud의 심리성적 이론과 Erikson의 심리사회적 이론은 몇 가지 공통점을 지닌다. 첫째, 인간의 자아분석에 기초를 두고 자아의 성장과정을 설명하고자 하였다. 둘째, 과학적인 근거를 제시할 수 있는 정확성이 결여되어 있다. 셋째, 인생의 초기 경험을 중요시하여 어린 시절의 경험과 부모와의 관계가 인간의 발달에 큰 영향을 미친다는 것을 강조하였다. 넷째, 인간의 발달과정이 질적 차이가 있는 단계로 구성되어 있고, 발달도 단계별로 진행된다고 주장하였다(유안진, 1999, pp. 71-72).

② 차이점

Freud와 Erikson 이론은 몇 가지 차이점이 있다. 첫째, Freud가 청년기를 끝으로 5단계로 성격발달이 완료된다고 한 것에 비해, Erikson은 전 생애를 통해 발달이 지속된다고 보고 발달의 단계를 8단계로 연장하였다. 둘째, Freud는 한 단계에서의 발달이 순조롭지 않으면 고착이라는 현상을 통해 그 실패를 되돌릴 수 없다고 한 반면, Erikson은 후에라도 적절한 애정과 보살핌이 주어지면 실패가 수정될 수 있다고 보았다. 셋째, Freud는 원초아와 무의식을 중시하였고, Erikson은 의식을 중시하였다. 즉, Freud는 인간의 꿈이나 기억 등을 분석하여 이론을 구축하였으나, Erikson은 개인이 소속한 사회적 관계 속에서 개인의 자아를 분석하는 등 사회적 경험을 통해 이론을 수립하였다. 넷째, Freud는 부모와의 관계만을 중시하였으나, Erikson은 사회문화적인 요인을 중시하였기 때문에 아동의 성장발달에는 부모만이 아닌 가족, 친구, 사회, 문화적 요인들이 중요하게 작용한다고 보았다. 다섯째, Freud와 Erikson은 연구와 자료수집 대상이 달랐다. 즉, Freud는 자신의 신경증적 성인 환자들을 치료하는 과정에서 그들의 어린 시절을 회상하게 하여 무의식을 분석한 자료를 이론의 근거로 삼았다. 그러나 Erikson은 정상인을 대상으로 자료를 수집하였으며 여기에 아동에 대한 관찰자료와 여러 문화의 사람들을 대상으로 한 자료를 포함시켜 훨씬 방대한 자료를 바탕으로 이론을 구축하였다. 마지막으로 Freud 이론에 나오는 개념들은 고대 그리스신화에서 인용된 반면, Erikson의 이론은 시, 민속, 일상생활의 지혜 등을 참고하여 이루어졌다.

3. 인지발달이론

인지(cognition)는 라틴어의 'congos cere', 즉 '아는 것(to know)'이라는 단어에서 유래하였다. 인지이론가들은 아동의 인지활동과 기능의 발달을 설명하는데 초점을 두어 인간은 자신의 성숙과 이전의 경험을 보완하고자 능동적으로 환경과 상호작용하는 존재이며, 그러한 상호작용의 결과로 발달이 일어난다고 본다. 본 절에서는 Piaget의 인지발달이론과 Vygotsky의 사회문화적 인지이론에 대해 살펴보고자 한다.

1) Piaget의 인지발달이론

(1) Piaget의 생애

Jean Piaget
(1896~1980)

1896년 스위스에서 태어난 Piaget는 어려서부터 과학자로서의 자질을 보여주었다. 21세에 동물학 박사학위를 받았으나 지식의 근원에 관한 문제를 해결하고자 아동심리 분야에서 과학적 연구를 하기로 결심하였다.

1920년 Piaget는 파리의 Binet 실험실에서 일하며 아동용 지능검사를 개발하던 중 아동의 반응, 특히 오답에 대해 관심을 가지고 그들의 오류가 일관성 있는 유형을 따른다는 것을 발견하였다. 이러한 오류의 유형들은 Piaget로 하여금 아동들의 사고에 그 나름대로 독특한 특성이 있을 수 있다는 생각을 하게 했다. 이에 Piaget는 표준화된 검사 대신 보다 개방적인 임상적 면접법을 고안했으며, 아동의 자연스런 활동을 관찰함으로써 아동으로부터 직접 많은 것을 배우고자 했다.

1925년 첫째 딸이 태어나자 Piaget는 아동의 인지적 행동에 관한 일련의 주요 연구들을 시작했다. Piaget의 초기 연구들은 꿈, 도덕성, 일상생활에서 아동이 흥미를 갖는 주제들을 다루었으나, 1940년대 초부터는 수학적, 과학적 개념에 대한 아동의 이해에 초점을 두고 연구하였다(Ginsburg & Opper, 1969; 서봉연 · 이순형, 1983, p. 125).

Piaget는 아동심리학 분야에서만 40권 이상의 저서와 100편 이상의 논문을 발표하였다. 1960년대에 들어와 그의 연구는 세계 각국의 심리학자들로부터 관심을 받았으나 연구방법상의 결함으로 미국의 심리학자들로부터 비판을 받기도 하였다. 그러나 최근 발달심리학 연구의 기초를 닦은 그의 학문적 기여에 대해 재평가가 이루어지고 있다(정옥분, 2003, p. 169).

(2) 인지발달의 기본 원리와 개념

Piaget는 인지적 능력을 내용(content), 구조(structure), 기능(function)의 세 가지 요소로 나누어 설명하였다(성현란 외, 2004, p.21). 인지적 능력의 내용은 우리가 관찰할 수 있는 인지적 행동들이다. 영아가 손을 뻗어 장난감을 잡는 행동, 아동이 블록을 색깔에 따라 분류하는 행동, 청년들이 가능한 모든 대안에 대해 추상적인 사고를 하는 것들을 예로 들 수 있다. 따라서 사고가 조금이라도 포함되면 모두 인지적 행동의 범주에 들어간다고 본다. Piaget는 인지의 내용이 인지의 구조와 기능에 의해 결정된다고 보고 이 두 가지 요소의 본질을 규명하고자 하였다.

① 인지구조: 도식

Piaget는 인지구조를 도식(scheme)이라고 불렀다. 도식은 사고 또는 행동의 조직화된 패턴(유형)으로서 경험의 어떤 측면을 이해하기 위해 아동이 구성하는 것이다. 예를 들어, 대다수의 3세 유아는 태양이 살아 있다고 생각하는데, 이는 움직이는 것은 모두 살아 있다는 단순한 인지도식에 근거하여 생각하기 때문이다.

기본적인 반사를 가지고 태어난 신생아는 반사행동을 반복하면서 도식을 형성해 나간다. 빨기반사를 갖고 태어난 신생아는 젖을 빨면서 빤다는 행동도식(behavioral scheme)을 일종의 행동습관처럼 지니게 된다. 이러한 행동도식은 영아가 장난감을 만지고 숫자판을 돌리는 등 환경을 익히는데 기초가 된다. 영아기 말이 되면 영아는 시각적 이미지처럼 경험을 정신적으로 나타내는 상징도식(symbolic scheme)을 형성하며, 학령기 초 아동은 조작적 도식(operational scheme)을 형성하게 된다. 조작적 도식은 내적인 정신활동 또는 두뇌활동(예를 들면, 인지적 덧셈이나 뺄셈) 유형으로서 정보를 정신적으로 다루며 일상생활에서 부딪히는 문제들을 논리적으로 생각할 수 있게 한다.

어떤 연령에서든 아동은 자신을 둘러싼 세계를 이해하기 위해 현재 자신이 가지고 있는 인지구조에 의존한다. 따라서 나이 차이가 큰 두 아동이 있다면, 그들 각각은 매우 다른 유형의 도식을 가지고 있으므로 똑같은 사물과 사건에 대해서도 아주 다른 방식으로 해석하고 반응한다.

② 인지기능

아동은 어떻게 더 복잡한 도식을 발달시켜 지적으로 성장하게 될까? 선천적으로 지식을 가지고 태어나거나 성인에 의해 사고하는 방법을 배우는 것이 아니다. 대신 아동은 호기심 많고 적극적인 탐험자로서 자신이 직접 경험하여 보다 능동적으로 새롭게 세상을 이해하려는 구성주의자로 간주된다. 아동은 주변에서 일어나는 일을 주시하며, 자신이 접하는 사물을 실험하려 하고, 사건들을 연관지으려 한다. 그러다가 아동은 현재 이해하고 있는 것(또는 도식)이 경험한 것을 설명하지 못할 때 당황한다.

Piaget에 의하면, 아동은 두 가지의 인지기능, 즉 '조직화'와 '적응'의 기능을 타고났기 때문에 새로운 도식을 구성할 수 있다. 조직화(organization)는 현재의 도식들을 새롭고 더 복잡한 지적 구조로 결합하는 과정이다. 유아는 물건을 잡는 것과 시각 초점을 맞추는 것 등 두 가지 독립적인 행동도식을 가지고 있다가 점차 두 가지 행동도식을 조직함으로써 이후에는 물건을 보면서 잡는 보다 높은 수준의 도식을 가지게 되는데 이는 조직화 기능에 의한 것이다. 그러므로 조직화란 보다 높은 수준의 지식체계로 도식들을 통합하는 기능이다.

적응(adaptation)은 환경의 요구에 적응해 가는 과정을 의미한다. 인간은 일생을 통해 끊임없이 환경에 적응하기 위해 상호보완적인 활동인 동화(assimilation)와 조절(accommodation)을 한다. 동화는 자신이 이미 가지고 있는 도식에 외부의 대상을 받아들이는 인지과정이다. 반면, 조절은 자신이 가진 기존의 도식이 새로운 대상을 동화하는 데 적합하지 않아 불평형(disequilibrium) 상태가 될 때 새로운 대상에 맞도록 이미 가지고 있는 도식이나 구조를 바꾸는 것이다. 새로운 대상이나 사건을 접했을 때 처음에는 현재의 인지구조로써 이해하다가(동화), 현재의 도식으로는 해결이 부적절하다고 판단되면(조절을 통해) 도식을 수정하거나 현실과 더 잘 조화될 수 있도록 도식들을 다른 관련 도식들과 통합한다(조직화). 그럼으로써 사고 대상이 이해되면 아동은 개인 내 인지구조와 환경 간의 조화, 즉 평형

표 2-1 인지구조와 기능별 초점과 실례

기능		초 점	실 례
조직화		도식은 상호 연관된 체제 속에서 조직되어 주변 세계에 적용한다.	세발자전거, 태양, 강아지에 대한 도식을 함께 연결하여 그들 사이의 유사성과 차이점을 쉽게 지각한다.
적응		환경과의 직접적인 상호작용을 통하여 도식이 변화하는 과정으로서 동화와 조절로 이루어진다.	자신의 도식을 적용시켜 태엽을 감아야 움직이는 신기한 장난감의 특성을 이해한다.
	동화	현재의 도식으로 세계를 해석하는 것이다. 유아들은 주변세계를 이해하기 위해 도식을 동화시키거나 사용하려고 애쓴다. 도식을 성공적으로 사용함으로써 균형 상태, 안정된 인지적 상태를 만든다.	처음에 자신의 경험에 비추어 움직이는 많은 것들은 살아 있다는 도식을 적용한다. 그리하여 움직이는 장난감은 살아 있다고 생각한다.
	조절	새로운 도식을 창출하거나 새로운 사물을 이해하기 위해 도식을 바꾸는 것이다.	태엽을 감지 않으면 장난감이 움직이지 않는다는 것을 발견한다. "움직이는 물체는 살아있다."는 도식을 "스스로 움직이는 물체가 살아 있다."라고 수정한다. 더이상 장난감은 살아 있는 것이라고 생각하지 않는다.

〈출처〉 조복희 외(1997). 인간발달, p. 60.
Shaffer, D. R. (2000). *Social & personality development*, p. 52.

(equilibrium) 상태를 이룬다. 그러나 호기심 많고 능동적인 인간이 다시 새로운 대상이나 사건을 접하여 인지적 불평형 상태에 빠지면 새로운 동화와 조절과정을 시작하고, 그 결과 이전보다 더 높은 수준의 평형을 이룬다. 이렇게 평형과 불평형의 상태가 지속적으로 일어남으로써 아동은 더 높은 인지수준으로 나아간다.

(3) 인지발달단계

아동이 인지적으로 성장하면서 인지적 내용은 변할 수 있지만 인지구조의 기능은 언제나 똑같이 작용한다. Piaget는 조직화와 적응과정을 통해 새롭게 생기는 인지구조가 기존의 구조와 질적으로 상이하다고 가정하고 이러한 인지구조의 질적인 변화에 기초하여 인지발달단계를 제시하였다. 이러한 단계적인 인지발달에 관한 Piaget 이론은 모든 아동이 동일한 순서로 제시된 단계를 거쳐 가지만 단계를 거치는 속도는 아동에 따라 다를 수 있고, 각 단계는 그 이전 단계의 구조들이 통합되어 나타나기 때문에 다음 단계는 질적으로 다르며 수준도 더 높아 단계를 뛰어넘을 수 없다는 특징이 있다(신명희 외, 1998, p. 48).

Piaget가 제시한 인지발달단계는 연령에 따라 감각운동기, 전조작기, 구체적 조작기, 형식적 조작기로 이루어진다.

① 감각운동기(sensorimotor stage, 0~2세)

0~2세의 영아는 주로 감각기관과 운동기능을 통해 세상을 이해한다. 즉, 이 시기의 영아는 감각 · 운동의 행동적 도식을 형성해서 외부 환경을 이해하고 적응해 가기 때문에 Piaget는 이때를 감각운동기라고 명명하였다. 감각운동기는 다시 하위 6단계로 나뉜다(김태련 외, 2004, pp. 140-144; 송명자, 1997, pp. 95-100; 최경숙, 2006, pp. 138-142; Shaffer & Kipp, 2007, pp. 247-251).

가. 1단계: 반사운동기(reflex exercises: 출생~1개월)

출생 직후부터 영아는 입에 닿는 것은 무엇이든지 빨고, 손에 닿는 것은 잡는 등 환경의 자극에 대해 자동적으로 반응하는 생득적인 반사를 반복 연습한다. 젖꼭지를 반사적으로 빠는 행동은 환경 내 자극인 젖꼭지를 자신의 반사기능에 동화하는 것이다. 그러나 젖꼭지의 크기에 따라 입 모양을 조정하거나 빠는 행동에 적응하기 위해 숨을 늦추는 행동을 함으로써 자신의 빠는 행동을 초보적으로 조절한다.

나. 2단계: 1차 순환반응기(primary circular reactions: 1~4**개월**)

이 시기를 1차 순환반응기라고 하는 것은 영아가 우연히 했던 행동이 흥미로워 이후에 그 행동을 계속 반복한다는 의미에서 '순환반응' 이라 하고, 흥미를 끈 행동이 외부 대상이 아니라 영아 자신의 신체 움직임이기 때문에 '일차적' 이라고 한다. 예를 들면, 우연히 손가락을 입에 넣었던 아기가 그것이 재미있거나 빠는 느낌이 좋을 경우에 계속 손가락을 빠는 것이다.

신체적 반응을 반복하는 것은 일종의 습관이 형성되는 것이다. 습관은 1단계에서의 단순한 반사반응과 달리 행동의 작용 폭이 시간적, 공간적으로 더 넓어졌다는 점에서 차이가 있다. 따라서 이 단계 동안 반사기능들은 감각운동도식으로 발달한다. 예를 들어, 영아는 손에 닿는 물건을 되는대로 잡는 반사기능으로부터 물건의 모양에 따라 잡는 방식을 정교하게 조절할 수 있는 감각운동적 잡기도식이 발달한다. 또한 독립적인 도식들이 통합되어 보다 큰 단위의 도식을 이룬다. 영아는 딸랑이를 잡아서 빠는 '잡기-빨기 도식' 과 같은 새로운 도식을 형성한다.

다. 3단계: 2차 순환반응기(secondary circular reactions: 4~8**개월**)

영아는 우연히 자신의 신체 외부에 있는 사물을 발견하고 그것이 흥미를 끌면 앞서 획득한 감각운동도식을 적용하여 그 사물과의 활동을 반복하기 때문에 2차 순환반응기라고 한다. 예를 들어, 영아가 우연히 딸랑이를 잡고 흔들었는데 소리가 나자 잠시 멈추었다가 다시 흔들어보는 행동을 반복하는 것이다. 그에 따라 이 단계의 영아는 자신의 행동에 의해 환경 내에서 어떤 결과를 얻을 수 있다는 초보적인 인과성(causality)에 대한 지식을 갖게 된다. 그러나 아직 영아는 행동하기 전에 어떤 의도나 목표를 가지고 행동하는 것은 아니다.

영아가 손에 쥐어 준 공을 요람 밖으로 던지면 어머니가 집어주고, 다시 영아가 던지면 어머니가 또 집어주는 식의 순환 · 반복적인 반응은 눈에 보이던 것이 보이지 않게 되더라도 완전히 없어지는 것이 아니라 어딘가에 있다는 대상영속성을 확인해 가게 한다. 영아는 이전 단계에서 흥미를 보이던 물체가 눈앞에서 사라지면 더이상 존재하지 않는 것으로 믿는 듯 찾지 않다가 2차 순환반응단계에 들어서면서 감춰진 물건의 일부가 보이면 찾을 수 있다.

모방은 적응 차원에서 중요한데 이 단계의 영아는 모델이 보이는 새로운 반응을 아직 모방하지 못한다. 모방도식이 정확하지 못해 까꿍놀이에서의 단순한 반응이라도 정확하게 모방하려면 며칠 또는 몇 주의 시간이 걸리기도 한다.

라. 4단계: 2차 순환반응의 협응기(coordination of secondary circular reactions: 8~12개월)

이 단계에 들어서면 영아는 자신이 원하는 행동의 목적을 알고 목적을 어떻게 달성할지를 모색함으로써 명백히 의도적인 행동을 나타낸다. 목적을 달성하기 위해 수단이 되는 도식들을 연결하여 사용하기 때문에 2차 순환반응의 협응기라고 한다. 예를 들어, 영아가 보는 앞에서 좋아하는 딸랑이를 헝겊인형으로 덮으면 영아는 기어가서 그 인형을 밀치고 딸랑이를 잡는다. 딸랑이를 잡으려는 목적을 위한 수단으로서 영아는 기기, 밀기, 잡기도식을 결합하는 것이다. 따라서 이 단계에서 영아는 수단과 목적을 결합하는 최초의 의도적인 문제해결행동을 보인다.

이 단계의 영아는 대상영속성 이해에 있어 상당한 진전을 보여 직접 눈에 보이지 않아도 물건을 찾아낼 수 있다. 다만 영아는 이전에 물건을 성공적으로 찾았던 행동을 반복하기 때문에 이전에 찾았던 장소에 있던 물건을 영아가 보는 앞에서 꺼내 새로운 장소로 옮겨도 이전의 장소에서만 물건을 찾으려고 한다.

마. 5단계: 3차 순환반응기(tertiary circular reactions: 12~18개월)

이 단계에서 영아는 다양한 운동기술과 호기심이 발달하면서 적극적인 탐색과 시행착오과정을 거쳐 4단계에서 획득한 수단 · 목적의 관계와는 다른 새로운 수단 · 목적의 관계, 즉 새로운 인과관계를 탐색한다. 1차 순환반응이 신체적 즐거움을 주는 단순한 행동의 반복이라면, 2차 순환반응은 목적을 가지고 이전에 만족했던 행동을 반복하는 것이다. 그러나 3차 순환반응은 단순히 목적 달성 행동을 반복하는 것이 아니라 새로운 행동이 가져올 결과에 대해 다양하게 시도해 보는 것이다. 예를 들어, 고무오리 장난감을 "꽥" 소리가 나게 하려고 비틀기만 했던 영아는 이 단계에 오면 떨어뜨리거나 밟아보거나 베개로 누르는 등의 다양한 행동을 해봄으로써 같은 효과가 있는지를 확인한다. 영아는 마치 실험하듯이 반복해서 사물을 탐색하여 그 속성을 알아냄으로써 새로운 도식들을 형성해 간다. 뿐만 아니라 이 단계에서는 자발적인 모방이 더 정확하게 이루어진다.

영아는 자신이 보는 앞에서 새로운 장소에 물건을 감추면, 즉 자신이 볼 수 있는 공간이동에서는 대상영속성이 가능하지만, 안 보이는 상태에서 장소를 옮겨 물건을 공간이동한 경우에는 계속 찾던 장소에서만 물건을 찾으려고 한다.

바. 6단계: 정신적 표상기(mental representation: 18~24개월)

5단계까지의 영아는 외적이고 직접적인 감각운동적인 행동차원에서 사물에 대한 인지작용이 가능했지만, 6단계에 들어서면 대상을 마음속에 정신적으로 표상하여 저장하고 나중에 그 대상이 눈앞에 없더라도 기억해 내서 사고하거나 문제해결에 사용하는 것이 가능해진다. 또한 영아는 여러 가지 현상을 내적으로 표상하여 사고할 수 있는 능력이 있어 미리 생각하고 행동하므로 시행착오를 덜 하게 된다. 따라서 이 단계는 표상을 통해 눈앞에 없는 대상에 대한 사고가 가능해짐으로써 전조작기로 전환하는 시기이다.

이 단계에서 영아는 완전한 대상영속성이 나타나 보이지 않는 물건의 이동을 머리속 표상을 통해 이해하므로 사라진 물건을 찾을 수 있다. 또한 이 단계에서는 과거에 다른 사람이 했던 행동을 기억했다가 시간이 경과한 후에 재현하는 지연모방(deferred imitation)이 가능하다.

② 전조작기(preoperational stage, 2~7세)

2세 이후의 영아는 감각운동기에 비해 사물에 대한 상징이나 표상을 사용하는 능력이 증가하지만 문제를 풀거나 논리적인 사고를 할 수 없기 때문에 전조작기라고 불린다. 이 시기는 다시 두개의 하위단계인 2~4세까지의 전개념기(preconceptional period), 4~7세까지의 직관적 사고기(intuitive period)로 나뉜다.

가. 전개념기

개념이란 사물의 특징이나 관계, 속성에 대한 생각으로서 어떤 대상에 대한 정확한 개념을 가지고 있다면 그 대상이 어떻게 변화되든 동일한 대상으로 인식할 수 있다. 그러나 2~4세의 유아는 성숙한 개념이 발달하지 않아 전개념적 사고기에 머문다. 전개념적 사고의 특징은 상징적 사고, 자아중심적 사고, 물활론적 사고, 전환적 사고, 인공론적 사고, 목적론적 사고 등을 들 수 있다.

㉠ 상징적 사고

전조작기의 가장 중요한 인지적 특징은 표상에 의한 상징적 사고(symbolic thought)가 가능해진다는 것이다(Piaget, 1962). 영아기 말에 정신적 표상이 가능해짐으로써 시작된 상징적 사고는 유아기에 활성화된다. 상징(symbol)이란 어떤 사물이나 개념을 나타내는 징표로서 상징을 사용하면서 유아는 '지금, 여기'의 한계에서 벗어나 정신적으로 과거와 미래, 그리고 다른 장소를 넘나들게 된다.

상징을 사용하기 시작하면 가상놀이(또는 상징놀이)나 지연모방을 할 수 있다. 가상놀이(pretend play)란 가상적인 사물이나 상황을 실제 사물이나 상황으로 상징화하는 놀이이다. 막대기를 총이나 칼이라고 한다든지, 베개를 아기라고 업고 노는 행동 등에서 유아의 상징적 사고를 엿볼 수 있다. 유아가 많이 하는 가상놀이로 소꿉놀이, 병원놀이 등을 들 수 있다. 또한 이 단계의 유아는 지연모방이 가능하다. 예를 들면, 형이 아버지에게 혼나는 것을 본 유아가 며칠 후 곰인형이 말을 안 듣는다며 혼내주기도 한다. 이는 정신적 표상능력과 더불어 이를 정확하게 표현할 수 있는 능력이 있어서 가능한 것이다.

ⓛ 자아중심적 사고

자아중심성(egocentrism) 또는 자아중심적 사고(egocentric thought)는 타인의 생각, 감정, 지각, 관점 등이 자신과 동일하다고 생각하는 것이다. 유아는 사물이나 현상을 자신의 입장에서 보기 때문에 다른 사람도 자신과 똑같이 생각하고 행동한다고 믿어 다른 사람의 관점을 이해하지 못한다. 유아의 자아중심적 사고는 조망수용(perspective taking)능력과 자아중심적 언어에서 가장 뚜렷하게 나타난다.

조망수용능력은 다른 사람의 입장에 자신을 놓고 그 사람의 위치나 감정 또는 관점을 이해하는 것이다. 이 시기의 유아는 자아중심적 사고에 의해 공간조망과 감정조망을 수용할 수 있는 능력이 발달되어 있지 않다.

공간조망수용능력은 자신과 다른 사람의 위치에 따라 사물의 모양이 다르게 보인다는 것을 아는 것으로 공간조망수용능력이 없는 유아는 다른 사람의 위치에서 보는 공간적 시각을 추론할 수 없다. 유아의 공간조망수용능력을 알아보는 대표적인 실험이 Piaget와 Inhelder(1956)의 '세 개의 산 실험(three mountains experiment)'이다.

Piaget와 Inhelder는 색, 크기, 모양이 다른 세 개의 산 모형을 만들었다. 그림 2-3에서 보는 것과 같이 하나의 산꼭대기는 눈으로 덮여 있고, 다른 하나의 산 꼭대기에는 집이 있으며, 나머지 다른 산 꼭대기에는 십자가가 있다. 세 개의 산 모형을 테이블 위에 올려놓고 테이블의 양쪽에 의자를 놓았다. A 위치에 유아를 앉게 하고 맞은편 C 위치에 인형을 앉힌다. 테이블의 네 방향에서 보이는 산의 모습을 찍은 사진을 유아에게 보여주며 유아가 바라보는 모습의 사진과 인형이 바라보는 모습의 사진을 고르게 한다. 유아는 인형이 보는 사진의 모습인 C는 고르지 못하고 자신이 보는 모습과 같은 A 사진만을 고르는데 이는 유아가 인형의 위치, 즉 상대방의 위치에서 공간조망을 하지 못한다는 것을 보여주는 것이다.

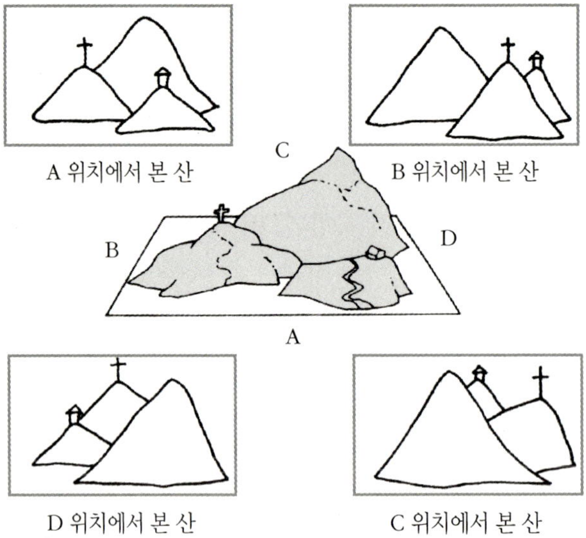

그림 2-3 세 개의 산 실험

〈출처〉 송명자(2008). **발달심리학**, p. 108.

감정조망수용능력이란 다른 사람의 감정 상태를 이해하는 것으로서 전조작기 유아는 다른 사람의 감정을 이해하지 못하여 다른 사람도 자신과 같은 감정을 가지고 있다고 생각한다. 예를 들면, 동생과 싸우고 동생을 때려준 후에 재미있는 텔레비전 프로그램을 보는 유아는 동생이 맞아서 화가 나 있다는 생각을 하지 못하고 동생도 자신과 마찬가지로 텔레비전 프로그램을 보고 즐거운 기분일 것이라고 생각한다.

조망수용능력과 관련하여 Piaget의 과제가 너무 어렵기 때문에 유아가 조망수용능력을 나타내지 못한다는 비판도 있다. 조망수용을 측정하는 과제가 일상생활에서 볼 수 있는 친숙하고 단순한 과제일 때는 유아도 어느 정도 타인의 조망을 고려할 수 있다는 연구결과들도 있다(Cohen, 1983; Newcombe & Huttenlocher, 1992).

한편, 유아의 자아중심성은 언어에서도 나타난다. 유아는 자신이 하는 말을 상대방이 알아듣든지 못 알아듣든지 관계없이 자기의 생각만을 말하는 의사소통 양식을 보인다. Piaget가 제시한 자아중심적 언어의 예는 다음과 같다(송명자, 2008, p. 109).

유아 A　어제 대단했어.
(자신이 본 비행시범이 대단했음을 뜻함.)
유아 B　파란 것이 있었어. 많이 있었는데 전부 한 줄로 갔어.
(자신이 본 비행기 편대를 뜻함.)
유아 A　나는 어제 자동차를 타고 갔어. 차에서 보니 빈 차들이 많이 지나갔어.
(비행기 편대에 의해 연상된 것임.)
유아 B　나는 그걸 그리고 싶어.
(비행기를 그리고 싶다는 뜻임.)

위의 대화는 괄호 안의 설명 없이는 그 의미를 제대로 이해할 수 없다. 이와 같이 자아중심성으로 인해 의미전달이 어려운 유아 특유의 의사소통을 Piaget는 독백과 같다고 보고 이를 집단적 독백(collective monologue)이라고 설명하였다. Piaget(1973)에 의하면 유아의 전체 언어 중 자아중심적인 언어가 차지하는 비율은 연령이 증가함에 따라 감소한다. 즉, 3세에 51%, 4세에 48%, 5세에 46%, 6세에 45%이던 자아중심적 언어의 비율이 7세에는 28%로 급격하게 감소한다. 이러한 결과를 통해볼 때 유아는연령이 증가함에 따라 사회화된 언어를 사용할 수 있게 된다는 것을 알 수 있다.

ⓒ 물활론적 사고

물활론적 사고는 모든 사물은 살아 있고 각자의 의지에 따라 움직인다고 생각하는 것으로서 이 시기의 유아는 모든 사물이 살아 있다고 생각한다. 이러한 물활론적 사고는 유아의 연령이 증가함에 따라 일련의 단계를 거쳐 발달한다(Bullock, 1985).

- **1단계(4세 이전)** 모든 사물은 살아 있다고 생각한다.
- **2단계(4~6세)** 움직이는 것은 살아 있다고 생각한다. 자전거나 구름은 움직이므로 살아 있는 것이며, 나무나 꽃은 움직이지 않으므로 죽은 것이라고 생각한다.
- **3단계(6~8세)** 스스로 움직이는 것만 생명이 있다고 생각한다. 동물이나 해, 달 등은 스스로 움직이고 빛을 발하므로 살아 있다고 생각하고, 자동차나 자전거는 사람이 움직여야 하므로 죽은 것이라고 생각한다.
- **4단계(8세 이후)** 생물학적 생명관에 기초하여 비로소 동물과 식물에만 생명이 있다는 것을 알게 된다.

Piaget의 물활론적 사고를 비판하는 연구도 있다. 조망수용 과제와 마찬가지로 물활론적 사고를 알아보는데 사용한 대상이 유아에게 친숙하지 않은 것들이기 때문에 유아가 물활론적 사고를 보인다는 것이다. 유아에게 좀더 친숙한 대상들을 가지고 그들이 살아 있는지 질문하였을 때 유아들은 물활론적 사고를 나타내지 않았다는 연구결과(Richards & Siegler, 1986)도 있다.

㉣ 인과개념

인과개념(causal concept)은 어떤 현상의 원인과 결과 간의 관계를 추론하는 것이다. 전조작기의 유아는 정확한 논리적 추론능력이 결여되어 있어 독특한 인과적 사고를 한다. 전인과성(precausality)이라고 부르는 이러한 사고는 다음과 같은 세 가지 특징이 있다(송명자, 2008, pp. 116-117).

- **전환적 추론(transductive reasoning)** 한 특정 사건으로부터 다른 특정 사건을 추론하는 것이다. 예를 들면, 유아는 자신이 엄마의 말을 안 들었다는 사실과 엄마가 아프다는 사실을 연결시켜 유아 자신이 말을 안 들어서 엄마가 아프다는 인과관계로 연결시킨다.

● **인공론(artificialism)** 유아는 이 세상의 모든 사물이 인간에 의해서, 인간을 위해서 만들어졌다고 생각하는데 이를 인공론적인 사고라고 한다. 특히 유아들은 자아중심적 사고의 특성으로 인해 사물이나 자연현상이 자신을 위해 존재한다고 생각한다. 예를 들면, 하늘에 떠 있는 해는 자신을 비춰주기 위해 인간이 하늘에 만들어 두었다고 생각한다.

● **목적론(finalism)** 유아는 모든 사물에는 그것이 추구하는 목적이 있다고 믿는다. 즉, 별 목적이 없는 사건이나 우연히 나타난 현상에도 유아는 어떤 대단한 목적이나 존재의 원인이 있는 것으로 생각하는데 이를 목적론적인 사고라고 한다. 유아는 주변 사물이나 사람에게 많은 관심을 보이면서 "이게 뭐야?", "왜?"라는 질문을 끊임없이 하는데 이는 유아기에 보이는 왕성한 호기심과도 관련이 있다.

나. 직관적 사고기

4~7세의 유아는 사물이나 사건의 여러 측면에 주의를 기울이지 못하며 그 속에 내재된 규칙이나 조작도 이해하지 못하고 겉으로 드러난 사물의 속성을 바탕으로 사고하는 경향이 있다. 이를 직관적 사고라 하는데 유아는 모든 사물을 직관에 의해 파악하려는 경향이 있다. 직관적 사고의 특성으로 인해 보존과제, 서열화과제, 분류화과제를 해결하지 못한다.

㉠ 보존개념의 미획득

보존개념(conservation)은 사물의 모양이 변하거나 여러 부분으로 나뉘어져도 그 속성은 변하지 않는다는 것이다. 액체의 양에 대한 보존개념을 예로 들면, 같은 모양의 컵 두 개에 같은 양의 물을 담고 유아에게 어느 컵의 물이 더 많은지 물어보면 일반적으로 유아는 '같다'고 대답한다. 그리고 유아가 보는 앞에서 하나의 컵에 있는 물을 넓적한 모양의 다른 컵에 옮겨 붓고 어느 컵의 물이 더 많은지 다시 물어본다. 이때 유아는 모양이 다른 두 컵에 있는 물의 양이 같다는 것을 이해하지 못하고 두 컵 중 하나를 골라 그 컵에 있는 물의 양이 더 많다고 대답한다. 이는 유아가 물의 양을 비교할 때 컵에 담긴 물의 높이와 밑면적의 넓이를 모두 고려하지 못하고 높이나 넓이의 하나의 차원에만 주의를 기울여 직관적으로 보고 판단하기 때문이다. 이러한 결과는 유아가 양에 대한 보존개념을 획득하지 못했음을 보여주는 것이다.

Piaget는 전조작기 유아가 보존개념을 획득하지 못하는 이유를 중심화현상 때문이라고 보았다. 중심화란 두 개 이상의 차원을 동시에 고려하지 못하고 하나의 차원에만 주의를 집중하는 것이다.

㉡ 서열화과제의 미해결

서열화(seriation)는 사물을 길이나 크기 등의 일정한 특성에 따라 증가 혹은 감소하는 순서대로 배열하는 것이다. 길이가 서로 다른 여러 개의 막대기를 주고 유아에게 길이가 짧은 것부터 긴 것의 순서대로 나열해 보라고 하면 3~4세의 유아는 그림 2-4의 A처럼 막대기를 크기 순서대로 나열하지 못한다. 그러나 5~6세가 되면 B에서 보듯이 어느 정도 순서대로 나열하나 전체적으로는 아직 순서대로 완성하지 못하고 한쪽만 맞추기도 한다. C처럼 서열화를 할 수 있는 것은 구체적 조작기가 되어야 가능하다.

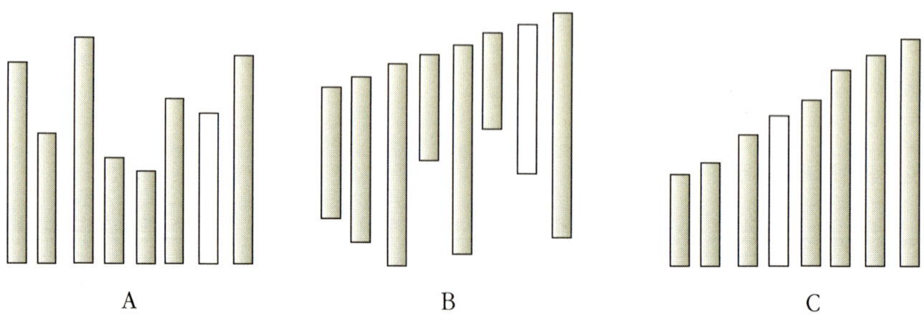

그림 2-4 서열화능력의 발달

〈출처〉 정옥분(2002). 아동발달의 이해, p. 369.

㉢ 분류화과제의 미해결

분류화(classification)는 여러 차원에 따라 다양한 방식으로 대상을 같은 속성을 가진 것끼리 묶는 것이다. 이 시기의 유아에게 여러 가지 형태, 색, 크기, 모양의 물건들을 주고 같은 속성을 가진 것끼리 분류하게 하면 이를 올바르게 분류하지 못한다.

상위유목과 하위유목 또는 전체와 부분의 관계를 이해하는 능력인 유목포함을 알아보는 실험에서 유아에게 파란색 꽃 네 송이와 노란색 꽃 열두 송이를 보여주고 "노란색 꽃이 더 많니? 꽃이 더 많니?"라고 물어보면 유아는 '노란색 꽃이 더 많다'고 대답한다. 이는 유아가 노란색 꽃과 파란색 꽃이 꽃이라는 상위유목 아래에 있는 하위유목이라는 것을 이해하지 못하기 때문이다. 다시 말하면, 전조작기 유아는 꽃이라는 전체와 노란색 꽃, 파란색 꽃이라는 부분의 관계를 명확하게 이해하지 못하고 꽃의 색에만 주의를 집중하기 때문이다.

유목포함에 관한 실험에서 각 유목의 수를 다섯 개 미만으로 줄이거나 질문의 양식을 바꾸거나 유아에게 좀더 친숙한 대상을 과제로 사용하면 유아도 어느 정도는 유목포함이 가능하다는 연구결과들도 있다(Markman, 1978; McGarrigle, Grieve, & Hughes, 1978).

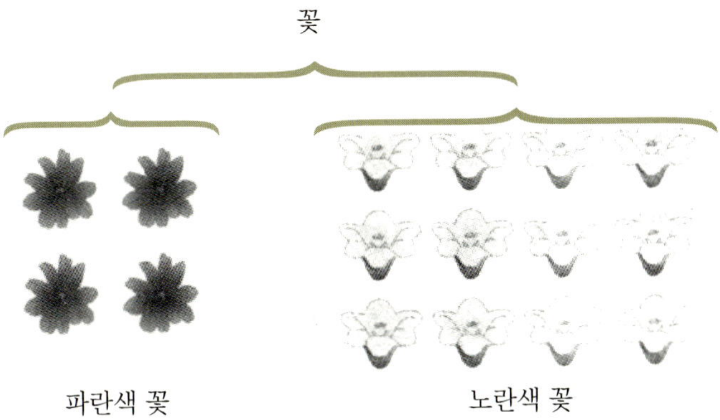

그림 2-5 유목포함

〈출처〉 Berk, L. A. (2008). *Infants and children*, p. 326.

③ 구체적 조작기(concrete operational stage, 7~11세)

구체적 조작기는 유아기에 비해 인지능력이 매우 증가한 아동기에 해당한다. 이 시기의 아동은 인지적 조작(operation)능력, 즉 심상이나 상징을 변경하고 재조직화하며 논리적 결론에 이르게 할 수 있는 내적인 정신능력을 습득하지만, 이때의 조작은 직접 경험한 구체적인 사실과 세계에 대한 조작으로 한정된다. 구체적 조작기의 가장 대표적인 특성은 가역성이며, 가역성에 의해 보존개념의 획득과 분류조작 및 서열조작이 가능하다. 이 시기에는 탈중심화 능력도 발달한다.

가. 보존개념

구체적 조작기 동안 아동은 길이, 무게, 부피 등 여러 가지 형태의 보존개념을 획득하며, 그것을 측정하는 보존과제의 형태가 다르더라도 인지적 조작능력이 발달함으로써 공통적으로 가역성(reversibility)을 적용한다. 가역성은 반환성(inversion), 보상성(compensation), 동일성(identity) 등의 추론을 통해 이루어진다.

대표적인 보존개념 측정 실험인 액체량 보존과제를 다시 생각해 보자. 똑같은 모양의 A와 B 두 컵에 같은 양의 주스가 있음을 아동에게 확인시킨 후, B컵의 주스를 더 좁고 긴 모양의 C컵에 붓고 외양이 달라진 C컵의 주스 양과 A컵의 주스 양이 같은지를 아동에게 질문한다. 구체적 조작기의 아동은 외양의 차이, 즉 지각적 특성을 벗어나 'C컵의 주스를 원래 B컵에 다시 부으면 주스 양은 같다' 는 반환성, 'C컵이 높이는 높지만 밑이 좁고, A컵은 높이는 낮지만 밑이 넓으므로 결국 주스의 양은 같다' 는 보상성, 'A컵과 C컵 어느 것에도 주스를 더 붓거나 덜어내지 않았기 때문에 주스의 양은 같다' 는 동일성의 추론에 의해 반응한다.

보존개념은 액체, 길이, 무게, 부피 등 보존과제가 무엇인지에 따라 그 획득시기에 차이가 있다. Piaget는 이러한 현상을 '수평적 격차(horizontal decalage)' 라고 설명하였다.

보존 과제	획득 연령	최초 배열	변형	변형된 배열	원리
수	6~7세	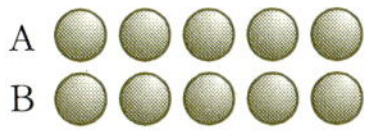 A줄과 B줄에 같은 수의 동전이 있는가?	한 줄을 길게 늘린다.	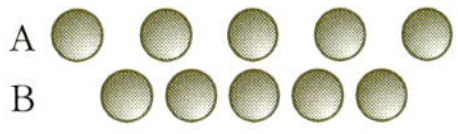 A줄과 B줄에 동전 수가 같은가?	재배열 후에도 수는 동일하다.
질량	6~8세	 점토덩어리 A와 B는 같은 양인가?	점토덩어리 B를 소시지모양이나 빈대떡 모양으로 바꾼다.	 A와 B의 양은 같은가?	모양이 변해도 점토양은 동일하다.
길이	7~8세	 막대 A와 B의 길이는 같은가?	막대 하나를 왼쪽이나 오른쪽으로 밀어 배열을 변화시킨다.	 A와 B의 길이는 같은가?	배열이 변해도 길이는 변하지 않는다.
용량	7~8세	 A컵과 B컵의 물의 양은 같은가?	A컵의 물을 길고 좁은 C컵에 옮겨 붓는다.	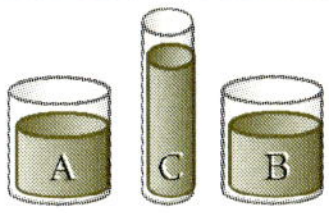 B와 C의 물의 양은 같은가?	물을 담은 용기의 모양이 변하더라도 실제 물의 양은 동일하다.
면적	8~9세	 A와 B의 두 농장이 있는데 각 농장에 집들이 있다. 당나귀가 농장에서 풀을 뜯어먹는다. A와 B에서 당나귀는 먹을 풀의 양이 같은가?	B 농장의 집들의 위치를 뒤섞어 놓는다.	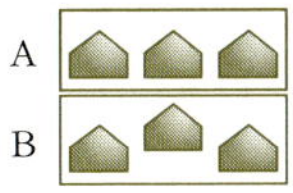 A와 B에서 당나귀는 같은 양의 먹을 풀을 갖고 있는가? 아니라면 왜 그런가?	면적을 덮고 있는 물체가 위치를 옮겨도 덮이지 않은 전체 면적은 변함이 없다.
무게	9~10세	 A와 B는 공모양이 점토 덩어리인데 둘다 같은 무게인가?	질량의 보존에서와 같이 B 점토공을 소시지 모양이나 빈대떡 모양으로 만든다.	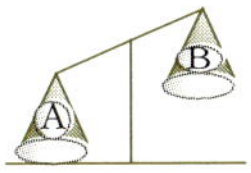 B 점토공을 저울에 올려놓으면 A 점토공과 무게가 같은가?	모양이 변해도 무게는 동일하다.
부피	10~15세	 점토공 A와 B에 줄을 달아 물이 담겨진 용기에 넣었을때, 물이 올라오는 높이가 같은가?	B 점토공의 모양을 바꾼다.	 점토공 A와 B가 용기 속의 물을 똑같은 높이로 올릴 것인가?	모양이 변해도 부피는 변하지 않으므로 물높이는 동일하다.

그림 2-6 다양한 보존개념의 측정 과제별 획득 연령과 변형과정 및 원리

〈출처〉 최경숙(2006). **아동발달심리학**, p. 150.

나. 분류조작

구체적 조작기의 아동은 가역성의 논리적 사고가 획득되어 사건이나 사물을 색, 크기, 형태 등 그들이 선택한 기준에 따라 일관성 있게 분류할 수 있다. 즉, 유목에 근거하여 분류화가 가능해진다. 분류화는 연령이 증가함에 따라 단순유목화에서 다중유목화로 발달한다. 단순유목화(simple classification)는 한 가지 속성에 따라 분류하는 것이고, 다중유목화(multiple classification)는 분류된 것들을 통합하여 유목의 위계적 망을 형성하면서 두 개 이상의 속성에 따라 대상을 분류하는 것이다. 다중유목화는 7~8세경에 나타난다. 또한 아동은 유목포함과제도 해결할 수 있다(Inhelder & Piaget, 1964; 송명자, 2008, p. 128).

다. 서열조작

구체적 조작기의 아동은 사물을 순서대로 배열하는 서열화능력이 발달하여 길이가 다른 막대를 길이라는 한 가지 속성에 따라 순서대로 배열하는 단순서열화(simple seriation)뿐만 아니라 높이와 두께가 다른 막대들을 각각의 차원에 따라 비교하여 순서대로 나열하는 다중서열화(multiple seriation)도 가능하다.

아동기에는 서열화의 하나인 추이성(transivity)조작도 가능하다. 길이가 다른 세 개의 막대 A, B, C를 주고 A가 B보다 더 길고, B가 C보다 더 길다는 것을 아동이 알도록 한다. 그후 직접 비교하지 않고 A와 C 중 어느 쪽이 더 긴지를 예상하게 하면 7~8세 아동은 A가 C보다 더 길다는 것을 정확히 추론할 수 있다. 이러한 서열화는 아동이 수의 관계를 이해하고 수 계산 학습을 하는데 기초가 된다.

Piaget는 추이성 조작, 다중서열화와 함께 유목포함과 다중유목화가 7~8세경에 획득되는 현상을 동시성(synchrony)현상이라고 설명하였다. 서로 다른 조작들이 같은 시기에 나타나는 동시성은 Piaget의 인지발달이론의 타당성을 보여주는 근거이기도 하다.

라. 탈중심화

전조작기의 아동이 모든 현상의 한 가지 측면만을 고려하여 사고의 중심화

(centration) 경향을 나타냈던 것에서 구체적 조작기의 아동은 한 가지 이상의 측면을 동시에 고려할 수 있는 탈중심화(decentration)라는 인지적 조작능력이 발달한다. 액체량 보존과제의 예에서 알 수 있듯이 아동은 변화된 정적인 상태(A컵과 C컵에 담긴 주스의 외양)에만 주의를 집중하는 것이 아니라 변화하는 상태를 전체적으로 고려하거나, 현저한 한 가지 차원(예: 높이)과 다른 차원(예: 넓이)을 동시에 고려하여 반응함으로써 탈중심화능력이 획득되었음을 보여준다.

사회적 관계에서는 조망수용능력과 의사소통과정에서 탈중심화된 인지적 조작능력이 나타난다. Piaget는 7~8세 이후에 탈중심화된 아동이 타인의 입장, 감정, 인지를 추론하고 이해할 수 있는 조망수용능력을 습득한다고 설명하였다(Piaget, 1950; 송명자, 2008, p. 107). 전조작기 아동의 자기중심적 언어가 7세부터 급격히 감소하여 사회화된 언어(socialized speech)를 사용할 수 있게 되는 것도 탈중심화된 사고에 의한 것이다(송명자, 2008, p. 109).

④ 형식적 조작기(formal operational stage, 11세 이후)

인지발달의 마지막 단계인 형식적 조작기는 사춘기에 시작한다. 이 시기의 청소년들은 추상적 개념을 이용한 논리적 사고가 가능하다. 즉, 현재의 상황뿐만 아니라 미래의 가능한 상황까지도 논리적으로 생각할 수 있다. 이러한 사고유형은 성인기까지 지속적으로 발달한다.

가. 가설연역적 추리

구체적 조작기의 아동도 연역적인 사고를 할 수 있지만 그들의 사고는 친숙한 사물이나 상황 등의 보다 구체적인 측면으로 제한되어 있다. 이에 반해 형식적 조작기의 청소년들은 추상적인 측면에서 과학뿐만 아니라 사회, 정치, 철학 등 전 영역에 걸쳐 문제를 해결하기 위해 가설을 설정하고 검증하여 그에 적합한 결론을 이끌어 낼 수 있으며, 이를 위해 다양한 전략을 사용한다.

나. 추상적 사고

형식적 조작기의 청소년들은 사실과 반대되는 명제를 제시하고 이를 해결할 수 있다. 예를 들어, 구체적 조작기의 아동들에게 "사람에게 날개를 달아준다면 어디에 달아주는 것이 좋을까?" 라고 질문한다면 "그런 일은 있을 수 없다."고 답하지만, 형식적 조작기의 청소년들은 "천사 같은 생각을 할 수 있도록 머리에 달아줄 거예요." 혹은 "겨드랑이에 날개를 달아서 온 세상을 자유롭게 날아다니고 싶어요." 등 사실과 다른 가상적인 상황을 즐기며 대답한다.

다. 조합적 추리(combinational reasoning)

청소년들은 성숙과 경험을 통해 발달된 추리능력으로 문제해결에 필요한 요인들을 찾아내고, 그 요인들로 구성된 가능한 모든 조합을 체계적으로 생각해 낼 수 있다.

라. 이상주의적 사고

형식적 조작기의 청소년들은 이상적인 특성에 자신과 타인을 비추어 생각하기 시작한다. 예를 들면, 청소년들은 이상적인 부모상에 대한 기준을 가지고 자신의 부모와 비교하거나 이상적인 결혼이나 배우자상을 꿈꾸면서 자신과 타인을 비교하기도 한다. 이를 통해 성인기에 접어들기 전, 즉 형식적 조작기 초기의 청소년들은 청소년기의 자아중심성(Elkind, 1978)을 경험하게 되며 상상 속의 관중(imaginary audience)과 개인적 우화(personal fable)라는 사고 특성을 나타낸다. 상상 속의 관중은 청소년들이 자기 자신에게 지나치게 관심이 집중되어 다른 사람도 자기의 외모와 행동에 똑같이 관심을 가지고 있을 것이라고 생각하는 것이고, 개인적 우화는 청소년들이 자신의 경험을 매우 독특한 것이라고 믿고 자신을 특별하고 독특한 존재라고 생각하는 것이다. 이후 청소년들은 보다 성숙한 형식적 조작기의 성인으로 발달한다.

(4) Piaget 이론에 대한 평가

아동은 성인이 가르치는 대로 배우는 것이 아니라 스스로의 방법으로 배우며 그들의 사고방식은 성인과 차이가 있다는 점에서 Piaget 이론은 주목받았고 교육에도 많은 시사점을 제공해 주었다. 또한 도덕발달을 인지발달과 연관지었던 초기 연구들은 발달연구에서 사회인지(social cognition)라는 새로운 영역을 개척하였다. Kohlberg와 Selman 같은 사회인지이론가들은 사회생활의 여러 측면(예를 들어, 도덕가치, 우정 등)에 대한 이해의 발달을 Piaget 이론에 기초하여 설명하였다.

반면, Piaget 이론은 인간발달에 대한 사회와 문화의 영향을 거의 고려하지 않았다. 연구방법 측면에서도 단계의 진전이나 주요 개념들에 대한 과학적 검증이 어렵고, Piaget가 주로 사용한 임상적 면접방법은 객관성과 신뢰성이 결여되어 있다는 비판을 받고 있다. 또한 인지발달단계의 전이가 Piaget의 주장처럼 극적으로 일어나는 것이 아니며, 동일 단계 내에서도 인지특성의 발달 간 유사성이 결여되어 있다는 비판으로 인해 Piaget 이론을 수정한 신피아제 이론이 등장하게 되었다.

2) Vygotsky의 사회문화적 인지이론

인지발달을 연구하는 대부분의 서구 학자들은 발달을 자율적인 한 개인이 펼치는 외로운 개별 활동의 결과이며, 환경은 개인의 발달에 긍정적 혹은 부정적 영향을 미치는 요소에 불과하다고 본다. 그런데 이러한 관점을 정면으로 부정하는 이론이 구 소련의 심리학자인 Vygotsky 이론이다. Vygotsky는 인간은 사회적 맥락에서 존재하기 때문에 인간의 행동도 그 맥락을 떠나 이해할 수 없으며, 나아가 인간에게 중요한 인지적 기술은 자신이 혼자 환경과의 상호작용을 통해 습득하는 것이 아니라 부모, 교사, 혹은 자신보다 약간 앞선 또래와의 사회적 상호작용을 통해 전달되는 것이라고 주장하였다. Vygotsky는 아동발달에서 사회문화적 요인의 중요성을 강조하므로 그의 이론을 사회문화적 인지이론이라고 부른다.

(1) Vygotsky의 생애

Lev Vygotsky
(1896~1934)

Vygotsky는 Piaget와 같은 해인 1896년 러시아에서 태어났다. 그는 Moscow대학교에서 법학과 문학, 언어학을 공부하였으나 1917년 러시아혁명 후 새로운 사회주의 건설의 일환으로 마르크시즘(Marxism)에 기초한 '새로운 심리학'을 구상하였다. 즉, 인간발달에서 사회문화적 요인의 중요성을 강조하는 발달심리학을 구상하면서 사고, 기억, 추론 등의 정신활동을 강조하였다. Vygotsky는 1934년 38세의 나이에 폐결핵으로 요절하였는데 그해에 《사고와 언어(Thought and language)》가 출판되었다.

Vygotsky는 짧은 연구 기간 동안 놀랄 만한 업적을 남겨 '심리학계의 모차르트'로 불리기도 한다. 그의 책이 영어로 번역되어 서구사회에 알려진 후 그의 이론에 대한 관심이 집중되었다. 특히 아동발달에서 문화적 요인에 대한 중요성이 재인식되고, 이것이 비교문화연구를 통해 확인되고 있다(정옥분, 2003, pp. 226-228).

(2) Vygotsky 이론의 특징

Vygotsky 이론의 특징은 크게 세 가지로 정리할 수 있다(성현란 외, 2004, pp. 35-43; 신명희 외, 1998, pp. 61-62; 정옥분, 2003, pp. 68-74; Shaffer & Kipp, 2007, pp. 277-284).

① 인지발달의 사회문화적 기원

아동이 새로운 원리를 배우고 찾기 위해 호기심을 가지고 적극적으로 환경을 탐색하는 존재라고 보는 점에서 Vygotsky는 Piaget의 견해와 일치한다. 그러나 자기 스스로 주도하는 발견을 중시하는 Piaget와 달리, Vygotsky는 인지발달에 대한 사회적 기여를 더 강조했다. Vygotsky에 의하면 아동은 혼자 중요한 발견들을 하는 것이 아니라 더 발달된 기술을 가진 또래나 교사와의 협동적인 상호작용 혹은 대화를 통해 전달받는다. 즉, 처음에 교사가 아동에게 행동을 직접 보여주거나 언어적으로 지시함으로써 아동이 정보를 이해하도록 도와주면 아동은 이해하려고 노력하다가 나중에 그 정보를 내재화하게 되고 나아가 이를 이용하여 자신의 행동을 조절할 수 있게 된다. 그러므로 인지는 자율적인 개인의 마음속에 먼저 존재하고 나중에 표현되는 것이 아니라 두 사람 간의 활동에 먼저 존재하고 나중에 이것이 개인 내부로 내재화되는 과정을 거치며 발달한다.

Vygotsky에 따르면 영아는 주의, 감각, 기억, 지각 등 소수의 기본적인 정신기능을 가지고 태어나지만 이것이 사회문화에 의해 새롭고 더욱 정교한 고등 정신기능으로 변화한다. 기억을 예로 들면, 어린 아동의 기억은 생물학적인 제약 때문에 이미지나 인상으로 한정된다. 그러나 아동이 속한 사회는 기본적인 정신기능의 적응력을 더욱 높일 수 있도록 지적 적응도구를 제공해 준다. 기억책략을 예로 들면, 서구 산업사회는 아동에게 기억할 것을 메모하라고 가르치고, 어떤 원시사회에서는 손가락에 줄을 감아 기억해야 할 대상을 떠올리도록 가르치기도 한다. 즉, 사회적으로 전수되는 기억책략을 통해 그 사회의 아동들은 어떻게 사고해야 하는지를 배운다. 또한 아동이 속한 사회문화는 그것의 가치와 신념을 전달하기 위해 아동이 무엇을 생각해야 할지도 결정해 준다. 따라서 아동의 인지발달에 있어 사회와 문화의 역할은 매우 중요하다.

② 근접발달영역

근접발달영역(zone of proximal development)은 아동이 혼자 독립적으로 문제를 해결할 수 있는 실제적 발달수준과 성인이나 유능한 또래로부터 도움을 받아 문제를 해결할 수 있는 잠재적 발달수준의 중간영역을 의미한다.

Vygotsky는 근접발달영역의 기능들을 성숙하는 과정에 있으면서 아직 열매(혼자 문제를 푸는 수준)를 맺지 못한 봉오리나 꽃(타인의 도움으로 문제를 푸는 수준)의 상태에 있는 기능이라고 보았다. 근접발달영역의 개념은 비록 두 아동이 타인의 도움 없이 혼자의 힘으로 문제를 해결할 수 있는 수준이 비슷하다 할지라도 도움을 받고

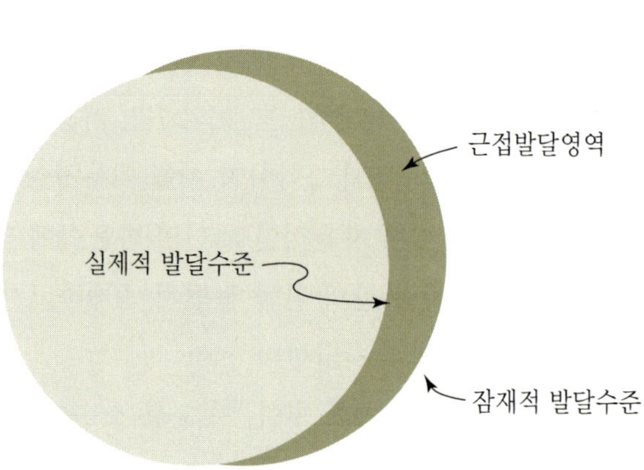

그림 2-7 근접발달영역

〈출처〉 정옥분(2003). 아동발달의 이론, p. 233.

문제를 해결할 수 있는 수준은 크게 다를 수 있음을 암시한다. 즉, 도움을 받아 수행능력이 증가하면 할수록 근접발달영역은 더 넓어진다.

예를 들어, 두 명의 6세 아동이 동일한 학습평가점수를 얻었다고 가정했을 때, 교사가 이 아동들을 별도로 지도하여 학습능력을 다시 평가해 보면 다른 결과가 나타날 수 있다. 즉, 한 아동은 9세 아동이 풀 수 있는 문제를 풀 수 있게 된 반면, 다른 아동은 똑같은 도움을 받고서도 7세 아동 수준의 문제밖에 풀 수 없는 경우가 있다. Vygotsky는 이러한 결과를 두 아동의 근접발달영역이 다르기 때문에 비롯된 것이라고 설명하였다. 즉, 전자의 아동은 근접발달영역이 3년인 반면, 후자의 아동은 근접발달영역이 1년이라는 것이다.

근접발달영역의 설명에서 중요한 것은 교사와 같은 성인 또는 유능한 또래의 가르침이 일방적으로 이루어지는 것이 아니라는 점이다. 교사는 아동의 현재 발달수준을 이해하고 학습과정에 아동이 자발적으로 참여할 수 있도록 새로운 교재를 소개하는 등 아동의 발달수준에 적합한 교수법을 채택하여 제공해 주어야 한다. 즉, 교사는 아동이 스스로의 힘으로 문제를 해결할 수 있도록 도움을 제공하는 비계(scaffolding)를 설정해 주어야 한다. 또한 아동은 성인이나 유능한 또래의 도움을 받아 능동적으로 새로운 지식과 기술을 구성할 수 있도록 스스로 동기화되고, 성인이나 또래가 활동에 참여할 수 있도록 초대하면서 점차 자신이 주도적으로 더 많은 활동을 해나가야 한다. 아동의 이러한 반응에 따라 성인이나 유능한 또래는 지도 수준을 조정하기 때문에 이 둘 간의 양방향적인 상호작용이 중요하다.

③ 인지발달을 매개하는 심리적 도구

Vygotsky는 인간의 정신과정을 기본 정신과정과 고등 정신과정으로 나누었다.

기본 정신과정은 고등동물과 인간 모두가 갖고 있는 반응적 주의집중, 자발적인 기억, 감각동작기능과 같은 성숙에 의한 정신과정이다. 고등 정신과정은 학습과 교수를 통해 획득되는 인지과정으로서 논리적 사고, 추상적 사고 등이 해당된다. 기본 정신과정이 외부의 자극에 의해 통제되는데 비해, 고등 정신과정은 언어나 다른 상징체계를 사용하여 외부의 사물에 대해 자발적으로 사고하고 문제를 해결하도록한다.

Vygotsky는 인간이 활동하면서 자신의 인지기능을 스스로 형성해 가지만 이 과정에서 성인은 아동이 심리적 도구 혹은 기술적 도구를 사용하는 방법을 배우도록 도와주는 역할을 한다고 보았다. 심리적 도구는 인간의 기본 정신과정을 고등 정신과정으로 변화시키는 역할을 하는 것으로, 언어, 수 체계, 쓰기, 도표, 지도, 예술작품, 여러 가지 학습, 주의, 기억책략 등이 포함된다. 한편, 기술적 도구는 컴퓨터, 계산기, 타자기처럼 사고에 영향을 주는 물리적 장치로서 그 유형에 따라 인지적 기술이나 양식이 달라지기도 한다. 즉, 컴퓨터로 글을 쓰는 사람과 손으로 글을 쓰는 사람은 사고방식이 다를 수 있다.

아동은 자신의 사고를 돕기 위해 도구를 사용하며 이 도구가 아동의 사고를 바꾼다. Vygotsky는 언어를 가장 중요한 심리적 도구로 보았다. 언어와 사고가 초기에는 아무런 관계 없이 독자적으로 기능하지만 아동이 성장함에 따라 서로 만나게 된다. 일단 기억하는 것을 돕기 위해 언어가 사용되면 이미지나 인상을 사용하던 기억과정이 언어적인 형식으로 변한다. 또한 아동은 언어를 사용하면서 즉각적인 지각 경험에서 벗어나 과거에 본 것, 보지 못한 것, 미래에 일어날 일 등을 표상할 수 있다.

이처럼 말을 하거나 들어서 이해하는 과정은 아동의 사고과정에 단순하게 영향을 미치는 것이 아니라 사고과정 자체를 바꾼다. Vygotsky는 물건을 만드는 형틀이 그 물건의 모양을 결정하는 것과 마찬가지로 언어가 사고의 구조를 결정한다고 주장함으로써 언어를 통한 공식적 · 비공식적 교육이 아동의 개념적 사고 수준에 매우 큰 영향을 미친다고 보았다. 다시 말하면, 아동의 언어 환경이 단순하고 초보적인 수준이라면 아동은 매우 단순하게 사고하지만, 아동의 언어 환경이 다양하고 복잡한 개념을 포함한다면 아동의 생물학적인 기관(예: 감각기관, 중추신경계 등)이 손상되지 않는 한 아동은 다양하고 복잡한 방식으로 사고하게 된다.

(3) Vygotsky 이론에 대한 평가

Vygotsky 이론은 인지발달에 있어 사회문화적 맥락의 중요성을 강조하였다는 점에서 주목된다. Vygotsky는 사회문화적 맥락이 발달에 영향을 미치는 요인 중 하나라기보다는 그 자체가 아동의 인지를 발달시키는 요인이라고 보았다. Piaget가 개인과 사회를 독립된 것으로 보고 개인의 발달에 주목했다면, Vygotsky는 개인과 사회를 분리할 수 없는 하나의 단위로 보고 이 둘 간의 상호작용을 통해 양자 모두의 발달이 이루어진다고 보았다는 점에서 차이가 있다.

Vygotsky는 아동의 인지발달에 있어 발달과 학습 간의 관계를 분명히 하는데 크게 공헌하였다(성현란 외, 2004, p. 66). 즉, Vygotsky는 근접발달영역이 학습이 일어날 수 있는 한계를 설정해 주는 동시에 학습과 인지발달의 관계를 명확하게 해주는 중요한 역할을 한다고 주장함으로써 학습을 통해 인지발달이 이루어진다고 보았다.

대부분의 발달이론가들이 문화적으로 보편적인 발달 또는 인지구조에 초점을 둔 반면, Vygotsky는 한 문화 내에서의 개인차뿐만 아니라 각 문화권 간의 개인차에도 관심을 가졌다. 그는 아동발달에서 보편적인 목표란 없으며 이상적인 사고나 행동은 각 문화권마다 다르다고 봄으로써 문화적 상대성을 인정하였다.

이러한 공헌에도 불구하고 Vygotsky 이론에 대한 비판도 제기되고 있다(성현란 외, 2004, pp. 66-67; 정옥분, 2003, p. 241; Miller, 1993; Shaffer & Kipp, pp. 284-285). 첫째, 그의 이론은 문화적 · 사회적 경험을 강조한 반면, 인간발달의 생물학적 측면을 간과했다. Vygotsky는 생물학적 영향력의 중요성을 인정하기는 하였으나 인지적 변화에 있어 유전이나 뇌의 성장이 미치는 영향에 대해서는 거의 언급하지 않았다. 둘째, Vygotsky 이론에 대한 보다 근본적인 의문은 과연 이 이론이 인지발달이론인가라는 점이다. 그의 이론에서는 연령차에 대한 기술이나 설명을 거의 찾아볼 수 없으며, 사회문화적 맥락의 차이에 대한 설명은 있으나 정작 발달적 차이에 대한 설명은 부족하기 때문이다. 셋째, 근접발달영역의 개념이 모호하다. 혼자서 읽기를 못하는 세 아동에게 단어 읽기, 문장연결, 읽기 격려 등 각기 다른 방법으로 아동들을 도와주어 읽게 되었다면 세 아동이 같은 넓이의 근접발달영역을 가지고 있다고 할 수 있는가? 비록 근접발달영역이 넓은지 좁은지를 알게 되었다 해도 그 아동이 어떤 학습능력을 가지고 있는지는 알 수 없다. 넷째, 어머니와 아동 간의 상호작용은 집중적으로 다루었으나 또래관계나 아버지와 아동 간의 관계에 대해서는 그 내용이 부족하다.

4. 학습이론

학습이론은 발달의 주요 추진력이 유기체 내부가 아닌 환경에 있다고 봄으로써 아동발달에 있어서 생물학적 요인보다는 환경적 요인을 더 강조한다. 이는 아동이 태어났을 때 백지상태(tabula rasa)와 같다고 본 Locke의 경험주의철학과 그 맥을 같이 한다. 그러므로 학습이론가들은 아동은 환경 속에서 점차 경험을 쌓아감으로써 발달한다는 환경결정론을 주장한다.

학습이론은 발달을 씨에서 싹이 튼 나무가 점점 커져가는 연속적인 과정으로 본다. 발달을 연속적인 과정상의 양적인 변화로 보기 때문에 아동발달을 이해할 때 무의식적 동기나 내면의 감정, 혹은 인지적 사고과정보다는 직접 관찰하고 측정할 수 있는 외현적인 행동에 더 초점을 둔다. 따라서 학습이론에서는 발달적 변화에 있어서 질적으로 다른 단계가 있다고 보지 않으며 연령에 대한 언급도 없다. 한편, 학습이론의 기본 원리는 자극과 반응 간의 관계에 있기 때문에 대부분의 행동은 자극과 반응 간의 관계에 의해 학습한 결과로 본다. 즉, 행동은 환경 자극에 대한 학습된 반응양식으로서 학습은 경험에서 비롯되는 변화로 정의할 수 있고, 변화하는 환경에 대처하는 하나의 적응기제라고 할 수 있다. 다시 말하면, 유기체는 주변 환경과의 끊임없는 상호작용과정에서 야기되는 경험을 통해 행동을 변화시킨다. 따라서 학습이론은 환경의 자극 사건과 이에 대한 유기체의 반응 사건에 초점을 맞추어 연구한다(Chance, 1996, pp. 35-39).

그림 2-8 **발달의 연속성 개념**

〈출처〉 Santrock, J. W. (1995). *Life-span development*, p. 23.

● 자극

유기체는 매일 수많은 종류의 물리적 사건들, 예를 들면, 소음, 자외선, 전파 등에 노출되어 있다. 그중 신체에 중요한 영향을 미치지만 행동에는 직접 영향을 미치거나 미치지 않는 사건이 있다. 행동에 직접 영향을 미치는 사건은 행동을 자극

한다고 볼 수 있으며, 이러한 사건을 자극(stimulus)이라고 한다.

자극의 여러 가지 속성 중 특히 두 가지 속성이 행동에 영향을 미친다. 첫째는 자극의 강도이다. 강도란 자극을 야기하는데 필요한 에너지로서 힘을 뜻한다. 일반적으로 자극의 강도가 클수록 반응이 더 잘 일어난다. 둘째는 자극의 지속시간이다. 섬광처럼 매우 짧은 자극은 행동의 변화를 전혀 일으키지 않으며, 반대로 기계의 회전소리처럼 지속적인 경우에도 그 영향력을 상실하게 된다.

유기체는 보통 반복해서 일어나는 자극패턴에 반응하므로 학습에 대한 연구는 주로 자극패턴의 특성과 그것이 행동에 미치는 영향에 초점을 둔다. 자극패턴의 특성으로는 접근성(contiguity)과 수반성(contingency)을 들 수 있다. 접근성은 시간적 접근성과 공간적 접근성이 있다. 시간적 접근성은 개에게 음식을 주기 위해 오는 주인의 발자국 소리와 곧이어 제공되는 음식의 경우처럼 사건이 시간적으로 연이어 발생하는 것을 말한다. 이러한 경우에 학습은 더 잘 이루어진다. 공간적 접근성은 앞에 나무가 있고 그 뒤에서 새소리가 들려오는 경우처럼 공간적으로 서로 가까이 있느냐 멀리 있느냐에 따라 학습에 영향을 미칠 수 있는 것을 말한다. 공간적으로 떨어져 있을수록 학습은 더 어렵다. 또한 수반성은 '내 말을 잘 들으면 칭찬해 줄 거야.' 처럼 '만일 ~하면 ~하다(if ~ then).' 의 관계를 지니는 것이다. 다시 말하면, 어떤 사건이 자극에 수반한다면 그 사건은 그 자극이 제공될 때만 일어난다는 것이다. 개에게 종소리를 들려준 뒤 먹이를 준다면 종소리는 자극이 되고 먹이를 주는 것은 사건이 되어 종소리만 듣고도 개가 반응하는 경우를 예로 들 수 있다. 이에 비해 어떤 사건이 반응에 수반한다면 그 사건은 반응이 발생한 경우에만 일어난다. 예를 들어, 쥐가 지렛대를 눌렀을 때만 음식이 나온다면, 이 경우에 쥐가 지렛대를 누르는 것은 사건이 되고 음식은 반응이 되어 쥐는 지렛대를 누르면 음식이 나온다는 것을 학습하게 된다.

● 반응

반응(response)이란 근육 또는 내분비선에 의해 야기되는 특정한 활동으로서 행동을 일컫는다. 행동유형에는 응답행동과 작동행동이 있다. 응답행동은 무릎반사나 눈 깜박임과 같이 불수의적으로 일어나는 행동이며, 작동행동은 지렛대를 누르는 것과 같이 수의적 통제하에서 환경에 영향을 미치는 행동이다.

행동에 대해 과학적으로 연구하고자 할 때는 행동을 구체적인 특징으로 정의해야 한다. 예를 들어, 공포에 대해 연구할 때 공포를 '90db 이상의 큰 소리를 지르는 것' 으로 보다 구체적으로 정의하는 것이다. 이는 행동들을 구체적인 특징으로 정의해야 관찰할 수 있고 객관적으로 검증할 수 있기 때문이다.

이처럼 학습이론은 자극과 반응 간의 관계로 행동이 발생한다고 본다. 본 절에서는 Pavlov의 고전적 조건형성, Skinner의 조작적 조건형성, Watson의 행동주의, Bandura의 인지적 사회학습에 대해 살펴보고자 한다.

1) Pavlov의 고전적 조건형성

(1) Pavlov의 생애

Ivan Pavlov
(1849~1936)

현대 학습이론의 모태인 고전적 조건형성(classical conditioning)은 소화생리학자인 Pavlov에 의한 동물실험에서 비롯되어 이론으로 정립되었다.

Pavlov는 러시아의 작은 농촌에서 가난한 신부의 아들로 태어났으며, 소년 시절에는 두각을 나타내지 않았다. 학교 성적도 그저 그랬던 Pavlov는 성인이 되어 엄청난 능력을 지닌 과학자로 변화하면서 철두철미한 실험주의자가 되었다. 1904년 소화생리에 관한 연구로 노벨상을 수상한 이후, 개를 대상으로 음식이 분해되어 혈액에 흡수되는 소화과정에 관한 실험을 하던 중 먹이를 먹기도 전에 개의 입에서 타액이 분비되는 것을 발견함으로써 새로운 연구문제에 도전하게 되었다. 결국 Pavlov는 '심적 반사(psychic reflex)' 라는 새로운 연구문제에 몰두함으로써 오늘날의 심리학에 커다란 기여를 하게 되는 고전적 조건형성이론을 발전시켰다.

(2) 주요 개념

① 고전적 조건형성

Pavlov는 반사에는 두 가지 종류가 있다고 결론지었다. 하나는 학습을 필요로 하지 않는 선천적이고 영구적인 반사로 개인차가 없는 반사이다. 개의 타액분비 반사가 이에 해당하며, Pavlov는 이런 유형의 반사를 무조건반사(unconditioned reflex)라고 하였다. 무조건이란 특정 자극에 대해 절대적으로 반응이 일어나는 것을 뜻한다. 다른 하나는 경험을 통해 후천적으로 습득되는 반사로 종 간에 큰 차이를 보이며 같은 종 내에서도 그 구성원들 간에 차이가 크게 나타난다. 먹이를 주러 가는 주인의 발자국 소리를 듣고 미리 타액을 분비하는 개의 반응이 이에 해당하는데 Pavlov는 이런 유형의 심적 반사를 조건반사(conditioned reflex)라고 하였다.

무조건반사는 무조건자극(unconditioned stimulus: US)과 무조건반응(unconditioned response: UR)으로 구성되며, 조건반사는 조건자극(conditioned stimulus: CS)과 조건반응(conditioned response: CR)으로 구성된다. 무조건자극은 자극이 주어지면 자연스럽게 반응이 유발되는 것으로써 이때의 반응을 무조건반응이라고 한다. Pavlov는 개의 타액분비 실험을 통해 아무런 반응을 유발하지 않는 중성자극이 무조건자극과 연합하여 반응을 유발시키는 조건화과정을 설명하였다. 개는 음식을 주면 자연스럽게 침을 분비하는데 이때 음식은 무조건자극이 되고, 침의 분비는 무조건반응이 된다. 그러나 개에게 먹이를 줄 때 종소리를 들려주면 처음에는 아무런 반응을 나타내지 않는데 이를 중성자극이라고 한다. 그러나 음식을 줄 때 계속 종소리를 함께 들려주면 개는 점차 종소리만 듣고도 침을 분비하게 된다. 즉, 종소리가 음식과 연합되어 침을 분비하게끔 조건화된 것이다. 조건화과정을 통해 종소리는 침을 분비시키는 조건자극이 되고, 침 흘리는 반응은 조건반응이 된다. 이처럼 중성자극

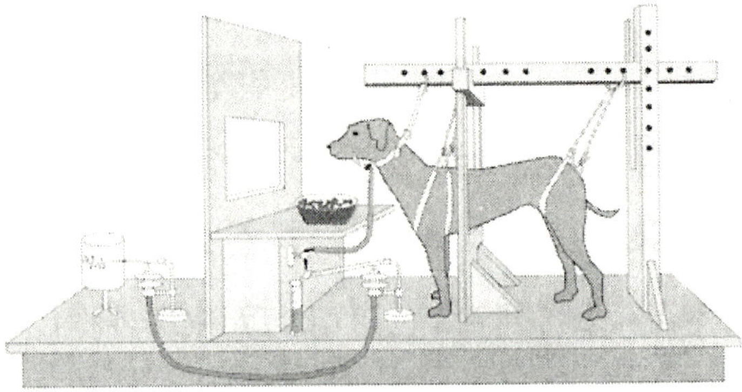

그림 2-9 개의 타액 실험장치

〈출처〉 Rice, F. P. (1998). *Human development*, p. 31.

이 무조건자극과 연합되어 무조건반응을 유발하게 될 때 이를 조건자극과 조건반응이라고 한다. 아동이 학습하는 행동 중에는 이러한 조건형성 원리에 의해 설명할 수 있는 것이 많다. 예를 들면, 뜨거운 난로에 손을 데인 적이 있는 아동이 뜨거운 물체를 만지려고 할 때 엄마가 "뜨거워!"라고 말하면 뻗던 손을 멈추는 것을 들 수 있다.

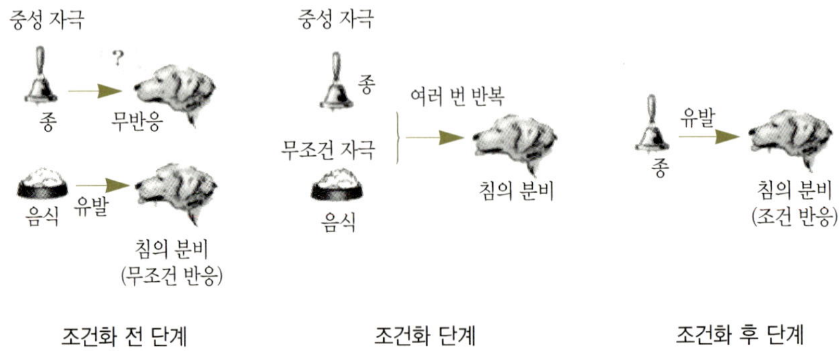

그림 2-10 고전적 조건형성 3단계

〈출처〉 Shaffer, D. R. (2000). *Social & personlaity devleopment*, p. 215.

② 고전적 조건형성의 관련 요인

가. 소거

조건형성이 한 번 이루어졌다고 해서 조건자극이 조건반응을 영원히 유발하는 것은 아니다. 종소리를 타액분비의 조건자극으로 학습시켰다 할지라도 만약 음식을 주지 않고 종소리만 계속 들려주게 되면 개는 더이상 타액을 분비하지 않는데 이는 소거(extinction)된 것이다. 즉, 소거란 학습된 반응이 더이상 나타나지 않는 것이다.

나. 자발적 회복

소거가 되었더라도 한참 후에 조건자극을 다시 제시하면 조건반응이 일시적으로 다시 나타난다. 이와 같이 무조건자극을 제시하지 않더라도 이전에 학습되었던 조건자극만으로 조건반응이 다시 나타나는 것을 자발적 회복(spontaneous recovery)이라고 한다. 그러나 조건자극을 무조건자극과 주기적으로 짝지워 주지 않으면 자발적 회복도 사라진다.

다. 자극 일반화

자극 일반화(generalization)란 조건화된 자극과 유사한 자극에 대해 조건반응을 나타내는 것을 말한다. 예를 들면, 어떤 음조의 종소리에 침을 분비하도록 조건형성된 개는 유사한 다른 음조의 종소리에도 침을 분비하는 반응을 나타낸다.

라. 자극 변별화

자극 일반화는 점차 분화되어 자극 변별화(discrimination)로 대치된다. 예를 들면, 음식은 주지 않고 음조가 다른 종소리를 계속 들려주게 되면 개는 원래의 조건자극과 가장 가까운 음조의 종소리에만 국한하여 반응하게 된다. 또한 한 음조의 종소리에만 음식을 주고 다른 음조에는 음식을 주지 않으면 이에 대해 변별반응을 나타낸다.

(3) Pavlov의 고전적 조건형성에 대한 평가

고전적 조건형성의 기본 개념은 연합에 의해 지식이 형성된다고 한 Locke의 철학적 입장에 기초한다는 점에서 새로운 개념은 아니다. 그러나 경험적인 실험을 통해 학습이 이루어지는 연합의 원리를 과학적으로 이끌어 냄으로써 학습이론의 초석을 마련했다는 점에서 그 의의가 있다. 그러나 고전적 조건형성은 조건형성의 대상이 선천적인 반응을 유발하는 자극에 국한된다는 점에서 그 한계가 있다.

2) Watson의 행동주의

(1) Watson의 생애

John Watson
(1878~1958)

Pavlov의 고전적 조건형성 원리를 인간의 행동에 적용시킨 사람은 Watson이었다. 그는 어린 시절 상당히 반항적이었으며 학교 성적도 보통 이상을 받은 적이 없었다. John Dewey 밑에서 철학을 공부하기 위해 Chicago 대학교에 진학했지만 철학에는 별로 흥미를 느끼지 못해 신경학과 철학을 부전공으로 하여 심리학을 전공하였다. 특히 동물심리학에 관심이 많았던 그는 박사학위 취득 후 Johns Hopkins대학교에서 동물연구를 활발히 하면서 재능 있는 연구자로서 그 명성을 떨치게 되었다.

(2) 주요 개념

① 환경결정론

Watson은 '행동주의 입장에서 본 심리학' 이란 글을 통해 행동주의라는 말을 처음 사용하였다. 이후 행동주의는 여러 학자들의 연구를 통해 심리학의 대표적인 이론 중 하나로 발전하였다. Watson은 "나에게 12명의 건강한 아이를 준다면 그들을 자신이 원하는 대로 의사든, 변호사든, 도둑이든, 거지든 무엇이든 만들 수 있다." 고 함으로써 아동의 발달이 전적으로 조건형성에 의해 이루어진다는 극단적인 환경주의적 입장을 표명하였다. 그는 인간의 모든 행동을 학습된 것으로 간주하고 발달에서의 유전적 요인을 전혀 인정하지 않았다.

② 정서의 조건형성

Watson은 Rayner와 함께 고전적 조건형성 원리를 인간의 정서반응 습득에 적용하는 실험을 하였다. 11개월 된 자신의 아들에게 흰쥐를 보여주고 그때마다 망치로 쇠막대기를 때리면서 큰 소리를 반복해서 들려주었다. 처음에는 쥐를 무서워하지 않던 아이가 실험이 반복됨에 따라 쥐만 보고도 울면서 놀라는 반응을 나타냈다. 이에 대해 그는 중립자극이던 흰쥐에 놀람 반응을 유발하는 큰 소리가 연합되어 조건형성이 이루어진 것이라고 설명하였다. 영아가 젖병 빨기를 학습하는 과정도 젖병이라는 중성자극과 빨 때 나오는 우유라는 무조건자극이 연합된 결과라고 보았다. 이러한 Watson의 이론을 이용하면 뜨겁거나 날카로운 물건에 손을 대지 못하게 하는 회피반응을 학습시킬 수 있고, 발표에 대한 두려움을 소거시킬 수도 있다.

③ 탈조건형성

Watson의 실용적인 업적 중 하나는 조건형성된 정서를 탈조건형성(deconditioning)시키는 것이다. 토끼에 대한 공포반응을 제거시킨 방법을 예로 들 수 있다. 토끼를 무서워하는 아이를 높은 의자에 앉혀놓고 간식을 준 후 멀리 우리에 넣은 토끼를 보여주었다. 그후 아이가 경미한 두려움을 느낄 정도까지만 조금씩 토끼를 가까이 접근시켰다. 아이가 너무 두려워하지 않도록 주의하면서 이를 반복하자 마침내 아이는 한 손으로 과자를 먹으면서 다른 손으로는 토끼와 놀 수 있게 되었다.

이러한 탈조건형성은 행동수정기법의 하나인 체계적 둔감법(systematic desensitization)에 적용되었다. 체계적 둔감법은 불안이나 공포를 유발하는 자극에 점진적으로 노출시킴으로써 그에 대한 감정을 둔화시키는 기법으로 이완상태에서는 동시에 불안이나 공포를 느낄 수 없다는 가정을 기초로 한다. 발표하는 것에 대한 불안 제거 과정을 예로 들어보자. 첫 단계는 이완상태에서 발표와는 무관하게 자기 방에 누워 있는 것을 상상한다. 다음 단계는 자기 방에 누워 일주일 후에 있을 발표 장면을 상상한다. 불안을 느끼면 상상을 중단하고 다시 이완상태를 만든 후에 그 장면을 상상한다. 이를 반복하면서 점차 불안의 강도가 높은 장면, 즉 발표 준비과정, 발표 전날, 발표 당일 날 아침, 발표하러 나가기 등에 대한 상상과 이완을 반복하면서 발표에 대한 두려움을 극복해 나간다.

(3) Watson의 행동주의에 대한 평가

Watson은 Pavlov의 이론이 인간행동에 어떻게 적용될 수 있는지를 밝혔으며 인간의 정서적 반응이 상당 부분 고전적 조건형성을 통해 학습된다는 것을 밝혔다. 이러한 Watson의 행동주의는 심리학을 과학적으로 접근시켰다는 점에서 그 의의가 있다. 그러나 Watson의 행동주의는 정신이 아닌 행동에 대한 과학이라는 점에서 반감을 일으키기도 하였으며, 무슨 행동이든지 조건형성이 될 수 있다고 함으로써 인간을 기계처럼 개념화하였다는 점에서도 많은 비판을 받았다.

3) Skinner의 조작적 조건형성

Burrhus Skinner
(1905~1990)

(1) Skinner의 생애

행동주의이론의 단순성을 비판하면서 새롭게 조작적 조건형성(operant conditioning)이론을 제시한 사람이 Skinner이다. 그는 미국 Pennsylvania주의 작은 마을에서 법률가의 아들로 태어나 단란한 가정분위기 속에서 성장하였다. New York의 Hamilton대학교에서 영문학을 전공하고 작가로 잠시 활동하였으나 작가로서는 소질이 없다고 판단하여 작가의 길을 포기하였다. 그후 Harvard대학교에서 심리학을 공부하면서 행동주의이론에 빠져들게 된 그는 졸업 후 여러 대학교를 거쳐 Harvard대학교에 재직하면서 많은 연구 업적을 남겼다. 한때 문학에 관심을 두었던 것을 기초로 1948년 자신의 조작적 조건형성원리에 따른 이상사회를 묘사한 《월덴 투(Walden Two)》라는 소설을 출간하기도 하였다.

(2) 주요 개념

Skinner는 인간의 행동에는 고전적 조건형성으로 설명되는 음식물의 타액분비나 큰 소리에 놀라는 것과 같은 수동적이고 기계적인 반응행동만 있는 것이 아니라 유기체 스스로 행동을 일으키고 환경을 통제하는 자발적인 조작행동이 더 많다고 보았다. 예를 들면, 개에게 공을 던지면 물어오도록 훈련시킬 때 주인은 개가 공을 물어오면 먹이를 준다. 즉, 개 스스로 공을 물어오는 행위를 하도록 조작시킨 뒤에 먹이라는 자극을 준다. 이처럼 반응이 자극을 유도하는 것을 조작적 조건형성이라고 한다. 그러므로 조작적 조건형성에서는 자극이 반응을 유도한다는 고전적 조건형성과 달리 자극이 주어지기 전에 먼저 반응이 일어나야 한다는 것을 강조한다.

인간에게는 동물과 달리 반응행동보다 조작행동이 훨씬 더 중요한 역할을 한다. 아동이 책을 읽거나 노래를 부르거나 놀이를 하는 것은 특정 자극에 의해 자동적으로 유발되는 행동이 아니라 그런 행동을 했을 때 어떤 결과가 뒤따르는가에 따라 다시 그런 행동을 할 수도 있고 하지 않을 수도 있다. 만약 책을 읽었을 때 부모가 관심을 보이고 칭찬을 했다면 아동이 다시 책을 읽을 가능성은 커지지만 반대로 부모가 관심을 보이지 않거나 화를 낸다면 책을 읽을 가능성은 줄어들 것이다. 이는 행동의 결과에 따라 인간의 행동이 변화될 수 있다는 것을 의미한다.

Skinner는 행동이 조작되어 가는 과정을 설명하기 위해 'Skinner 상자(Skinnerian box)' 를 만들어 실험하였다. Skinner 상자는 먹이통과 그에 연결된 지렛대 및 먹이접시로 구성되어 있다. 이 상자 속에 굶주린 쥐를 넣으면 쥐가 상자 안을 이리저리 돌아다니다가 우연히 지렛대를 누르게 되고, 그 결과로 먹이 접시에 먹이가 나오게 된다. 지렛대를 누르면 먹이가 나오는 긍정적인 결과가 여러 번 반복되면 쥐는 점차 지렛대 누르기와 먹이와의 관계를 학습하게 된다. 그 결과, 쥐의 다른 행동은 사라지고 지렛대를 누르는 속도가 점점 빨라지는데 이러한 과정을 통해 쥐는 지렛대를 누르는 행동을 학습한다. 즉, 보상이 주어지거나 긍정적인 강화를 받게 되는 행위는 반복되고, 강화되지 않거나 처벌된 행위는 다시 발생할 확률이 줄어든다. 아동이 인사를 했을 때 칭찬을 받으면 계속 인사를 잘하게 되고, 칼에 찔려 아프면 다시 찔리지 않도록 조심하는 행위는 이러한 조작적 조건형성의 예들이다. 조작적 조건형성이론의 핵심 개념으로 강화(reinforcement)와 행동조성(behavior shaping)을 들 수 있다.

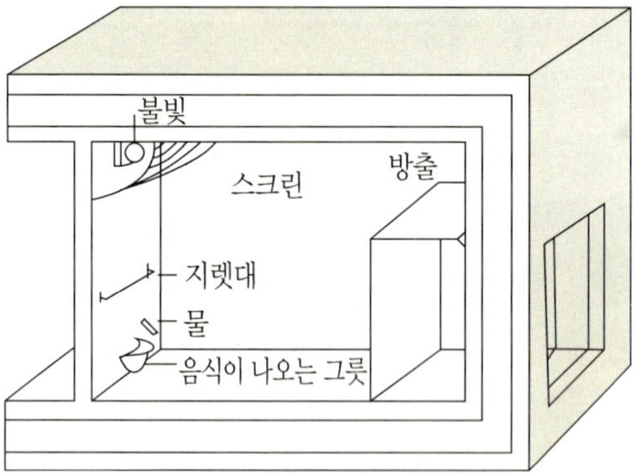

그림 2-11 Skinner 상자

〈출처〉 Crain, W. C. (1983). 발달의 이론, p. 341.

① 강화

조작적 조건형성과정에서 강화는 학습의 중요한 변인이 된다. 강화란 행동의 발생 빈도를 증가시키는 것으로 이에는 정적 강화(positive reinforcement)와 부적 강화(negative reinforcement)가 있다. 정적 강화란 반응에 따르는 결과가 유쾌한 것으로 Skinner 상자에서 지렛대를 눌렀을 때 나오는 먹이가 이에 해당한다. 부적 강화는 혐오상태를 제거시키는 것이다. 예를 들어, 지렛대를 누르면 흐르던 전기가 차단되도록 설계된 상자에 쥐를 넣었다고 하자. 쥐는 지렛대를 누르면 전기가 차단된다는 것을 학습하게 되어 지렛대 누르기를 점점 더 하게 된다. 이 경우에 전기 차단은 부적 강화가 된다. 부적 강화는 벌과 구별된다. 부모에게 매를 맞거나 혼나는 등의 벌은 혐오상태를 제공하여 행동의 발생 빈도를 감소시키지만, 부적 강화는 행동의 발생 빈도를 증가시켜 혐오상태를 제거하는 것이다.

Skinner는 부적 강화든 벌이든 불쾌한 자극에 기초한 모든 형태의 행동통제 적용을 철저히 반대하였다. 그러한 형태의 행동통제는 부정적인 정서와 사회적 부작용을 야기할 뿐만 아니라 아동이 그러한 행동을 모방할 수도 있기 때문이다. 예를 들면, 부모가 아동에게 소리를 지르지 못하게 때릴 경우에 아동의 소리지르는 행동은 감소할지라도 짜증을 내거나 화를 내는 등의 다른 부적응적인 행동을 나타낼 수 있으며, 나아가 때리는 행동을 모방할 수도 있다.

강화는 행동 직후 즉각적으로 주어질 때 가장 효과적인데 강화를 주는 방법은 다양하다. 즉, 원하는 반응이 일어날 때마다 매번 주는 연속적 강화와 그렇지 않은 간헐적 강화가 있다. 간헐적 강화는 일정한 간격이나 비율로 이루어지는 고정간격 혹은 고정비율에 의한 강화와 강화가 제공되는 간격이나 비율이 일정하지 않은 변화간격 혹은 변화비율에 의한 강화가 있다. 일반적으로 연속적으로 강화된 행동에 비해 간헐적으로 강화된 행동이 더 소거하기 어렵다.

조작적 조건형성은 강화가 어떻게 주어지느냐에 따라 습득하거나 제거되는 행동유형이 달라진다. 따라서 조작적 조건형성과정을 통해 행동을 변화시키고자 할 경우에는 강화계획을 신중히 세워야 한다.

② 행동조성

조작적 조건형성과정에서는 원하는 행동이 자발적으로 일어났을 때 강화를 주어 그 행동을 학습시킨다. 그러나 학습시키고자 하는 행동이 자발적으로 일어나지 않으면 학습이 어렵다. 이런 경우에 조건형성을 시키고자 하는 행동과 가장 유사한 행동을 강화하면서 점진적으로 목표 행동을 학습시켜 나가도록 하는데 이를 행동조성이라고 한다. 대개 조작적 행동은 점진적으로 학습된다. Skinner는 상자 속에서 비둘기가 목표 지점을 쪼을 때까지 기다렸다가 먹이를 주려면 얼마를 기다려야 할지 모르는 상황에서 행동조성기법을 사용하였다. 그는 비둘기가 목표 지점을 향해 우연히 돌아설 때 먹이를 주었다. 이런 행동을 계속 반복하게 되면 비둘기의 다른 행동은 없어지고 돌아서는 행동만이 증가하게 된다. 그런 후 비둘기가 목표 지점을 향해 조금이라도 움직여야 먹이를 주는 것으로 강화계획을 바꾸고, 그 다음에는 목표 지점이 놓여 있는 벽면으로 다가갈 때 강화를 주는 것으로 강화계획을 바꾸었다. 다음 단계에서는 머리를 조금이라도 움직이면 먹이를 주다가 마지막에는 목표 지점을 쪼았을 때 강화를 줌으로써 목표 행동을 학습시켰다. 이처럼 행동조성을 위해서는 학습시키고자 하는 행동을 작은 단위로 나누어 점진적으로 접근해 감으로써 복잡한 행동을 조건형성시킬 수 있다. 이러한 행동조성을 점진적 접근법(method of approximation)이라고 한다(Crain, 1983, p. 345).

(3) Skinner의 조작적 조건형성이론에 대한 평가

Skinner 이론은 고전적 조건형성의 한계를 극복하고 학습이론의 범위를 상당히 넓혔다는 평가를 받고 있다. 그는 유기체가 자유로이 활동하고 난 다음의 결과에 따라 행동이 조작적으로 통제되는 본질을 탐구하였다. 또한 조작적 조건형성의 원리를 이용한 행동수정기법은 아동의 문제행동을 수정하고 바람직한 행동을 학습시키는 데 유용하게 활용되고 있다. 그러나 고전적 조건형성이론과 마찬가지로 환경의 중요성만 강조하고 생물학적인 영향력을 무시하였다는 비판을 받고 있다. 또한 실험실에서 동물을 대상으로 한 연구결과를 인간의 행동에 동일하게 적용하였다는 점에서 복잡한 인지적 능력을 지닌 인간의 행동을 설명하는데 한계가 있다는 비판도 있다.

4) Bandura의 인지적 사회학습이론

(1) Bandura의 생애

Albert Bandura
(1925~)

Bandura는 인지적 사회학습이론을 주장한 대표적인 학자이다. 캐나다의 Alberta라는 작은 마을에서 태어난 그는 British Columbia대학교에서 심리학을 전공한 후 미국의 Iowa대학교 대학원에서 사회학습이론의 선구자 중 한 사람인 Robert Sears와 함께 연구하였다. 사회행동과 학습을 연구한 Sears의 영향을 받은 Bandura는 사회학습과 공격성에 관하여 많은 연구를 하였다. 그는 1977년 《사회학습이론(Social learning theory)》을 출간하면서 1980년대 심리학의 지표를 바꾸어 놓았다.

(2) 주요 개념

전통적인 학습이론에서는 동물실험을 기초로 자극과 반응, 강화, 소거 등 여러 가지 개념들을 발달시켰다. 그러나 인간은 자극을 주면 반응하는 단순한 로봇이 아니라 능동적이며 사고할 줄 아는 인지적 능력을 지닌 사회적 존재이며, 동물과 달리 행동과 결과 간의 관계를 생각하고 앞으로 일어날 일을 미리 예측할 줄도 안다. 이러한 인지능력으로 인간은 직접적인 외적 강화나 처벌 없이도 관찰을 통해 새로운 행동을 학습할 수 있다. 예를 들면, 남에게 상해를 입혀 선생님으로부터 벌을 받는 친구를 보고 자신은 그런 행동을 하지 않는다든지, 인사를 잘하는 형을 보고 동생이 따라서 인사를 잘하는 것 등을 들 수 있다. 이처럼 다른 사람의 행동을 관찰함으로써 학습하는 것을 대리적 조건형성(vicarious conditioning) 또는 관찰학습(observational learning)이라고 한다. 사회학습이론의 이론가들은 보상이나 처벌을 통해 행동이 학습될 수 있다는 것을 인정함과 동시에 인간의 내적 과정도 인정함으로써 인간 행동에 있어서의 인지적 과정을 고려하였다.

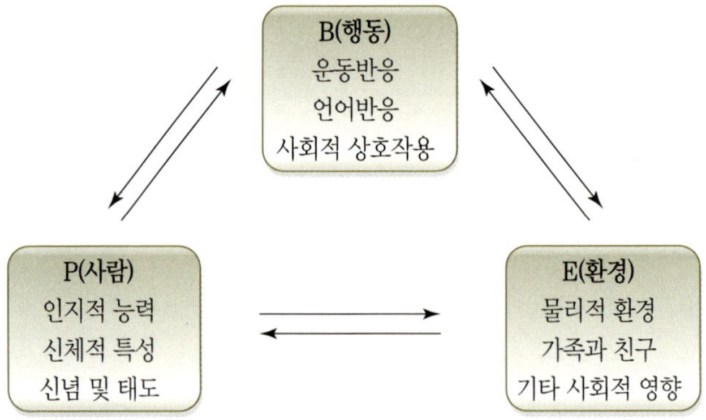

그림 2-12 상호결정론 모델

〈출처〉 Shaffer, D. R. (1999). *Developmental psychology: Childhood and adolescence*, p.51.

Bandura는 인간은 동물과 달리 인지적 존재이며, 발달은 아동과 환경 간의 지속적인 상호작용을 통해 이루어진다고 주장함으로써 '상호결정론' 개념을 제시하였다. 상호결정론에 따르면 아동발달은 능동적으로 개입하는 아동(P), 아동의 행동(B), 그리고 환경(E)의 세 요소들 간의 상호작용에 의해 이루어진다.

환경이 아동의 성격과 행동을 형성한다고 본 Watson이나 Skinner와는 달리 Bandura는 아동, 행동 그리고 환경이 양방향으로 작용한다고 보았다. 예를 들어, 철수는 친구가 가지고 놀고 있는 장난감을 갖고 싶어 그 친구를 때려서 장난감을 빼었다. 철수는 스스로 공격적인 행동을 했으며 그 행동은 갖고 싶은 장난감을 가진 것으로 강화가 되었다. 즉, 괴롭히는 행동은 강화되었고 놀이 환경의 특성도 변화시켰다. 공격받은 친구는 괴롭힘을 당하는 상황에 보다 쉽게 노출되고, 친구를 괴롭혔던 철수는 그 친구를 다시 공격할 가능성이 높아진다. 이와 같이 경험은 아동에게 영향을 미치고, 동시에 아동의 행동은 경험에 영향을 미친다. 즉, 아동은 스스로 자신의 성장과 발달에 영향을 미치는 환경 형성에 적극 개입한다(Shaffer, 1999, pp. 49-51).

아동이 능동적으로 자신의 성장과 발달에 개입할 수 있는 것은 환경과 상호작용할 때 인지적인 사고과정을 거치기 때문이다. 예를 들면, 소꿉놀이에서 부모 흉내를 내기 위해서는 부모 행동에 대한 내적 표상이 필요하다. 또한 다른 사람이 보상이나 처벌을 받는 것을 관찰함으로써 대리강화를 통해 자신의 행동 결과를 예상하는 것도 하나의 인지적 과정이다. 그리하여 Bandura는 관찰학습에서의 이러한 인지적 과정이 주의집중과정, 파지(把持)과정, 운동재생과정, 강화와 동기적 과정을 거쳐 이루어진다고 보았다(이옥형, 1997, pp. 66-68).

① 주의집중과정(attentional process)

관찰을 통해 학습이 이루어지기 위해서는 모델의 행동에 주의를 기울여야만 한다. 주의를 집중시키는 요인에는 애정, 유사성(성, 연령, 인종 등), 모델의 사회적인 힘(지위, 유능함, 인기 등) 등이 있다.

② 파지과정(retention process)

대부분 모델을 관찰한 후 어느 정도 시간이 지난 다음에 그 모델의 행동을 모방한다. 따라서 모델의 행동을 상징적인 형태로 기억해 두어야만 하는데 주의를 집중하여 기억한 정보를 인지적으로 저장하는 것을 파지(retention)라고 한다. 정보를 파지하는 형태에는 이미지나 그림의 형태로 기억하는 심상적 부호(imaginal code)와 글이나 문자 형태로 기억하는 어문적 부호(verbal code)가 있는데 연령이 많은 아동일수록 어문적 부호를 더 많이 사용한다. 이는 심상적 부호보다 어문적 부호로 파지하는 것이 인지과정에서 더 효과적이기 때문이다.

③ 운동재생과정(motor reproduction process)

관찰을 통해 알게 된 새로운 반응패턴은 운동기술 연습을 통해 획득된다. 운동기술 연습은 인지적 시연(cognitive rehearsal) 과정을 거쳐 이루어진다. 즉, 아동은 자신이 수행하고 있는 운동기술을 이전에 관찰했던 것과 비교하여 차이가 나는 부분에 대해 스스로 교정하면서 연습한다. 이러한 과정을 반복함으로써 아동은 관찰했던 모델의 행동과 일치하도록 자신의 행동을 교정한다.

④ 강화와 동기적 과정(reinforcement and motivational process)

새로운 행동을 학습했더라도 그 행동을 유발하는 강화요인이 없다면 다시 행동으로 나타나지 않는다. 즉, 욕설을 듣고 욕을 배울 수는 있으나 이를 재생할지의 여부는 강화와 동기에 의해 좌우된다. 아동이 모델의 행동을 모방함으로써 직접 강화를 받거나 받을 것이라고 예상한다면 그 행동에 보다 주의를 기울이고 기억하려고 노력한다. 또한 자신의 내적 기준에 따라 스스로 보상과 벌을 주는 자기 강화에 의해서도 어느 정도 좌우된다. 여기서 Bandura가 언급한 강화는 Skinner의 강화와 다소 차이가 있다. 즉, Skinner에게 있어서 강화는 학습하기 위해 필요하지만, Bandura에게 있어 강화는 습득한 학습을 실제로 수행하기 위해 필요하다.

(3) Bandura의 인지적 사회학습이론에 대한 평가

관찰학습의 개념은 오래전부터 있었던 개념이긴 하나 Bandura는 그 중요성을 크게 부각시켰다. 그는 세련되고 과학적인 방법을 통해 모델이 행동에 미치는 영향을 밝혔고 사회적 행동이 어떻게 행동을 변화시켜 가는지를 인식시켰다. Bandura의 이론을 기초로 공격성, 성역할, 감정이입, 친사회적 행동 등에 대한 연구가 많이 이루어졌으며, 최근에는 자기효능감에 대한 연구가 활발하게 진행되고 있다.

인지적 사회학습이론에서는 인지발달의 사회적, 정서적, 동기적 측면을 고려하며, 관찰학습과 상징적 표상을 통해 인간의 사고가 사회와 어떻게 연관되는지를 구체적으로 보여주었다는데 의의가 있다. 또한 초기 학습이론에 비해 환경과 행동 간의 관계를 설명할 때 인간의 인지체계를 연계하여 설명함으로써 인간의 능동적 역할을 강조하였다는 점에서도 그 의의가 있다. 그러나 인지체계가 어떻게 발달하고 이러한 발달이 관찰학습에 어떻게 영향을 미치는지에 대해서는 규명하지 못했다는 지적을 받고 있다.

5. 동물행동학

동물행동학(ethology)은 Darwin의 진화론에 근거를 둔다. 동물행동학의 기본 전제는 모든 종의 개체발달은 진화과정을 통해 내재된 생물학적 역사와 환경의 영향을 받는다는 것이다. 동물행동학은 인간행동의 많은 부분을 여러 다른 문화권에서 공통적으로 나타나는 인간이라는 종 특유의 유전적 기제로 설명한다.

대표적인 동물행동학자로는 Lorenz, Timbergen 등이 있으며, 이 이론을 아동발달에 적용한 Bowlby, Ainsworth 등이 있다. Bowlby는 인간이 갖고 있는 종 특유의 내적 기제에 의하여 주 양육자와 아기 간에 초기 애착이 형성되는 과정에 대한 이론을 수립하였고, 그의 제자였던 Ainsworth는 이 이론을 검증할 수 있는 효과적인 연구방법을 개발하였다.

동물행동학과 유사한 접근방법으로 최근 크게 대두되고 있는 이론은 사회생물학(sociobiology)이다. 사회생물학자들은 인간의 사회적 행위를 설명하는데 생물학적 개념을 사용하여 발달의 모든 측면이 특정 유전자에 의해 통제된다고 보았다. 이들은 발달이란 유전과 환경의 상호작용이라고 보지만 근본적으로는 유전적 인자가 인간의 모든 사회적 행위의 기초가 된다고 주장한다.

동물행동학과 사회생물학은 아동발달에 적용된 임상적인 연구결과가 부족하고 이론적인 근거나 역사도 다른 이론들에 비해 짧은 편이어서 미래 아동발달학자들이 도전할 수 있는 분야라고 볼 수 있다.

1) Lorenz의 각인이론

동물행동학의 주창자라고 할 수 있는 학자는 유럽의 동물학자인 Lorenz이다. Lorenz는 동물의 각 종이 보이는 특정 행동을 체계적으로 연구하여 단순히 사람들이 본능적인 행동이라고 생각했던 종 특유의 행동들이 환경 내의 특정한 자극에 의해 유발되는 필연적인 반응이라는 사실을 밝혀내어 이론화하였다. 이러한 점에서 그의 이론은 발달에 영향을 미치는 맥락을 강조한 최초의 접근이라 할 수 있다(김정희 · 김현주 · 손은경 · 송연숙 · 정인숙, 2003, p. 74).

(1) Lorenz의 생애

Lorenz는 1903년 오스트리아에서 의사의 아들로 태어났다. 그는 어려서부터 동물에 관심을 보였으며, 어류와 조류, 개, 고양이, 토끼 등 동물들을 집으로 데리고 와서 길렀다. 젊었을 때는 집 근처에 있는 동물원에서 병든 동물을 간호해 주었고 일기 형태로 조류의 행동을 자세히 기록하기도 했다. Lorenz는 아버지의 희망에 따라 의학을 공부한 후 의사자격증을 획득했지만 야생동물연구에 대한 미련을 버리지 못하고 Wien대학교에서 동물학을 연구하여 1933년에 동물학 박사학위를 취득하였다. 그후 갈가마귀와 회색기러기 같은 조류를 관찰한 일련의 연구논문들을 발표하여 국제적인 명성을 얻었다.

그는 1937년 독일에서 창간된 《동물심리학회지》의 공동편집장이 되어 동물행동학의 선구자적 역할을 담당하였다. 그해 Wien대학교의 비교해부학과 동물심리학의 강사로 임명되었고, 1948년에 오스트리아의 Altenberg 비교행동학연구소 소장

그림 2-13 Konrad Lorenz(1903~1989)와 청둥오리들

이 되었으며, 1973년 Timbergen, Fritz와 함께 노벨생물학상을 공동수상하였다. 말년에 그는 인간이 사회를 구성하는 동물의 하나라고 생각하고 그러한 생각을 인간 행동연구에 적용시켰는데 이 점에 대해서는 철학적 · 사회학적인 논쟁의 여지가 있다. 저서로는 《본능적 개념의 확립(The establishment of the instinct concept)》(1937), 《진화와 행동수정(Evolution and modification of behavior)》(1965) 등이 있다.

(2) Lorenz의 각인이론

Lorenz는 환경 속의 특정 자극이 종 특유의 행동을 유발한다는 것을 입증하는 사례를 많이 밝혀냈는데 그중 가장 유명한 사례는 청둥오리들의 각인과 관련된 것이다. Lorenz는 청둥오리가 낳은 알을 둘로 나누어 한쪽 알들은 어미 청둥오리가 부화하고 다른 쪽은 Lorenz 자신이 직접 부화하였다. 그 결과, Lorenz가 부화시킨 청둥오리 새끼들은 그를 어미 따르듯 졸졸 따라다니는 행동을 보였다. Lorenz는 부화 후 처음 본 대상에 대한 새끼 청둥오리의 이러한 추종행동을 각인(imprinting)이라 명명하였다. 각인이란 어린 동물이 생후 초기의 특정한 시기 동안 어떤 대상에 노출되어 그 대상에 애착하게 되는 것(Crain, 1983, p. 70)이다. 청둥오리는 부화 후 13시간에서 16시간 사이가 가장 민감한 시기인데 이 시기에 자신이 본 움직이는 물체를 어미로 인식한다. 알에서 깨어난 청둥오리 새끼가 Lorenz를 어미로 인식하고 따라다니는 행동은 움직이는 대상을 따르려는 생득적인 경향성과 알에서 깨어난 후 일정시간 내에 실제로 움직이는 대상이 있는 환경을 만날 때 각인되는 종 특유의 행동인 것이다.

Lorenz는 각인현상이 출생 후 일정 기간 내의 결정적 시기(critical period)에만 일어나며 각인된 행동은 나머지 생애 동안 지속된다는 것을 밝혀냈다. 만일 이 기간 동안에 각인되지 않으면 이후에는 그 행동을 습득할 수 없다. 발달심리학자들은 Lorenz의 각인이론을 인간발달에 적용하여 인간의 모든 행동에는 결정적 시기가 있다고 주장하였다(김정희 등, 2003, p. 75).

(3) Lorenz의 각인이론에 대한 평가

Lorenz의 각인이론은 발달을 설명하는데 있어 진화론적인 견해를 첨가함으로써 인간 행동을 해석하는 새로운 접근방식을 제시하였다는 점에서 기존의 발달이론들과 차별화된다. 특히 결정적 시기와 각인이라는 새로운 개념을 제안하였다는 점에서 의의가 있다. 또한 Lorenz는 지극히 자연스러운 일상생활 환경에서 대상을 관찰하여 연구함으로써 아동연구에 관찰법을 적용하는데 영향을 미쳤다.

Lorenz 이론은 비교적 최근에 대두된 학문적 접근방법인 만큼 이 이론에 대한 검증과 비판이 다른 고전적 발달이론들에 비하여 축적되지 못하였다. Lorenz 이론은 인간의 발달에서 학습과 경험의 역할을 무시하였다는 점에서 학습이론가들에 의하여 주로 비판받았는데 한편으로 각인도 결정적 시기 동안 일어나는 영구적인 학습이라는 견해도 있다.

2) 애착이론

동물행동학의 영향을 받아 가장 넓은 범위로 연구된 발달심리학적 영역은 애착이라고 할 수 있다. 애착이론의 창시자인 Bowlby는 애착을 인간에게서 나타나는 종 특유의 행동으로 보고 영아가 자신을 가장 가까이에서 돌봐주는 어머니(일차 양육자)에게 애착을 형성해 가는 과정을 이론적으로 정립하였다.

(1) Bowlby의 생애

Bowlby는 1907년 런던에서 출생했다. 외과의사인 아버지의 뜻에 따라 Cambridge대학교에서 의학을 공부했다. 임상의로서 Bowlby는 제2차 세계대전 후 고아원에서 성장한 아동들은 타인과 친밀하고 지속적인 관계를 형성하지 못하는 등 여러 가지 정서적인 문제가 있다는 것을 발견하였다. 또한 양친 부모와 함께 성장했어도 어머니와 장기간 분리를 경험한 아동들도 고아들과 유사한 징후를 보인다는 것도 알게 되었다. 즉, 어려서 부모나 어머니의 부재를 경험한 아동들은 충격

John Bowlby
(1907~1990)

을 받아 지속적으로 타인과 밀접한 유대관계를 형성하지 못하는 것처럼 보였다. Bowlby는 이러한 아동들의 정서적 문제의 이유가 생의 초기에 어머니와의 친밀한 인간관계를 통한 애착을 확고하게 형성할 기회가 없었기 때문이라고 해석하였다. 이렇듯 많은 아동을 관찰한 결과, Bowlby는 어머니와 유아 간의 관계에 대해 세심한 주의를 기울이지 않고는 아동발달을 이해할 수 없다는 확신을 갖게 되었다. 이에 대한 그의 관심은 결국 동물행동학적 이론을 인간관계, 특히 영아와 어머니 간의 애착관계에 적용하는 계기가 되었다.

Bowlby는 "아동의 어머니에 대한 유대의 본질(The nature of the child's tie to his mother)" (1958)이라는 논문에서 동물행동학적 이론의 틀 안에서 당시의 애착이론을 논의하였다. 이 논문과 폭넓은 저술을 통해 그는 우리가 애착이라고 부르는 복잡한 행동체계의 일차적 기능이 위험으로부터 유아를 보호하기 위한 것이며, 유아로 하여금 성인으로 발달할 수 있도록 자신을 돌보는 것이라고 주장하였다. 저서로는 《애착과 상실: 애착(Attachment and loss: Attachment)》(1969), 《안전기지(A secure base)》(1988) 등이 있다.

(2) Bowlby의 애착이론과 Ainsworth의 낯선 상황 실험

Bowlby는 종 특유의 행동이 특정 외부 자극에 의해 유발된다는 점에 착안하여 아기는 선천적으로 다른 사람에게 접근하고자 하는 성향, 즉 애착욕구를 가지고 태어나는데 이에 대한 어머니의 민감하고 따뜻한 반응에 의해 아기와 어머니 간의 친밀한 유대관계가 형성된다고 하였다. 즉, 영아는 선천적으로 양육자에게 신호를 보내는 내적 기제를 가지고 태어나고, 어머니는 자기가 낳은 아이의 생물학적 신호에 반응한다고 설명하였다. 예를 들어, 아기가 어머니를 보고 미소를 지으면 어머니는 아기를 사랑스럽게 느끼고 정성껏 아기를 보살펴 준다. 같은 이치로 아기의 미소

뿐만 아니라 울음, 붙잡는 행동 등도 어머니의 반응을 유발하는 행동이 된다. 이러한 상호작용이 오랜 기간 반복되면서 아기와 어머니 간에 애착이 형성된다. 앞서 언급한 청둥오리의 경우처럼 대부분의 동물은 결정적 시기가 생후 몇 시간 최고 며칠 이내로 짧은 편이지만 인간의 경우에는 결정적 시기가 훨씬 오래 지속된다고 볼 수 있다. Bowlby의 이론에 따르면 생후 1년의 기간 동안 아기는 자신을 잘 돌봐주고 같이 놀아주며 모성행동을 보이는 사람에게 애착을 유발하는 행동을 강하게 자주 나타낸다. Bowlby는 이것을 환경 내에서 부모-자녀가 가지는 종 특유의 행동 성향으로 보았다.

Bowlby는 또 병원에 입원하여 수 주 동안 격리된 아동의 반응을 관찰하였는데 처음에는 울고 고함치며 반항하던 아동들이 격리가 오래 지속되면 어머니에 대하여 아예 흥미를 잃어버리는 초월상태(detachment)가 되는 것을 발견하였다. Bowlby는 이렇게 격리로 인해 불안을 나타내다가 어머니를 외면하게 되는 것을 방어적인 행동유형으로 설명하였다.

Mary Ainsworth
(1913~1999)

아동과의 애착에 어머니(양육자)의 영향이 크게 작용하고 애착이 부모-자녀관계의 기본적 특성이라는 Bowlby의 견해를 지지하면서 Ainsworth는 더 나아가 모든 어머니와 아기의 관계가 같지 않다는 점에 주목하였다. Ainsworth는 어머니가 적극적으로 아기와 상호작용하거나 아기의 신호에 민감하게 반응할 때 아기와 어머니의 유대관계는 좋아진다고 지적하면서 다양한 애착의 질을 밝혀보고자 하였다. Ainsworth는 어머니와 아기 간에 다양한 유형의 애착이 존재한다는 자신의 가설을 검증하기 위하여 '낯선 상황(strange situation) 실험' 이라는 아주 독특하고 특별한 실험법을 개발하였다. 이 방법은 그때까지 실제로 검증하지 못하였던 애착이라는 추상적인 개념을 현실적으로 구체화시키는데 큰 공헌을 하였다.

Ainsworth와 Wittig(1969)는 애착을 표준화된 상황에서 연구할 수 있으리라는 가정하에 12~18개월 된 영아와 어머니를 위한 '실험적 상황' 절차를 고안하였다. 이 절차는 여덟 가지 에피소드로 구성되어 있으며 각 에피소드는 약 3분 정도 소요된다. 낯선 상황 실험은 영아가 장난감을 가지고 놀 수 있도록 고안된 실험실에 양육자와 낯선 사람이 교대로 들어왔다 나가는 스트레스 상황이 제시된다. 에피소드가 진행되면서 영아는 점점 더 큰 스트레스를 경험하게 된다. 첫 장면에서는 영아가 어머니와 함께 있는 상황에서 낯선 사람과 상호작용하는 것을 관찰한다. 그 다음에는 어머니와 두 번 격리되는 장면(한 번은 낯선 이와 한 번은 영아 혼자 있게 한다.)과

표 2-2 낯선 상황 실험의 여덟 가지 에피소드

에피소드	등장인물	실험상황	애착행동
1	어머니, 영아	실험자가 어머니와 영아를 실험실로 안내한 후 실험실을 나간다.	
2	어머니, 영아	영아가 장난감을 가지고 놀면서 실험실을 탐색하는 동안 어머니는 영아 곁에 앉아 있는다.	• 안전기저로서의 어머니
3	어머니, 영아, 낯선 사람	낯선 사람이 실험실에 들어와 어머니와 이야기를 나눈다.	• 낯선 사람에 대한 영아의 반응 • 안전기저로서의 어머니
4	낯선 사람, 영아	어머니가 실험실을 나간다. 낯선 사람이 영아와 상호작용을 시도하고 영아가 당황하면 진정시킨다.	• 분리불안
5	어머니, 영아	어머니가 다시 실험실로 들어오고 낯선 사람은 실험실을 나간다. 어머니는 영아를 반기고, 필요하면 달래준다.	• 어머니와 재회 시 영아의 반응
6	영아	영아만 남겨 두고 어머니가 실험실을 나간다.	• 분리불안
7	낯선 사람, 영아	낯선 사람이 다시 실험실에 들어오고 영아를 달랜다.	• 낯선 사람에 의해 달래지는 정도
8	어머니, 영아	어머니가 실험실에 돌아오고, 낯선 사람은 나간다. 영아를 달래줄 필요가 있으면 어머니는 영아를 달래준 후 다시 장난감을 가지고 놀게 한다.	• 어머니와 재회 시 영아의 반응

〈출처〉 Murkoff, H., Eisenberg, A., & Hathaway, S. (2002). *What to expect when you're expecting*, p. 167.

그림 2-14 Ainsworth의 낯선 상황 실험

〈출처〉 Kail, R. V. (2002). *Children*, p.191.

재결합하는 장면을 관찰한다. 실험 중 영아가 심하게 울거나 보챌 때는 어머니가 결정하여 그 장면을 빨리 진행할 수 있다. 이러한 낯선 상황에서 영아의 탐색행동을 관찰하고, 두 번의 격리와 재결합과정을 통해 애착행동을 평가한다.

Ainsworth는 어머니와 재결합할 때 나타나는 영아의 반응을 점수화하는 척도를 개발하였다. 영아의 행동을 접촉추구, 접촉유지, 접촉회피, 접촉저항, 탐색행동 등 다섯 가지 유형에 따라 각각 7점 척도를 사용하여 점수를 매긴 후 이를 근거로 영아의 어머니에 대한 애착유형을 안정애착, 불안정-회피애착, 불안정-저항애착 등 세 가지 유형으로 분류하였다.

① 안정애착(secure attachment)

어머니와 안정된 애착이 형성된 영아는 낯선 상황에서 어머니를 안전기저로 삼고 주위를 탐색하기 위해 어머니로부터 쉽게 떨어진다. 어머니와 재결합 시에도 어머니와 신체적으로 접촉하여 위로받기를 원하며 쉽게 달래진다. 또한 낯선 사람보다 어머니에게 더 확실한 관심을 보이며, 어머니와 떨어졌을 때에도 어떤 방법으로든 능동적으로 위안을 찾고 다시 탐색과정을 수행한다. 이 유형에 속한 영아의 어머니는 영아의 요구에 민감하고 적절하며 신속하게 반응하고, 영아가 스스로 놀 수 있도록 해준다. 일반적으로 약 60%의 영아들이 이 유형에 속한다.

② 불안정-회피애착(insecure-avoidant attachment)

불안정－회피애착 유형의 영아들은 어머니에게 별로 반응을 보이지 않는다. 이들은 어머니와 방에 함께 있을 때나 어머니가 방을 나가서 없어도 울지 않으며, 어머니와 재결합 시에도 어머니를 무시하거나 강하게 회피한다. 낯선 사람과 어머니 모두에게 비슷한 반응을 보이며 어머니가 보내는 신호에도 영아는 반응을 보이지 않는다. 이 유형에 속한 영아의 어머니는 영아의 요구에 무감각하며, 영아와 신체적 접촉이 적고 화가 난 것 같아 보이고 영아를 거부하는 듯한 행동을 한다. 미국의 경우에 이 유형에 속하는 영아는 전체의 10～25% 정도이다.

③ 불안정-저항애착(insecure-resistant attachment)

불안정－저항애착 유형의 영아는 어머니가 방을 떠나기 전부터 불안해하고 어머니 옆에 있어도 별로 탐색을 하지 않으며, 어머니가 방을 나가면 심한 분리불안을 나타낸다. 어머니가 돌아오면 화를 내고 거부하면서도 어머니 곁에 머물러 있으려는 양면성을 보인다. 이 유형의 영아는 어머니가 있어도 쉽게 놀이로 돌아가지 않으며, 이 유형의 영아의 어머니는 영아를 거부하지는 않지만 영아의 요구에 무감각하고 영아를 다루는 방식이 서툴다. 미국의 경우에 전체 영아의 약 10～25%가 이 유형에 속한다.

Ainsworth가 제시한 세 가지 유형 외에 Main과 Solomon(1986)은 혼란애착 유형(insecure-disorganized, disoriented infants)을 첨가시켰다. 약 5～20% 정도의 영아가 혼란애착 유형을 보이는데, 혼란애착은 불안정애착의 가장 심한 형태로 회피애착과 저항애착이 결합된 것이다. 혼란애착 유형은 어머니와의 재결합 시 강한 접근추구 행동을 보이면서도 접근 시 고개를 돌리거나, 강한 저항을 보이는 모순된 행동과 침울해하고 얼떨떨해하는 모습을 보인다(이정희, 1993).

Ainsworth의 낯선 상황 실험에 의해 분류된 애착유형 분포는 문화권에 따라 차이가 있다. 왜냐하면 문화권마다 양육방법이 달라 낯선 상황에서 영아의 행동이 다를 수 있고, 또 이에 대한 해석에도 차이가 있을 수 있기 때문이다.

(3) Bowlby의 애착이론과 Ainsworth의 낯선 상황 실험에 대한 평가

Bowlby의 애착이론은 20세기 후반부터 아동의 사회 · 정서발달연구 분야에 큰 영향을 미친 것으로 평가된다. Bowlby는 근본적으로 정신분석학자로서 훈련을 받았던 만큼 어린 시절의 초기 경험의 중요성을 강조하였고, 비록 초기 경험이 후기 발달의 모든 것을 결정하지는 않을지라도 후기 발달의 가능성을 제한할 수 있다는 점을 시사하였다.

Ainsworth가 개발한 낯선 상황 실험은 실제로 영아와 어머니 간의 애착을 측정함으로써 Bowlby의 이론을 검증하여 애착 관련 연구의 부흥을 일으켰다. 그러나 '실험실 상황' 에서 관찰된 연구결과를 영아들의 일상생활에 적용시키기에 무리가 있고, 자연스러운 환경과도 다소 차이가 있는 것으로 평가된다(Rosenblith, 1992). 또한 Ainsworth의 패러다임은 항상 표준화된 절차로 실행되기 때문에 다른 가족구성원이나 형제가 참여한다거나 낯선 사람의 특징에 따른 영향 등은 실험실에서 연구할 수 없다는 단점이 있다. 그리고 영아들은 집보다 낯선 실험실 상황에서 탐색활동이 줄어들 수 있고, 어머니에게 더 가까이 다가가거나 매달릴 수 있다는 제한점도 있다.

'실험실 상황' 을 경험한 영아들은 불과 3분간의 짧은 격리지만 그 효과는 지속적인 것으로 보인다. 가정생활이 안정적이면 12~18개월 된 영아의 애착 정도는 일관성이 있는 것으로 보고되었고(Ainsworth & Bell, 1970), '실험실 상황' 을 적용한 독일, 이스라엘, 일본에서의 연구도 비슷한 결과가 나타났다(Grossman et al., 1985; Miyake et al., 1985). 그러나 일본이나 이스라엘의 어머니들은 미국 어머니들보다 자녀가 실험 장면을 견디기 힘들어한다는 생각에서 실험을 중지해 줄 것을 더 많이 요청하였다. 이러한 어머니들의 반응은 '실험실 상황' 이 다른 문화권에서도 적합한가 하는 의문점을 제기하게 된다(조복희, 1995, p. 88).

최근에는 낯선 상황 절차를 대신하여 어머니-영아 간 애착을 측정하는 방법으로 자연스런 상황에서 애착을 측정하는 애착 Q세트(Waters et al., 1995)가 많이 사용된다. 애착 Q세트는 Bowlby와 Ainsworth의 애착이론에 근거하여 영아가 어머니

(양육자)와 상호작용하는 동안 나타내는 일련의 애착행동을 평가함으로써 양육자에 대한 영아의 애착안정성을 측정하도록 고안된 도구이다. 이 방법은 어머니가 영아의 특성을 설명하는 문항이 적힌 카드를 읽고 자신의 자녀와 일치하는 정도에 따라 1점에서 9점까지로 카드를 분류한 후 총점을 계산하여 안정애착 집단과 불안정애착 집단으로 나누는데 연구결과에서 애착 Q세트와 낯선 상황 실험은 상당히 일치하는 것으로 나타났다(Pederson et al., 1998).

3) Wilson의 사회생물학

사회생물학(sociobiology)은 인간을 포함한 모든 동물의 사회적 행동을 체계적으로 연구하는 학문이다. 사회생물학의 대표적인 학자인 Wilson은 《사회생물학》(1975)이라는 저서에서 인간의 본성을 이해하는데 사회생물학적 방법론이 가장 중요한 역할을 한다고 지적하였다(정옥분, 2002, p. 94).

(1) Wilson의 생애

Edward Wilson
(1929~)

Edward Wilson은 1929년 Alabama주의 Birmingham에서 태어났다. 정부의 회계관이었던 아버지가 한 근무처에서 2년을 넘기지 못하고 줄곧 옮겨 다닌 관계로 대학교에 진학하기까지 Wilson은 무려 열여섯 군데의 학교를 다녔다. Wilson이 7세 되던 해에 부모가 이혼하였는데 형제가 없었던 Wilson은 친구 사귀기도 어려워하였다. 주로 자연을 벗 삼아 늪을 살피고 곤충, 뱀, 개구리 등을 관찰하면서 어린 시절을 보낸 Wilson은 가족이 Washington으로 이사한 후에는 주로 동물원에 가서 동식물을 관찰하며 시간을 보냈다. Wilson은 Alabama대학교에서 곤충연구를 한 후 Harvard대학교에서 개미 연구로 1955년에 박사학위를 받았다(정옥분, 2002, p. 93).

(2) 사회생물학이론

Wilson(1975)은 인간의 모든 행동을 생물학적 현상으로 보고 그것은 집단생물학과 진화적 방법론으로 분석할 수 있다고 보았다. Wilson에 의하면 인간은 이기적인 유전인자를 갖고 있고 인간의 모든 행동은 자신의 생존을 영위하게 한다는 전제하에 이루어진다. 이때 생존은 단순히 한 사람의 생존에 대한 제한적인 의미가 아니라 자신의 유전인자가 후세에 전해진다는 영구적인 의미의 생존을 의미한다. 즉, 인간은 후손을 남길 가능성을 위해 사회적으로 바람직한 행동을 한다는 것이다. 그 대표적인 예가 이타적 행동으로 자신의 목숨을 걸고 위험에 처한 자식을 구하려는 어머니의 행동을 들 수 있다. 사회생물학에서는 인간은 자신의 유전인자가 후손에게 전달된다는 보장만 있으면 어떤 행동도 불사하도록 프로그램화되어 있다고 주장한다. 즉, 자녀는 부모로부터 유전인자를 물려받고 앞으로 살아가야 할 기간이 훨씬 더 길기 때문에 진화론적 기제는 어머니로 하여금 자신을 희생하여 자식을 구하게 만든다는 것이다(Dawkins, 1976; Porter & Laney, 1980).

사회생물학자들은 유전인자는 신체적 특성뿐만 아니라 근친상간 금기와 같은 사회적 행동도 결정한다고 주장한다. 또한 이들은 생존에 적합한 사회적 행동은 신체적 특성과 유사한 적자생존의 과정을 겪는다고 가정한다. Wilson은 유전적 요인이 사회적 행동에 미치는 영향은 개인적 수준에서가 아니라 문화적 · 사회적 수준에서 이해해야 한다고 주장하였다. 예를 들면, 살인이나 근친상간 금기 등은 사회적인 수준에서 인간의 종을 지속시키는데 방해가 되는 행동이므로 이타적 행동과 같이 바람직한 사회적 행동은 후손에게 전해지고, 근친상간과 같이 바람직하지 못한 행동은 전해지지 않게 된다(Green, 1989; Lerner & Von Eye, 1992).

(3) Wilson의 사회생물학에 대한 평가

Wilson은 집단생물학과 진화적 방법론을 사회생물학에 적용하여 분석함으로써 사회과학의 새로운 방법론을 제시하였다는 평가를 받고 있다. Wilson은 인간의 사회적 행동과 문화의 기원을 다른 동물들의 사회적 행동과 그 사회구조들과 비교하였을 뿐만 아니라 친족 선택이나 상호 이타주의 등 여러 기제를 도입하여 이러한 현상들이 이기적인 유전자로 인해 나타난다는 흥미로운 설명을 하였다. 그러나 인문사회학자들로부터 유전자 결정론이라는 비판을 받고 있으며, 오직 유전자의 진화만을 인정하고 인간의 주체성, 지성, 창조성, 도덕성의 진화를 무시했다는 지적을 받고 있다(정옥분, 2002, p. 95).

6. 맥락적 이론

기존의 발달이론이 인간의 발달을 설명하는데 있어서 인간의 심리나 행동에 초점을 두고 있는 것과 다르게 맥락적 이론은 인간을 둘러싼 환경에 초점을 맞추었다. 이 이론은 아동을 중심으로 가족, 학교, 사회 등의 가까운 환경에서부터 신념, 가치, 역사, 시간 등의 멀리 있는 환경까지 여러 다양한 환경이 아동의 발달에 영향을 미치는 것에 관심을 둔다. 이러한 맥락적 이론에서는 Bronfenbrenner의 생태학적 이론과 Elder의 생애이론이 대표적이다.

1) Bronfenbrenner의 생태학적 이론

(1) Bronfenbrenner의 생애

Urie Bronfenbrenner
(1917~)

Bronfenbrenner는 러시아의 모스크바에서 출생했으며, 여섯 살 때 미국으로 이주하여 현재까지 미국에서 살고 있다. Cornell대학교에서 음악과 심리학을 전공하였으며, 1942년 Michigan대학교에서 박사학위를 받았다. 1948년 Cornell대학교 교수가 되어 현재에 이르고 있다. 그는 1979년 《인간발달 생태학(The ecology of human development)》이라는 저서를 통해 자신의 생태학적 이론을 설명하였다.

(2) 생태학적 이론

아동에 대한 이해가 사회문화적 맥락에서 이루어져야 한다는 관점은 Bronfenbrenner의 생태학적 모델(ecological model)에 잘 나타나 있다. 이 모델에 의하면 아동은 주변의 인접한 구조로부터 확산된 구조의 생태계 속에서 발달한다. Bronfenbrenner는 이 구조를 처음에는 네 가지 체계, 즉 미시체계, 중간체계, 외체계, 거시체계로 나누다가 후에 시간체계를 추가하였다.

Bronfenbrenner의 생태학적 모델은 아동의 생활에 직접적, 간접적으로 작용하는 사회적 환경들의 상호연계성을 체계화하였다. 그리하여 그는 아동발달에 직접 작용하는 요인에만 국한하여 생각했던 관점에서 벗어나 보다 포괄적인 관계망에서 아동발달을 이해하였다. 또한 Brofenbrenner 같은 생태학적 관점을 가진 연구자들에 의하면 아동은 성장하면서 환경을 극복하고, 환경에 적응하며, 나아가 환경을 창조해 가는 능력이 있다. 그래서 그들은 인간의 적응성이나 유능성을 강조한다(이영 외, 2009, p. 74). 생태학적 모델에 의하면 아동을 중심으로 아동과 가까이에 있는 체계일수록 아동에게 직접적이고 크게 영향을 미친다. 뿐만 아니라 외부에 있는 체계는 그 안에 있는 체계에 영향을 미치고, 모든 체계들은 상호작용하며 서로 영향을 미친다. Bronfenbrenner의 생태학적 모델에 기초하여 Shaffer(1999, p. 64)는 인간발달의 생태학적 모델을 다음과 같이 도식화하였다.

그림 2-15 인간발달의 생태학적 모델
〈출처〉 Shaffer, D. R. (1999). *Developmental psychology: Childhood and adolescence*, p. 64.

① 미시체계(microsystem)

Bronfenbrenner의 생태학적 모델에서 아동은 중앙에 위치하며, 미시체계는 아동이 속한 가장 직접적인 환경들을 말한다. 가정, 친구, 학교, 지역사회, 매체 등이 이에 속하며, 이들은 아동과 밀접하게 상호작용함으로써 영향력을 행사한다. 미시체계는 아동이 살고 있는 집의 크기, 동네에 있는 놀이터의 시설물, 도서관에 비치된 장서의 양 등과 같은 물리적 특성과 또래집단의 사회경제적 지위, 부모의 교육수준, 교사의 신념 등 아동의 발달에 영향을 미칠 수 있는 특성들을 포함한다.

미시체계 내에서 아동과 부모, 또래, 교사와 같은 요인들은 서로 직접적으로 상호작용한다. Bronfenbrenner에 의하면 아동은 환경의 영향을 받는 수동적인 존재가 아니라 환경을 구성하는 능동적 주체이므로 아동이 성장하면 미시체계도 변화한다. 아동과 관련된 사회문화적 영향에 대한 대부분의 연구는 미시체계에 초점을 맞추고 있다.

② 중간체계(mesosystem)

중간체계는 두 가지 이상의 미시체계들 간의 관계, 다시 말하면 환경들과의 관계로 구성된다. 즉, 미시체계 속에서 성장하는 개체가 특정한 시점에서 상호작용하는 것을 의미한다. 중간체계 수준의 상호작용은 사적이며 직접적으로 이루어지는데 여기에는 학교(교사)와 가정(부모) 간의 관계, 형제 간의 관계, 가정과 또래집단 간의 관계가 포함된다. 예를 들어, 부모와의 관계가 원만하지 않은 아동은 친구와의 관계도 원만하지 않을 수 있는데, 이는 중간체계가 아동의 발달에 영향을 미쳤기 때문이라고 볼 수 있다. 일반적으로 이 체계들 간의 관계가 밀접할수록 아동의 발달은 순조롭게 이루어진다.

③ 외체계(exosystem)

외체계는 아동과 직접 상호작용하지는 않지만 아동의 미시체계에 영향을 미치는 사회적 환경들이다. 즉, 지역사회 수준에서 기능하고 있는 사회의 주요 기관으로 부모의 직장, 학교운영위원회, 정부기관, 교통 · 통신시설, 문화시설 등이 포함된다. 아동이 이러한 외체계에 직접 참여하지는 않지만 이러한 환경들은 아동의 행동에 여러 가지 영향을 미친다. 예를 들어, 어머니의 취업 여부에 따라 아동의 생활패턴이 달라지며 대학입시를 결정하는 교육제도도 아동에게 중요한 의미를 갖고 아동의 생활에 영향을 미친다. 그러나 외체계가 아동에게 미치는 영향력은 비개인적이고 간접적이며 일방적이다.

④ 거시체계(macrosystem)

거시체계는 미시체계, 중간체계, 외체계에 포함된 모든 요소뿐만 아니라 개인이 살고 있는 문화적 환경까지 포함한다. 거시체계는 법률과 같이 명백한 형태를 가진 것도 있으나 문화적 신념, 국가, 정치적 이념, 관습, 일상생활 습관 등 대부분 비형식적인 것들로 구성된다. 아동이 속해 있는 사회문화적 배경에 따라 부모의 양육태도 등 가치관이 달라지며 이러한 가치관은 아동의 발달에 지속적으로 영향을 미친다. 일반적으로 거시체계는 다른 체계보다 더 안정적이지만 때로는 사회변화에 따라 변할 수도 있다. 또한 거시체계는 아동의 삶에 직접 개입하지는 않으나 매우 강한 영향력을 발휘하며, 하위체계에 대한 지지기반과 가치준거를 제공해 준다.

⑤ 시간체계(chronosystem)

시간체계는 Bronfenbrenner가 처음 발표한 생태학적 모델에는 포함되어 있지 않았으나 생태학적 관점에서 아동을 설명하는데 필요한 체계로 간주되어 후에 새롭게 포함되었다. 시간체계는 시간적으로 한 시점의 사건이나 경험이 아닌 전 생애에 걸쳐 일어나는 변화와 사회역사적인 환경을 의미한다. 즉, 어떤 시대에 출생하여 성장하였는가에 따라 아동은 그 발달과 삶에 큰 영향을 받는다. 예를 들어, 조선시대에 태어난 아동과 현대에 태어난 아동은 그 발달 속도와 생활 방식 등에 차이가 있다.

사회라는 환경은 계속 변화하고, 그 사회 속에 있는 유기체인 아동도 끊임없이 변화한다. 유기체와 환경 간의 상호작용인 생태체계 안에서 이 둘은 서로에게 영향을 미친다. 부모, 가족, 친구, 학교 등 아동을 둘러싼 미시체계에서부터 문화, 관습, 이념 등의 거시체계에 이르기까지 모든 생태체계는 아동에게 영향을 미치며, 이러한 생태체계는 과거, 현재, 미래라는 시간체계의 변화 속에서 작용한다. 그러므로 아동에 대한 이해는 이러한 생태체계 내에서 포괄적으로 이루어져야 하는데, 이는 결국 아동이 그가 속한 사회에 어떻게 적응해 나가느냐 하는 것을 이해하는데 도움을 준다.

(3) Bronfenbrenner의 생태학적 이론에 대한 평가

기존의 많은 연구들이 아동의 발달 자체에 관심을 가지고 기술되었거나 아동과 환경과의 관계를 다루더라도 아동 주변의 직접적인 환경에만 한정하여 환경을 매우 협소하게 이해하였다. 이에 반해 Bronfenbrenner의 생태학적 이론은 아동을 둘러싼 환경을 직접적이고 큰 영향을 미치는 미시체계부터 영향력이 적은 시간체계까지 겹겹의 구조로 체계화하였으며, 이들 각각의 체계와 아동발달과의 관계를 설명하였다(정옥분, 2003, p. 388).

이 이론은 아동의 발달이 일어나는 맥락과 발달에 영향을 미치는 환경을 고려하였으나 실제로 이러한 모든 맥락과 환경을 고려하여 연구를 수행하는 데는 어려움이 있기 때문에 이론의 검증가능성에 대한 비판이 있다. 또한 생태학적 이론은 아동발달에 대한 다양한 환경의 영향은 강조하였으나 아동의 능동적 발달과정이나 생물학적인 면과 성숙 등의 영향에 대해서는 간과하고 있다는 비판도 받고 있다(정옥분, 2003, p. 388). 이를 보완하기 위해 Bronfenbrenner(1995)는 그의 이론에 생물학적인 영향력을 첨가하여 자신의 생태학적 모델을 생물생태학적 모델(bioecological model)이라고 재명명하였다. 그러나 그의 이론은 여전히 생태학적, 환경적 영향력이 우세하다고 볼 수 있다.

2) Elder의 생애이론

(1) Elder의 생애

Glenn Elder
(1934~)

Elder는 1934년 미국 Ohio주에서 태어나 1961년 North Carolina대학교에서 박사학위를 취득했다. Elder는 성장과정에서 겪은 제2차 세계대전과 시골생활을 토대로 사회적 변화가 인간에게 미치는 영향에 대해 깊은 관심을 가지고 사회학과 심리학을 전공하였다. 1960년대 초 Elder는 1920년대에 태어난 캘리포니아 사람들을 대상으로 한 종단연구에 참여함으로써 변화하는 사회에서의 생애연구로 연구의 방향을 전환하였다. 1970년대 말 Elder는 Cornell대학교의 교수로 재직하며 Bronfenbrenner와 친밀한 관계를 가짐으로써 학제 간 연구를 하게 되었다. 현재 North Carolina대학교의 사회학과 교수로, 심리학과 연구교수로 재직 중이며 활발한 연구와 강의를 계속하고 있다(정옥분, 2003, pp. 388-390).

(2) 생애이론의 배경

Elder는 1960년대 인간의 삶이 어떻게 심리적으로 조직화되고 내면화되는지를 연구하며 그 당시 적용되고 있던 역할이론의 한계를 깨닫게 되었다. 역할이론은 특정 시간에 구애받지 않는 세대에 대한 관점을 제시하였지만 인간의 삶에 대한 연구에서 인간이 속해 있는 역사적인 시간과 맥락을 고려하지 못하였다. 그에 따라 Elder는 역사적 시간과 맥락을 고려한 연령집단이론을 강조하여 1970년대부터 전 생애적 접근에 의한 발달심리 연구, 사회적 역할과 사건에 대한 사회학적 관점에서의 연구, 그리고 노화와 같은 연령과 관련된 변화를 다루는 생애이론(life-span approach) 등에 대한 많은 연구를 함으로써 크게 주목받게 되었다(정옥분, 2003, p. 391).

(3) 생애이론의 원리와 개념

Bronfenbrenner의 생태학적 이론은 환경적 맥락을 강조하고 역사적 시간을 의미하는 시간체계를 포함하지만 전 생애 발달을 지향하지는 않는다. 반면, Elder의 생애이론은 전 생애의 발달을 강조하는 생태학적 이론이다. 경제적 풍요와 빈곤(예: 미국의 대공황 등), 전쟁 참여(예: 한국전, 이라크전 등)와 같은 사회구조와 역사적인 변화는 인간 삶의 패턴을 변화시킬 수 있고, 그러한 변화 속에서 각 개인은 자신의 발달역정을 꾸려나간다. 그러므로 생애이론에서는 인간의 발달역정과 사회적 경로(예: 전환기, 사회적 역할의 순서) 간의 상호작용이 어떻게 일어나는지를 살펴봄으로써 인간발달을 설명하고자 한다.

Elder는 생애이론을 네 가지 원리로 설명한다. 이는 생애와 시대적 배경의 원리, 능동적인 수행의 원리, 연결된 상호의존적 삶의 원리, 생애와 시간대의 원리 등으로 이를 1930년대 경제 대공황의 영향에 관한 Elder의 연구와 관련지어 살펴보고자 한다(Golhaber, 2000; 정옥분, 2003, pp. 392-395).

Elder와 Rockwell(1978)은 경제 대공황(거시체계)이 빈곤계층 아동의 발달에 미친 영향을 알아보기 위해 두 연령집단, 즉 경제 대공황 동안 아동기를 보낸 연령집단과 경제 대공황이 막 시작될 무렵 출생한 연령집단을 대상으로 장기 종단적 연구를 실시하였다. 경제 대공황 때문에 극빈층으로 전락한 아동들은 노동을 해서 가족을 부양해야 하는 처지에 있었으나, 이로 인해 독립심과 책임감이 고취되어 더 확고한 직업을 가진 책임감 있는 성인으로 성장하였다. 반면, 취학 전에 이미 경제 대공황을 경험한 아동들은 부진한 학교성적, 낮은 직업성공률 등 발달에 지장을 받을 정도로 부정적인 결과를 나타냈다.

이와 같은 결과는 생애와 시대적 배경 간의 상호작용 원리를 보여준다. 이 원리는 특정한 시대에 함께 살아온 사람들이 공통적으로 가지는 특성의 효과, 즉 출생동시집단의 효과(cohort effect)를 의미하는 것으로서 어떤 시대를 사느냐에 따라 개인이 경험하는 기회와 제약이 다르다는 것이다.

물론 같은 역사적 사건에 노출되더라도 사건을 경험하는 시간과 장소의 영향, 그리고 특정한 사회적 상황과 구조 속에서 이루어지는 개인의 선택과 상황의 개념화 등에 따라 개인의 발달역정은 달라질 수 있다. 그래서 경제 대공황 속에서도 성공적으로 적응한 사람과 세상에 대해 무력감을 느끼는 사람이 있을 수 있었던 것이다. 개인의 선택과 그 의미가 생의 전환기에 의해 영향을 받는다는 것이 능동적 수행의 원리이다.

생애이론에서 매우 중요한 개념은 '상호의존'이다. 상호의존적 원리는 인간의 삶이 일생 동안 가족관계, 친구관계, 그외 다른 사회적 관계로 이루어지고 사회적 지원이나 규제도 이러한 관계를 통해 발생한다고 본다. 예로서, 경제 대공황에 따른 경제적 궁핍은 부모 세대에서 아버지의 심리적 건강상태를 악화시키고 어머니와 아동이 일자리를 찾아나서도록 한다. 이처럼 부모의 인생에서 발생하는 사건이 세대 간 · 세대 내로 연결된다.

그림 2-16 경제 대공황기의 일곱 자녀 어머니
〈출처〉 http://history1900s.about.com/library/photos/blygd45.htm

역사적 사건의 계속된 영향은 개인의 발달 수준에만 한정되지 않고 개인이 사회에서 요구하는 사회적 역할을 어떻게 수행하는가에도 영향을 미친다. 특정한 사회역사적 맥락마다 사회적 삶을 구성하는 주요 인생사건과 이의 발생에 적절한 시간대, 발생 순서, 적절한 발생 간격을 규정하는 사회적 시간대가 있다. 생애와 시간대의 원리는 인간의 발달역정이 이러한 사회적 시간대와 상호작용한다는 것이다. 예를 들면, 경제 대공황 당시 어떤 청소년이 주요한 인생사건의 하나인 임신을 했다면, 이는 오늘날과 마찬가지로 대부분의 청소년에게는 사회적 시간대가 적합하지 않은 사건으로 경험되므로 임신부와 아기 모두 위험한 상황에 빠졌을 것이다.

(4) Elder의 생애이론에 대한 평가

Elder의 생애이론은 일생을 통해 인간발달이 이루어지며 발달단계별로 독특한 가치와 특성이 있다는 것을 보여주는 전 생애적 접근법을 취한다. 이는 기존의 연구자들이 유아기에서 청소년기까지의 발달을 중점적으로 살펴본 것과 대조된다. 특히 생태학적 체계 중 거시체계, 시간체계와 같은 다양한 가족외적 환경이 아동발달에 미치는 영향을 보여주었다는데 의의가 있다.

반면, Elder의 이론은 인간 본성의 유연성, 개체성, 다양성을 인정하면서도 환경적 맥락이 인간의 삶을 좌우한다는 것을 강조함으로써 인간의 능동성을 부정한다는 비판을 받고 있다. 또한 일반적인 발달규칙, 구체적인 발달단계, 발달과업 등을 가정하지 않음으로써 인간발달에 대한 이론적 개념화가 부족하다는 지적도 있다.

03

CHAPTER

아동발달 연구방법

1. 아동발달 연구의 역사와 목적
2. 아동발달 연구의 접근방법
3. 실질적인 아동발달 연구방법
4. 아동발달 연구의 제한점
5. 국내외 아동발달 연구 동향

CHAPTER 03

아동발달 연구방법

17세기 이전까지만 하더라도 아동은 성인의 축소판으로 여겨져 성인의 관심이나 배려가 요구되는 특별한 존재로 인식되지 못함에 따라 아동에 대한 연구는 거의 행해지지 않았다. 아동에 대한 연구는 아동에 대한 올바른 이해가 생겨나고, 그에 따라 아동에 대한 관점이 변화하기 시작했던 17~18세기에 이르러서야 비로소 시작되었다고 볼 수 있다. 특히 20세기를 전후하여 아동에 대한 다양한 발달이론들이 나오고, 아동의 제반 특성을 보다 객관적으로 이해하기 위해 각종 검사도구를 개발하면서 아동을 대상으로 한 과학적이고 체계적인 연구가 진행되기 시작하였다. 본 장에서는 이런 관점의 변화를 기초로 아동연구의 역사와 아동발달을 보다 과학적이고 객관적으로 이해할 수 있는 다양한 접근방법 및 실질적인 아동발달 연구방법과 국내외 아동발달 연구의 최근 경향 등에 대하여 살펴보고자 한다.

1. 아동발달 연구의 역사와 목적

1) 아동발달 연구의 역사

고대 그리스, 로마시대의 Plato나 Aristotle은 아동에 대한 그들 나름의 관점을 제시하였다. Plato는 시민들이 자녀양육에 시간을 빼앗기면 국민으로서의 의무를 수행할 수 없다고 보고 아동을 국가 소유로 간주하여 모든 아동은 출생 후 바로 부모의 곁을 떠나 국가가 양육해야 한다고 주장하였다. 그는 유아기는 습관에 의해 성격이 형성되는 중요한 시기이므로 인생의 초기 경험이 중요하고, 살아가면서 여러 가지 경험에 의해 성격이 수정될 수 있다고 보았다. 또한 그는 인간은 각기 다른 능력을 갖고 태어난다는 생득관념을 언급하면서 개인차의 중요성을 인정하기도 하였다. 뿐만 아니라 그는 3세까지 유아는 공포나 고통, 슬픔 등의 감정을 경험하지 말아야 하며 쾌락을 제공하는 것은 아이를 망치게 할 수 있다고 주장하기도 하였다. 반면, Aristotle은 인간은 올바른 감정과 선량한 습관을 기르기 위하여 덕을 쌓아야 하며, 사고할 수 있는 능력과 논리 및 이성을 활용할 수 있는 힘을 기르는 것이 인간발달의 궁극적인 목적이라고 주장하였다. 그리하여 그는 인간발달을 세 단계로 구분하였는데 생후 첫 단계인 유년기는 7세까지로서 이 시기 동안 아동은 공부나 노동을 하지 않아야 하며, 가정에서 놀이를 통해 충분히 움직이면서 신체를 튼튼히 하는 데 주력해야 한다고 주장하였다. 이를 위해 그는 부모가 자녀에게 좋은 내용의 이야기를 들려주어야 한다고 강조하면서 가정에서의 자녀양육을 중요시하였다.

중세로 넘어오면서 Plato나 Aristotle의 아동에 대한 이해는 전성설(前成說)적인 관점이 만연하면서 아동기의 부재를 초래하였다. 즉, 아동을 성인의 축소판으로 간주하고 아동과 성인을 동일시함으로써 아동에 대한 연구뿐만 아니라 아동에 대한 올바른 이해조차 기대하기 어렵게 되었다. 그러나 르네상스와 종교개혁을 거치면서 아동을 이해하는 태도에 변화가 생겨나기 시작하였다. 그 시초는 17세기 Comenius에서 비롯되었다고 볼 수 있다. 그는 아동의 육체적 · 정신적 건강을 위하여 어머니가 최선을 다해야 하며, 자녀에 대한 의무와 권리를 성실하게 감당하여 아동의 능력에 따라 양육해야 한다는 모친학교(Mother' s Knee School)를 주장하였다. 그는 아동 초기에 어머니 역할이 중요하다고 강조하면서 아동에 대한 관심을 새롭게 불러일으켰다. 이후 Locke, Rousseau 등의 철학자들이 등장하면서 아동은 미약한 존재로 태어나므로 성인의 보살핌이 절대적으로 필요하다는 생각을 갖게 되었다. Locke는 아동은 양적, 질적으로 성인과 다르기 때문에 아동발달에 관한 새로운 이론과 연구가 필요하다고 주장하였다. 특히 그는 백지설을 주장하면서 아동발달에 대한 환경의 중요성을 강조하였고, 이는 행동주의의 초석을 마련하는데 기여하였다. 한편, Rousseau는 인간은 자신만의 특유한 감정과 사고방식을 지닌 개체이므로 아동은 사회의 구속에서 벗어나 자신의 흥미와 욕구에 따라 자유롭게 성장할 수 있도록 배려해 주어야 하며, 인간은 누구나 선하게 태어났다는 성선설을 주장하였다. 또한 그는 아동의 내적인 성숙과정을 통한 자연스러운 단계별 발달을 주장함으로써 발달심리학의 기초를 마련하였다.

아동을 포함하여 발달에 대한 과학적 연구의 초석을 다진 사람은 Darwin이라고 할 수 있다. 그는 진화론을 주장하면서 인간은 타고난 유전 요인을 가지고 자신이 처한 환경에 적응함으로써 발달한다는 것을 강조하였다. 그는 인간을 포함한 모든 종들은 환경에 대한 적응적이고 기능적인 특성을 지니고 있다고 보았는데 이는 유전과 환경과의 상호작용에 대한 관심을 불러일으키는데 중요한 역할을 하였다. 또한 그는 자신의 아들을 주의 깊게 관찰하여 유아전기도 출판하였다.

20세기에 접어들면서 아동연구는 본격적으로 국가적 차원의 관심 대상이 되기 시작하였다. 그 기틀을 마련한 사람 중 Hall은 아동을 집단으로 연구할 수 있는 질문지법을 개발하여 아동에 대한 과학적 연구를 자극하는 역할을 하였으며, Binet는 1905년 최초로 지능검사를 제작하여 검사운동(test movement)을 일으키는데 결정적 역할을 하였다. 이후 제1차 세계대전 중 집단용 지능검사가 개발되면서 검사운동은 본격화되기 시작하였다. 이처럼 20세기에 들어 Hall, Binet 등의 활동에 힘입어 아동은 주요 연구대상이 되었다.

20세기 초 Gesell은 아동의 행동을 관찰하여 월령별 아동의 신체발달을 나타낸 표준행동목록을 만들면서 아동의 성장과 발달에는 유전적 요인이 중요하게 작용한다고 주장하였다. 그러나 동시대에 Watson은 행동주의 선언문을 발표하면서 아동의 행동은 제공되는 환경 자극에 따라 인위적으로 조작될 수 있다고 주장함으로써 극단적인 행동주의를 표방하였다. 이러한 다양한 관점의 이론들이 등장하면서 이 시기에는 아동발달을 이해하기 위하여 관찰과 실험, 임상적 면접법 등의 다양한 방법을 통해 아동의 신체적 · 심리적 행동특성의 발견과 변화를 기술하는데 관심을 두었다.

20세기 중반에는 정신분석이론, 형태주의심리학, 학습이론, 인지발달이론 등의 아동발달이론들에 기초하여 많은 연구결과들이 보고되면서 아동의 다양한 행동특성이나 태도, 정서, 성격, 인지 등을 다각적으로 이해하고 분석하였다. 즉, 정신분석이론에서는 인간의 무의식 영역을 개척하여 6세 이전의 유아기 경험이 인간발달의 많은 부분을 설명할 수 있는 중요한 시기임을 강조하였다. 학습이론에서는 아동의 행동을 자극과 반응 간의 관계 및 이에 대한 강화, 관찰 등으로 설명하면서 아동발달의 많은 부분들이 제공되는 자극에 따라, 혹은 모델 특성에 따라 달라질 수 있다고 주장하였다. 형태주의심리학에서는 사람이 보는 관점이나 처한 환경에 따라 사물은 달리 보일 수 있다고 주장하면서 자연과 환경 간의 상호작용에 대해 관심을 기울였다. 인지발달이론은 유전과 환경의 상호작용을 강조하면서 이를 통한 아동의 인지적 능력의 발달과정을 설명하였다. 이런 각각의 심리학 이론들에서는 자신들의 이론을 증명하기 위하여 면접법, 관찰법, 실험실 실험법, 관찰과 개별화된 면접을 결합한 임상적 방법, 검사도구의 활용 등 다양한 연구방법들을 적용하여 이론을 검증하고 연구하였다.

20세기 후반에는 정보처리이론과 발달에서의 생태학적 관점, 생애발달적 관점, 사회문화적 관점 등 다양한 측면에서 아동발달을 이해하려는 경향이 두드러졌다.

즉, 아동이 처한 환경체계 속에서 아동발달에 직 · 간접적으로 영향을 미치는 사회문화적 측면이나 주변 환경 간의 상호역동성을 강조하면서 사회문화적 맥락을 중요시 하였다. 이들의 아동발달에 대한 연구는 과거 이론들에 비해 거시적 관점에서 이루어지는 경향이 있으며, 현장실험이나 관찰, 사례분석, 민속학적 방법 등 실제 현장을 중심으로 다양한 연구방법을 적용하여 연구하였다.

최근의 아동연구는 아동발달에 대한 생태학적 측면을 훨씬 더 강조하는 경향이 있다. 즉, 인위적인 환경에서 벗어나 아동이 처한 실제적인 상황에서 아동을 대상으로 연구 · 분석하여 문화적 · 역사적 맥락 내에서의 아동을 이해할 수 있는 다양한 방법들을 시도하고 적용하고자 노력하고 있다.

2) 아동발달 연구의 목적

아동발달을 연구하는 목적은 아동을 대상으로 아동의 행동과 발달에 대한 과학적인 지식과 현상을 기술하고 설명하며, 이를 기초로 아동과 관련된 다양한 이론의 발전에 기여함으로써 지식체계를 정립하고, 미래 아동들이 보다 좋은 세상에서 살 수 있도록 환경을 조성해 주는데 있다. 그러므로 아동연구의 궁극적인 목적은 아동의 미래 행동을 예측해 봄으로써 인간의 복지를 향상시키는데 있다. 또한 아동연구의 실제적인 목적은 아동의 발달수준을 올바로 이해하여 아동을 보다 효과적으로 지도할 수 있는 다양한 교육방법을 개발하고 아동의 잘못된 행동에 대한 원인을 파악함으로써 아동이 건전한 발달을 이룰 수 있도록 도와주고자 하는데 있다. 이를 위하여 아동연구는 아동의 발달유형에 대한 규준과 발달특성 및 개인차를 밝혀내고자 한다. 즉, 아동의 보편적인 발달유형을 찾아보고, 이들의 발달특성은 서로 어떤 환경과 상황 및 유전적인 특성을 지니면서 나타나는지 그 개별적인 요인을 알아보고자 한다. 이런 측면에서 장휘숙(2000, p. 15)은 아동을 대상으로 하는 연구에 관심을 갖는 이유는 아동의 발달을 도와주고 지도하기 위해서, 인간의 지적 호기심을 충족시키고 과학의 발전을 도모하기 위해서, 연구자 자신을 이해하기 위해

서라고 설명하였다.

2. 아동발달 연구의 접근방법

아동발달을 이해하는 데 필요한 연구의 접근방법은 연구목적이나 연구설계, 연구변인의 조작여부, 연구대상의 선정과 연구 실시방법, 연구결과 및 자료수집 방법 등에 따라 다양하게 분류할 수 있다.

1) 발달적 연구설계에 따른 분류

(1) 종단적 접근방법

발달연구는 개체의 독자적인 발달과정을 환경조건과의 상호작용적 관점에서 검토하는 일로서 이를 위해 가장 효과적인 연구방법이 종단적 접근방법(longitudinal approach)이라 할 수 있다. 이 접근방법은 한 연령층의 아동을 어느 한 시점에서 표집하여 이들을 대상으로 여러 해 동안 반복적으로 연구함으로써 연령 증가에 따른 아동의 성장과 발달특성 및 변화양상을 살펴보는 것이다. 예를 들면, 2010년의 한 시점에 3세 아동 100명을 표집하여 지능검사와 창의성검사를 매년 동일한 대상에게 2019년까지 10년간 실시하여 그 기간 동안 나타나는 아동의 지능과 창의성 발달경향 및 이와 관련된 특징적인 행동 등에 대하여 살펴보는 것이다.

종단적 접근방법은 아동발달의 여러 측면을 다각도로 측정하여 개체로서의 전체성을 강조하고 변인 간의 관계를 설명하기 위해 실시된다. 그러므로 이 접근방법은 개별행동의 유형이나 집단의 전체적 변화양상을 조사하고자 할 때 효과적이며, 수년 동안 연구를 진행하기 때문에 변화과정에 대한 설명가능성도 높아(이은해,

1985, p. 30) 발달과정에 대한 전반적인 정보를 보다 정확하게 제공해 줄 수 있다. 그러나 이 접근방법은 시간과 노력, 비용이 많이 들고, 연구대상자를 편파적으로 선정할 가능성이 있으며, 시간이 지남에 따라 최초의 연구대상자가 많이 탈락할 수 있다는 문제점들이 있다. 또한 이 접근방법은 그로 인한 연구결과의 편파성을 배제하기 어렵고, 오랜 시간 동안 반복된 검사도구의 사용으로 인한 연습의 효과, 연령 증가에 따른 성숙 요인의 영향, 같은 영역에 대한 상이한 검사도구의 사용으로 인한 편파성 및 그에 따른 결과 해석 등도 문제점으로 지적된다. 뿐만 아니라 종단적 접근방법은 중간에 연구대상자가 사망하거나 여타의 이유로 관찰이나 조사가 불가능해질 경우에 연구가 중단될 우려도 있다. 대표적인 종단적 연구로는 미국의 'Berkeley 성장 연구(Berkeley Growth Study)'가 36년간 계속되었고, 'Fels 연구소(Fels Research Institute)'의 연구도 30년간 지속되었다. 우리나라에서는 한국행동과학연구소에서 지난 1975년부터 30여 년 동안 아동의 전인적인 발달을 위한 종단적 연구가 진행된 바 있다.

(2) 횡단적 접근방법

횡단적 접근방법(cross-sectional approach)은 연령이 다른 여러 집단을 한 시점에서 동시에 표집하여 연령집단 간 차이를 전반적이고 개략적으로 탐색하여 기술함으로써 그들 간의 발달적 특징을 발달적 변화의 지표로 간주하는 방법이다. 예를 들면, 2010년의 한 시점에서 3세부터 12세까지의 아동을 각각 50명씩 총 500명을 표집하여 이들을 대상으로 자료를 수집하고 그 결과를 살펴봄으로써 10년의 연령층에 대한 자료를 한 시점에서 한 번에 수집하는 것이다. 이 접근방법은 종단적 접근방법의 시간과 노력, 비용 등의 문제점을 보완하려는 목적으로 시도되었기 때문에 단기간에 걸쳐 많은 연구대상을 표집하여 자료를 수집할 수 있어 시간과 노력, 비용이 적게 들어 경제적이고, 연구자체도 비교적 용이하게 실시할 수 있다는 장점이 있다. 하지만 이 접근방법은 분명한 개인차나 연령에 따른 세부적인 변화를 밝혀내기가 어렵고, 산출된 결과가 연령에 따른 변화라기보다는 표집된 연령집단의 특성으로 인한 변화양상일 수도 있어서 정확한 연구결과를 도출하기에는 어려움이 있다. 또한 이 접근방법은 연구대상이 다양한 특성을 지녔거나 여러 지역에서 표집되었을 경우에는 가외변인들(extraneous variables)의 효과를 통제하기도 어렵다. 이러한 여러 가지 단점에도 불구하고 횡단적 접근방법은 경제적이기 때문에 현재 실제 현장에서 가장 많이 활용하고 있다.

(3) 단기(간) 종단적 접근방법

단기(간) 종단적 접근방법(short-term longitudinal approach)은 종단적 접근방법과 횡단적 접근방법이 지니고 있는 단점을 최소화하고 각각의 방법이 지니고 있는 장점을 최대한 살리면서 자료를 수집하기 위해 Schaie(1965)가 고안한 절충적인 접근방법이다. 이 접근방법은 중복된 연령집단으로 집단 간의 차이를 비교할 수 있고, 특히 연대별(cohort) 특징을 비교할 수 있기 때문에 '횡단적/종단적 설계', '출생동시집단 계열설계(cohort-sequential design)' 등으로 다양하게 불린다.

단기(간) 종단적 접근방법은 연구대상을 표집할 때 연도별로 서로 중복되는 연령집단을 고려하여 다양한 연령층을 선정한다. 단기간 동안의 시간 경과에 따라 반복 측정하기 때문에 이들을 대상으로 발달적 특성과 변화 양상 및 집단 간의 차이를 비교함으로써 종단적인 효과를 얻을 수 있다. 예를 들면, 2010년에 3세, 6세, 9세의 아동을 연령당 100명씩 표집하여 이들을 대상으로 2012년까지 매년 아동의 언어발달을 살펴보기 위해 여러 유형의 검사를 실시한다면, 2012년에는 3세였던 연구대상은 6세가 되고, 6세는 9세가 되며, 9세였던 연구대상은 12세가 됨으로써 실제 연구기간은 3개년이지만 실제로는 3세부터 12세까지 10년간의 자료를 수집할 수 있다. 그러므로 이 접근방법은 종단적 접근방법에서 소요된 시간보다 그 기간을 반 이상으로 줄이는 효과를 얻을 수 있다.

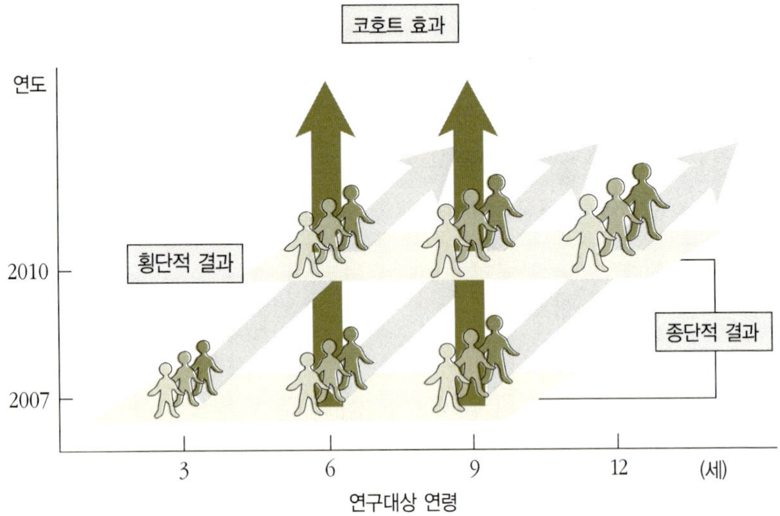

그림 3-1 단기(간) 종단적 접근방법

〈출처〉 Berk, L. A. (1999). *Infant and children*, p. 44.

단기(간) 종단적 접근방법은 짧은 시간 동안 다양한 연령층에 대해 연구할 수 있기 때문에 종단적 접근방법에 비해 시간과 노력, 비용이 적게 들며, 연구대상의 표집으로 인한 편파성도 줄일 수 있고, 동시에 출생동시집단(cohort)의 효과도 알 수 있다. 출생동시집단이란 성장할 때 비슷한 사회상과 역사적 사건을 경험한 같은 연령대의 사람들 집단을 말한다. 그러므로 이 접근방법은 연령은 동일하지만 생활주기와 역사적 사건이 다르기 때문에 아동의 시대별 특징을 이해하는데 용이하다. 예를 들면, 앞서의 예에서 2010년에 표집된 6세와 2012년에 3세가 6세가 되었을 때의 6세는 같은 6세지만 이들은 2010년과 2012년이라는 다른 시대상과 사회적 상황 및 역사적 사건을 경험한 사람들이다. 따라서 현재 이 접근방법은 아동발달을 연구하는 데 있어 가장 바람직한 접근방법으로 간주된다.

이 접근방법과 유사한 형태의 조사방법으로 최근 패널조사(panel survey)를 많이 실시하고 있다. 이 방법은 동일한 표본을 두 번 이상의 시점에서 반복적으로 추적하여 조사하기 때문에 종단적 접근방법의 시간의 흐름에 따른 변화를 측정할 수 있다. 특히 한 시점에서 복수연령을 표집하여 동일한 집단을 대상으로 반복적으로 조사할 경우에는 횡단적 실태 파악도 가능하다. 현재 우리나라에는 한국청소년정책연구원의 한국청소년패널조사(2003~2008), 육아정책연구원의 한국아동패널(2008~2010년 현재 수행 중) 등이 있다.

(4) 출생동시집단 설계

출생동시집단 설계(cohort design)의 기본 가정은 출생 연도가 서로 다른 사람들은 상이한 역사적, 사회적 환경의 영향을 받을 가능성이 크다는 것이다. 그러므로 이 방법은 같은 연령수준에 있는 출생동시집단들을 표집하여 연구함으로써 이들을 서로 비교하여 출생 연도나 측정 연도의 효과를 밝히고자 한다. 예를 들면, 1950년에 출생한 사람 50명과 1990년에 출생한 사람 50명을 표집하여 저축에 대한 개념을 살펴본다고 하자. 이 경우 1950년의 전쟁과 가난 등 어려웠던 시기를 경험했던 사람들과 1990년의 사회경제적으로 어려움 없이 성장한 사람들은 저축에 대한 개념이 다를 수 있다. 이 방법은 같은 시대의 역사적 환경의 영향을 밝힐 수는 있지만 연령에 따른 발달변화나 경향을 살펴보기에는 어려움이 있다.

(5) 발생과정분석 설계

발생과정분석 설계(microgenetic design)는 종단적 접근방법을 수정하여 극히 적은 수의 아동을 대상으로 이들의 특정행동이 형성되고 변화해 가는 과정을 면밀하게 추적하여 분석하는 방법이다(송명자, 2008, p. 44). 이를 위해 이 방법은 관심 있는 행동을 순간순간 비디오로 녹화하여 반복 관찰함으로써 그 발생과정을 철저하게 규명한다. 현재 이 방법은 인지발달 분야에서 인지적 기술이 어떻게 발달하기 시작하여 숙련과정을 거쳐 안정적으로 획득되는지의 과정을 분석하는데 활용하고 있다. 발생과정분석 설계는 관심 있는 행동을 반복 관찰함으로써 발생과정을 철저하게 규명하여 그에 대한 세부적인 정보를 제공해 줄 수 있는 장점은 있으나 반복적인 검사도구의 사용으로 인한 연습효과 때문에 연구결과의 신뢰성에 문제가 있다.

2) 자료수집과 분석방법에 따른 분류

사회과학이나 행동과학에서 수행하는 연구는 양적 연구와 질적 연구로 대별할 수 있다. 20세기 초반에는 통계적인 분석방법이 그리 발달하지 못하였기 때문에 질적 연구가 주류를 이루었으나, 20세기 중반 이후부터는 다양한 통계적 분석기법이 등장하면서 양적 연구가 주종을 이루고 있다.

최근에는 인간의 다양한 특성에 대해 단순한 양적인 측면만이 중요한 것이 아니라 개별 연구대상이 지니고 있는 질적인 행동특성을 보다 깊이 있게 이해하고자 하는 움직임이 일면서 질적 연구에 대한 관심이 다시 증가하고 있다. 그러나 연구를 진행하고 결과를 분석하는데 있어 학자들은 질적 연구와 양적 연구의 과학적 중요성에 대해 끊임없이 논쟁을 하고 있다. 이러한 논쟁에도 불구하고 모든 연구방법들은 그 나름의 장점과 단점이 있기 때문에 연구자는 선정된 연구주제나 연구문제의 특성에 가장 적합한 방법을 선택하는 것이 중요하다.

(1) 질적 연구

질적 연구는 비교적 자유로운 질문이나 관찰을 통해 융통성 있게 수집된 정보를 분석하여 결과를 제시하는 방법이다. 이를 위해 연구자의 역할과 아동과의 친밀감(rapport) 형성이 매우 중요하다. 질적 연구는 연구대상들의 깊이 있는 의견을 살펴보고자 하는 것으로서 연구하는 과정 그 자체가 곧 자료분석과 해석의 과정을 겸한다. 그러므로 연구결과의 제시는 연구대상자들의 말을 직접 인용하고 거기에 대한 연구자의 해석을 첨가하는 방식으로 제시된다(장휘숙, 2000, p. 43). 질적 연구는 대개 소수의 연구대상으로 연구를 진행하며, 심층적인 자료수집 때문에 상대적으로 연구기간이 길어지기도 한다. 최근에는 비디오 등의 다양한 시청각 매체가 발달함에 따라 아동을 직접 관찰하는 질적 연구가 증가하는 추세에 있다. 일례로 한국아동학회에서 출판하는 전문학술지인 《아동학회지》에 실린 질적 연구의 증가추세를 살펴보면, 1980년대 1편에 불과하였던 것이 1990년대 6편으로 늘었고, 2000년대는

2004년 6월까지 13편이 보고된 이후 2009년 10월 현재까지 36편이 추가로 보고됨으로써 질적 연구에 대한 연구자들의 관심이 매우 증가하고 있음을 알 수 있다. 사례연구나 포트폴리오를 통한 아동연구는 대표적인 질적 연구라 할 수 있다.

질적 연구는 다음과 방법으로 많이 수행한다(Dawson, 2002, pp. 16-19).

첫째, 행동연구(action research)로서 이는 어떤 특정한 장면에서 특정 상황을 개선하기 위하여 한 집단의 사람들과 밀접한 유대관계를 가지면서 함께 생활하며 연구하는 방법이다. 이 방법은 자신의 의견을 솔직하게 표현하고, 타인의 의견에 개방적이면서 반성적인 사고가 가능한 소집단의 사람들을 대상으로 실시하는 경향이 있다.

둘째, Glaser와 Strauss의 기저이론(grounded theory)으로서 이는 자료에 근거를 두고 이론을 도출하는데 역점을 두기 때문에 기저이론으로 명명하였다. 이 방법은 포괄적인 문헌고찰과 함께 면접과 토론집단(focus group) 등을 통해 자료수집을 하는데 더이상 새로운 정보를 얻을 수 없을 때까지 계속 하기 때문에 가설을 설정하여 검증하는 연구유형들과는 매우 다르다. 이 방법은 연구자가 이전에는 생각하지 못했던 새로운 문제들을 취급할 수 있어서 매우 융통적이지만 연구대상들에 대한 정보가 언제 고갈될 것인지를 예측할 수 없는 단점도 있다.

셋째, 문화기술적 방법으로서 이는 문화적 행동을 기술하고 해석하는데 역점을 둔다. 이 방법에 대해서는 본 장의 '문화기술적 연구'에서 별도로 설명하고자 한다.

(2) 양적 연구

양적 연구는 산출된 연구결과들의 전체적인 경향을 파악하기 위하여 다양한 통계방법을 적용하여 분석하고 해석하는 방법이다. 이것은 인간현상과 관련된 모든 요인들은 수량화가 가능하다는 기본 전제를 가지고 연구자가 의도적으로 변인을 조작하는지의 여부에 따라 조작적 연구와 비조작적 연구로 구분한다.

조작적 연구는 '실험적 연구'라고도 하며 연구자가 연구대상이나 연구를 실시하는 장면에 대해 어떤 처치나 조작을 가하고 이것이 연구자의 궁극적인 관심 행동에 어떤 영향을 미치는지에 대해 살펴본다. 조작적 연구는 실험실 내에서 혹은 현장의 자연스러운 실험 상황에서 연구를 실시한다. Bandura의 TV 공격성 실험연구, Pavlov의 조건반사에 대한 개 실험연구, 소꿉놀이 영역에서의 다양한 교구 제시를 통한 놀이실 내에서의 아동의 놀이행동에 대한 연구 등을 예로 들 수 있다.

비조작적 연구는 '기술적 연구', '비실험적 연구', '자연적 연구' 등의 다양한 이름으로 불리며, 비교적 자연스러운 사태에서 특별한 조작을 가하지 않고 변인들 간의 관계를 관찰하거나 조사하고 기술하는 방법이다. 이 방법은 주로 실험연구를 계획하는데 필요한 정보를 제시해 주며, 현장관찰연구, 조사연구 등의 유형이 있다. 이에는 미혼 남녀의 결혼에 대한 가치관 조사, 또래와의 상호작용 빈도에 대한 연구 등을 예로 들 수 있다.

양적 연구는 모든 현상들의 원인과 결과를 수량화함으로써 현상에 대한 명확한 설명을 제시해 줄 수는 있으나, 모든 인간 현상들을 수량화시키기 때문에 복잡하고 애매한 인간 현상들의 특징을 지나치게 단순화시킬 수 있다는 단점이 있다(성영혜 외, 1999, p. 29).

3) 일반적인 연구설계에 따른 분류

(1) 상관연구

상관연구는 연구대상에게 어떤 처치를 가하지 않고 있는 그대로의 상태에서 아동발달에 영향을 미치는 여러 변인들 간의 상호 관련성을 밝히고자 할 때 사용하는 방법이다. 상관연구는 아동의 행동이나 발달에서 그들의 경험이나 특성 간의 관계를 살펴보는데 주로 적용하며, 대개의 경우 상관계수를 사용하여 결과를 분석하고 해석한다. 이 방법은 관심 있는 변인들 간의 관련성에 대해서만 초점을 두기 때문에 정확한 인과관계를 규명하기는 어렵다. 예를 들면, 아동의 창의성 발달과 어머니의 허용적 양육태도와의 관계를 살펴보았을 때, 이 두 변인 간의 상관 정도가 높다고 해서 어머니의 허용적 양육태도가 아동의 창의성 발달에 영향을 미친다거나 혹은 그 반대라고 설명할 수는 없다. 왜냐하면 어머니가 허용적이어서 아동의 창의성이 더 잘 발달할 수도 있지만, 반대로 아동의 창의성 발달이 잘 이루어져 어머니가 허용적인 양육태도를 보일 수도 있기 때문이다. 이처럼 상관연구에 따른 상관관계는 두 변인들 간의 양방적인 관계를 설명하기 때문에 일방적인 인과관계는 설명해 주지 못하는 단점이 있다.

(2) 실험연구

실험연구는 인과관계를 규명하기 위해 독립변인을 조작함으로써 종속변인에 대한 효과를 살펴보고자 하는 방법이다. 이때 독립변인의 처치 수준을 다양하게 할수록 여러 형태의 인과관계를 규명할 수 있다. 이를 위해 실험집단과 통제집단을 설정하고 실험집단에 다양한 수준의 어떤 조작이나 처치를 한다. 또한 보다 신뢰롭고 타당한 연구결과를 얻기 위하여 연구대상을 두 집단에 무선배정(random assignment)하거나 짝진 배정(matching assignment)을 함으로써 이들 집단이 등질적인 집단이 되도록 한다. 실험연구는 실험실 실험과 현장실험 등의 유형이 있다.

실험실 실험(laboratory experiment)은 엄밀하게 통제된 인위적인 환경인 실험실 내에서 독립변인을 조작하여 연구자가 궁극적으로 관심을 갖는 행동과 임의로 변화시킬 수 있는 환경적 조건 사이의 인과관계를 규명하는 방법이다. 이 방법은 처치조건에 대해 최대한의 통제를 할 수 있지만 인위적인 실험조건으로 인해 결과를 일반화하는 데는 무리가 있다. 실험실 실험의 대표적인 예는 Bandura의 TV 공격성 실험을 들 수 있다. Bandura는 실험실 내에 공격적인 장면을 보여주는 TV를 설치한 후 처치 수준으로 시간의 양을 달리하여 공격적인 장면을 보여줌으로써 TV에서 보여준 공격적 장면과 아동의 공격성과의 인과관계를 규명하였다.

현장실험(field experiment) 혹은 자연적 실험(natural experiment)은 자연스러운 상황에서 연구대상에게 처치를 제공하는 방법이다. 이 방법은 엄밀한 통제가 불가능하고 있는 그대로의 자연스러운 상황에서 실험을 진행하므로 가외변인의 통제가 어려워 실험실 실험만큼 정확한 결과를 얻기는 어렵지만 실험실 실험에 비해 연구결과를 일반화하기에는 더 용이하다. 현장실험의 예로는 보육프로그램이나 유아교육프로그램을 실시하고 있는 기존의 보육시설들이나 유치원들을 몇 군데 선정하여 기관에 있는 아동과 교사와의 상호작용을 연구하는 것을 들 수 있다.

실험설계는 선형 실험설계, 진형 실험설계, 준 실험설계의 세 가지 유형으로 분류된다. 선형 실험설계(pre-experimental design)는 실험연구가 불충분하게 개념화되고 조직되어 연구문제에 대한 해결책을 발견하기 어려운 실험설계이다. 진형 실험설계(true experimental design)는 실험집단이 하나 이상이고 피험자를 배정할 때 무선화가 이루어짐으로써 동질적인 집단을 이루는 실험연구로서 타당성이 가장 높은 실험설계이다. 준 실험설계(quasi-experimental design)는 실험통제를 완전하게 이루지 못한 상황에서 자료를 수집하여 실험적 분석과 해석을 하고자 하는 실험설계이다. 일반적으로 실험실 실험을 제외하고 현장에서 실험을 하고자 할 경우에는 완전 무선화나 동질적인 집단을 이루기 어렵기 때문에 준 실험설계를 많이 활용한다.

표 3-1 아동발달 연구의 접근방법

종류	목적	특징	장점	단점
종단적 접근방법	연령 증가에 따른 아동의 성장과 발달특성 및 변화 양상에 대한 이해	한 연령층의 동일한 대상에 대한 장기적 연구	• 발달과정에 대한 정확하고 전반적인 정보 제공 • 질적 자료수집 • 발달에 대한 환경과의 상호작용 규명 • 인과관계 규명 • 오염변인에 대한 통제	• 비경제적 • 연구대상 선정 시의 편파성 • 시간경과에 따른 연구대상자의 탈락과 그로 인한 연구결과의 편파성 • 동일영역의 상이한 검사도구의 반복사용에 의한 편파성 • 연구계획 변경 곤란
횡단적 접근방법	여러 연령층에 대한 전반적이고 개략적인 발달특성 이해	한 시점에서 여러 연령층의 연구대상 표집 연구	• 경제적 • 발달의 일반적 경향 이해 • 조사, 측정방법의 타당성 검토 • 예비가설의 검토 • 연구결과의 즉시 활용	• 연령별 발달의 세부적 변화 파악 곤란 • 가외변인의 통제 곤란 • 표집된 연령집단의 특성으로 인한 정확한 연구결과의 도출 곤란 • 개략적인 발달과정 기술로 인과관계 규명 곤란 • 각 연령군의 동질성 확보 곤란
단기(간) 종단적 접근방법	짧은 시간 동안 중복되는 여러 연령층 대상 표집 연구	단기간 내에 연령별 발달특성을 비교적 정확하게 파악 가능	• 종단적 접근방법에 비해 경제적 • 출생동시집단의 효과 산출 • 표집으로 인한 편파성 감소	• 횡단적 접근방법에 비해 비경제적 • 연구대상의 탈락으로 인한 문제
출생 동시집단 설계	시대별 비교	각 시대의 특성을 다른 시대와 비교 가능	• 시대별 역사적 환경의 영향 규명	• 연령별 발달변화나 경향 파악 곤란

종류	목적	특징	장점	단점
발생과정 분석설계	세심한 발달특성 규명	연구대상이 매일 혹은 새로운 과제에 숙달할 때마다 그것이 시작된 시점으로부터의 변화 과정 추적	• 발생과정의 철저한 규명 • 발달과정에 대한 독특한 통찰력 제공	• 연습효과로 인한 발달 경향의 왜곡 가능 • 연구대상의 순간적 행동에 대한 집중적인 노력 필요 • 연구대상이 변화할 수 있는 시간 예측 곤란
질적 연구	심층적 연구결과 산출	• 연구대상과의 친밀감 형성 중요 • 연구과정 · 분석 · 해석과정의 일치	• 융통성 있는 자료수집	• 연구자의 많은 경험과 훈련 필요 • 연구대상 수의 제한
양적 연구	연구결과의 전체적인 경향 파악	• 다양한 통계방법 적용 • 연구 상황에 대한 조작 가능	• 다양한 연구방법 적용 • 다수의 연구대상 연구	• 인간현상의 단순화
상관연구	변인 간 관계 규명	연구대상의 현 상황을 변화시키지 않고 정보 획득	• 변인 간 관계 규명	• 인과관계 추론 곤란
실험연구	인과관계 규명	독립변인을 조작하여 종속변인에 대한 효과 검증	• 인과관계 추론	• 실험실 실험 시 일반화 곤란 • 현장실험 시 가외변인 통제 곤란

3. 실질적인 아동발달 연구방법

1) 관찰법

관찰법은 아동을 대상으로 하는 연구방법 중 그 역사가 가장 오래된 것이다. 관찰법은 아동을 더 잘 이해하기 위해 아동의 행동을 자세히 살펴보고 기록하며, 그와 관련된 환경적인 측면을 기술하는 계획된 방법이다. 아동발달 연구에서 관찰법은 예비 연구나 보충 자료의 수집, 질적 연구, 현상을 기술하거나 인과적 가설을 검증하기 위한 연구의 일차적 자료수집 등의 다양한 목적으로 활용된다.

관찰법은 관찰 시의 통제 유무나 관찰자의 참여 유무에 따라 유형을 분류한다. 관찰 시의 통제 유무에 따라서는 자연적 관찰과 통제된 관찰로 나뉜다. 자연적 관찰은 관찰 상황을 인위적으로 조작하거나 통제하지 않고 있는 그대로의 자연스러운 상황에서 아동의 행동을 관찰하는 방법이고, 통제된 관찰은 관찰하고자 하는 장면이나 상황, 시간 및 관찰하고자 하는 행동을 발생시키는 조건 등을 통제하는 관찰방법이다. 또한 관찰하고자 하는 현장에 관찰자가 참여하는지의 유무에 따라서는 참여관찰과 비참여관찰로 나뉜다. 참여관찰은 관찰자가 관찰 현장에 직접 참여하여 어떤 역할을 수행하면서 관찰하는 방법이고, 비참여관찰은 관찰자가 일방경을 통해 관찰하거나 혹은 일방경이 없기 때문에 현장에서 직접 관찰할 수밖에 없는 상황에서는 어떤 활동에도 참여하지 않고 관찰하는 방법이다.

관찰법은 있는 그대로의 상황을 기록하고, 그에 대해 추론하며, 최종적으로 평가를 내리는 일련의 과정을 거치므로 관찰할 때에는 사전에 어떤 행동을, 어디서, 어떤 방식으로 관찰하여 기록할 것인지 등에 대해 결정해야만 한다. 관찰내용을 기록할 때는 일정한 형식에 따라 일관성 있게 기록해야 하는데 그 방법으로 유아전기나 일화기록처럼 일정한 양식에 구애받지 않고 기록하는 서술형식(narrative type), 사전에 행동목록을 준비하여 특정 행동이 출현할 때마다 표기하는 행동목록 형식

(checklist type), 특정 영역의 행동에 대해 관찰자가 판단하여 그 정도를 준비된 척도에 표기하는 평정척도 형식(rating scale type) 등이 있다.

아동발달 연구 시 관찰법은 아동의 특성, 관찰방법 자체의 특성, 관찰자나 연구자 측면의 용이함 때문에 많이 활용된다.

첫째, 관찰법은 연구대상의 능력이나 교육수준, 혹은 발달적 특징에 관계없이 사용할 수 있다. 아동은 연령이 어릴수록 언어발달이 미숙하여 비언어적인 행동을 더 많이 나타내고, 의사소통 능력도 원활하지 않으며, 관찰자의 존재에 대해 별로 개의치 않고 평상시처럼 자연스러운 행동을 나타낸다. 또한 아동은 주의집중력이 짧아 다양한 행동을 나타내므로 이러한 아동들의 다양한 행동을 이해하기 위해서는 관찰법이 매우 적합하다.

둘째, 관찰법은 윤리적인 측면에서 조작이 불가능하거나 자연스러운 상황에서 아동의 행동을 살펴볼 수 있다. 그러므로 아동이 지니고 있는 특성이나 장단점, 성장 과정, 문제행동 등을 이해하고 진단하며 치료하는데 도움을 줄 수 있는 연구에 유용하다.

셋째, 관찰법은 특별한 보조도구 없이 연구가 이루어질 수 있다. 관찰법은 종이와 연필 등 간단한 준비물만으로도 연구가 이루어질 수 있으므로 경제적이다. 그러나 최근에는 보다 심도 있는 관찰을 위해 다양한 기구들, 즉 캠코더, 디지털카메라, 녹음기 등을 이용하는 경우가 많아 어느 정도의 비용이 수반되기도 한다.

넷째, 관찰자나 연구자의 입장에서 관찰법은 자신의 행동이나 사고를 주의 깊게 살펴볼 수 있는 기회를 제공해 준다. 이를 통해 관찰자로 하여금 편견을 줄여주며, 아동을 보다 객관적으로 볼 수 있는 능력을 갖게 해준다. 또한 교육현장에서 교육계획을 작성하는데 필요한 기초적인 자료를 제공해 줄 수 있어서 다음 활동의 계획을 세우고 활동을 평가하는 데도 도움을 준다. 관찰 자료는 부모와의 면담에도 유용하게 활용된다.

관찰법이 아동을 대상으로 연구할 때 매우 유용하고 필수적인 방법이지만 때로 충분한 훈련과정을 거치지 않은 경우에는 관찰자의 편견이나 선입견이 개입되기 쉽다. 특히 통제된 관찰이 아니라면 그 행동이 나타날 때까지 기다려야 하고, 질적인 측면이 강한 자료인 경우에는 수량화가 어려워 분석이 힘들며, 소수만을 대상으로 연구하는데 따른 많은 경비 소요 등의 단점도 있다.

관찰법은 아동의 발달특성상 아동연구에서 빈번하게 사용하지만 연구대상 몰래 은밀하게 관찰이 이루어질 경우에 이것을 윤리적으로 수용할 수 있는지에 대해서는 오래전부터 문제가 제기되어 왔다(Homan, 1991). 심지어 관찰 사실을 알리고 관찰하는 경우에도 윤리적 문제를 제기할 수 있다. 즉, 관찰연구를 진행하는 과정에서의 전체적인 윤리성, 자료수집 시 연구대상의 동의 여부, 자료활용과 분석에 관한 연구자의 권리 등과 같은 문제들이 제기될 수 있다. 그러므로 관찰자는 관찰행동과 관련하여 의도하지 못했던 해로운 결과들을 항상 신중하게 고려해야 한다.

2) 자기보고식 연구

자기보고식 연구(self-reports)는 아동들에게 그들이 가지고 있는 생각, 태도, 느낌, 능력, 지각과 과거 경험에 대해 질문하고 그에 대해 답하도록 하는 방법이다. 자기보고식 연구에는 임상적인 면접법(clinical interview)이나 구조화된 면접법(structured interview), 질문지법(questionnaire), 검사(test) 등이 포함된다.

자기보고식 연구는 새로운 연구를 시작하기 전에 관련 분야에 대한 사전 지식을 탐색하거나 현상이나 상황을 기술하고, 현재의 현상이 나타나게 된 이유에 대해 설명하며, 미래의 사건이나 상황을 예측하려는 목적으로 실시한다(송인섭 · 김정원 · 정미경 · 김혜숙 · 신은영 · 박소연, 2001, pp. 123-124). 특히 어린 연령의 영유아들을 대상으로 그들의 행동특성이나 발달문제 등의 제반 관련 사항에 대해 살펴보고자 할 경우에는 그들의 부모들을 대상으로 질문지나 면접에 의해 자료를 수집하는 부모보고(parent' s report) 방법을 사용하기도 한다.

(1) 면접법

면접법(interview)은 언어 표현이 가능한 면접자와 피면접자가 일대일로 대화를 나누면서 면접자가 피면접자에 대한 정보를 수집하는 방법이다. 면접법은 피면접자의 대답이 적절하지 못할 때 추가로 질문하여 답을 알아내려는 탐색수단인 프로빙(probing)과 같은 고도의 면접기술과 면접훈련 및 사전에 피면접자와의 친밀감(rapport) 형성이 필요하다. 이 방법에는 비구조화된 임상적 면접법(unstructured clinical interview)과 구조화 면접법이 있다.

비구조화 면접인 임상적 면접법은 Piaget가 아동의 사고에 대해 연구할 때 사용했던 방법으로 면접과 관찰을 병행하면서 매우 융통성 있게 자료를 수집하는 방법이다. 이 방법은 아동들이 일상적인 상황에서 자신들이 생각하는 것을 최대한 자연스럽게 잘 나타낼 수 있어서 연구자는 짧은 기간에 많은 양의 정보를 얻을 수 있다. 그러나 아동들이 자신의 생각이나 감정, 경험 등을 솔직하게 표현하지 않으려는 경향 등으로 인해 자료의 정확성에 문제가 제기될 수 있으며, 면접자에 대한 충분한 훈련이 필요하기도 하다.

구조화 면접은 '표준화 면접' 혹은 '지시적 면접'이라고도 하는데 이는 면접의 내용과 순서를 미리 일관성 있게 준비하고 그에 따라 동일하게 면접을 실시하는 방법이다. 이 방법은 질문어구나 언어구성에서 오는 오류를 방지할 수 있고, 면접자의 훈련이 용이하며, 초보 면접자도 쉽게 실시할 수 있으며, 면접자의 행동에 일관성이 있어서 면접 자료의 신뢰도와 객관도가 높고, 자료 처리가 용이하며, 다른 면접 자료와 비교할 수도 있어서 매우 효율적으로 활용할 수 있다. 그러나 사전에 면접표가 만들어져 있기 때문에 면접 시 융통성은 거의 없다. 따라서 면접표에 없는 내용이나 새로운 사실을 발견할 가능성이 적고 깊이 있는 정보를 얻는 것도 어렵다.

(2) 질문지법

질문지법은 응답자로 하여금 일련의 질문에 대해 자신의 생각을 스스로 기입하도록 하여 자료를 수집하는 방법으로서 도구를 만들고 실시하는데 용이하기 때문에 자기보고식 연구에서 가장 빈번하게 사용한다. 이 방법은 일련의 문항들을 체계적으로 조직하여 작성한 질문지(questionnaire)라는 도구를 이용한다. 특히 질문지법은 전집이 너무 크거나 직접 관찰이 어려운 사회 · 심리적 현상의 상대적인 영향력, 분포상태, 관계 정도 등을 밝혀내고자 할 때 연구대상을 표집하여 전집의 특성을 추리한다. 그러나 사전에 충분한 준비를 통해 타당도와 신뢰도가 높은 질문지를 제작하여 사용해야만 객관적이고 타당한 자료를 얻을 수 있다.

질문지의 질문유형은 문항형식에 따라 개방형 질문과 폐쇄형 질문으로 나눌 수 있다.

개방형 질문(open-ended question)은 '자유기술형', '비구조적 질문' 이라고도 하며, 일정한 응답양식 없이 응답자가 주어진 질문에 자유롭게 서술하는 형식이다. 이 형식은 응답내용에 대한 분류기준을 미리 설정하지 않은 복합적인 문제나 응답자의 내적 사고, 창의적 표현 등을 살펴보고자 하는 경우에 사용한다(이은해, 1985, p. 250). 따라서 이 방법은 깊이 있는 생각이나 동기를 살펴보는 데는 효과적이지만 응답자의 시간과 노력이 많이 소요되기 때문에 무응답률이 높고, 분석 시 주관성 개입과 수량화가 곤란하다.

폐쇄형 질문(closed-ended question)은 '구조적 질문' 이라고도 하며, 미리 반응이 나올 만한 여러 개의 반응범주를 제시하고 그중에서 선택하게 하거나 서열을 매기도록 하는 질문형식이다. 이 형식은 응답자의 창의적인 반응을 얻어내기가 어렵고, 질문지를 만드는데 시간도 많이 걸리지만 응답자가 응답하는데 소요되는 시간은 짧고, 객관적 분석이 용이하다. 이 질문의 형식으로는 찬부형식, 선다형식, 평정척도형식, 순위형식, 유목분류형식, 조합비교형식 등이 있다.

질문지법은 시간과 노력, 비용이 적게 들어 경제적이고 간편하며, 동시에 많은 응답자들로부터 정보를 얻을 수 있고, 폐쇄형 질문의 경우에는 신뢰도가 높다. 또한 이 방법은 익명성이 보장되기 때문에 개인적인 생활경험이나 심리적인 특성을 알아보는 것이 가능하고, 연구자나 제3자의 개입 없이 시간적 여유를 가지고 자유롭게 응답할 수도 있다. 그러나 질문지법은 글을 읽을 수 있어야 하고, 응답자의 문장이해력과 표현능력에 의존하기 때문에 문맹자나 연령이 너무 어리거나 노인인 경우에는 실시하기가 곤란하다. 또한 질문지가 폐쇄형 질문인 경우에는 한정된 내용에서 적절한 답을 찾기 어려운 경우가 있으며, 응답자의 동기수준이나 응답내용의 진위를 알기 어렵고, 응답자의 응답 상황을 통제하기도 어렵다. 질문지가 우송조사로 이루어질 경우에는 질문지의 회수율이 낮고, 편파적인 표집을 할 가능성도 있다.

(3) 검사

검사는 일련의 구조적 자극을 제시하여 아동이 반응한 것을 기초로 개인차를 측정하고, 이를 통해 자기 이해를 증진시키며, 해당 아동을 분류, 선발, 진단하는 체계적인 절차이다. Kerlinger(1986, p. 450)는 검사란 피험자로 하여금 일련의 자극을 제시하고 반응하도록 함으로써 검사자가 의도했던 특성에 관하여 추론할 수 있도록 수량화하는 체계적인 절차라고 정의하였다. 뿐만 아니라 검사는 표준화나 통제의 의미도 지니고 있어서 실시하고 채점하는데 동일한 절차를 강조하기도 한다. 이러한 점에서 검사는 몇 가지 특성을 지닌다(이은해, 1995, p. 34). 첫째, 검사는 검사내용을 구성하는 문항의 전집을 가정하여 살펴보고자 하는 행동특성을 고르게 반영한다. 둘째, 검사는 객관적 채점이 가능하다. 셋째, 검사는 표준화된 절차에 따라 체계적으로 실시한다. 넷째, 검사결과는 객관적으로 비교 가능하고, 통계적 분석이 가능하다.

검사는 함부로 사용하면 부작용을 유발할 수 있으므로 전문적인 훈련을 받은 전문가에 의해서만 실시되어야 하며, 검사를 받는 아동의 권익에 위배되지 않도록 비밀이 보장되어야만 한다. 또한 검사결과에 대해 해당 아동이나 부모에게 알려주고 설명해 주어야 하며, 다양한 자료와 통합하여 포괄적으로 결과를 해석해야 한다. 특히 아동이 대상일 경우에는 아동에게 어떤 심리적 상처를 주지 않는 범위에서 검사를 실시해야 한다.

3) 사례연구

사례연구(case study)는 '임상적 방법(clinical method)' 이라고도 하며, 대개는 발달적인 문제가 있는 특정 아동을 보다 심층적으로 이해하고자 할 때 사용한다. 그리하여 한두 명의 아동을 깊이 있게 연구함으로써 개인과 환경과의 관계에 대해 면접, 관찰, 검사 등의 다양한 방법을 이용하여 정보를 수집하고 이를 종합하여 해석한다(장휘숙, 2000, p. 281).

아동을 대상으로 사례연구를 하는 목적은 정상적인 아동의 발달을 도와주기 위해, 어려움에 처해 있는 아동의 문제를 진단하여 적절한 처치나 치료계획을 세우기 위해, 문제를 야기한 아동의 심리적 기능과 경험을 가능한 한 완전하게 알아내고자 하는데 있다. 따라서 사례연구는 다양한 측면의 정보를 수집하여 조직함으로써 아동을 한 사람의 독특한 존재로 이해할 수 있도록 도와준다.

사례연구는 일정하게 표준화된 형식이 없으며 연구자의 편리에 따라 양식을 만들어 실시한다. 일반적으로 사례연구의 형식에는 이름, 주소, 전화번호, 생년월일, 출생지, 성, 학교(혹은 기관) 및 학년, 종교 등 대상자의 인적 사항, 사례연구의 자료수집 장소, 사례연구의 목적, 가족역사, 대상자의 신체적 특징과 건강상태, 교육정도, 사회경제적 지위, 가정의 분위기 등에 대한 세부적인 내용, 주변의 다양한 사람들과의 면담자료 및 기타 부가자료 등이 포함된다.

사례연구는 아동의 발달과정에 대해 수집한 정보를 풍부하고 서술적으로 기록하기 때문에 다른 연구에 대한 통찰을 제공해 준다. 또한 사례연구는 현재 수집된 자료를 분석함으로써 미래의 행동을 예언할 수 있도록 도와주며, 연구자로 하여금 한 아동을 이해하기 위하여 다양한 접근방법을 시도할 수 있게 해준다. 그러나 이 방법은 몇 가지 단점도 있다. 즉, 광범위하게 자료를 수집하고 분석해야 하므로 시간과 노력이 많이 들고, 문제가 있는 아동인 경우에는 즉시 도움을 주기 어렵다. 또한 질적인 자료의 특성상 신뢰도나 타당도를 검증하는데 어려움이 있고, 소수 아동의 경험에 의존하기 때문에 연구결과를 일반화하기에도 문제가 있다. 뿐만 아니라 사례연구는 아동과 가까이 있으면서 자료를 수집하기 때문에 연구자의 입장에서 때로 객관성이 결여될 수 있으며, 연구자 자신이 선호하는 이론으로 인해 임상적 자료를 잘못 해석할 수도 있다. 이런 단점 때문에 사례연구를 하기 위해서는 다른 연구방법을 함께 병행하면서 자료를 수집하고 검증하는 것이 좋다.

4) 문화기술적 연구

문화기술적 연구(ethnography)는 주로 문화인류학에서 사용하는 방법인데 아동의 발달에 대한 문화의 영향에 대한 관심이 많아지면서 아동발달 연구자들이 이를 아동연구에 적용함에 따라 점차 그 사용도가 증가하고 있는 방법이다. 문화기술적 연구는 한 개인을 이해하고자 하는데 목적이 있는 것이 아니라 한 문화나 분명한 사회집단의 가치관과 사회적 과정을 이해하고자 할 때 주로 사용하는 방법이다. 그러므로 연구자는 일정 기간 동안 직접 그 문화 속에 들어가 원주민들과 함께 생활하면서 참여관찰과 원주민의 자기보고, 현장관찰 노트, 면접 등의 다양한 방법을 사용하면서 그 문화의 생활과 특징을 기술하고 해석한다. 이런 이유로 문화기술적 연구를 '현장관찰연구(field observation)' 라고도 한다. 문화기술적 연구는 주로 서술적이고 질적인 분석방법을 사용한다.

문화기술적 연구는 해당 문화에 대한 심도 있는 관찰과 기록을 통해 그 문화에 대한 다양한 지식을 제공해 주지만 때로 타인의 관점을 이해하려 하기 때문에 기존의 결과들을 뒤엎기도 한다. 또한 현장에 있는 연구자는 자신의 존재로 인해 그 문화에 끼치는 영향을 최소화하려고 노력하지만 그래도 연구자가 현장에 있기 때문에 이로 인해 그 상황을 변화시킬 수도 있다. 뿐만 아니라 연구자 자신의 문화에 대한 가치관이나 연구자가 관심을 가지고 있는 이론적 배경 등으로 인해 어떤 상황을 선택적으로 관찰하거나 잘못 해석하는 실수를 범할 수도 있다. 그러므로 이 방법은 산출된 결과를 다른 문화에 일반화하여 적용하는데 무리가 있다.

5) 심리생리적 방법

심리생리적 방법(psychophysiological method)은 생물학적인 기초를 가지고 아동의 생리적 과정과 행동 간의 관계를 측정하는 것으로서 중추신경계 구조가 발달과 개인적 차이에 어떻게 영향을 미치는지에 대해 살펴보는 것이다(Berk, 2008, p. 35). 이 방법은 분명하게 기술할 수 없는 영유아의 심리적 경험, 즉 지각, 정서, 사고 등을 입증하는데 많은 기여를 하였다. 현재 이 방법으로 가장 널리 연구하고 있는 주제는 자율신경계의 비자발적인 활동에 대한 것이다. 예를 들어, 분노나 슬픔 등의 영유아의 정서적 표현이 심장박동률을 변화시키는지 혹은 수줍음, 사회성과 같은 영유아의 기질적 측면이 자발적 활동유형인지 등에 대해 연구하는 것이다. 이를 위해 심리생리적 방법에서는 뇌의 전기적 활동을 기록하는 전기기록도(electroencephalogram: EEG)나 기능적인 자기공명영상(functional Magnetic Resonance Imaging: fMRI) 등의 도구를 사용하여 연구한다.

심리생리적 방법이 과학적인 도구를 사용하여 연구함으로써 보다 객관적일 수 있지만 어떤 자극이 뇌활동의 일정한 패턴을 제시한다 할지라도 어떤 과정을 거쳐 그런 결과가 나왔는지에 대해서는 정확하게 알 수 없다. 그러므로 결과를 해석할 때 추론을 많이 하게 되고, 배고픔, 피로 등의 다양한 요인들이 아동의 생리적인 반응에 영향을 미칠 수도 있다는 제한점이 있다.

표 3-2 실질적인 아동발달 연구방법의 특징과 장단점

방법		특징	장점	단점
관찰	자연관찰	자연 상황에서의 관찰	• 아동의 일상생활 반영	• 관찰 상황에 대한 통제 곤란
	구조화된 관찰	실험실 내에서의 관찰	• 모든 아동에 동일한 관찰 조건	• 아동이 일상생활에서 행동하는 전형적인 방식이 아닐 수도 있음.
자기 보고	임상적 면접	아동의 생각에 대한 완전한 정보를 얻을 수 있는 융통성 있는 면접 절차	• 아동이 일상생활에서 생각하는 방법에 대해 가능한 한 근접함. • 단시간에 심층적이고 풍부한 양의 정보 수집	• 아동이 정확하게 정보를 보고하지 않을 수도 있음. • 융통성 있는 절차로 개인의 정보 비교 곤란
	질문지	모든 대상에 동일한 방식으로 동일하게 질문하는 자기보고용 도구	• 표준화된 방법으로 아동의 반응 비교 가능 • 효율적인 자료수집과 채점	• 동일한 깊이의 정보 획득 곤란 • 부정확한 보고 가능
	검사	모든 대상에게 동일하게 사용할 수 있는 객관적이고 타당한 도구	• 표준화검사로 아동 간 비교 가능 • 효율적인 채점과 실시 방법 • 분석 용이	• 비표준화검사인 경우에 내용의 타당도와 신뢰도 문제 • 문화적, 성적인 편견 개입 가능
사례연구		면접, 관찰, 검사, 심리생리적 측정 등에서 수집한 개인의 심리적 기능의 완전한 묘사 가능	• 발달과정에 대한 풍부하고 서술적인 통찰력 제공	• 연구자의 이론적 선호로 편견 개입 가능 • 연구결과의 일반화 곤란
문화기술적 연구		• 참여관찰을 통한 문화나 사회집단 이해 • 광범위한 현장기록으로 연구자는 문화의 독특한 가치와 사회적 과정 획득	• 일회성의 관찰방문, 면접이나 질문지에서 추출할 수 있는 것보다 더 완전하고 정확한 기술 가능	• 연구자의 가치관과 이론적 선호로 편견 개입 가능 • 연구결과의 일반화 곤란
심리생리적 방법		생리적 과정과 행동 간의 관계 측정	• 중추신경계 구조가 어떤 능력에서의 발달과 개인차에 기여하는지 밝힘. • 의사소통이 부정확한 영유아의 지각, 사고, 정서를 밝히는데 효과적	• 개인이 자극들을 처리하는 방법을 정확하게 입증하기 곤란 • 연구자의 관심 밖에 있는 많은 요인들이 생리적인 반응에 영향을 미칠 수 있음.

4. 아동발달 연구의 제한점

연구자들은 인간을 대상으로 연구할 때 현재 실시하는 연구가 관련 학문 분야의 과학적 지식의 증진과 인류복지에 어떤 공헌을 할 수 있는지 생각해 본 후에 연구 수행 여부를 결정해야 한다. 아동을 대상으로 연구하고자 한다면 연구자는 우선 아동을 존중할 수 있는 겸손한 자세와 태도를 지녀야 한다. 또한 연구자는 아동은 매우 총명하며, 감각이 있고, 자신의 삶에 대해 희망이 있는 존재라는 사실을 기억해야 하며, 아동의 개인적인 권리와 권익을 존중해 주고 보호해 주는 태도를 지녀야 한다.

아동은 성인에 비해 환경의 영향을 더 쉽게 받고 그 영향력도 더 크고 더 오래 지속될 수 있기 때문에 아동 대상의 연구는 많은 제한과 어려움이 따르는데, 무엇보다 윤리적인 측면에 대해 생각해야 한다. 그러므로 아동을 대상으로 연구할 경우에 가장 먼저 고려해야 할 부분은 윤리적인 문제이다. 특히 아동이 직접 연구에 참여할 경우에는 어떤 해로운 영향을 받을지도 모른다는 점에 주의를 기울여야만 한다. 아동은 지식과 경험이 부족하여 연구에 참여한다는 것이 무엇을 의미하는지 정확하게 이해하지 못할 뿐만 아니라 판단력이 부족하고, 연구대상이 된 것 자체가 부담스러워 상처를 받을 수도 있다. 따라서 연구에 참여하는 동안 아동은 여러 가지 심리적인 긴장이나 불안, 스트레스 등을 경험할 수 있기 때문에 연구자는 대상 아동의 동의만이 아니라 부모나 보호자의 동의도 함께 구할 필요가 있다.

Jackson(1987)은 《현장연구(Fieldwork)》라는 저서에서 윤리에 대한 제목으로 '공정하기(Being Fair)' 라는 표현을 사용하면서 다음과 같이 언급하였다(Graue & Walsh, 1998, pp. 55-56).

어떤 행동이 윤리적인지에 대해 의심스러울 경우에 연구자는 자신을 연구대상의 위치에 두고 연구대상으로서 어떻게 느끼는지 생각해 보는 것이 좋다. 이때 억지로 연구에 참여한다고 생각하거나 불만족스럽다고 생각한다면 연구대상들에게 그런 일을 시키지 말아야 한다. 또한 연구자는 연구대상이 연구 후에 어떻게 느낄 것인지 생각해 보아야 한다. 만일 연구자가 "그렇게 좋지 않다." 라고 생각한다면 연구하지 말아야 한다(pp. 278-279).

연구자는 연구를 진행하면서 아동의 권리를 최대한 존중하도록 노력해야 한다. 이를 위해 미국의 아동발달연구회(Society for Research in Child Development: SRCD)에서는 아동을 대상으로 연구할 때 연구자가 지켜야 할 윤리강령을 제시한 바 있다(SRCD 뉴스레터, 1990). 연구자의 윤리강령은 아동을 대상으로 연구할 때 생길 수 있는 위험과 부당한 방법으로부터 아동을 보호하기 위한 것이다. 이러한 윤리적 측면은 비단 연구자뿐만 아니라, 연구의 결과를 이용하는 사람들도 충분히 인지하고 있어야 한다.

원칙 1.	연구자는 아동에게 신체적으로나 심리적으로 피해를 줄 수 있는 연구절차라면 절대로 적용하지 말아야 한다.
원칙 2.	연구자는 연구절차와 내용에 대해 아동이 이해할 수 있는 수준으로 설명해 주어야 하며 동시에 연구참여에 대한 동의도 구해야 한다.
원칙 3.	연구자는 아동의 부모나 보호자 또는 교사나 학교장의 동의를 구한 후에 연구를 실시해야만 한다.
원칙 4.	연구자는 아동과 상호관계를 맺고 있는 사람을 연구에 포함시킬 경우에 그 사람에게도 연구의 전반적인 특성에 관한 정보를 제공해 주고 연구참여에 대해서도 동의를 구해야 한다.
원칙 5.	연구에 참여하는 사람에 대한 보상은 정해진 범위 내에서 공정하게 이루어져야 한다.
원칙 6.	연구자는 원칙적으로 아동에게 연구절차와 내용에 대해 알려주어야 하지만 연구의 성격상 이를 알려주는 것이 연구결과에 긍정적 또는 부정적 영향을 끼칠 수 있다면 연구내용을 알려주지 않거나 일부를 속이는 등의 필요한 조치를 취할 수 있다.
원칙 7.	학교나 기관으로부터 아동에 관한 기록을 얻고자 할 경우에는 담당자의 허락을 받아야 하며, 아동의 신상에 관한 정보는 익명으로 취급해야 하고, 수집된 정보는 연구목적을 위해서만 사용해야 한다.
원칙 8.	연구의 시작부터 종료까지 연구자와 부모 및 아동은 각자의 책임한계에 대해 분명하게 서로 동의해야 하며, 동의된 모든 상황과 약속은 반드시 지켜야 한다.
원칙 9.	연구 도중 연구자가 아동의 복지를 위협하는 정보를 발견하는 경우에는 이를 부모나 보호자에게 알려주고 해당 분야 전문가와 상의하여 아동을 도와줄 수 있는 적절한 방법을 모색해야만 한다.
원칙 10.	연구가 진행되는 도중 예측하지 못한 바람직하지 않은 결과가 아동에게 영향을 미친다면 연구자는 즉시 이러한 결과를 수정할 수 있는 적절한 방법을 모색하고 연구절차를 다시 설계해야만 한다.
원칙 11.	연구자는 연구대상에 관한 모든 정보에 대해 비밀을 지켜야 한다.
원칙 12.	연구자는 자료를 수집한 후 아동에게 이에 대해 분명하게 설명해 주어야 하며, 연구의 일반적인 결과에 대해서도 아동이 이해할 수 있는 수준으로 알려주어야 한다.
원칙 13.	부모나 아동에게 연구결과를 알려줄 때 아동에 대한 평가적 진술이나 제언 및 의견을 신중하게 제시해야 한다.
원칙 14.	연구결과를 보고할 때 연구자는 자신의 연구가 사회적 · 정치적 · 인간적 측면에서 갖는 의미를 고려해야 한다.

아동을 대상으로 연구할 경우에 연구자는 연구대상을 구하는 문제에 직면하게 되는데 이는 연구대상의 연령이 어릴수록 더 어렵다. 연구대상을 구할 때 연구자는 연구결과의 일반화를 위해 표집에 따른 편파성을 고려해야 한다. 특히 연구대상을 표집할 때 연령이 어릴수록 부모의 동의를 구해야 하는데 Ferguson(1978)은 아동의 발달단계에 따라 '동의' 성격에 차이가 있다고 설명하였다. 즉, 영아와 걸음마기 유아들은 부모 동의만으로도 충분하지만, 유치원과 초등학교 입학 연령 아동, 즉 3세 이상부터 7세 이전인 경우에는 아동의 협조와 도움이 필요하다는 것을 아동에게 설명해 주고 부모의 동의도 함께 구해야 한다. 학령기 아동들은 부모 동의와 함께 아동으로부터 서면형식의 동의를 받아야 한다. 청소년기 아동들은 법적으로 미성년자이므로 부모의 동의를 얻어야 하지만 연구에 참여할 경우에는 성인으로 취급하여 연구자의 동료로서 대해야 한다.

마지막으로 아동을 대상으로 연구할 경우에는 아동의 제한된 의사소통 능력과 짧은 주의집중력 등 아동의 특성으로 인한 문제가 있다. 아동과의 의사소통 과정에서 연구자는 아동이 말하는 것을, 아동은 연구자가 의미하는 것을 잘못 이해하여 결과를 왜곡하거나 잘못 해석할 수도 있다. 이를 위하여 연구자는 아동이 이해할 수 있는 언어를 사용해야 하며, 아동이 나타내는 반응이나 의미도 정확하게 해석해야 한다. 따라서 연구자는 아동의 언어를 제대로 이해할 수 있도록 사전에 많은 전문적인 지식과 자질을 갖추어야 하며, 이를 위한 훈련도 받아야 하고, 아동의 언어발달특성도 연구 상황에 충분히 반영할 수 있어야 한다. 또한 아동의 주의집중 시간은 매우 짧기 때문에 어떤 과제에 대한 지속성이 결여되어 연구 자체의 타당성을 떨어뜨릴 우려가 있으므로 가능한 한 짧은 시간 내에 연구를 진행할 수 있도록 연구설계를 계획해야 한다.

아동을 대상으로 이들의 발달을 연구하는 것은 많은 시간과 노력이 소요되는 복잡하고 힘든 작업이다. 아동들의 발달특성이나 경향을 파악하고 분석하고자 한다면 아동의 요구에 민첩하게 대응할 수 있는 능력과 기술 및 아동을 이해할 수 있는 기본 지식과 자질을 갖추어야 한다. 또한 다양한 영역에 걸쳐 아동에 대한 수많은 정보들, 즉 문화적 요인, 부모-자녀관계를 포함하는 가족의 역동성, 또래집단, 학교상황, 대중매체, 기타 아동을 둘러싸고 있는 다양한 환경 요인 및 역사적 요인들에 대한 자료들도 동시에 수집하여 함께 분석하고 논의해야 한다.

아동대상 연구가 쉽지 않은 작업이기 때문에 Graue와 Walsh(1998, pp. 55-68)는 다음과 같은 연구자의 자세로 아동연구를 수행해야 한다고 지적하였다.

첫째, 책임감 있는 자세(responsibility)로서, 연구자는 아동이 손상받을 수 있는 경우와 아동이 어떤 부당한 종류의 활동에 참여하게 될 경우에 책임을 질 수 있어야 한다.

둘째, 아동들의 불편함에 대처할 수 있는 자세(discomfort)로서, 때로 아동들 스스로 듣고 싶지 않아도 들어야 하고, 보고 싶지 않아도 봐야 하는 상황이 발생할 때 이로 인해 아동들이 많은 불편을 경험하게 된다면 연구자는 이에 대처할 수 있어야 한다.

셋째, 연구자로서의 정체감(identity)에 대한 것이다. 연구란 매우 구조적이고 자의식적인 활동이다. 따라서 연구자는 자신의 흥미나 관심에 따라 연구를 하고 그것을 통해 학문적으로 성공할 수도 있고 실패할 수도 있다는 점을 고려하여 연구자로서의 정체감을 형성해야 한다.

5. 국내외 아동발달 연구 동향

아동에 대한 연구의 목적은 아동의 발달양식을 '기술(describe)' 하고 '설명(explain)' 하는 것뿐만 아니라, 발달과정을 '예측(predict)' 하고 '수정(modify)' 하는 것이다. 우리는 일상생활에서 일반 아동의 행동을 관찰하고 살펴봄으로써 특정 아동을 전체 아동 규준과 비교하여 평가할 수 있다(조연순 · 이영, 1997). 아동에 대한 조사와 관찰을 축적하여 아동의 발달양상과 경향에 대한 결과물을 축적해 놓으면 개별 아동의 발달수준을 평가하는데 도움이 될 수 있으며, 발달지연이 있는 경우에도 이를 어떻게 극복하고 지도할 것인가에 대한 통찰력을 지닐 수 있다. 뿐만 아니라 아동발달 연구를 교육에 적용하여 아동을 교육하고 지도하는 효과적인 방법을 개발할 수도 있다. 이러한 실제적인 적용 방법이 아니더라도 아동발달에 대한 연구는 인류의 발달과정을 이해하고 전인적인 인간의 발달을 이해하는데 도움이 된다.

1) 국내 연구 동향

국내에서는 1970년대 이후 아동의 발달을 보다 체계적으로 이해하고자 하는 연구가 지속되어 왔고 끊임없이 새로운 시도가 이루어져 왔다. 여기서는 우리나라 아동발달 연구의 시대별 동향과 최근 연구동향에 대해 알아보고자 한다.

(1) 아동발달 연구의 시대별 동향

한국아동학회(2004)에서 펴낸 《한국아동학의 연구 동향과 전망》에 따르면 한국의 아동 관련 연구가 정기적으로 발표되고 활성화된 것은 1980년 이후라고 할 수 있다. 아동학회지를 중심으로 살펴볼 때, 1980년대 이루어진 연구는 주로 Piaget 이론에 근거하여, 수 · 과학 능력, 개념발달, 기억발달 등 인지발달에 관련된 연구가 많이 이루어졌고 사회정서발달영역이나 아동교육영역에 대한 연구들은 그다지 활발하게 이루어지지 않았다. 1980년대 수행된 연구들은 실험과 문헌고찰에 의한 연구방법이 주를 이루었다. 연구설계유형으로는 1980년대 후반으로 갈수록 상관 연구가 주류를 이루었다.

1990년대는 1980년대와 비교하여 아동 관련 연구가 세 배나 급증하였다. 이는 양적으로 증가했을 뿐만 아니라 이론과 방법, 연구내용 면에서도 다양해졌다. 이론적으로는 사회인지이론, 맥락주의(또는 인간생태학), 애착이론, 기질이론 등을 중심으로 많이 연구되었다. 따라서 연구내용 면에서 아동의 사회적 능력, 사회적 행동, 또래관계, 부모-자녀관계 등 부모 행동의 양방적 관계에 대한 탐색이 증가하였고, 놀이치료, 보육, 청소년의 비행 관련 연구도 조금씩 증가하였다. 연구대상 측면에서 보면, 영아기를 제외한 학령전 아동을 대상으로 한 연구가 가장 많았고, 초등학교 아동이나 청소년 대상의 연구도 증가했다. 연구설계유형으로는 단순상관연구가 주류였으나 중다변인 연구도 증가하고 질적 분석방법도 조금씩 증가하는 경향을 나타냈다. 연구방법은 실험, 관찰 등을 많이 실시하였으며, 질문지에 의한 조사 연구방법도 많이 사용하였다.

2000년대는 1990년대와 비교하여 전통적인 아동사상에 대한 관심이 많아졌고, Vygotsky 이론과 맥락주의를 배경으로 한 논문이 증가하였다. 연구의 내용에서도 주제가 더욱 세분화되고 중다변인을 다루는 경향과 함께, 동일한 변인을 종속변인이 아닌 독립변인으로 설정한 연구설계들이 나타남으로써 인간생태학적 관점의 영향이 부각되고 있다. 특히 아동의 문제행동과 상담, 아동복지영역에서 게임중독, 사이버중독 등 인터넷 관련 문제들을 취급하고 아동과 청소년 문제에 대한 개입 프로그램 개발과 효과 연구가 증가함으로써 사회 변화에 따른 실제 문제에 대한 아동학자들의 관심을 반영하고 있다. 특히 2000년대는 그 이전 시기와 비교하여 비교문화적인 연구와 장애아 통합교육이나 정신병리에 대한 연구를 많이 실시하면서 1980년대에는 한 편도 없었던 비교문화연구가 2009년 현재까지 18편이 보고되었다.

(2) 아동발달연구 분야

김춘경 외(2002, pp. 4-25)는 아동학의 학문적 성격을 첫째, 생태학적인 관점에서 아동의 성장과 발달이 생애주기에 따라 언제, 왜, 어떻게 이루어지는가를 이론적 · 실증적으로 탐구하고, 둘째, 아동의 타고난 발달적 잠재력을 최대한 실현시킬 수 있는 가장 적절한 양육과 교육방법을 연구하며, 셋째, 아동의 삶이 더욱 행복해지도록 아동의 적응과 행동문제를 예방적 차원뿐 아니라 치료적 차원에서 연구하여 아동복지에 기여하는 응용학문으로 보았다. 이들은 아동학의 연구 분야를 아동발달, 아동과 가족 · 사회 · 문화, 아동교육, 자녀양육과 부모교육, 조기중재와 장애유아교육 등으로 분류하였다. 한편, 한국아동학회(2004)에서는 아동학의 영역을 아동발달, 문제행동과 아동상담, 아동교육, 부모교육, 가족환경, 그리고 아동복지로 보았다. 실제로 아동발달에 관한 연구들은 아동과 관련된 이 모든 분야에 적용될 수 있다.

그동안 우리나라에서 행해진 아동발달 관련 연구논문들의 연구주제와 내용을 살펴보기 위해 대표적인 학술지인 《아동학회지》와 《유아교육연구》에 1976년 이후 발표된 논문들을 살펴보면(Rhee & Shin, 2000), 전체적으로 사회정서발달영역(47%)과 인지발달영역(40%)이 연구내용의 많은 부분을 차지하였고, 그 다음이 언어발달영역(8%)이었다. 이 영역들은 연구 시기별로도 차이가 나타났는데, 인지발달 연구는 1970년대부터 1990년대 전반까지 가장 많이 연구하였으나, 1990년대 후반에 감소하는 추세를 보였다. 반면, 사회정서발달 연구는 1980년대 후반부터 크게 증가하여 1990년대 후반에 인지발달 연구보다 우세한 경향을 보였다.

사회정서발달 논문들의 연구내용을 살펴보면, 사회정서 관련 하위영역 중에서 사회성이 30% 내외로 가장 빈번히 다루어졌는데, 이는 1980년대 이후 지속적으로 증가하는 경향을 보였다. 사회성영역의 주제는 사회적 능력(유능성), 사회적 행동, 사회적 관계, 또래관계, 반사회적 행동 등을 주로 다루었다. 그 다음으로 자아개념, 자존감, 자아통제 등 자아를 다루는 연구들이 특히 1980년대에 가장 많이 보고되었으나 1990년대 이후 감소 추세를 보였다. 정서, 애착, 기질을 주제로 한 연구들도 비교적 일관되게 10~20% 수준으로 발표되었다. 1990년대 이후 뚜렷하게 부각된 하위영역은 적응, 문제행동과 스트레스에 관련된 연구로서 1990년대에는 사회성 다음으로 높은 비율을 나타냈다. 최근 사회정서발달 연구의 변인들이 세분화되고 다양해지면서 과거에 종속변인으로 연구되던 변인들을 독립변인으로 설정하여 연구를 진행하는 것도 이 영역의 연구 특징으로 지적할 수 있다.

인지와 언어발달 논문들의 연구내용을 살펴보면, 인지발달영역에서는 수 · 과학 능력의 발달에 관한 주제가 가장 많았으며, 특히 2000년대 이후에 더욱 활발하게 연구되고 있다. 연구 주제로는 수 세기, 크기 비교, 유목-포괄 수행, 수평-수직 개념, 과학적 사고에 영향을 미치는 요인 등이었다. 그 다음으로 인지발달영역에서 많이 다루어진 주제는 개념발달, 기억발달, 지능발달 순이었다. 개념발달 연구는 대체로 Piaget 이론에 기초한 논문으로 1980년대에서 1990년대 전반까지는 전조작기 유아를 대상으로 한 물체영속성, 물활론적 사고, 조망수용능력 등의 연구가 주류를 이루었다면, 1990년대 후반 이후에는 인지발달에 영향을 미치는 요인에 대한 연구가 많이 이루어졌다. 기억발달에 관한 연구들은 대부분 초등학교 아동을 대상으로 기억발달과 기억책략의 사용, 상위기억, 그리고 기억발달에 영향을 미치는 요인들을 주로 분석하였다. 지능발달 관련 연구들은 1990년대 이후 서구에서 개발된 지적 능력에 관련된 도구를 국내에 적용하기 위한 타당화 연구들이 주류를 이루었다. 언어발달에 관한 연구들은 1990년대에 본격적으로 활성화되어 2000년대에 계속해서 활발하게 보고되고 있다. 연구 주제 중에서는 읽기발달 연구가 가장 많았고, 그 다음으로는 문해발달, 의사소통, 어휘발달, 쓰기발달의 순이었다. 특히 언어발달에 관한 연구는 순수언어학적인 연구가 아니라 언어심리학적 연구의 경향을 띠고 있으며, 이는 국제적인 추세와도 일치하는 것이라고 할 수 있다.

아동발달 연구의 가장 최근 경향을 알아보기 위하여 2005년 이후부터 2009년까지 《아동학회지》에 실린 연구논문들을 분석한 결과, 최근 5년간의 경향은 전체적으로 사회정서발달영역(60%)에 관련된 연구가 가장 많았고, 언어발달영역(21%), 인지발달영역(14%)의 순이었다. 이는 2000년부터 2004년까지 《아동학회지》에 실린 연구논문들이 사회정서발달영역 48%, 인지발달영역 22%, 언어발달영역 14%인 것과 비교해볼 때 인지발달 연구는 감소하고 사회정서발달 연구와 언어발달 연구는 늘어난 것이다.

사회정서발달 논문들의 연구내용을 살펴보면, 1980년대 이후 계속 증가했던 사회성에 관련된 연구가 최근 5년 동안에도 계속 늘어나는 추세이다. 그중에서도 사회적 능력과 사회적 유능성에 관련된 연구들과 부모의 양육태도와 역할수행에 관련된 연구가 많았다. 특히, 이혼가정이 늘어남에 따라 결손가정과 이혼가정에 관련된 연구가 많았고, 정서와 지능, 성역할, 또래관계에 대한 연구도 많았다. 2000년대 초반의 인기 있던 주제인 친사회적 행동과 관련된 연구는 2004년 이후 감소하였다. 언어발달과 관련된 연구들은 증가추세인데, 특히 언어표현력과 창의성, 이중언어 경험과 능력에 관련된 연구들이 많았다. 인지발달과 관련된 연구들은 주로 창의성 요인과 인지전략 및 인지양식에 관한 논문들이었다.

2) 국외 연구 동향

최근 아동과 관련된 연구분야에서 가장 큰 반향을 불러일으킨 변화는 1970년대 이후 학계의 관심을 모은 인간생태학적 관점(human ecological perspectives)과 전생애적 접근(life-span approach)이라 할 수 있다(Belsky, Lerner, & Spanier, 1984).

인간생태학적 관점은 Bronfenbrenner(1979)에 의해 주창된 것으로서 아동과 가족은 상호 영향을 주고받으며, 아동은 발달의 능동적 주체이고, 아동 연구를 위해서는 다학문적 접근을 택해야 한다고 본다(Belsky et al., 1984). 이와 비슷하게 아동발달에 있어 문화적 맥락을 중요시하는 사회문화적 관점(Vygotsky, 1987)도 재조명되고 있다.

한편, 인간의 발달을 한 시기에서만 볼 것이 아니라 전생애적인 접근법을 통하여 생애발달적 관점으로 보아야 한다는 견해(Baltes, 1979)도 아동연구에 영향을 미치기 시작하였다. 이러한 관점의 아동발달 연구자들은 발달적 역사와 아동이 직접·간접으로 속해 있는 환경체계 간 관계에서의 상호역동성을 강조한다. 특히 이 관점은 한 아동의 발달을 오랜 기간 동안 추적하여 연구하는 종단적인 질적 연구를 강조하면서 한 아동의 발달 경로(developmental path)를 전생애적으로 연구하는 일이 더 중요하다고 본다. 그에 따라 이 접근방법은 종단적 연구방법을 통해 인간이 전생애를 거쳐 어느 정도의 심리적 건강성(resilience)을 갖고 어떤 한 시기에 경험한 발달적 좌절이나 위험을 어떻게 극복해 나가는지를 검증하기도 하였다(Werner & Smith, 1992).

1980년대에는 행동주의나 Piaget 이론에 영향을 받았던 학자들이 정보처리이론이나 동물행동학으로 관심을 돌리기 시작하였다. 이들은 정보처리이론을 통하여 아동의 사고, 특히 영아의 지각이나 인지능력에 대한 통찰을 하게 되었고, 동물행동학자들의 관찰을 통해 생존적인 가치가 있는 적응행동으로서의 애착행동이나 기타 사회·정서적 행동에 대한 연구를 활성화시켰다.

1990년대 들어서는 지금까지의 이론적 접근과는 다른 여러 새로운 이론적 관점이 출현하기 시작하였다. 새로운 관점은 임상적 연구들을 통해 이론적 체계를 구축해 나가면서 이론의 타당성을 검증하고 있다. 이런 새로운 관점들로는 대표적으로 이론-이론(theory-theory), 생득적 단원이론(modularity nativism), 발달적 신경과학(developmental neuroscience)의 활성화, 역동적 체계이론(dynamic systems theory) 등을 들 수 있다(한국아동학회, 2004).

이론-이론에서는 아동들과 영아들조차 자신이 부딪치는 특정 현상을 설명하려고 하는 직관적이고 소박한 이론을 구성할 수 있는 능력이 있고, 그런 경향성을 갖고 태어난다고 주장한다. 이러한 경향성과 후의 경험은 아동들이 구성하는 특정 이론에 기여하게 되어 결과적으로 각 아동이 구성하는 이론은 영역에 따라 다른 경험으로 인해 달라지게 된다. 현재 아동의 마음과 행동에 대한 이해에 관하여 많은 이론-이론적인 접근이 시도되고 있다(Gopnik & Meltzoff, 1997; Wellman & Gelman, 1998). 그러나 실제로 영·유아들이 이론이라고 부를 수 있는 추상적이고 조직화된 개념을 가지고 있을지에 대해 의문을 제기하는 발달론자들도 있다(Lillard, 1998).

생득적 단원이론은 선천적으로 타고난 본성에 관해 더 높은 비중을 두는 급진적 이론이다. 이 이론에 따르면 인간의 마음은 선천적인 모듈이나 구조, 제약 등이 서로 연결되어 있으며, 각 모듈은 선천적으로 정해진 일정한 영역의 정보에만 반응한다(Fodor, 1983). 따라서 인간의 행동에 영향을 미치는 것은 경험보다는 타고난 모듈이다. 특히 이 이론은 학습과 발달 면에서 인간의 뇌의 모듈이 큰 영향을 미친다고 주장한다. 그에 따라 이 이론은 인간발달, 특히 아동발달에 관한 많은 연구에서 발달의 근원적인 원천으로 신경과학적인 접근법을 많이 사용한다.

역동적 체계이론은 Thelen과 Smith(1994), Lewis(2000) 등이 제창한 이론으로서 Bronfenbrenner의 생태학적 이론을 조금 더 발전시킨 형태라고 볼 수 있다. 여기서 역동적 체계는 시간의 경과에 따라 끊임없이 변화하면서 스스로 조직화하는 특성을 갖는다. 이 체계는 발달체계 내의 모든 수준들, 즉 개인적 수준에서부터 문화적 수준까지의 모든 수준이 포함된다. 그리하여 이 이론에서는 아동발달을 이들 수준들 간의 상호작용과 순간에서부터 몇 년에 이르는 시간 경과에 따른 끊임없는 상호작용의 변화과정을 고려해야만 이해할 수 있는 것으로 본다. 이 이론은 인간의 복잡한 발달과정을 포괄적으로 이해할 수 있는 근거를 마련하였다는 점에서는 의의가 있으나 인간발달에 관한 역동적 체계를 실제로 임상적으로 검증하기에는 매우 어렵다는 단점이 있다.

02
PART

단계별 아동발달

태내기와 출산 04

신생아기 05

영아기 06

유아기 07

아동기 08

04

CHAPTER

태내기와 출산

1. 임신
2. 태교
3. 태내 발달단계
4. 태내 발달이상
5. 태내 발달에 대한 환경 요인
6. 임신 중 이상
7. 분만

CHAPTER 04

태내기와 출산

인간의 발달은 정자와 난자가 결합하는 그 순간부터 시작하며 이 시기 동안의 발달은 일생 중 그 어떤 시기보다 빠르다. 태생학을 연구하는 학자들은 모체 내에 있는 태아의 능력에 관심을 갖고 연구함으로써 자궁 내 환경이 태어난 이후의 인간의 지적능력 수준을 결정짓는다고 주장하면서 태내기의 중요성을 강조하고 있다. 그에 따라 다양한 유전적, 환경적 요인들이 태아의 발달에 영향을 미친다. 태내기의 중요성과 더불어 태아가 건강하고 안전하게 세상에 나오는 분만과정도 매우 힘들고 어렵다. 따라서 본 장에서는 임신으로 인한 모체의 변화, 태아의 발달과정 및 특징, 태교, 태내 발달이상과 임신 중 이상 증상, 임신 중 영향을 미칠 수 있는 다양한 환경요인, 분만과정과 방법 등에 대해 살펴보고자 한다. 이 장은 조성연(2006)의 《예비 부모교육》 중 3~7장의 내용을 수정, 편집하였음을 밝힌다.

1. 임신

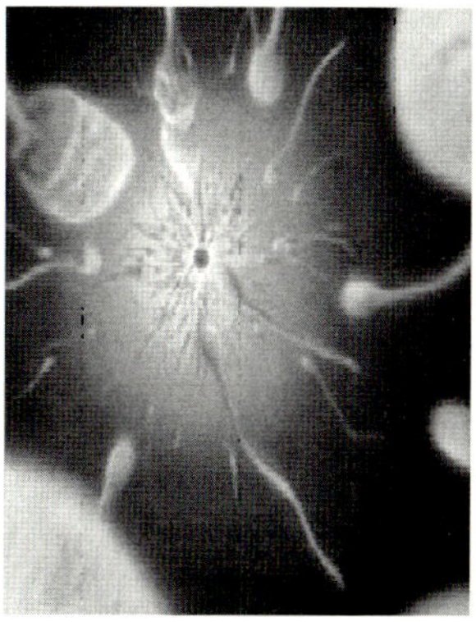

임신은 난자와 정자의 결합으로 시작되며 이는 여성의 나팔관에서 이루어진다. 난자와 정자의 결합에 의해 만들어진 수정란은 23쌍의 46개 염색체를 지니며, 염색체는 태어날 아기의 모든 유전적인 잠재성을 결정한다. 수정란은 난관을 따라 이동하면서 분열을 거듭하여 자궁벽에 착상하는데, 이에 소요되는 기간은 약 7~10일이다. 수정란이 자궁벽에 착상한 이후 태반이 형성되고 자궁 안에서 태아가 성장하고 발달한다.

1) 임신의 초기 징후와 생리적 변화

임신을 하면 여러 가지 신체적 · 심리적 징후와 생리적인 변화가 나타난다. 먼저 매월 정기적으로 있던 월경이 중단되고, 특정 음식 등에 대해 속이 매스껍거나 소화가 잘 안 되는 듯한 증세인 입덧이 나타난다. 입덧은 임신한 여성들의 $\frac{1}{3}$~$\frac{2}{3}$에서 나타나는데 대개 임신 3개월 말경에 사라지며, 심한 경우에는 구토현상이 일어나기도 한다. 또한 태아와 태반 및 양수를 담을 수 있는 근육주머니인 자궁이 임신 전보다 몇 배로 늘어나고, 자궁이 커지면서 방광을 압박하여 종종 빈뇨현상이 나타난다. 유방은 유선이 발달하면서 커지고 종종 따끔거리기도 하며 유두 주위에 작은 피지선의 융기와 함께 유륜이 나타나고 색이 진해진다. 이외에 임신동안 가벼운 일에도 쉽게 피로감을 느껴 평상시보다 잠을 더 많이 자고, 장의 움직임이 둔화되고, 특정음식물에 대한 선호현상이 나타나며, 수분 결핍과 자궁 팽창 등이 원인이 되어 변비현상이 나타나기도 한다. 또한 체중이 증가하고, 멜라노트로핀

(melanotropin)이라는 호르몬으로 인해 피부가 착색되는 현상이 나타나기도 한다.

표 4-1 임신 중의 체중 증가 요인

내용	증가량
태아	3.6kg
태반	675g
양수	900g
방광 증대	900g
모체 가슴 조직	900g
모체 혈액	1.8kg
모체의 간질액	1.8kg
모체의 지방	3.2kg
전체 평균	13.8kg

〈출처〉 Murkoff, H., Eisenberg, A., & Hathaway, S. (2002). *What to expect when you' re expecting*, p. 167.

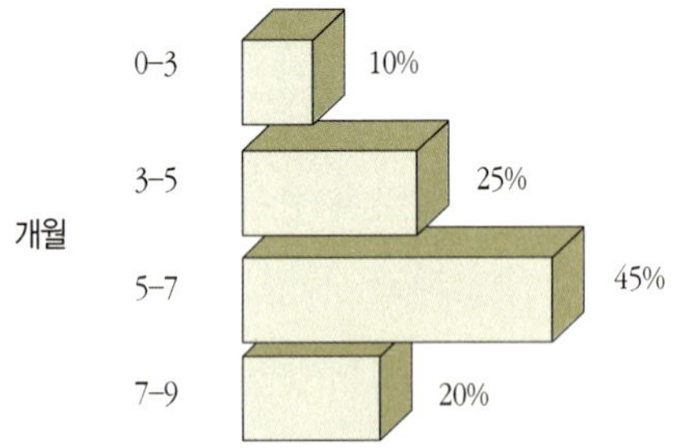

그림 4-1 임신 중 개월별 체중 증가 정도(%)

〈출처〉 Stoppard, M. (2002). *New pregnancy and birth book*, p. 110.

2) 임신 중의 영양

임신 중의 영양소 결핍은 태아의 발달에 결정적인 영향을 미치며 신생아의 생명에도 영향을 미친다. 특히 임신 중의 충분한 영양 공급은 태반의 성장과 함께 정상

표 4-2 임산부에게 필요한 1일 영양소

영양소	비임신 여성 (19~22세)	임산부	수유부	임신동안 요구량이 증가되는 이유	근원식품
칼로리 (Calorie)	2,400	2,700	2,600	기초신진대사량, 에너지 요구	탄수화물, 지방, 단백질
단백질 (protein)	44g	74g (+30)	64g (+20)	태아의 조직 성장 촉진; 양수, 태반 성장과 발달; 모체 조직 성장; 자궁, 유방, 모체 순환 혈액량의 증가; 헤모글로빈 증가; 혈장단백 증가; 진통, 분만과 수유에 대비하여 모체 내 저장	우유, 치즈, 달걀, 고기, 곡물, 견과류, 콩
무기질(Mineral)					
칼슘 (calcium)	800㎎	1,200㎎	1,200㎎	태아 골격 형성; 초기 치아 발육 형성; 모체 칼륨대사 증가	우유, 치즈, 모든 곡류, 녹색채소, 달걀노른자, 땅콩, 호두, 해바라기씨
인 (phosphorus)	800㎎	1,200㎎	1,200㎎	태아 골격 형성; 치아 발육 형성; 모체 인대사 증가	우유, 치즈, 살코기
철분 (iron)	18㎎	18㎎* (+30~60㎎ 보충)	+	모체 순환 혈액량을 증가시킴; 적혈구 형성에 필수; 태아의 간 속에 철분 저장(주로 임신후반기 모체의 철분대사 증가)	간, 고기, 달걀노른자, 모든 또는 견고한 곡류, 잎이 많은 채소, 견과류, 콩류, 건포도, 살구, 건자두(prune)
아연 (zinc)	15㎎	20㎎	25㎎	효소와 단백질 형성을 도움	통밀, 겨, 우유, 간, 조개류, 달걀, 양파, 해바라기씨, 견과류
옥소 (iodine)	150㎎	175㎎	200㎎	기초신진대사율 증가; 갑상선 호르몬의 분비 증가	옥소화된 소금
마그네슘 (magnesium)	300㎎	450㎎	450㎎	에너지 대사와 단백질 대사의 조효소; 효소활성제; 조직 성장; 세포대사; 근육운동	견과류, 콩, 코코아, 해산물, 모든 곡류, 건조시킨 강낭콩과 완두콩
지용성 비타민(Fat-soluble vitamin)					
A (retinol)	4,000IU	5,000IU	6,000IU	감염예방; 건강한 피부 상태 유지; 갑상선의 성장과 형성; 치아 에나멜, 머리카락, 손톱의 형성; 뼈의 성장	우유, 버터, 달걀노른자, 간, 크림, 녹황색채소, 강화마아가린, 콩팥

영양소	비임신 여성 (19~22세)	임산부	수유부	임신동안 유구량이 증가되는 이유	근원식품
D (calciferol)	5㎍ (200IU)	10㎍ (400IU)	10㎍ (400IU)	칼슘과 인의 흡수증진; 골조직; 치아 발육의 강화작용	강화우유, 생선, 간유, 강화마가린, 버터, 간, 달걀노른자
E (tocopherol)	8mg** α - TE	100mg α - TE	11mg α - TE	지방산 보호; 건강한 세포막 유지; 적혈구 완성	식물성기름, 잎이 넓은 식물, 곡류, 육류, 달걀, 우유
수용성 비타민(water-soluble vitamine)					
C (ascorbic acid)	60mg	80mg	100mg	조직형성과 완성; 혈관과 결합조직의 구성물질 통합; 철분 흡수 도움; 감염예방; 튼튼한 태반 형성	감귤류, 딸기류, 멜론류, 토마토, 고추, 후추류, 녹황색 채소, 모란채, 감자, 신선한 과일
엽산 (folic acid)	400㎍	800㎍ (+200~400㎍ 보충)	500㎍	혈액 형성에 필수; 고위험 임신부의 거대 적아세포성 빈혈 예방; 세포액 물질의 증가; 에너지 대사의 조효소; 신경관 결손 예방; 중추신경계 발달	고기류, 콩, 곡류, 생잎채소, 호두
B_1 (thiamin)	1.1mg	1.5mg	1.6mg	에너지 대사를 위한 조효소; 소화를 도움; 건강한 위와 장	돼지고기, 쇠고기, 간, 콩류, 곡류, 견과류, 효모, 콩팥
B_2 (riboflavin)	1.2mg	1.5mg	1.7mg	에너지 대사와 단백질 대사의 조효소; 눈과 피부 문제예방; 임신초기의 배아의 정상발달에 필수	우유, 간, 곡류, 효모, 녹색채소, 달걀
B_3 (niacin)	14mg	16mg	19mg	대사작용의 조효소 인자; 뇌세포 형성; 감염과 잇몸 출혈 예방	고기류, 생선류, 달걀, 우유, 간, 곡류, 땅콩, 효모, 녹색채소
B_6 (pyridoxine)	2.0mg	2.6mg	2.5mg	단백질 대사의 조효소; 항체 형성에 필요한 지방과 지방산의 동화를 도움	간, 고기류, 효모, 곡류, 버섯, 감자, 바나나, 건채소, 콩팥
B_{12} (cyano-cobalamin)	3.0㎍	4.0㎍	4.0㎍	중추신경계 형성; 특히 핵산과 같이 생명유지에 필요한 세포단백, 적혈구 형성	우유, 달걀, 생선, 간, 치즈, 효모, 곡류, 콩

*수유기간 철분 요구량은 실제로 비임산부와 다르지 않다. 그러나 임신으로 보충량이 부족하기 때문에 출산 후 2~3개월간 계속 복용하도록 한다.

**총 비타민 E의 80%는 알파 토코페롤(α - TE)이며, 20%는 다른 토코페롤(TE)로 추산된다.

〈출처〉 한국인간발달학회 편(1997). **유아의 심리**, pp. 78-79.

Stoppard, M. (2002). *New pregnancy and birth book*, pp. 114-115.

적인 임신과 출산, 태아의 건강한 성장 · 발달, 분만 후의 소모된 체력 회복, 충분한 유즙 분비를 위하여 매우 필요하다. 이를 위해 4군 식품이 고루 함유된 식사를 해야 하며, 칼슘, 철분, 인 등의 무기질과 비타민의 섭취량이 부족하지 않도록 영양소가 골고루 들어 있는 식품을 선택하여 섭취해야 한다.

3) 임신 개월별 발달

(1) 임신 1개월

이 시기의 태아는 머리와 몸체를 구분하기 어렵다. 배아의 길이가 4㎜ 정도 되며, 척추, 뇌, 눈, 코, 귀, 소화기관, 심장, 간, 내장의 각 기관이 생겨나기 시작한다.

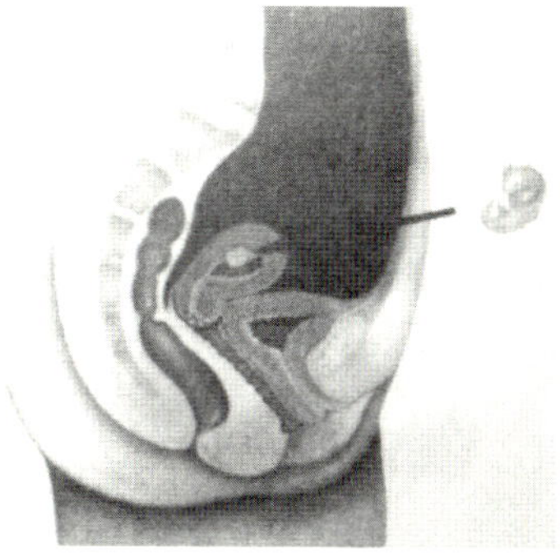

그림 4-2 임신 1개월

(2) 임신 2개월

태아의 신장은 2.5㎝, 몸무게는 2.2g 정도 된다. 머리와 몸체의 형태가 확실해지고, 머리가 전체 몸길이의 반을 차지한다. 팔, 다리, 눈, 귀, 입을 겨우 구별할 수 있으며, 신경계가 발달하기 시작한다. 주요 장기의 발생이 이 시기에 끝나므로 약물에 의한 기형이나 선천성 이상의 문제가 발생한다.

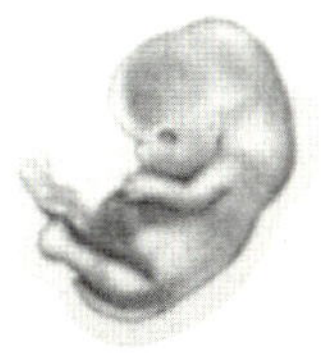

그림 4-3 임신 2개월

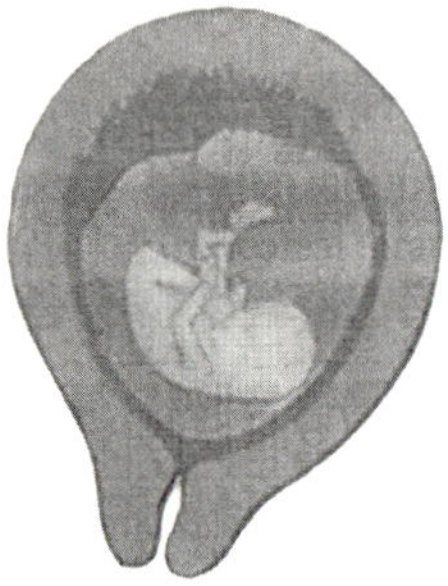

그림 4-4 임신 3개월

(3) 임신 3개월

태아의 신장은 6.5~7.5㎝, 몸무게는 약 18~28g이 된다. 모발이 나기 시작하고, 손가락과 발가락의 구별이 가능해지며, 머리는 몸 전체의 $\frac{1}{3}$이 된다. 생식기가 생겨서 남녀의 성구별이 가능해지며, 태아가 조금씩 움직이기 시작한다.

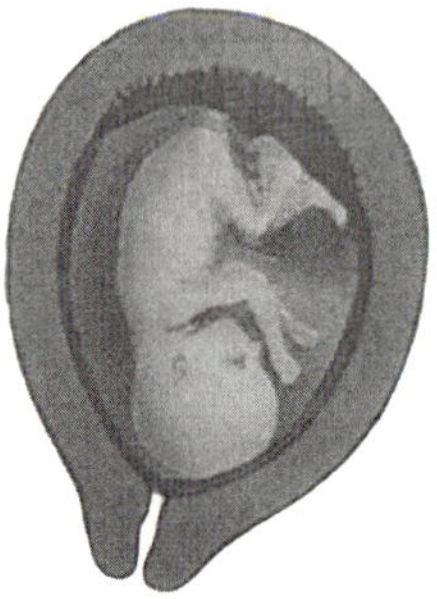

그림 4-5 임신 4개월

(4) 임신 4개월

태아의 신장은 13~17㎝, 몸무게는 약 100~135g 정도가 된다. 머리가 몸 전체의 $\frac{1}{3}$이 되면서 출생시까지 이 비율이 계속 유지된다. 태아의 피부에 솜털이 생기고, 많은 기관이 성장하며 순환조직과 배뇨조직이 작동한다. 태아의 성별을 확실히 구별할 수 있으며 사지운동을 시작하고, 눈썹과 속눈썹이 자라기 시작한다. 손톱과 발톱이 완전히 형성되며, 소리에 반응하기 시작한다.

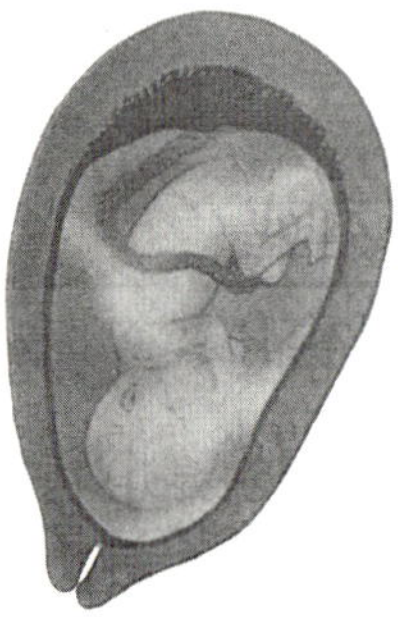

그림 4-6 임신 5개월

(5) 임신 5개월

태아의 신장은 18~23㎝, 몸무게는 약 250~340g 정도가 된다. 청진기로 태아의 심장소리를 들을 수 있다. 눈동자가 빨리 움직이고, 손발의 움직임도 활발해지며, 근육은 더 강해진다. 자궁 내의 움직임이 활발해지면서 모체는 태동을 느낄 수 있다.

(6) 임신 6개월

태아의 신장은 28~34㎝, 몸무게는 약 600~700g 정도 된다. 태아는 청각이 발달하여 어머니의 심장 소리를 들을 수 있다. 양수를 삼키기도 하고, 딸꾹질과 하품을 하며, 손가락을 빨기도 한다. 몸의 균형이 잡히고, 혈관이 투명하게 보이며, 눈썹과 속눈썹을 알아볼 수 있고, 눈을 감고 뜨기도 한다. 피지샘의 분비가 시작되며, 피부에 지선(oil glands)이 형성되어 태지(胎脂)가 붙기 시작한다.

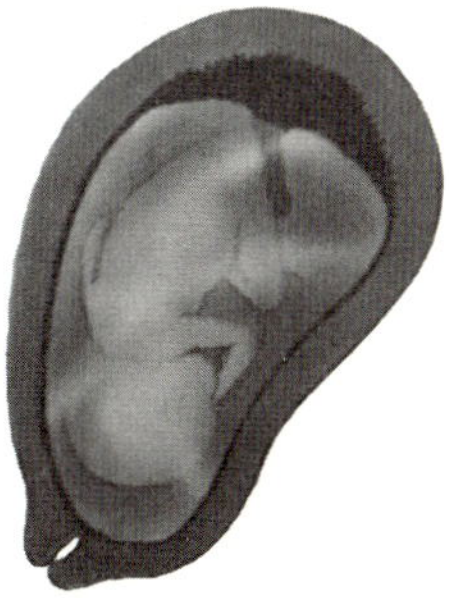

그림 4-7 임신 6개월

(7) 임신 7개월

태아의 신장은 35~38㎝, 몸무게는 900g 정도가 된다. 대뇌가 빠르게 발달하여 몸을 조절할 수 있으며 균형감각을 지니게 된다. 피부는 주름살이 많아져 쭈글쭈글하며, 붉은색을 띠고 태지로 덮이며, 피하지방이 생기면서 일부를 제외하고 피부에서 혈관이 거의 보이지 않게 된다. 모발은 검고, 미각이 형성되고, 호흡과 삼키기를 통제할 수 있을 정도로 신경계가 성숙한다. 감각운동과 운동기능을 위한 조직이 형성되고, 촉자극이 발달하면서 통증을 느낄 수 있고, 반사유형도 완전하게 발달한다. 폐가 성숙해지는 시기이므로 태아가 이 시기에 태어나면 약 80% 정도는 생존할 수 있다.

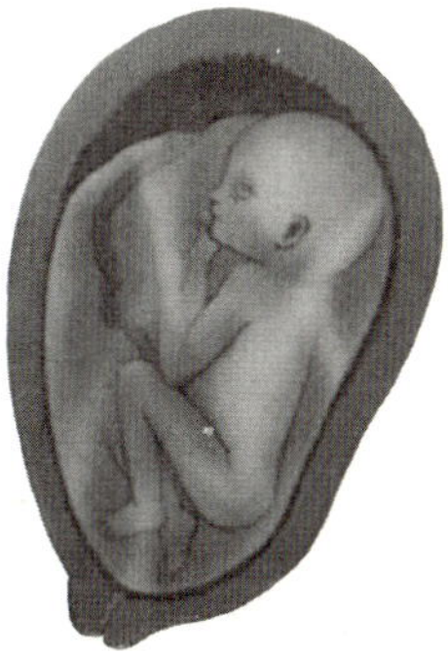

그림 4-8 임신 7개월

(8) 임신 8개월

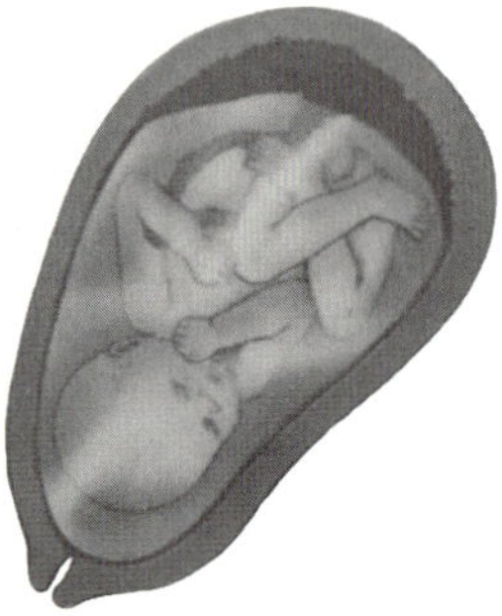

그림 4-9 임신 8개월

태아의 신장이 40~42㎝ 정도 되며, 몸무게는 1,500~1,800g이 된다. 청각이 거의 발달하여 바깥 소리를 들을 수 있을 뿐만 아니라 반응하기도 한다. 하루에 20g 정도씩 살이 찌고, 움직임도 매우 활발해져서 자궁벽을 힘차게 차기도 한다. 폐가 성숙해지면서 태아는 숨쉬는 운동을 연습하기 시작하고, 머리는 점점 아래로 향한다. 피부는 붉고, 주름이 많으며, 외부 자극에 대해 고통을 느낀다. 태아의 움직임이 활발하고, 딸꾹질을 하며, 울기도 한다. 손톱은 손가락 끝까지 자라 있다.

(9) 임신 9개월

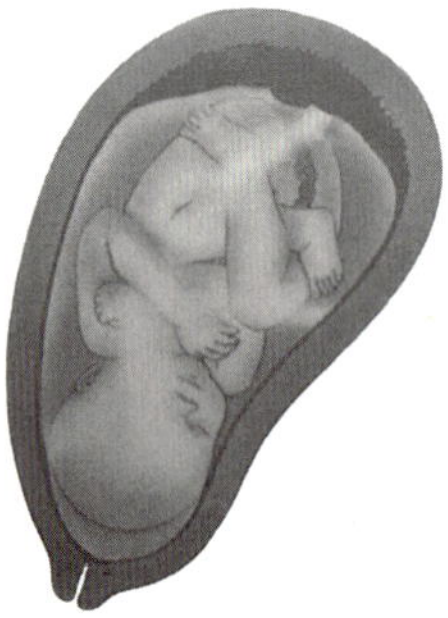

그림 4-10 임신 9개월

태아의 신장이 46㎝가 되고, 몸무게는 2,000~2,500g 정도가 되지만 태아의 체중 증가 속도는 이전보다 느려진다. 분만 전까지 하루에 28g씩 몸무게가 증가하고, 머리카락 길이도 2.5~5㎝ 정도 자란다. 근육에 자극이 오면 놀라기도 하고, 피하지방의 발육도 양호해져서 살이 찌고 덜 붉게 되며, 주름이 적어지고 몸이 둥글고 피부는 피부보호를 위한 태지가 사라지기 시작한다. 복부의 솜털도 없어지고, 손톱 · 발톱이 완전히 다 자라며, 질병에 대한 항체가 형성된다. 태아가 활발하고 힘차게 움직이면서 분만을 위해 머리가 모체의 자궁경부 방향으로 회전하여 자리를 잡는다. 내장도 다 만들어지고 폐의 기능도 갖추어진다.

(10) 임신 10개월

태아의 신장이 50㎝ 정도 되고, 몸무게는 3,000~3,500g 정도 된다. 피부는 담홍색이 되고, 피하지방의 발육이 양호하여 탄력성을 띠며, 주름은 없다. 사지는 근육이 긴장되어 있으므로 굽어 있는 상태이다. 태지는 몸의 일부에만 남아 있으며, 솜털도 어깨나 팔 등에만 약간 남게 된다. 태아의 움직임은 출산일이 가까워지면서 차츰 줄어들고, 병에 대한 저항력이 증가한다. 이 시기의 태아는 완전히 발육하여 신생아의 특징적인 모습을 갖춘다.

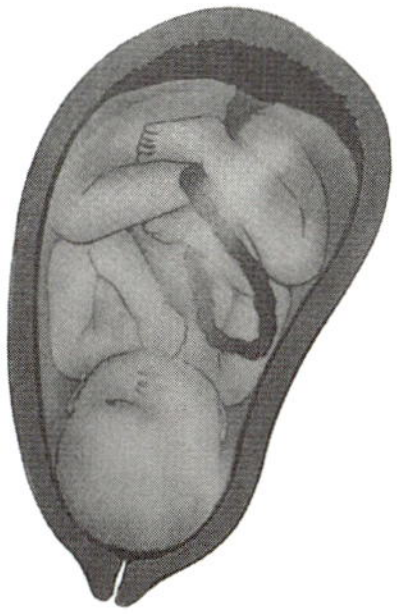

그림 4-11 임신 10개월

4) 임신 중 태아 진단

처음 임신을 확인하기 위해 병원을 방문하면 소변검사와 혈액형검사를 실시하고 필요에 따라 초음파검사를 받기도 한다. 뿐만 아니라 임신 중에 태아의 정상성 여부나 모체의 건강 및 안전한 분만을 위하여 필요에 따라 양수검사나 융모막 채취법 등의 여러 가지 검사를 받기도 한다.

(1) 양수검사

양수검사(Amniocentesis)는 문제가 있는 임신부를 대상으로 임신 제14~18주에 실시하며, 결과는 약 3주 정도 지나면 알 수 있다. 양수검사는 초음파로 태반의 위치를 확인한 후 복부에 바늘, 즉 양수천자(羊水穿刺)를 삽입하여 양수를 채취함으로써 태아의 염색체 결함이나 선천성 이

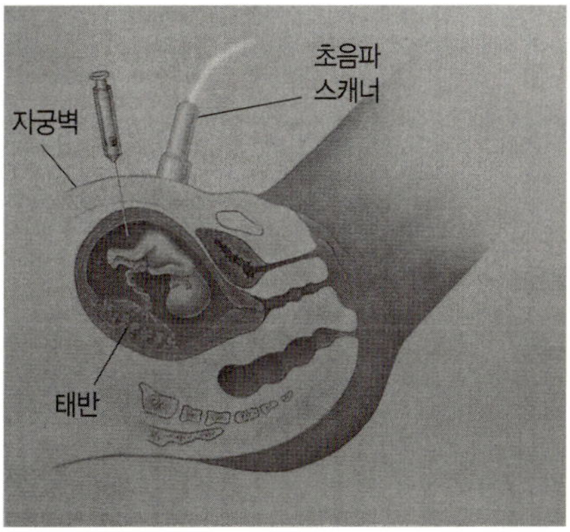

그림 4-12 양수검사

〈출처〉Berk, L. E. (2008). *Infants and children*, p. 65.

상, 태아의 성숙도 등 태아의 상태에 대한 보다 정확한 진단과 평가 정보를 얻기 위해 실시한다. 양수검사는 99% 이상 정확하게 다운증후군을 진단할 수 있다. 간혹 이른 시기에 양수검사를 실시하는 경우도 있으나 약간의 합병증을 유발할 수도 있다는 보고들이 있다.

(2) 융모막 채취법

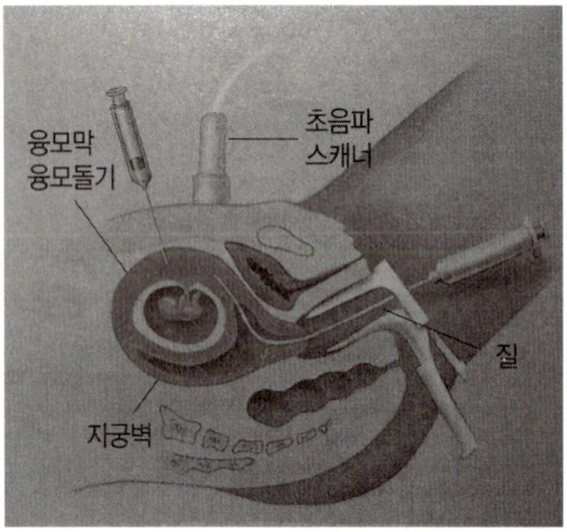

그림 4-13 융모막 채취법

〈출처〉 Berk, L. E. (2008). *Infants and children*, p. 65.

융모막 채취법(chorionic-villus sampling: CVS)은 '융모막 생검'이라고도 하는데 양수검사보다 더 빠른 시기인 임신 제9~11주 사이에 실시할 수 있으며, 그 결과를 24시간 이내에 알 수 있다. 이 검사는 10~20분 정도의 검사시간이 소요되며, 초음파검사를 이용하여 가는 튜브를 질을 통해 자궁 속으로 삽입하거나 복부를 통해 주사바늘을 삽입하여 소량의 융모돌기를 채취함으로써 염색체를 분석, 검사한다. 이 검사로 시클 셀 빈혈증(sickle cell anaemia), 대사장애, 혈우병 등을 발견할 수 있으며, 다운증후군은 100% 정확하게 진단한다. 검사로 인해 기형아 출산의 가능성도 보고되고 있고, 비록 1% 정도에 불과하지만 감염이나 출혈을 야기할 수도 있다(Stoppard, 2002, p. 79).

(3) 초음파검사

초음파검사(ultrasound)는 1960년대 개발된 이래로 태내기 진단을 위해 가장 많이 사용하고 있다. 초음파검사를 통해 정확한 임신 시기, 태아의 크기, 형태, 위치 및 생존 여부, 태아의 개월 수 및 성장률, 쌍태아 유무, 태반의 위치 및 이상 유무 등 태아의 상태를 단순히 확인하거나 이분척추와 같은 구조적 결함 등을 발견할 수 있

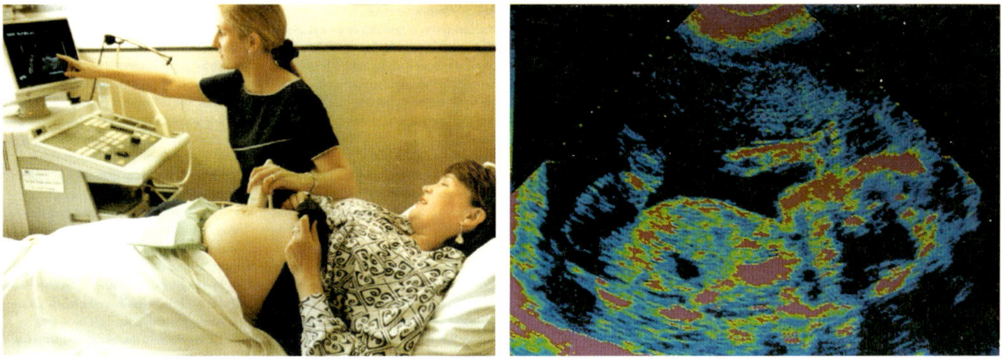

그림 4-14 초음파검사를 실시하는 장면과 초음파검사의 모니터 장면

〈출처〉 Stanway, P. (2000). *New guide to pregnancy and child care*, p. 28.
Yelland, A. & Adamson, N. (1996). *The complete book of parenting*, p. 23.

다. 첫 번째 초음파검사는 임신 11~13주 사이에 실시하며, 이후 임신 중 필요할 때마다 실시하고, 검사시간은 5~10분 정도 소요된다. 특히 임신 20~24주에 실시하면 기형을 진단하는 것이 더 용이하다. 최근의 정밀 색도플러 초음파검사는 선천성 심장질환, 콩팥이상, 이분척추, 언청이, 골격형성부전 등의 크고 작은 기형을 발견할 수 있다. 초음파검사는 융모막 채취법과 양수검사를 실시할 때에도 부수적으로 필요하다. 초음파검사는 임신부가 직접 태아의 상태를 눈으로 확인할 수 있기 때문에 부모의 두려움을 감소시킬 수 있고, 심지어는 부모와 태아의 유대관계를 강화시킬 수도 있다(Field, 1997)는 주장도 있다.

이외에도 다양한 임신 중 진단검사들이 있다. 즉, 태아의 외형을 관찰하여 기형여부를 확인할 수 있는 내시경을 이용한 태아기형 검사, 신경관 결손이나 뇌발달의 비정상성을 알아보기 위한 모체 혈청 알파 피토프로테인검사(maternal serum alpha-fetoprotein test: MSAFP Test), 임신부의 혈액을 채취하여 혈청 내에 존재하는 알파 피토프로테인, uE3(unconjugated oestriol)과 hCG(human chorionic gonadotropin)를 측정하여 무뇌아, 이분척추와 같은 신경계 결손과 다운증후군 등을 조기에 발견할 수 있는 모체 혈청 트리플검사(maternal serum triple test), 태아의 활동수준을 살펴보기 위한 태아 움직임수 검사(fetal kick counts), 임신 28주 이후에 태아의 심장박동률을 살펴보는 비스트레스검사(non-stress test), 태아의 염색체 결함이나 감염 여부, 혹은 태아의 혈액상태 등을 알아보는 탯줄 혈액채취검사(percutaneous umbilical cord blood sampling), 태아의 혈당수준을 알아보는 글루코오스검사(glucose-loading test) 등이 있다.

2. 태교

태교란 태아가 신체적 · 심리적으로 건강하게 성장하고, 발달할 수 있도록 임신부와 주위 사람들이 태아에게 사랑과 관심을 쏟음으로써 뱃속에서부터 좋은 환경을 만들어 주려는 것이다. 전통적으로 우리나라에서는 여자가 임신을 하면 모든 면에서 조심스럽게 행동하고 몸을 정결하게 할 것을 강조함으로써 임신부의 정서, 섭생, 과로, 질병 등에 주의를 기울였다. 특히 우리나라의 경우에는 전통적으로 임신부만이 아니라 장래 아버지가 될 사람의 역할도 중요시하여 부성태교를 강조하였다.

전통적인 태교서적으로 사주당 이씨가 쓴 《태교신기》에는 부모된 자의 인격적 수양에 대해 언급하면서 아기를 임신하는 그 순간부터 중요하다는 것을 강조하여 '명의는 병들기 전에 치료하는데 아기를 낳아서 기르는 것도 역시 아기를 낳기 전에 가르쳐야 한다. 그러므로 스승이 10년을 잘 가르쳐도 어머니가 열 달을 뱃속에서 잘 가르침만 못하고, 어머니가 열 달을 뱃속에서 가르침이 아버지가 하룻밤 부부 교합할 때에 올바른 마음으로 하는 것만 못하다(善醫者 治於未病 善教者 敎於未生 故 師敎十年 未若母十月之育 母育十月 未若一日之生).' 고 기술하였다. 또한 사주당 이씨는 아내뿐만 아니라 남편에게도 태교에 대한 책임이 있다고 언급함으로써 남편이 깨끗하지 못한 마음을 가지고 아내에게 접근하면 태교의 효과가 감소된다고 지적하였고, 태교에 대한 여성의 실행에 대해 다음과 같이 언급하였다. '임신부는 열 달 동안 자기의 몸이라도 자기의 몸이라고 생각지 말고, 예가 아닌 것은 보지 말며, 예가 아닌 것은 듣지 말며, 예가 아닌 것은 말하지 말며, 예가 아닌 것은 행동하지 말며, 예가 아닌 것은 생각지 말며, 마음먹은 것과 지식과 온몸까지 다 바르고 순하게 하여 뱃속의 아기를 기름이 어미의 도리이다(十月 不敢有其身 非禮勿視 非禮勿聽 非禮勿言 非禮勿動 非禮勿思 使心知百體 皆由順正 以育其子者 母之道也).' 뿐만 아니라 태교란 임신부 자신뿐만 아니라 온 집안사람들이 항상 조심하고 삼가야 하는 것이라고 지적하면서 다음과 같이 언급하였다. '임신부가 성낼까 두려워하여 화나는 일을 들려주지 말며, 임신부가 무서워할까 두려워 흉한 일을 들려주지 않으며, 임신부가 걱정할까 두려워 어려운 일을 들려주지 않으며, 임신부가 놀랠까 두려워 급한 일을 들려주지 않는다(養胎者 非惟自身而已也 一家之人 恒洞洞焉 不敢以忿事聞 恐其怒也 不敢以凶事聞 恐其懼也 不敢以難事聞 恐其憂也 不敢以急事聞 恐其驚也).'

이러한 전통적 태교는 현대에 와서 의학과 과학기술의 발달 등에 따라 과학적인 검증이 활발하게 진행되고 있다. 그에 따라 태내환경이 중요하여 태교를 실천하는 임신부의 생활태도가 중요하다는 Pittsburgh대학교와 Carnegie Mellon대학교의 연구결과(동아일보, 1997. 8. 15), 태내환경이 지능에 영향을 미치는 정도는 출생 후 부모가 행한 것들을 모두 합친 것보다 세 배나 더 많다는 Ridley(2000, p. 105)의 지적, 태아는 외부에서 시끄러운 소리가 오래 지속될수록 호흡이 급격하게 변하고(Devoe, 1989; Gagnon et al., 1986; Sherer, 1991) 양수를 삼킴으로써 자궁 내의 양수의 양을 줄이며(Menashe & Sherer, 1990; Petrikovsky, 1993), 태아에게 적절한 소리자극을 주면 태아 뇌의 포도당과 산소의 양이 높아지고(Chao, 1993), 태아는 임신 20주부터 출생까지 모체의 뱃속에서 들었던 음악을 생후 1년이 지난 뒤에도 기억하여 즐기며(중앙일보, 2001. 7. 12), 임신부가 만성 스트레스를 경험하면 저체중아, 임신중독증, 유산, 조산 등의 위험을 유발시킨다(Landsbergis, 1966; McCubbin, 1996)는 연구결과들이 발표되고 있다. 최근에는 태교와 관련하여 음식태교, 태담태교, 음악태교 등 다양한 태교방법들이 제시되고 있다.

3. 태내 발달단계

태내기는 임신으로 시작하여 출산으로 끝나는 기간으로 평균 266일, 즉 38주이며 대부분의 태아들은 이 기간을 전후하여 34~40주 사이에 태어난다. 태내기는 태아의 각 기관과 구조가 형성되는 결정적 시기로서 태아는 환경적 자극에 민감하게 반응하면서 발달한다. 태내기는 수정 후 2주까지인 '발생기, 발아기, 배란기, 배종기', 3주부터 8주까지인 '배아기', 9주부터 태어날 때까지인 '태아기'의 세 단계로 나뉜다.

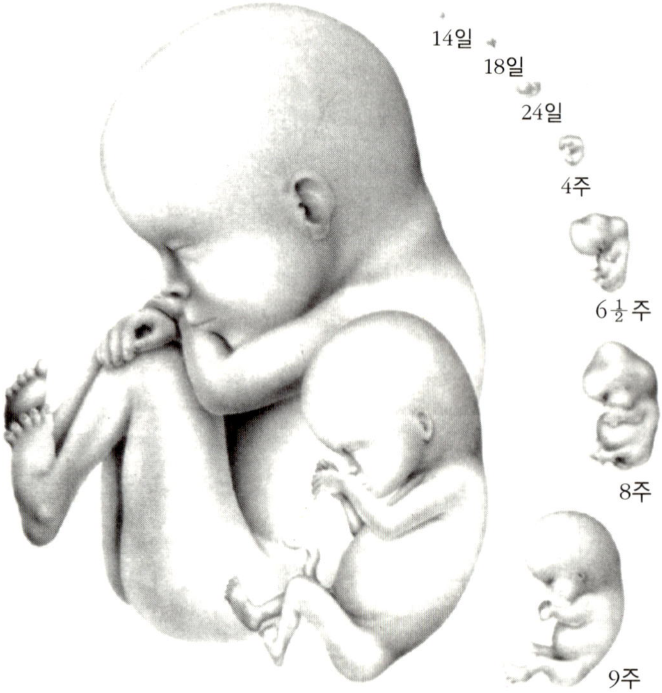

그림 4-15 태아의 발달

〈출처〉 조복희(1997). 유아발달, p. 87.

1) 발생기

발생기(germinal stage)는 난소에서 나온 난자와 질로부터 들어온 정자가 나팔관에서 수정한 후 수정란이 세포분열을 거듭하면서 자궁벽에 착상하는 약 2주 내지 15일간의 기간이다. 발생기의 수정란 중 58% 정도는 착상하지 못해 자연유산되는데 모체는 이러한 변화를 전혀 느끼지 못한다. 발생기 동안 접합자가 자궁까지 도달하지 못하고 나팔관이나 장기의 어떤 부위에 착상하는 것을 '자궁 외 임신'이라고 한다.

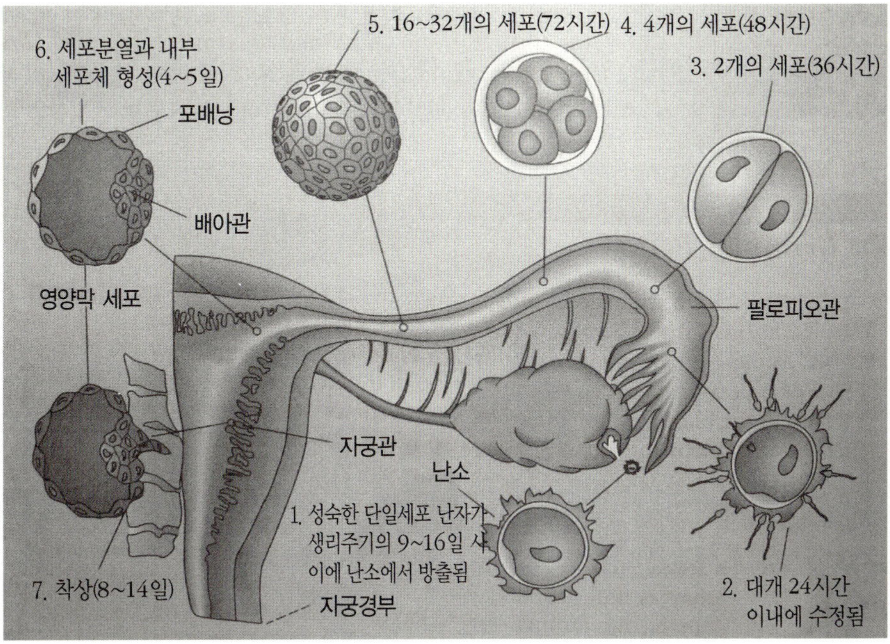

그림 4-16 수정과 착상

〈출처〉 Shaffer, D. R. (1999). *Developmental psychology*, p. 112.

2) 배아기

배아기(embryonic stage)는 접합자가 자궁벽에 착상한 후 약 3주에서 8주 사이의 기간으로서 인간의 성장과정 중 가장 빠른 성장속도를 나타내는 시기이다. 이 시기에 분화되는 유기체를 배아(embryo)라고 한다. 배아는 외배엽, 중배엽, 내배엽으로 분화되어 신체의 모든 주요 기관과 조직으로 발달하면서 배아기 말엽에 사람의 형체를 갖춘다. 배아는 머리 부위가 먼저 발달하는데 전체 배아 길이의 반을 차지한다.

배아기의 임신 3주경에는 심장이 생기고 심장박동을 시작하며, 임신 4주경에는 소화기관과 중추신경계가 형성된다. 임신 5주경에는 중뇌, 소뇌, 연수의 분화가 시작되며, 임신 6주경에는 내부 생식기, 눈, 귀, 사지가 형성된다. 배아기 말인 임신 8주경에는 소량의 혈액을 순환시키기 시작하며, 뇌, 간, 신장이 형성된다. 이때 소변검사 등을 통해 임신 사실을 확인할 수 있다. 배아기 동안에는 신체의 많은 기관들이 거의 형성되므로 모체는 태아가 나쁜 영향을 받지 않도록 태내환경에 특별히 주

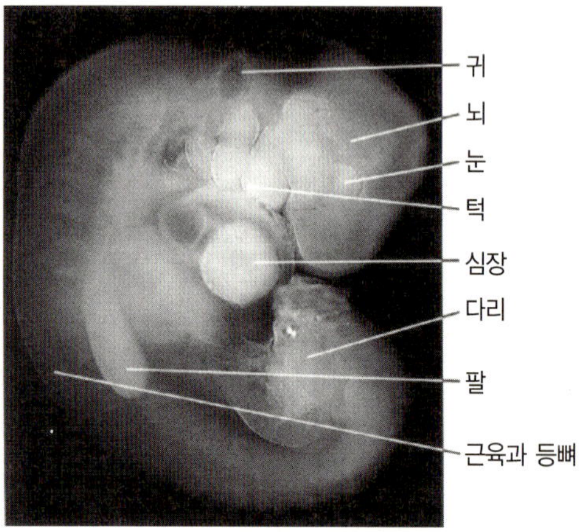

그림 4-17 태내 4주의 배아

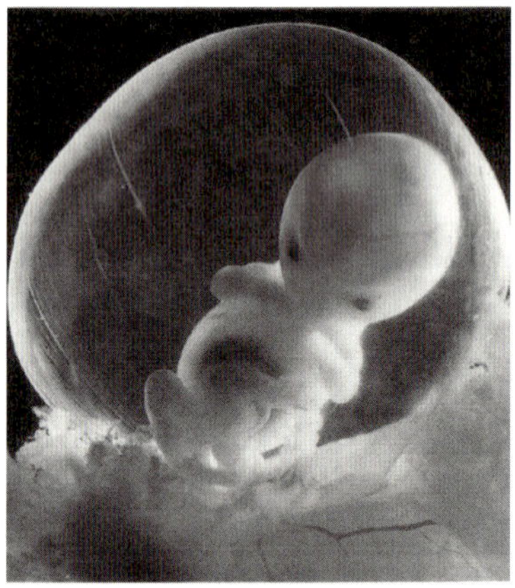

그림 4-18 태내 7주의 배아

〈출처〉 Berk, L. E. (2008). *Infants and children*, p. 102.

의를 기울여야 한다. 배아기가 끝날 무렵 태아는 얼굴 특징들이 분명하게 나타나므로 장님, 사지 결손, 언청이 등과 같은 유전적 결함을 지녔는지 알 수 있다. 이 기간 동안 심각한 유전적 이상이 있는 배아는 자연유산되며, 그렇지 않은 배아는 이 기간에 약 1$\frac{1}{2}$ 인치(3~4㎝), 체중은 약 14g 정도 성장한다.

3) 태아기

태아기(fetal stage)는 임신 3개월부터 출생 때까지의 기간으로 이때부터 성장하는 유기체를 태아(fetus)라고 한다. 태아는 외형적으로 완전한 인간의 모습을 갖춰 태아기 동안 각 기관 체계와 사지, 근육들을 움직이게 됨으로써 인간으로서 필요한

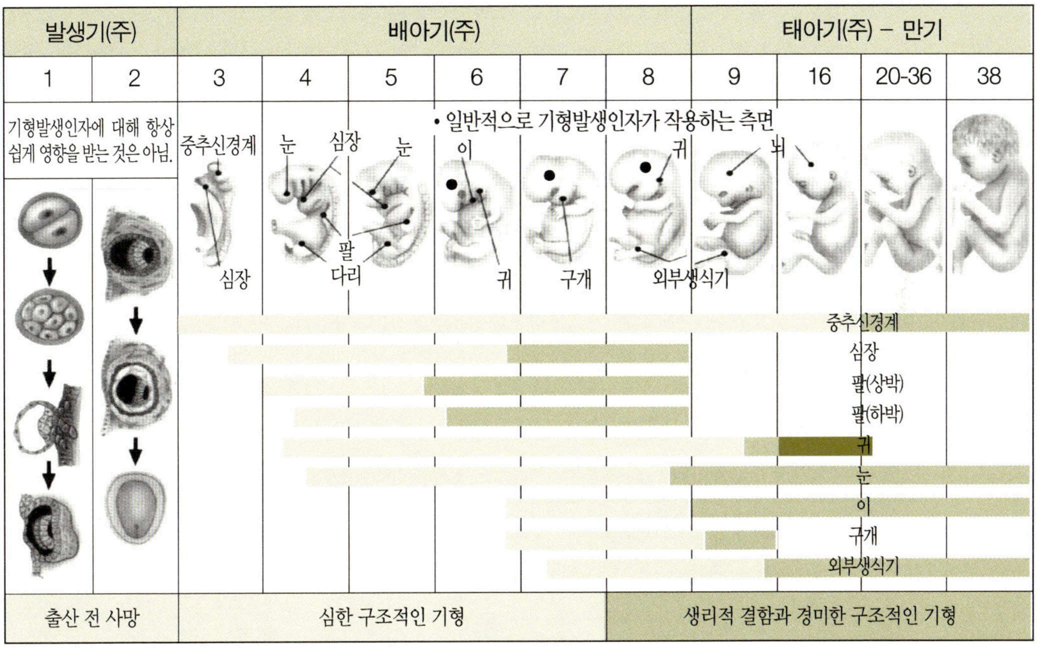

그림 4-19 태내 발달의 결정적 시기

〈출처〉 Berk, L. E. (2008). *Infants and children*, p. 105.

모든 체계와 기능을 획득한다. 태아기가 진행되는 과정에서 약 210일을 '생존가능 연령'이라고 하며 이때는 모체에서 분리되어도 미숙아 보육기(incubator)에서 생존할 수 있다. 임신 22주 이전의 태아가 유산이나 사산되는 비율은 약 5% 정도이며, 모든 수정란의 31% 정도만이 신생아로 태어난다.

4. 태내 발달이상

태아의 발달은 여러 가지 화학적 · 생리적 상호작용에 의해 이루어지므로 태아에게 이상이 생기면 대개 자연유산되지만 때로 결함을 가진 채 출산되기도 한다. 선천성 기형이나 장애를 가진 아기의 임신과 출산은 해마다 증가하고 있으며 환경오염이 심할 경우에는 세 배까지 늘어나며, 모체의 연령이 많을수록 염색체 이상이 나타날 확률이 증가한다.

선천성 이상(異常)은 유전이나 염색체 이상 또는 태아 때 받은 손상, 부모의 부주의 혹은 운명이라고 밖에 할 수 없는 미지의 원인들로 인해 신체외형과 장기기형 및 체내 대사장애와 자폐증, 뇌성마비와 같은 정신장애를 나타낸다. Sheperd(1986)

표 4-3 모체의 연령별 출산 시 염색체 이상이 나타날 확률

모체의 연령	출산 시 염색체 이상일 확률
29세 이하	450명당 1명
30~34세	350명당 1명
35~39세	125명당 1명
40~44세	40명당 1명
45~49세	12명당 1명

〈출처〉 Shaffer, D. R. (1999). *Developmental psychology*, p. 85.

는 약 3~5% 정도의 신생아가 기형으로 태어난다고 지적하였으며, 국내에서는 2002년도 현재 출생아 1만 명당 57.76명꼴로 선천성 이상아가 발생한 것으로 집계되었다(한국재경신문, 2009. 2. 18). 선천성 이상아 중 발생률이 가장 높은 것은 손가락이나 발가락이 정상보다 많은 다지증으로 417건(출생아 1만 명당 8.43명), 입술갈림증(361건), 입천장갈림증(316건), 팔롯사징후(233건), 다운증후군(224건) 등의 순이며 저체중아 출산도 계속 증가하고 있다. 일본의 경우에도 정신지체나 가벼운 언청이 등을 제외한 중(重)기형아 발생률만 3~7%(연평균 5%)에 이른다.

국민건강보험공단 건강보험정책연구원이 최근 4년 동안(2005~2008년) 6세 미만 소아의 선천성 기형 환자를 분석한 결과, 실환자 수는 2005년 59,782명에서 2008년 65,176명으로 연평균 3.0%씩 증가하였다. 특히 6세 미만의 신경계통의 선천성 기형은 2005년 893명에서 2008년 1,376명으로 연평균 15.5% 급증했고, 생식기관의 선청성 기형은 2005년 4,321명에서 2008년 5,618명으로 연평균 9.3% 증가하였다(매일경제, 2009. 7. 20).

Beckman과 Brent는 태아가 손상받을 수 있는 원인으로 염색체와 단일 유전인자의 결함 등에 따른 유전적 원인이 20~25%, 매독, 풍진 등과 같은 태아 감염이 3~5%, 당뇨병, 알코올 남용 등과 같은 모체 질병이 4% 이하, 약물 남용이 1% 미만, 다요인적이거나 알 수 없는 원인이 65~75%라고 설명하였다. 또한 태아의 기

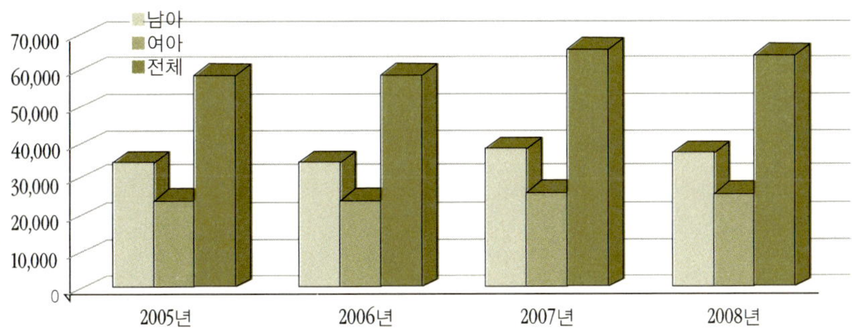

그림 4-20 6세 미만 선천성 기형 실환자 수

〈출처〉 매일경제(2009. 7. 20). 선천성 기형 환자, 연평균 3%씩 급증.

형은 비정상적인 임신인 경우에 더 증가하는데 아마도 자연유산된 태아의 50% 정도는 염색체 이상으로 추정되며, 1세 이전의 영아 사망의 약 20%도 출산 시에 결함이 있기 때문이다(Cunningham, MacDonald, & Gant, 1989, p. 561).

표 4-4 선천성 이상의 유형과 발생률

분류	선천성 이상 유형	발생률
대표적 이상	선천성 심장질환	1/110
	유문 협착증/장폐색증	1/250
	선천성 고관절 탈구	1/400
	겸상 적혈구성 빈혈	1/400
	뇌성마비	1/500
	언청이/구개열	1/730
	내반첨족	1/735
	다운증후군	1/900
	태아알코올증후군	1/1,000
	난청	1/1,000
기타 이상	이분척추	1/2,000
	낭포성 섬유증	1/2,000
	프래질(Fragile) X증후군(대부분 남아)	1/2,000
	선천성 HIV 감염	1/2,400
	사지 결손/사지 발육부전	1/2,500
	뒤센형 근이영양증(남아)	1/3,500
	무뇌증(無腦症)	1/8,000
	선천성 풍진 증후군	1/100,000

〈출처〉 뉴스위크지 특별호(1999), p. 41.

1) 성염색체 이상

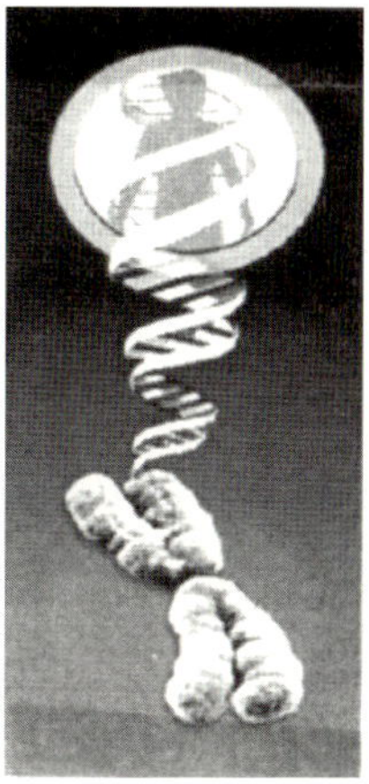

인간은 수정되는 순간 23쌍의 염색체를 갖는다. 이중 한 쌍이 남성과 여성의 성을 결정하는 성염색체로 한 쌍의 성염색체 중 하나가 없거나 더 많으면 결함을 지니게 되어 정상적인 생활을 하는데 어려움을 겪는다. 대부분의 단일 성염색체(monosome)에 의한 기형은 임신 초기에 유산되며, 자연유산의 약 20%도 단일 성염색체 이상에 기인한다.

(1) 터너증후군

터너증후군(Turner syndrome)은 X 염색체가 하나 없는 XO로 전체 염색체 수가 45개이며 여성 2,500~8,000명당 1명꼴로 나타난다. 터너증후군 여성은 키가 작고 살이 쪘으며, 목이 없이 얼굴과 어깨가 거의 붙어 있고, 삼각형 모양의 얼굴을 하고 있으며, 가슴이 넓고, 손가락이 짧은 신체적 특징을 지닌다. 심장과 신장이 기형이며, 정상적인 지능을 가지고 있으나 소녀티가 나고, 여성호르몬의 부족으로 2차 성징도 잘 나타나지 않는다. 드문 경우지만 사춘기까지 정상적으로 난소조직이 유지되어 임신을 하기도 한다. 터너증후군 여성은 특히 공간능력이 떨어지며 다정하고 잘 흥분하지 않는 안정적인 성격을 지닌다.

(2) 클라인펠터증후군

클라인펠터증후군(Klinefelter syndrome)은 정상적인 남성 XY에 부가적으로 X 염색체가 하나 더 붙어 성염색체가 47개의 XXY를 이루는 경우이며 남아 900명당 1명꼴로 발생한다. 이 증후군은 어머니의 출산 연령이 높을수록 많이 나타나며, 약간의 정신지체(75%는 정상지능)와 언어지체를 나타낸다. 남자이기는 하나 고환이 작고 미성숙하여 정자를 생산하지 못하기 때문에 생식능력이 없으며, 남성적 특성이 약하다. 성격은 수동적이고 내성적이며, 여성에 대해 관심이 없고, 정서적으로 불안한 특성을 보인다.

(3) 초웅증후군

초웅증후군은 Y 염색체가 하나 더 많아 성염색체가 47개의 XYY를 이루는 경우로 XYY증후군이라고도 하며, 남아 1,000명당 1명꼴로 발생한다. 정상 남성보다 키가 크고, 남성적 특성이 두드러지며, 정신지체가 있고, 공격적 행동을 나타내는 경향이 있어 범죄율이 높고, 성인기에 정신분열증의 발병률도 높지만, 성기능은 정상이다.

(4) XXX증후군

XXX증후군(Triple X syndrome)은 여성 500~1,250명당 1명꼴로 발생하며, 2세 때부터 결함이 나타나기 시작한다. 상대적으로 키가 큰 것을 제외하고는 같은 연령층의 정상아와 비교하여 신체적 외모나 성적인 발달 면에서 별다른 차이가 없지만 언어적 지체가 있다.

2) 상염색체 이상

상염색체(autosome)란 성염색체(X와 Y)를 제외한 나머지 22쌍의 염색체를 의미한다.

(1) 다운증후군

다운증후군(Down syndrome)은 가장 보편적으로 나타나는 상염색체 이상으로 47개의 염색체 수를 지닌다. 가장 보편적인 것은 21번 염색체가 세 개의 염색체를 형성하는 것(trisomy)인데 이로 인해 다운증후군을 '트리조미 21(trisomy-21)' 이라고도 한다. 다운증후군의 얼굴은 둥근 머리, 굵고 짧은 목, 작은 턱과 귀, 낮은 코, 뭉뚝하고 짧은 손과 발, 치켜 올라간 눈꼬리, 납작한 뒷머리 모양을 하고 있으며, 혀를

삐죽 내밀곤 한다. 다운증후군은 정신지체(IQ 40~70)를 나타내며, 청각장애, 심장장애와 골격이상을 지닌다. 정서적으로는 다정하고 유쾌한 성격으로 일상생활에 적응하기가 쉬워 부모와 주변의 따뜻한 관심과 배려만 있으면 스스로 기본 생활을 영위할 수 있을 만큼의 훈련도 가능하다(Berk, 2008, p. 61).

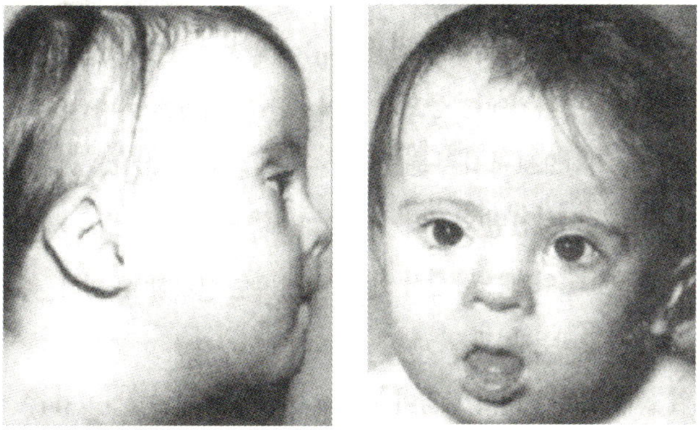

그림 4-21 다운증후군의 아기
〈출처〉 Cunningham, F. G., MacDonald, P. C., & Gant, N. F. (1989). *Williams obstetrics*, p. 571.

다운증후군의 발생은 어머니의 출산 연령과 관계가 깊어 어머니의 연령이 많을수록 다운증후군의 아기를 출산할 가능성이 급격히 증가한다(Steinberg & Meyer, 1995).

표 4-5 어머니의 연령별 다운중후군 아기의 출산 확률

어머니의 연령	첫 임신 시	다운증후군 아기의 출산 이후
29세 이하	1,000명당 1명	100명당 1명
30~34세	700명당 1명	100명당 1명
35~39세	220명당 1명	100명당 1명
40~44세	65명당 1명	25명당 1명
45~49세	25명당 1명	15명당 1명

〈출처〉 Shaffer, D. R. (1999). *Developmental psychology*, p. 85.

(2) 에드워드증후군

에드워드증후군(Edward syndrome)은 18번 염색체가 세 개로서 3,000~7,000명당 1명꼴로 남성 대 여성이 4 : 1의 비율로 나타난다. 소두증(小頭症), 짧은 흉골, 굽은 손가락, 심장질환, 두개골 안면기형, 발의 기형과 심각한 정신지체를 나타낸다. 출산 후 1개월 이내의 사망률이 30%이고, 12개월까지 생존하는 아기가 10% 미만으로 출산 전후의 사망률이 매우 높으며, 발달지체와 수유장애를 나타낸다.

(3) 파타우증후군

파타우증후군(Patau syndrome)은 13번 염색체가 세 개로 6,000명당 1명꼴로 나타난다. 이마가 좁고, 무뇌증, 시각장애와 심각한 정신지체를 나타내며, 출생 후 1개월 이내에 46%의 사망률을 보이고, 12개월 이후까지 생존할 확률이 5% 이하로 사망률이 매우 높다.

(4) 묘성증후군

묘성증후군(cri du chat syndrome)은 5번 염색체의 결손으로 발생하며 15,000~50,000명당 1명꼴로 나타난다. 고양이 울음소리 같은 소리를 내며, 저체중, 소두증, 얼굴이 둥글고 납작하며, 두 눈 사이가 멀고, 신경근육의 손상과 키가 작다. 대부분 태아 때 사망하며, 생존하더라도 심한 기형과 정신지체를 나타낸다.

(5) 타이삭스병

타이삭스병(Tay-Sachs disease)은 흑내장성 가족성치매(amaurotic family idiocy)라고도 하는데 유태계 백인에게서 주로 나타난다. 출생 직후에는 정상적으로 보이나 생후 6개월경에 증세가 나타나기 시작하여 시력과 청력이 저하되고, 무기력해지며, 전신 쇠약 등이 나타나 대개 3~4세경에 사망한다.

(6) 페닐케톤뇨증

페닐케톤뇨증(Phenylketonuria: PKU)은 선천적인 대사장애를 일으키는 유전병으로 유아 8,000명당 1명꼴로 나타난다. 이는 아미노산의 일종인 페닐알라닌(phenylalanine)을 티로신(tyrosine)으로 적절하게 분해하는 효소를 만들지 못한다. PKU는 초기 진단이 중요하며 식이요법이 가장 좋은 치료방법이다. 즉, 생의 초기에 페닐알라닌의 소비를 제한하도록 적절한 처치를 해주면 정상적인 지능수준을 나타내지만, 적절한 처치가 이루어지지 않으면 발달지체와 심한 정신지체(IQ 50 이하) 및 행동장애를 나타내고, 잘 흥분하며 발작을 일으키기도 하며, 대부분 40세 이전에 사망한다.

5. 태내 발달에 대한 환경 요인

2007년 현재 우리나라 신생아 100명 중 3명이 장기나 기관의 구조적 이상을 가진 선천성 기형아로 태어나 그 발생률이 2.98%에 이른다(조선일보, 2008. 4. 7). 1995년의 선천성 기형아 발생률은 1.53%였으나 이후 점차 증가해 2007년까지 누적 발생률은 2.42%에 달하고 있다. 기형의 유형은 구조 이상 84.9%, 염색체 이상 10.9%, 유전 질환 4.2% 등이다. 이와 같은 결과로 볼 때 유전적 원인에 의한 기형아는 15.1%에 불과하고 나머지는 환경오염, 질병, 약물남용 등의 외부 환경적 요인에 의해 발생한다고 할 수 있다.

1) 연령

여성의 가임 기간은 35~40년 정도로 첫 월경 시작의 1~1½년 이후부터 폐경기까지이다. 일반적으로 최적의 임신 연령은 23~28세라고 지적되고 있으나 근래에는 초산 연령이 많아지면서 30~34세 사이의 모체에게서 태어난 아기도 마찬가지로 최적의 발달을 보이는 것으로 보고되고 있다(Ventura, 1989).

모체가 35세가 넘어 출산하는 경우는 의학적으로 노산이라고 하는데 나이가 많은 여성은 자궁 기능이 쇠퇴하고 태아를 위한 최적의 환경을 제공해 줄 수 없기 때문에 불임이나 유전적 결함, 유산 등의 여러 가지 장애를 가져올 수 있다. 특히 모체의 연령은 다운증후군 등의 선천성 기형아를 출산할 가능성이 높아 기형아 출산율이 35세 이상 임신부는 신생아 1만 명당 106.60명으로 35세 미만 임신부의 53.55명에 비해 두 배, 25세 미만 임신부의 39.17명에 비해 세 배나 더 높다(조선일보, 2007. 5. 17). 또한 모체의 연령은 출산 후 아기의 당뇨병과도 관계가 있으며(연합뉴스, 2000. 8. 30), 임신할 수 있는 기회와도 관계가 깊다. Santrock(1994)은 결혼 1년 이내에 임신할 수 있는 기회가 여성의 연령이 증가함에 따라 줄어들어 20대 여성은

표 4-6 어머니의 연령별 태아사망률(2006년)

어머니의 연령	28주 미만		28주 이상		계	
	명	비율(%)	명	비율(%)	명	비율(%)
20세 미만	42	2.8	14	1.6	56	2.4
20~24세	114	7.6	76	8.6	190	8.0
25~29세	433	28.9	282	32.0	715	30.0
30~34세	627	41.9	342	38.8	969	40.7
35~39세	271	18.1	160	18.1	431	18.1
40세 이상	11	0.7	8	0.9	19	0.8
전체	1,498	100.0	882	100.0	2,380	100.0

〈출처〉 한영자 외(2008). 2005~2006 영아 · 모성사망조사, p. 95.

75%, 31~35세의 여성은 62%, 35세 이상의 여성은 54%만이 임신할 수 있다고 보고하였다.

모체의 연령이 많은 경우에는 태내기의 태아사망률과도 관련이 높다. 즉, 2006년 태아사망을 기준으로 조사한 결과, 30~34세가 40.7%로 가장 높았고, 35~39세가 18.1%인 것으로 나타났다(한영자 외, 2008, p. 95).

한편, 모체의 연령이 어린 경우에도 문제가 된다. 이 경우에는 생식기관이 아직 충분히 발달하지 않았기 때문에 미숙아를 낳을 확률이 크고, 진통시간이 더 길며, 모체와 아기 모두의 사망률도 높다. 특히, 10대 초반의 임신은 이들이 대부분 가난하기 때문에 병원에 자주 가지 않으며, 임신을 두려워하고, 스트레스를 더 많이 받고, 영양상태도 나빠서 건강상의 문제도 함께 나타난다.

모체의 연령과 함께 아버지의 연령이 많을 때도 다운증후군과 난쟁이병을 일으키는 아콘드로플라시아(Achondroplasia)의 아기를 낳을 가능성이 크고(Evans & Hall,

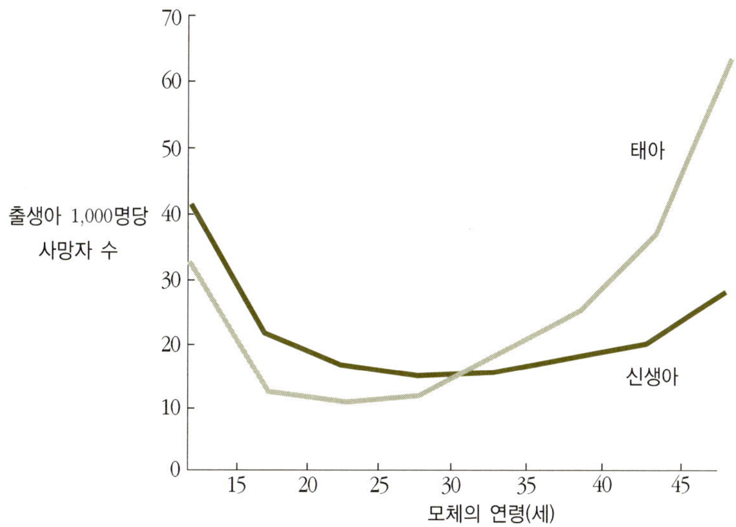

그림 4-22 모체의 연령과 태아 · 신생아 사망의 위험성과의 관계

〈출처〉 Shaffer, D. R. (1999). *Developmental psychology*, p. 129.

1975), 아버지의 연령이 증가할수록 염색체의 결함도 빈번하게 나타나 20~34세까지는 2~3%, 35~44세는 7%, 45세 이상에서는 14%에 이른다(Merewood, 1998; 정옥분, 2002, p. 201).

2) 영양

태아는 수정에서 출산까지 성장에 필요한 모든 영양분을 모체로부터 얻기 때문에 모체의 영양상태는 태아의 발달에 직접적인 영향을 미친다. 심지어 모체가 먹는 음식이 태아의 염기서열을 바꾸지 않으면서 유전자 기능을 바꿀 수 있다는 연구 결과도 보고된 바 있다(과학동아, 2003년 9월호). 미국 Duke대학교의 Randy Jirtle은 쥐의 털을 노란색으로 만드는 기능을 하는 아구티라는 유전자를 가진 임신 중인 모델쥐를 이용하여 실험집단에는 비타민 B_{12}, 엽산, 비테인, 콜린의 4종의 영양제를 섞여 먹였고, 통제집단은 보통의 음식을 먹여 실험하였다. 그 결과, 영양제를 먹인 쥐는 노란색 털을 가진 쥐가 아니라 갈색 털의 쥐를 낳았고, 보통의 음식을 먹인 쥐는 그대로 노란색 털을 가진 쥐를 낳았다. 노란색 털을 가진 쥐는 갈색 털을 가진 쥐보다 비만과 당뇨, 암에 걸릴 확률이 더 높았다. 결국, 어미 쥐가 먹은 음식이 아구티 유전자의 발현에 '어떤' 영향을 미친 것으로 나타났다. 즉, 영양제를 먹은 쥐는 아구티 유전자가 억제되어 갈색이 된 반면, 그렇지 않은 쥐는 이 유전자가 제대로 발현되어 노란색이 된 것이다. 이 결과는 한 번 정해진 유전정보가 고정적인 것이 아니라 환경에 따라 바뀔 수 있다는 것을 증명했다고 볼 수 있다. 이러한 결과는 태내환경의 부적절한 영양공급이 태아의 발달에 부정적인 영향을 미친다는 것을 증명한 것이다.

모체의 영양이 부족하면 유산과 사산의 가능성이 높고, 출생 시 저체중과 심각한 중추신경계의 장애를 일으키며, 신체적으로 기형이 될 확률도 증가한다(Korones, 1981; Pillitteri, 1981). 또한 임신 중의 부적절한 다이어트는 다른 기관들, 즉

췌장, 간, 혈관 등의 구조에 이상을 일으켜 성인기 때 심장질환과 당뇨병을 증가시킬 수 있고(Barker et al., 1993), 태아의 뇌 발달에도 부정적인 영향을 미친다. 즉, 임신 초기의 극심한 영양결핍으로 사산된 태아 뇌의 무게는 정상아의 $\frac{1}{3}$에 불과하며, 신체기관의 크기도 6~25% 수준이었다(송명자, 2008, p. 63). 특히 임신 후반기의 영양결핍은 임신 전기나 중기에 비해 더 심각한 영향을 미친다. 그러나 출생 후 충분한 영양공급이 이루어진다면 이런 문제는 회복될 수 있다는 연구결과도 보고되고 있다(Vasta, Haith, & Miller, 1992).

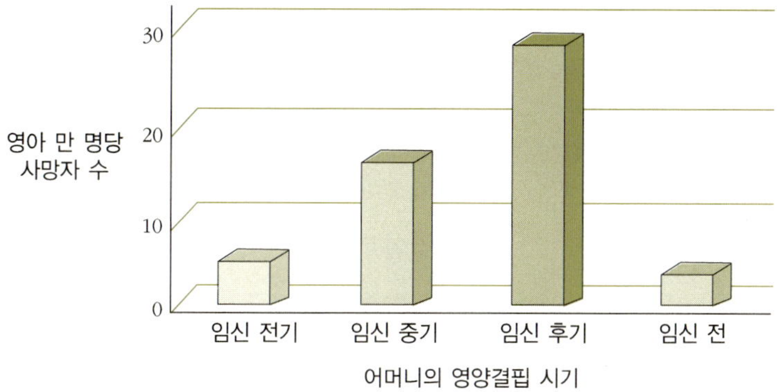

그림 4-23 제2차 세계대전 동안 기근을 경험했던 네덜란드 어머니들의 생후 12개월 이내의 영아사망률

〈출처〉 Shaffer, D. R. (1999). *Developmental psychology*, p. 127.

3) 약물

모체가 복용하는 모든 약물은 거의 예외 없이 태반을 통해 태아에게 그대로 전달되어 치명적인 영향을 미칠 수 있다. 특히 임신 중 태아가 장기를 형성하는 임신 4~10주에 복용한 약물은 기형아 발생률을 높인다. 1960년대 초 임신 초기의 입덧 증상을 완화시키기 위하여 임신 4주에서 6주 사이에 탈리도마이드(thalidomide)라

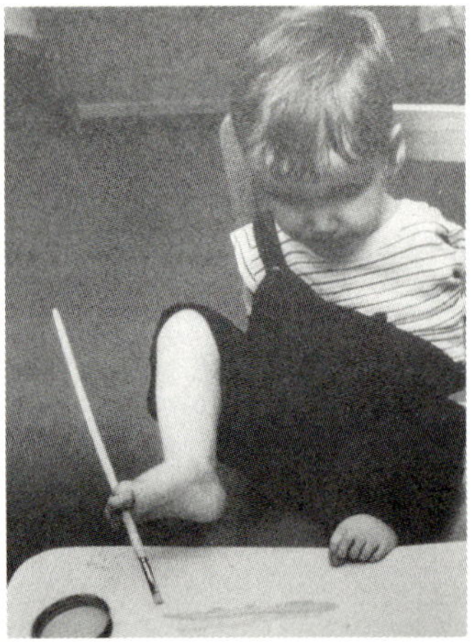

그림 4-24 탈리도마이드를 복용한 모체의 아기

〈출처〉 Gander, M. J. & Gardiner, H. W. (1981). *Child and adolescent development*, p. 66.

는 안정제를 복용했던 임신부들로부터 팔과 다리의 심각한 기형이나 청력 결함이 있는 아기들이 태어났으며 이들은 자라면서 지능수준도 평균 이하로 떨어졌다(Shaffer, 1999, p. 121). 또한 1940년대 중반과 1965년 사이에 임신 시 문제가 있는 여성들에게 유산을 예방하기 위하여 합성 여성호르몬인 디에틸스틸베스트롤(diethylstilbestrol: DES)을 널리 사용하였는데 이것을 사용한 임신부의 딸들은 사춘기가 되었을 때 자궁암과 자궁의 기형률이 매우 높게 나타났으며(Papalia, 1996, p. 128) 임신 시 유산과 저체중아 및 미숙아들을 더 많이 출산하였다. DES를 사용한 임신부의 아들들도 태내기 때 영향을 받아 성기가 비정상적이고, 고환암에 더 많이 걸리는 것으로 나타났다(Shaffer, 1999, p. 122). 특히 태아의 뇌와 면역계에 평생 나쁜 영향을 미쳤다(Berk, 2008, p. 108).

흔한 약물 중 아스피린도 반복하여 복용한 경우에는 저체중아 출산이나 출산 후 운동발달 미숙, 지적 수준 저하, 태아의 순환계 이상, 유산의 원인이 되기도 한다. 어머니가 복용한 혈압강하제는 태아에게 공급되는 산소의 양을 감소시키는 역할을 한다. 피임약 복용은 염색체 이상을 초래하고, 여아의 남성화 경향과 주요 기관의 결함을 야기하며, 심장 이상을 일으킬 수도 있다. 키니네의 섭취는 청각장애를 유발하며, 비타민 A의 과도한 섭취는 선천성 기형이나 언청이 출산을 유발한다. 다량의 카페인 섭취는 태아의 자연유산 확률을 증가시키거나 저체중아 출산, 지능 저하, 성장장애, 불완전한 태내발달과 태아사망률을 증가시킨다(Dlugosz & Bracken, 1992; Eskenazi, 1993; Stoppard, 2002, p. 119). 마약이나 환각제 등의 복용도 미숙아 출산, 신생아의 저체중, 신체적인 결함, 호흡곤란, 출산 시 사망 등을 야기한다(Fried,

1993).

아버지가 약물복용자인 경우에도 저체중아를 낳을 가능성이 높다(Toner, 1991). 이는 아버지가 복용한 약물이 정자에 영향을 미쳐 수정 순간부터 태아에게 해를 끼친다고 볼 수 있다(Shaffer, 1999).

참고 저체중아(low-birth-weight infant)

저체중아는 출생 당시의 체중이 2.5kg 이하인 아기로서 1.5kg 미만일 때는 극소 저체중아, 1kg 미만일 때는 초극소 저체중아라고 한다. 저체중아는 정상 체중을 가지고 태어난 아기보다 사망률이 높다. 이의 원인은 태아의 염색체 이상, 선천성 기형, 모체의 태반이 약한 경우, 모체의 영양상태가 나쁜 경우 등을 들 수 있다. 우리나라의 경우 전체 출산아의 6~8%가 이에 해당하며, 여아가 남아보다 더 많다.

4) 흡연

모체의 흡연은 담배의 주성분인 니코틴 때문에 많은 문제가 발생한다. 니코틴은 태반의 발달을 어렵게 하여 영양소의 공급을 차단하고, 태아의 체중 증가를 어렵게 한다(Stoppard, 2002, p. 117). 또한 흡연은 혈액 내의 일산화탄소를 증가시켜 적혈구 세포 내의 산소를 줄여 중추신경계를 손상시키기도 하고(Friedman, 1996), 태아의 발육 장애, 미숙아 출산을 야기하며, 심하면 폐가 미숙하여 사망하거나 비교적 높은 비율의 자연유산을 유발하기도 한다. 특히 출산 전 2~4주일 동안의 흡연은 태아에게 가장 심각한 영향을 줄 수 있다(Tanner, 1984).

흡연은 수면 중 호흡곤란 등을 일으킴으로써 영아돌연사(급사)증후군(Sudden Infant Death Syndrome: SIDS)을 더 자주 나타낸다(국민일보, 2009. 3. 2; Field, 1997). 그리하여 임신 중에 담배를 피운 여성이 출산한 아기는 비흡연 임신부의 아기에 비해 SIDS로 사망할 위험이 40% 정도 더 높고(SBS 뉴스, 2000. 8. 25), 임신부가 담배를 피우는 양이 하루에 아홉 개비 이하일 때는 태어날 아기에서 SIDS가 일어날 위험도가 비흡연자에 비해 1.6~2.5배, 열 개비 이상일 때는 네 배 이상 높아지고(국민일보, 1999. 8. 8) 임신부가 하루 열 개비 이상 흡연한 경우에는 비흡연 임신부의 신생아에 비해 수면시간이 2시간 이상 짧고 자다가 깨는 경향이 많아 수면을 방해함으로써 SIDS를 초래할 가능성이 높다(국민일보, 2009. 3. 2). 흡연의 양이 많으면 많을수록 영아의 사망 가능성은 더 높아진다.

참고 영아돌연사(급사)증후군 혹은 요람사[Sudden Infant Death Syndrome(SIDS) or crib death]

1980년대 들어 발견된 것으로 특별한 원인도 없이 영아들이 잠을 자다가 갑자기 죽는 증후군이다. 세계적으로 영아 1,000명당 1~3명이 이 증후군으로 사망하는데 이의 원인은 아직 정확하게 규명되지 않고 있으나 최근 생후 1~4개월의 영아돌연사증후군(SIDS)은 임신 중 흡연 때문이라는 연구결과가 보고되었다(KBS 뉴스, 2007. 10 16). 영국 Bristol대학교의 아동 · 청소년건강연구소(Center for Child and Adolescent Health)의 Peter Fleming은 지금까지 세계 여러 나라 연구팀이 발표한 흡연과 SIDS의 연관성에 관한 연구보고서를 종합분석한 결과, 돌연사영아 10명 중 9명이 임신 중 담배를 피운 여성이 출산한 것으로 나타났다고 밝혔다. SIDS는 2002년 현재 미국에서만 해마다 7,000명의 영아가 이 증후군으로 사망하고 있으며, 우리나라에서도 2003년의 통계자료를 보면 인구 10만 명당 18.7명이 사망하였다. 이는 영아사망 원인 중 출생 전후기 질환과 선천성 기형 다음으로 높은 수치이다(통계청, 2004).

SIDS는 1개월 이전은 드물지만 생후 4주~4개월의 영아에 가장 많고, 95%가 6개월 이하에서 발생한다. 또한 90~95%가 잠자는 동안에, 75%는 밤 시간에 발생한다. 특히, 겨울에 저체중 출산아인 남아들, SIDS가 발생했던 가족의 미숙아들, 어머니가 흡연하는 경우, 엎드려 재우는 아기, 쌍생아, 모체의 연령이 낮은 경우에 많이 발생한다.

SIDS의 발생을 줄일 수 있는 가장 좋은 방법은 이 증후군이 일종의 질식현상이기 때문에 기도가 막히지 않도록 아기를 똑바른 자세로 뉘어 재우고, 아기가 잠자는 동안 주의 깊게 살펴보는 것이다. 1992년 미국소아과학회에서 아기를 똑바로 눕혀 재울 것을 추천한 이래로 SIDS로 사망하는 아기들의 수가 40% 이상 감소되었다는 결과도 보고된 바 있다.

모체의 흡연은 임신 중에 적절한 영양섭취를 어렵게 하는 경향이 있기 때문에 영양실조와도 관계되어 이로 인해 태아의 부적절한 영양상태를 유발시킨다. 그리하여 흡연을 했던 임신부의 아기들은 태어난 후에 만성 귀질환과 천식 등의 호흡기 질환, 하루 몇 차례씩 심하게 우는 복통(colic) 증세를 보일 가능성, 영아돌연사증후군, 암을 유발하고 비만이 될 확률, 다른 선천성 질환과 수면장애를 일으킬 가능성이 높다. 또한 모체의 흡연은 주의력결핍/과잉행동장애(ADHD)를 일으키기 쉽고, 흥분을 잘 하며, 고집도 더 세고, 손이 더 많이 가는 경향이 있으며, 사춘기 때 비행청소년이나 문제아가 될 가능성, 후에 흡연할 가능성, 자폐증의 위험성, 사회적 부적응, 낮은 지능지수, 낮은 학업성취도를 나타내기도 한다.

모체의 간접흡연도 저체중 출산, 영아 사망, 주의력과 학습에서의 장기적인 결손 등 태아의 성장에 부정적인 영향을 미친다. 독일의 조사에 의하면 흡연을 하는 아버지가 비흡연 아버지보다 저체중아의 출산과 신생아사망률이 더 높았다(Barney, 1987, p. 81). 이는 임신부도 간접적으로 흡연하는 효과가 있어서 이것이 태아에게 영향을 미쳤기 때문이다. 일본의 연구결과에서도 임신한 여성이 간접흡연을 하더라도 그것이 태아에게 흡수되어 태아의 호흡곤란과 성장저해 등 치명적인 영향을 주는 것으로 나타났다(KBS 뉴스, 2002. 4. 14). 또한 흡연 남성의 자녀는 비흡연 남성의 자녀에 비해 뇌수종, 안면마비 등의 결함이 생길 확률이 배로 증가하고, 뇌암, 임파종, 백혈병에 걸릴 확률도 20%나 증가하였다(정옥분, 2002, p. 200). 뿐만 아니라 흡연 아버지의 자녀는 비흡연 아버지의 자녀에 비해 니코틴 농도가 네 배 이상 더 높고, 여아는 간접흡연으로 난소가 발암물질에 노출되는 영향이 평생 지속된다(KBS 뉴스, 2009. 10. 21).

5) 음주

임신 중의 알코올 섭취는 혈액을 통해 태아에게 전달되어 부정적인 영향을 미치는데 이는 임신 6~12주 사이에 가장 해롭다(중앙일보, 2005, 9. 15; Stoppard, 2002, p. 118). 또한 음주는 태아에게 공급되는 산소의 양을 감소시켜 태아의 발달을 지연시킨다. 이는 음주 양에 따라 태아에게 미치는 영향 정도도 다른데 일주일에 5회 이상 술을 마신 임신부는 일주일에 한 번 미만 술을 마신 임신부에 비해 사산의 위험이 세 배나 더 높고, 신생아 사망률도 더 높다(중앙일보, 2002. 10. 30). 임신 동안의 음주는 태어난 후 영유아의 주의력결핍/과잉행동장애(ADHD)의 비율을 높이고, 자녀의 성장 발육에도 부정적인 영향을 미치는 원인이 되기도 한다.

임신 중 음주와 관련해서 발생할 수 있는 태아 기형으로 태아알코올증후군(fetal alcohol syndrome: FAS)이 있는데 알코올에 중독된 임신부의 아기들 중 약 $\frac{1}{3}$이 이 증후군에 걸려 있다(Field, 1997). 미국국립알코올장애 및 알코올중독연구소는 매일 맥주 서너 병 또는 포도주를 몇 잔 마시면 태아알코올증후군에서 나타나는 장애가 한 가지 이상 발생하고, 포도주를 1,800cc 이상 마시면 태아알코올증후군에 관련되는 모든 기형의 발생 확률이 높다고 경고하였으며(Barney, 1987, pp. 80-89), 주당 포도주 네 잔에 해당하는 알코올만 섭취해도 태아의 발육에 부정적인 영향을 미칠 수 있다(중앙일보, 2000. 1. 29).

아버지의 무절제한 음주도 태아알코올증후군을 야기하는 것으로 나타났다. 프랑스에서는 신생아 1,000명당 1명꼴로 태아알코올증후군이 나타나는데, 그 이유로 프랑스국립과학연구소는 아버지의 음주로 인해 정자가 변형되었기 때문이라고 설명하였다(동아일보, 1995. 5. 30). 실제로 음주 후 남성의 정자 수와 그 운동성은 현저하게 떨어지는 것으로 나타났으며, 특히 정자의 운동성은 40%나 감소하였다(KBS, 1999년 1월 특집방송). 또한 아버지가 하루 두 잔 이상의 포도주나 두 병 이상의 맥주를 마신 경우에 저체중아를 낳을 가능성이 증가하였다(Merewood, 1998; Toner, 1991).

음주에 의한 기형으로 모체가 태아알코올증후군보다 더 적은 양의 알코올을 마신 경우에는 태아알코올효과(fetal alcohol effects: FAE)가 나타난다. 태아알코올효과는 태아알코올증후군의 아기와 같은 외형상 기형은 없으나 매우 충동적이고 강박적이며 공격적인 성향을 나타내고, 행동에 대한 책임감도 없다. 이러한 증후군의

참고 태아알코올증후군(fetal alcohol syndrome: FAS)

태아알코올증후군은 임신부가 음주를 함으로써 태아의 기형을 유발하는 것이다. FAS에 걸린 아기들의 특징은 다음과 같다.

- 출산 시 저체중과 출생 이후에 성장지체를 나타낸다.
- 중추신경계 이상으로 IQ는 80 이하이며 주의력이 부족하고, 산만하며, 학습능력이 떨어지고, 대개는 정신지체를 나타낸다.
- 심장질환과 특징적인 안면기형 및 신체기형을 나타낸다. 즉, 머리는 작으며, 양 미간이 넓고, 눈은 가늘고 눈꺼풀이 짧으며, 코가 둥그스름하고 콧대가 낮고, 인중이 희미하고 턱이 납작하며, 윗입술이 얇으면서 팔이 매우 길다.
- 섭식문제와 수면문제를 일으키는 빈도가 높다.
- 청각손상과 언어발달이 미숙하며 대 · 소근육의 기능 발달에 문제가 있다.
- 과민반응성과 과잉활동성을 나타낸다.

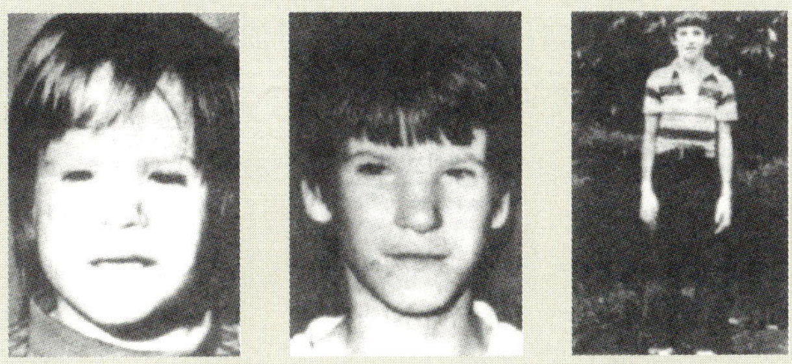

그림 4-25 태아알코올증후군의 아기와 성장 후의 모습

〈출처〉 Cunningham, F. G., MacDonald, P. C., & Gant, N. F.(1989). *Williams obstetrics*, p. 567.

아이는 사회화가 어렵고, 추상적 사고가 되지 않으며, 수학능력도 떨어지며 집중력이 결핍되어 있고, 주의력, 기억력, 판단력 등도 떨어진다. Streissguth(1997)는 태아알코올효과의 아동은 모체가 술을 마신 시기와 지속 기간에 따라 다른 특징적인 결손을 나타내지만 모두 행동발달과 정신장애를 수반하며, 그에 따라 학습능력도 떨어진다고 설명하였다.

6) 질병

태내발달에 부정적인 영향을 줄 수 있는 모체 질병으로는 바이러스에 의한 풍진을 비롯하여 매독, 임질, 에이즈(AIDS) 등과 같은 성적 접촉으로 전염되는 질병과 고혈압, 당뇨병 등이 있다.

(1) 풍진

풍진(rubella 혹은 German measles)은 임신 초기에 나쁜 영향을 미치는데 태아에 대한 감염 여부가 나타나지 않아 때로는 진단이 어렵다. 특히, 배아기 동안 풍진에 걸린 임신부의 아기들은 최대의 손상을 입게 되는데 이들 중 50% 이상은 심장 결손, 백내장, 청력장애, 성기와 요도 및 장의 비정상, 정신지체 등을 나타낸다. 태아기 동안의 감염은 비교적 덜 위험하여 처음 3개월 동안은 20%의 태아가, 3개월 이후에는 10%의 태아가 이상을 보이지만(박성연 · 도현심, 1999, p. 90) 이들 역시 저체중, 청각 손상, 심장이나 뼈의 결함을 나타낸다. 우리나라 임신부의 20%는 면역이 되어 있지 않아 적어도 임신 6개월 이전에 풍진 예방접종을 해야 한다.

(2) 당뇨병

모체의 높은 혈당수준과 인슐린 처치는 태아의 유산이나 사산을 초래할 수 있으며, 신체 이상과 신경학적인 결함이 있는 아기를 출산할 가능성을 높인다. 모체가 당뇨병(diabetes)일 경우에는 높은 혈당수준이 태반을 통해 태아에게 전달되어 태아가 사산되거나 태어나도 수주 이내에 사망할 확률이 높고, 당뇨병에 걸릴 가능성도 높다. 당뇨병에 걸린 모체의 태아는 뇌를 제외하고 대개의 기관들이 거구증(macrosomia)을 나타내어 정상아보다 더 클 수 있기 때문에 출산 시 산도를 통과할 때 모체의 산도가 손상받을 수 있으며 난산이 될 수도 있다. 그러므로 제왕절개술로 분만할 확률이 증가하고 모체의 위험성도 증가한다. 또한 당뇨병이 있는 모체에서 태어나는 아기는 정상 모체에서 태어나는 아기보다 기형이 될 확률이 세 배나 더 높다.

(3) 매독

매독(syphilis)은 성적 접촉에 의해 감염되어 태아에게 전달되는데 잠복기간이 길어 감염 여부를 금방 알기가 어렵다. 모체가 매독균에 감염되면 태아는 내장기관에 손상을 입게 되고, 대뇌손상으로 인한 정신지체, 청각손상, 피부장애, 뼈에 염증이 생기며, 심한 경우 태아가 사망할 수도 있다. 임신 5~6개월 내에 25% 정도는 유산이나 사산되기 쉽지만, 모체의 매독감염이 조기 발견되면 페니실린으로 치료할 수 있어 태아에게 영향을 주지 않을 수도 있다. 출산 시 태아가 산도를 지나면서 매독균에 감염되거나 태내 감염될 경우에는 소뇌증, 소안구증, 간과 비장의 비대, 지능발달의 지체를 초래한다. 자궁 내에서의 감염이 뇌성마비의 주요인이라는 사실이 보고된 바도 있다(박성연 · 도현심, 1999, p. 91).

(4) 후천성면역결핍증

인간의 면역기능을 파괴하는 HIV(human immunodeficiency virus)는 후천성면역결핍증(AIDS)을 야기한다. 모체로부터 태아 혹은 영아에게 HIV가 감염되는 시기는 아직 알려져 있지 않다. 모체가 AIDS에 걸렸을 경우에 감염은 대개 자궁에서 일어날 확률이 가장 크지만 태아는 태반을 통해, 진통 중이나 분만 시 자궁에서, 출산 시 산모의 혈액이나 체액의 접촉을 통해, 출산 후 모유수유를 통하거나 기타 다른 접촉을 통해 전염될 가능성이 높다. 소아 AIDS 사례 가운데 77%가 출생 시에 감염되었다는 보고도 있다. 이 사례들 중 70~80%는 모체 혹은 어머니의 성적 파트너와의 정맥주사를 이용한 약물남용과도 관계가 있다(Ammann, 1987; Curran, Jaffe, Hardy, Morgan, Selik, & Dondero, 1988). 출산 전후 HIV에 노출된 영아들은 약 4~6개월경에 전형적인 AIDS 증상을 나타낸다.

HIV에 감염된 아동의 질병 발생률과 사망률은 매우 높아서 사망률은 약 80%에 이르며, 대개는 장기간 동안 반복적으로 병원에 입원한다. 게다가 감염된 아동의

96% 정도가 네 살 무렵이 되면 중추신경계의 장애를 보인다. 이중 43%는 비교적 가벼운 발달지체를 보이며, 50% 정도는 심각한 발달지체를 나타낸다(Field, 1997, p. 118). 후천성면역결핍증은 영아들에게 가장 심각한 위험부담 요인 중의 하나로서 현재 점차 증가 추세에 있지만 아직 정확한 자료도 부족하고 치료방법도 미개발상태이다.

7) 환경호르몬

20세기 중 · 후반 들어 세계 곳곳의 생태계에서 수컷의 생식기능 이상, 새끼들의 원인 모를 죽음, 개체 수의 급격한 감소, 이성행동, 남성의 여성화, 남성의 정자 수 감소 등 과학적으로 설명하기 힘든 자연현상들이 보고되기 시작하였다. 과학자들은 이런 현상이 급속한 산업화에 따라 공업화가 많이 이루어진 곳에서 더 빈번하게 나타난다는 것을 밝혀냈다. 즉, 화학물질이나 농약 등에 의해 발생된 환경오염물질들이 인간의 호르몬과 유사하게 작용하여 인체에 유해한 영향을 미친다는 것이 밝혀진 것이다. 그리하여 이것을 인간이 만든 환경오염물질에서 나오는 가짜 호르몬이라 하여 1997년 일본 학자들이 처음 '환경호르몬' 이라 명명하였고 우리나라에서는 이를 '내분비계 장애물질(endocrine disruptor)' 이라는 공식용어로 사용하고 있다. 이러한 환경호르몬 물질은 생식이상, 성장지연, 면역기능 저하 등의 위해를 끼친다.

환경호르몬의 예로 1986년 체르노빌원전의 방사능 누출사고 후 인근지역에서의 다운증후군 아이들과 팔다리가 없는 기형아 출산의 증가 및 독일, 스칸디나비아 3국, 영국 스코틀랜드 지역에서 정신지체아의 출생이 두드러진 것(한국일보, 2000. 4. 25), 제2차 세계대전 당시 일본의 히로시마와 나가사키의 원자폭탄 투하 후 기형아나 소두증, 정신지체아의 다수 출생, 월남전의 고엽제에 노출된 모체에게서 태어난 손이 어깨에 붙은 기형아, 모스크바 공업지역에서의 팔꿈치 이하가 없는 자녀들의 다수 출산과 많은 쌍둥이의 출산(MBC 뉴스, 2004. 5. 26), 수은에 중독된 물고기를 먹은 모체에게서 대뇌손상과 소두증을 나타내는 미나마타병(Minamata disease)의 출현(Vorhees & Mollnow, 1987)과 비스페놀A(BPA) 등은 아동의 과잉행동과 학습장애를 유발할 위험이 있다(한국일보, 2007. 8. 8). 또한 태아 때 다이옥신에 노출된 경우에는 심장과 신장기형, 질의 기형, 구개열을 일으키며, 발달지연, 언어장애, 행동장애, 지능발달장애를 유발한다.

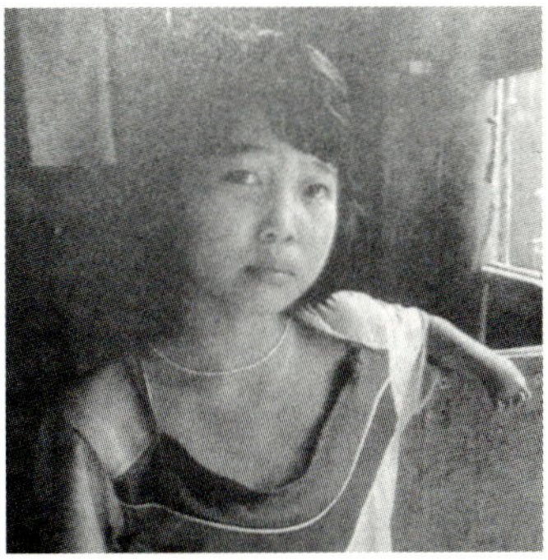

그림 4-26 고엽제 등에 노출되었으리라 여겨졌던 부모에게서 태어난 아동

〈출처〉조복희(2000). 아동발달, p. 97.

아버지도 태아에 영향을 미치는 것으로 보고되고 있다. 즉, 유해물질이 많은 곳에서 일하는 아버지는 정자를 통해 자녀에게 여러 가지 질병을 일으킨다. 예를 들어, 납성분이 많은 직장에서 근무하는 아버지의 아기는 정상아보다 신장병 확률이 세 배나 더 높고, 벤젠, 솔벤트가 많은 직장에서 근무하는 아버지는 저체중아를 낳을 확률이 높으며, 유리공장이나 석유공장, 광산에서 일하는 아버지는 미숙아를 낳을 확률이 높다. 또한 아버지가 직업상 라듐을 많이 쐬게 되는 경우에는 유전인자의 돌연변이를 초래하여 염색체 이상의 자녀가 태어날 확률이 매우 높다(조복희, 1998, p. 97). 20대 한국 남성의 10명 중 4명이 정자 운동능력이 기준에 미치지 못하는 것으로 조사되었는데 이는 환경호르몬 때문으로 추정하고 있다(한국일보, 2005. 2. 25).

8) 정서 상태

임신 중 모체가 스트레스를 받은 경우는 기형아 출산율이 평균 54%나 더 높다(중앙일보, 2000. 10. 4). 그 이유는 스트레스를 받을 때 모체의 부신에서 분비되는 코

티솔호르몬이 태반을 통해 태아에게 그대로 전달되어 기형아를 유발하기 때문인 것으로 추정한다. 또한 모체의 정서적 불안은 태아활동성의 증가와도 관계가 있다(Field, 1997). 임신 기간 동안 모체가 정서적 불안을 많이 경험했던 영아들은 출생 시부터 과잉 활동적이며, 자극에 더 민감하고, 더 자주 울며, 수유와 수면상의 문제가 더 많고, 행동발달이나 사회성에도 더 많은 문제를 지녔다. 또한 비록 수 주 동안일지라도 모체가 정서적으로 불안했던 경우에 태아의 움직임은 임신 기간 내내 높았으며, 출생 후에도 과잉행동과 성급한 성격특성, 소화기 장애를 보였다. 모체의 불안은 신진대사율도 증가시켜 저체중을 유도하거나 불안을 극복하기 위해 이들 호르몬의 분비를 촉진시킴으로써 조산을 유발하는 요인이 되기도 한다(정옥분, 2002, p. 199). 모체의 정서적 불안은 종종 흡연과 음주를 동반하기 때문에 이로 인해 또 다른 문제를 야기할 수도 있다.

9) Rh 인자의 불일치

Rh 인자의 불일치는 모체와 태아의 혈액형이 다를 때 나타나는 문제로서 Rh+의 남성과 Rh-의 여성이 Rh+의 자녀를 임신했을 때 발생한다. Rh-인 모체의 혈액이 Rh+인 태아의 혈액과 혼합되면 모체로부터 생성된 항체에 의해 태아의 적혈구가 파괴되어 태아는 유산이나 사산된다. 첫째아는 모체가 아직 항체를 형성하지 않았기 때문에 영향이 없지만 둘째아부터는 치명적인 손상을 입게 되어 태아가 분만된다 하더라도 황달증상과 대뇌손상을 나타낸다.

10) 분만 횟수와 출산 간격

모체의 분만 횟수도 태내발달에 영향을 미칠 수 있다. 일반적으로 모체는 첫째아를 출산한 후에 둘째아 임신과 출산을 위하여 더 좋은 환경을 만들 수 있다. 그리하여 첫째아보다 둘째아의 자궁환경이 더 좋아 출산합병증과 기형아 출산의 빈도가 더 낮다. 그러나 출산 간격이 너무 짧거나 길면 그 효과가 줄어들어 미숙아를 출산할 가능성이 높아진다.

6. 임신 중 이상

임신 중 이상은 임신 동안의 질병, 임신의 구조적 결함, 임신의 조기 종결 등으로 인한 다양한 이상증상을 나타낸다. 임신 초기나 혹은 이전 임신 때 발병했던 합병증이 현재 임신이나 향후 임신 시 추가 장애를 일으킬 위험을 높일 수 있다. 그에 따라 임신 초기에 합병증이 발생할 경우에는 임신 시와 향후 임신 시 미숙아나 중증 미숙아를 출산할 위험이 높다(메디컬투데이, 2009. 7. 1).

1) 임신중독증과 임신오조

임신중독증은 임신 말기에 가장 주의해야 하는 질병으로 임신 중 여러 가지 병적인 상태를 보이는 증상이다. 이 병의 원인은 아직 정확하게 파악되지 않았으나 간, 신장 등이 과로하여 제대로 기능하지 못할 때 혹은 임신이라는 특수한 상태에 대해서 몸이 제대로 반응하지 못하여 비롯된다. 이는 임신부 사망의 첫째 원인이며, 이로 인해 난산이나 미숙아를 출산할 가능성도 높다.

임신오조는 3개월 말 무렵에는 끝나야 할 입덧이 심하여 임신부의 건강상태에 지장을 초래하게 되는 병적인 구토이다. 치료를 제대로 못하면 탈수증, 전해질 불균형과 영양실조가 발생한다.

2) 전치태반과 자궁 외 임신

전치태반은 태반이 태아보다 자궁 입구에 가까이 발육되어 자궁의 아래쪽 부위에 형성되는 것으로 태반이 완전히 자궁 입구를 막고 있다면 정상분만으로 태아를 출산하지 못하고 제왕절개술로 분만해야만 한다.

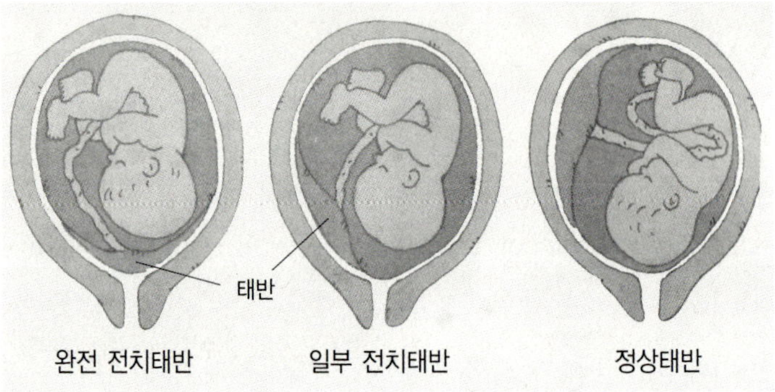

그림 4-27 정상태반과 전치태반

자궁 외 임신은 접합자가 자궁까지 도달하지 못하여 자궁강 내에 정상적으로 착상하지 못하고 나팔관이나 장기의 어떤 부위에 착상하는 경우이다. 주원인은 수정란이 난관을 통과하는데 장애를 일으키는 부분적 난관협착이나 생식기관의 기형, 난관의 발육부진이나 기능부진 등이다. 자궁 외 임신인 경우에 태아사망률은 100%이다.

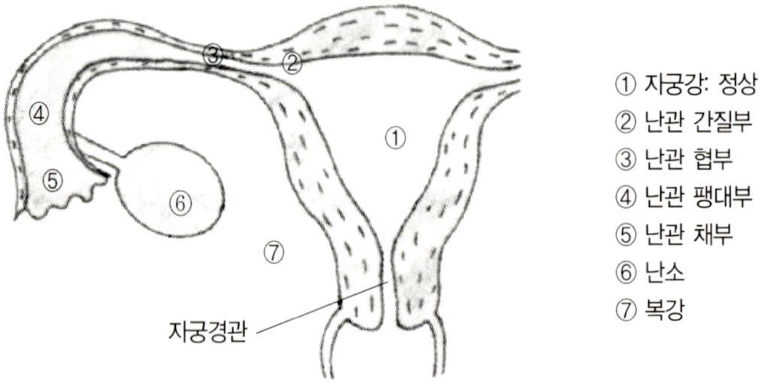

그림 4-28 자궁 외 임신이 일어나는 부위와 명칭

3) 유산, 조산, 만산

유산은 임신 12~28주 사이에 일어나는 임신종결현상인데 당뇨, 간질환, 천식, 심장병, 고혈압과 같은 병을 가진 모체의 태아는 유산될 확률이 높다. 자연유산은 임신 12주 이내에 임신이 종결되는 것으로서 임신의 약 30%가 이에 해당된다(Tanner, 1970). 자연유산을 3회 이상 하게 되면 이를 습관성 유산이라고 한다. 유산의 원인은 80% 정도가 태아와 모체 둘 다에 기인하며, 이중 약 50~60%가 태아 쪽의 원인이고, 약 15~20%는 모체 쪽의 원인이다. 나머지 20%는 알 수 없는 원인에 의해 발생한다. 네덜란드에서의 연구결과, 한 번 이상 유산을 한 경험이 있는 여성은 임신 중 양막이 조기 파열될 위험이 거의 2배가량 더 높고, 미숙아를 출산할 위험도 매우 높으며, 3번 이상 유산을 한 재발성 유산의 경우에는 전치태반과 선천성 기형 위험도 각각 6배, 2배 더 높아질 수 있다(메디컬투데이, 2009. 7. 1).

조산은 임신 28주 이후부터 분만예정일 2주일 전까지의 출산이나 임신기간이 37주 미만으로 체중이 2.5kg 이하의 아기를 출산하는 것이다. 저체중아의 출산은 해마다 증가하고 있어 1995년 3.0%이던 것이 2000년 3.8%, 2001년 4.0%, 2002년 4.0%, 2003년 4.2%이다(국가통계포털, 2009). 1,000g 이하의 초극소 저체중아도 65~70%는 소생 가능하며, 일단 살려놓기만 하면 80%는 장애 없이 정상적으로 살 수 있다. 그러나 미국에서의 조사 결과, 전체 조산아의 71%, 전체 신생아의 12.5%를 차지하는 임신 34~36주 사이에 태어난 조산아들은 만기출산아에 비해 생후 첫 주와 1년 이전에 사망할 위험이 각각 6배와 3배 더 높고, 선천성 기형 위험도 4배나 더 높다(조선일보, 2007. 11. 15).

만산[과기산(過期産)]은 출산 예정일을 2~3주 이상 지나서 분만하는 경우로 모든 임신의 약 10% 정도이다. 만산은 대부분 정상이지만 뱃속에서 태아가 계속 커져 태아와 자궁이 잘 맞지 않거나 자궁 내 태아의 위치가 비정상인 것 등이 문제가 된다. 이의 원인은 골반이 좁아 태아의 머리가 내려가지 않아 골반 내의 신경을 자극할 수 없는 경우, 자궁경관이 단단해서 산도의 준비가 더딘 경우 등이다.

7. 분만

10개월의 임신 기간을 지나면 임신부는 출산을 대비하여 심리적·경제적·물리적으로 여러 가지 사항들에 대해 미리 준비를 한 후 분만에 임해야 한다. 분만이란 자궁근육의 수축이 반복되면서 자궁으로부터 태아와 그 부속물들이 질이나 복부를 통해 외부로 나오는 전 기간이다. 분만이 시작되기 2~3주일 전부터 태아의 움직임이 적어지고, 아랫배가 팽팽해지는 것을 느끼며, 위(胃)의 압박감이 없어지고, 횡격막 압박이 줄어들어 호흡이 편해지고, 소변보는 횟수가 늘어나며, 질 분비물도 많아지는 등 분만에 대한 신호가 나타난다.

최근 분만 시 아버지 역할의 중요성이 강조되고 있다. 분만 시 아버지의 참여는 산모에게 심리적인 지지와 안정감을 제공해 주며, 호흡하는 것을 도와주어 산모의 불안이나 고통을 감소시켜 줄 수 있고, 아기를 처음 만나게 되는 상황에 아버지로서 직접 참여하기 때문에 아버지와 아기 간의 유대를 강화시켜 줄 수도 있다(Rodholm, 1981). 그러나 분만 시 아버지의 참여가 분만하는 동안 고통스러워하는 아내의 모습을 지켜보면서 오히려 아기와의 애착을 강화시켜 주지 않는다는 상반되는 결과도 있다(동아일보, 2009. 10. 19; Bee, 1997).

1) 분만 시작

진통, 즉 자궁수축이 있음으로써 분만이 시작되는데 초산은 10~15분, 경산은 20~30분 간격으로 강한 진통이 나타난다. 분만은 태아, 태반, 양수 등의 부속물들인 만출물질(passenger), 태아가 나오는 곳인 산도(passage), 부속물을 밖으로 내보내는 힘인 만출력(power)의 3P에 의해 이루어진다. 태반의 위치가 올바르고, 임신부의 심리적 상태가 안정되어 있으며, 분만 시의 만출력이 강하고 산도의 저항력이 약하면 분만은 쉽게 이루어진다.

아무리 현대 의학이 발달되었다 할지라도 아직도 아기를 분만하다 사망하는 임신부들이 있다. 현재 우리나라의 모성사망비는 인구 십만 명당 1995년과 1996년 20명, 1999년 18명, 2000년 15명(보건복지부, 2002)이었다가 2008년에 14명으로 감소하였다. 이는 지난 기간 동안 30%가 감소한 수치이지만 세계 156개국 중 35위 수준에 불과하다(동아일보, 2008. 11.13).

분만 시에는 분만 횟수, 자궁경부 상태, 임신부의 연령, 출산 간격, 태아의 크기 등의 여러 요인들이 영향을 미친다. 분만 횟수가 너무 많은 경우에는 자궁파열의 가능성도 있으므로 주의해야 하고, 자궁경부 상태는 분만이 진행됨에 따라 점진적으로 부드러워지지만 자궁경부에 수술 열상으로 인한 반흔이 있으면 경부가 열리는 것이 지연되기도 한다. 임신부의 연령이 15세 이하거나 35세 이상인 경우에는 출산에 따른 위험도가 높다. 10년 정도의 출산 간격이 있을 경우에는 정상 분만보다 네 배 정도의 지연 분만이 유발되고, 전치태반, 태반 조기박리, 사망률의 빈도도 더 높다. 태아가 너무 크면 자연분만이 어려워 제왕절개술로 태아를 분만한다.

2) 분만의 진행

분만은 개구기, 태아만출기, 후산기의 세 단계로 진행되며, 초산은 평균 약 14시간, 경산은 약 8시간 정도 소요된다.

분만 제1기인 개구기는 규칙적인 진통이 10~20분 간격으로 나타나면서 자궁구가 10㎝까지 완전히 열리는 기간이다. 일반적으로 초산은 평균 12.5시간, 경산은 평균 7.3시간이 걸린다.

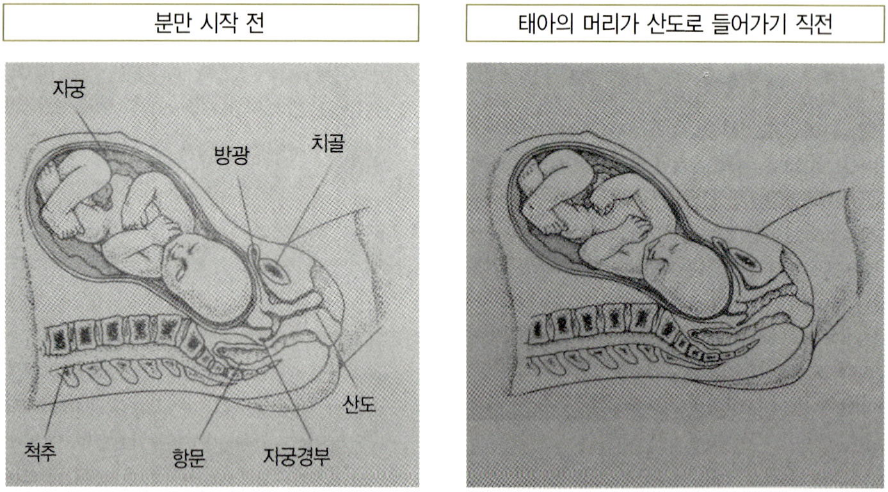

그림 4-29 분만 제1기

〈출처〉 Shaffer, D. R. (1999). *Developmental psychology*, p. 131.

분만 제2기인 태아만출기는 자궁경관이 10cm 이상 완전히 열린 상태에서 태아가 바깥세상으로 나오는 때까지며 최대의 만출력이 필요하다. 이때는 자궁구가 완전히 열리고 파수가 되며 모체가 힘을 주면 태아가 산도로 들어가 분만하게 된다. 자궁수축 간격도 짧아져서 매 2~3분마다 진통이 오며, 진통도 거의 쉬지 않고 일어나는데 초산인 경우에는 약 50~80분, 경산인 경우에는 20~30분 정도 소요된다. 분만 시 대부분의 신생아는 머리부터 먼저 나오지만 약 3%는 역아(逆兒)로서 발부터 나온다.

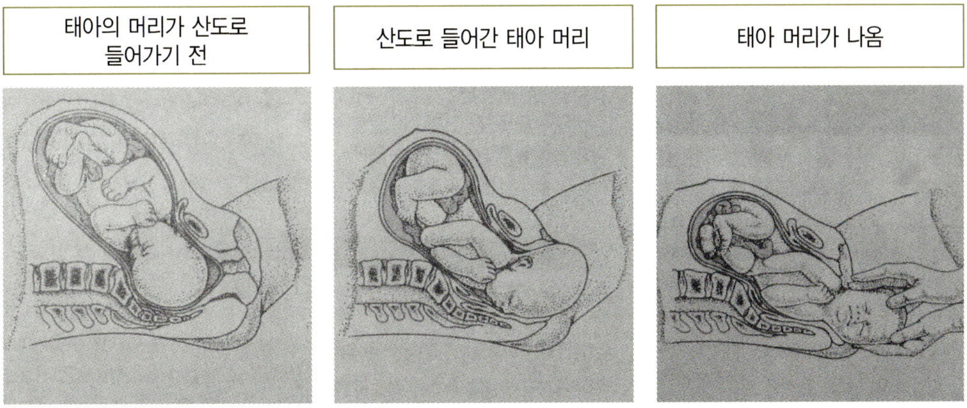

그림 4-31 분만 제2기

〈출처〉 Shaffer, D. R. (1999). *Developmental psychology*, p. 131.

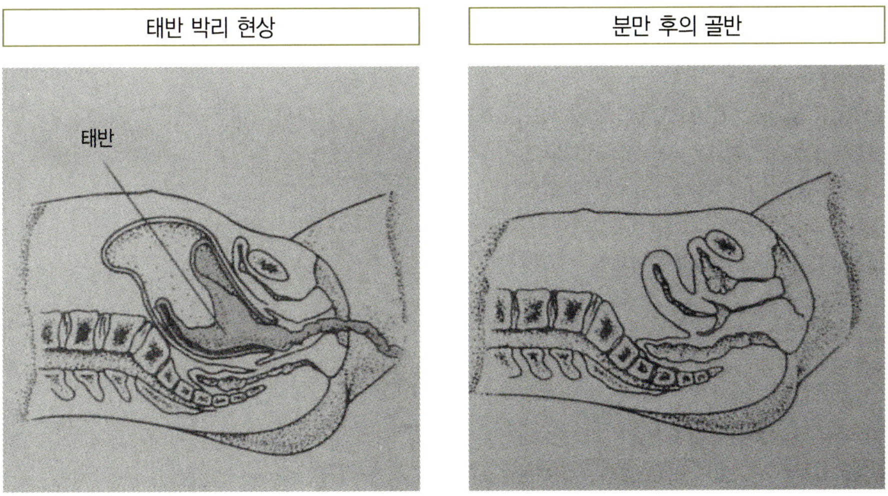

그림 4-32 분만 제3기

〈출처〉 Shaffer, D. R. (1999). *Developmental psychology*, p. 131.

분만 제3기인 후산기는 태아를 분만한 후 태반과 탯줄이 완전히 나오는 때다. 신생아가 태어나고 가벼운 진통과 같은 느낌으로 아랫배가 딱딱하고 팽팽해지면 배에 가볍게 힘을 주어 태반을 배출시키는데 약 10~20분 정도가 소요된다. 태반이 나올 때는 후출혈이라고 하여 약 500ml 정도의 혈액이 함께 나온다.

3) 분만방법

분만은 전통적인 자연분만에서부터 제왕절개, 마취에 의한 방법, 수중분만 등의 다양한 방법에 의해 이루어진다.

자연분만은 전통적인 질식(膣式) 분만법이다. 이 방법은 모체의 진통 때문에 태아도 산고를 경험하면서 폐를 바르게 활성화시키는 표면활성제의 생성이 촉진되어 신생아의 호흡을 도와준다(Field, 1997). 자연분만은 어머니와 아기와의 심리적 유대감이 강해지고, 분만 후 즉시 모유수유를 할 수 있는 좋은 점이 있다. 최근 들어 자연분만 시 침대에 누워 아기를 분만하는 것이 힘을 중력 방향으로 줄 수 없고 혈액이 심장으로 통하는 것을 방해하여 혈압을 떨어뜨려 태아에게 산소와 혈액공급량을 줄이게 되어 자연적인 분만을 더 어렵게 하며, 허리통증을 더 많이 경험함으로써 분만시간이 더 걸려 앉아서 아기를 분만하는 좌산(坐産)이 효과적이라는 주장이 제기되고 있다(Stoppard, 2002, p. 64). 좌산은 중력이 미치는 방향으로 힘을 줄 수 있어 아기를 더 쉽고 빠르게 낳을 수 있다고 한다.

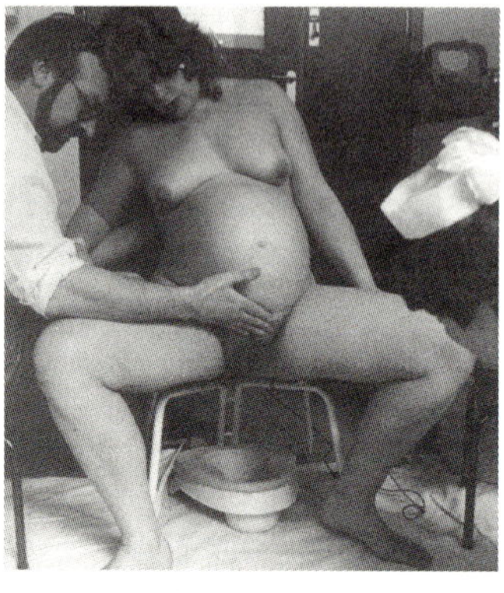

그림 4-32 좌산

〈출처〉 Stoppard, M. (2002). *New pregnancy and birth book*, p. 64.

제왕절개분만은 자연분만이 어려운 경우에 약 40분에서 1시간 정도 소요되는 수술로 태아를 분만하는 방법이다. 이는 임신부와 태아가 위험할 경우에 매우 유용하다. 그러나 우리나라는 제왕절개분만을 과다하게 선택하는 경향이 있어 2008년 현재 37.1%의 수술률로 세계 1위를 차지하고 있다. 이는 미국(29.1%), 영국(22.7%) 등과 비교하여 현저하게 높은 수준이며(마이데일리, 2008. 10. 21) 세계보건기구(WHO)의 권고수준인 5~15%에 비해서도 현저하게 높다. 제왕절개분만은 아버지가 초기에 아기를 돌보는데 더 많이 참여함으로써 아기와의 애착형성에 도움이 된다는 연구결과도 있다(Field, 1997).

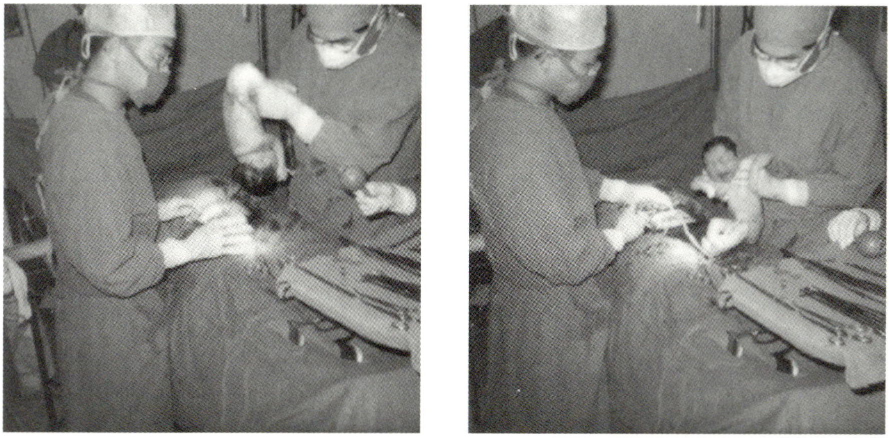

그림 4-33 제왕절개분만에 의해 태어나는 아기

무통분만은 1940년대 초기까지만 해도 마취법에 의해 이루어졌으나 태아에게 손상을 줄 위험이 크다는 연구결과들(Blackbill, 1979; Murray, Dolby, Nation & Thomas, 1981)이 보고되면서 실시하지 않고 오늘날에는 심리적인 무통분만방법이 개발되어 실시되고 있다. 이에는 모체가 일종의 최면상태인 반무의식 상태에 빠진 채 자연분만으로 아기를 출산하는 리드(Reed)법, 언어에 의한 조건반사를 중시하여 이를 출산에 응용하여 분만하는 정신예방성 무통분만법(Psycho Prophylactic Method: PPM), Pavlov의 조건반사이론을 이용하여 진통이 시작될 때 산통을 해소하고 적절한 분만동작을 연속적으로 취할 수 있도록 사전에 특별한 호흡법을 훈련하고 연습하는

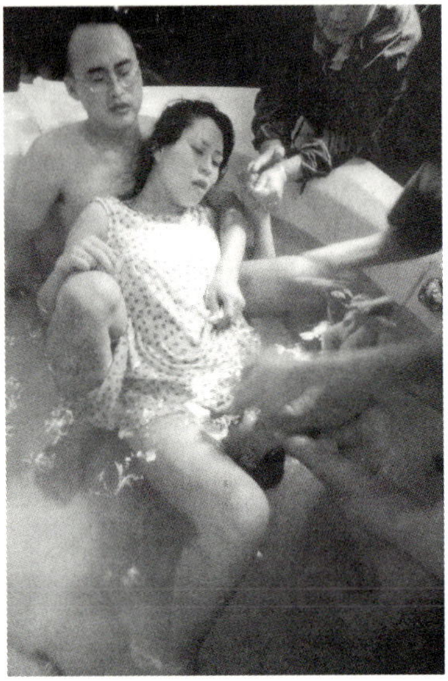

그림 4-34 수중분만에 의한 출산
〈출처〉 www.medcity.com

라마즈(Lamaze) 분만법 등이 있다.

수중분만(waterbirth)은 임신부가 커다란 욕조 속에 들어가 물속에서 아기를 출산하는 방법으로 프랑스의 산부인과 의사인 Michel Odent에 의해 1970년대부터 실시되었다. 우리나라에서는 1999년에 처음 실시한 이후 많은 병원에서 실시하고 있다. 이 분만방법은 산모가 충분히 이완할 수 있고, 남편과 함께 분만을 시도함으로써 심리적인 안정감을 느낄 수 있으며, 신생아가 수중생활에 익숙해지기 쉽다는 장점이 있다. 그러나 출산 시에 무균법이 곤란하고, 분만 후에 나오는 출혈량의 판정이 어려우며, 그에 따른 지혈대책도 곤란하다는 단점이 있다.

폭력없는 탄생(birth without violence)은 프랑스 산부인과 의사인 Frederik Leboyer가 신생아의 출산외상(birth trauma)을 감소시키기 위해 1976년에 처음 실시한 분만방법이다(Gander & Gardiner, 1981, p. 95). Leboyer는 출산과정에서 모체의 고통에만 관심을 둘 것이 아니라 태아를 위한 배려도 있어야 한다고 주장하여 신생아에게 제공되는 환경자극의 양을 감소시킬 것을 권하였다. 그는 신생아가 새로운 환경에 갑자기 접촉하게 되면 심리적 외상을 형성하고 불안감을 발달시킬 수 있다고 주장하였다. 이 방법은 신생아의 입장을 고려한 분만방법으로서 감각기관이 매우 예민하게 발달되어 있는 신생아에게 추위나 빛, 시끄러운 환경으로부터 받을 수 있는 충격을 줄여주고자 하는 것이다.

05

CHAPTER

신생아기

1. 신생아의 신체적 특징
2. 신생아의 생리적 적응
3. 반사행동
4. 신생아검사
5. 신생아의 일상생활

CHAPTER 05

신생아기

신생아기에 대한 정의는 학자마다 다소 차이가 있으나 일반적으로 출생 후 약 한 달간을 의미한다. 과거에는 신생아기를 탯줄이 배꼽에서 완전히 떨어져 한 인간으로 독립하게 되는 출생 후 약 2주간으로 정의하였으나(Snow, 1998) 현재는 신생아가 환경에 적응하는 시기를 포함하여 4주간의 기간으로 확장하여 정의한다. 약 4주간에 걸친 신생아기는 인간의 전생애를 놓고 볼 때 매우 짧은 기간이지만 매우 특별한 전환의 시기이기도 하다. 왜냐하면 자궁 속에서 탯줄에 의존하여 보호를 받던 태아가 독립적인 생명체로 출생하여 새로운 환경에 적응해야 하기 때문이다. 신생아는 출생의 순간부터 스스로 호흡하고, 입을 통해 영양분을 섭취해야 하며, 소리, 빛, 움직임, 추위 등의 자극을 느끼고 이에 적응해야만 한다. 태내환경과 태내 밖의 환경은 엄청난 차이가 있기 때문에 신생아가 주변 환경의 변화에 잘 적응할 수 있도록 양육자의 특별한 관심도 필요하다(박성연 · 도현심, 2003, p. 104). 따라서 본 장에서는 신생아의 특징과 생리적 현상 및 각종 반사, 일상생활 등에 대해 살펴보고자 한다.

1. 신생아의 신체적 특징

1) 신장과 체중

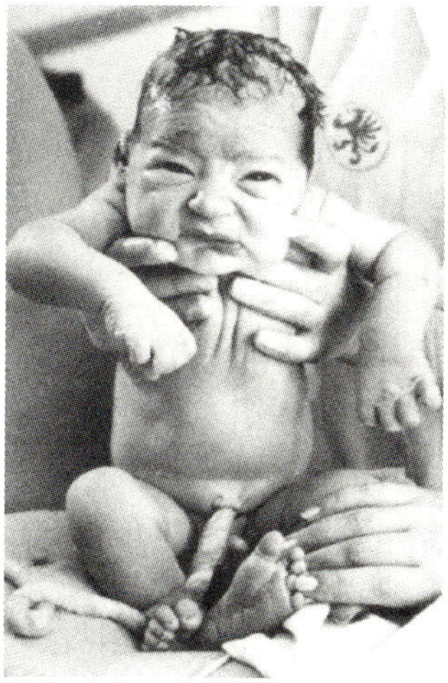

그림 5-1 갓 태어난 신생아
〈출처〉 Scarr, S., Weinberg, R. A., & Levine, A. (1986). *Understanding development*, p. vii.

우리나라에서 태어나는 신생아의 평균 키는 남아 50.12㎝, 여아 49.35㎝이고, 평균 체중은 남아 3.41㎏, 여아 3.29㎏으로 남아가 여아에 비해 약간 큰 편이다(보건복지부 질병관리본부, 2007. 10. 19). 신생아의 신체 크기는 부모의 체격, 인종, 성, 어머니의 영양과 건강 상태 등의 요인들과 관계가 있는데 출생 당시의 체중은 아버지보다 어머니의 영향을 많이 받는 편이다. 즉, 아버지가 크고 어머니가 작은 부모에게서 태어나는 아기가 유전적으로 아버지의 영향을 많이 받는다면 임신 말기에는 성장속도가 줄어들다가 출생 후 부쩍 자라게 된다(조복희, 1999, p. 109). 일반적으로 남아가 여아보다 키가 좀더 크고 체중도 더 나가는 경향이 있고, 첫째아가 둘째아나 셋째아보다 출생 시 체중이 더 작게 나가는 경향이 있다(조연순 · 이영, 1997, p. 148).

2) 머리와 가슴

출생 시 아기의 머리는 몸 전체 길이의 $\frac{1}{4}$정도이다. 우리나라 신생아의 평균 머리 둘레는 약 34㎝, 가슴둘레는 약 33㎝ 정도로 머리둘레가 가슴둘레보다 큰 편이다. 특히 신생아의 가슴 모양은 원통형이어서 앞뒤와 좌우의 폭이 거의 비슷하다.

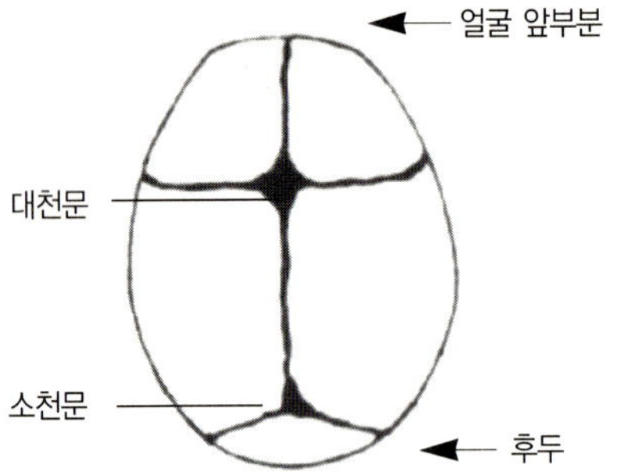

그림 5-2 대천문과 소천문

〈출처〉 Allen, K. E. & Marotz, L. R. (2000). *By the ages: Behavior & development of children pre-birth through eight*, p. 51.

또한 신생아는 출산 시 어머니의 골반과 산도를 통과하는 동안 연골로 된 코가 눌려서 납작해지거나 머리 모양이 일그러지는 경우도 있다. 이렇게 눌린 코와 일그러진 머리 모양은 생후 며칠 동안 그대로 남아 있는 경우도 있으나 점차 정상으로 돌아온다. 신생아의 머리 모양이 일시적으로나마 일그러질 수 있는 것은 단단하지 않은 뼈와 아직 두개골이 덜 자라서 완전히 봉합되지 않았기 때문이다. 갓 태어난 신생아의 두개골에는 숫구멍(fontanel)이라 불리는 여섯 개의 연한 부분이 있다. 그중 정수리 한복판에 있는 대천문과 소천문은 아기가 숨을 쉴 때마다 오르고 내리는 것을 볼 수 있다. 이 부분은 단단한 막으로 덮여 있으며 18개월 정도 되어야 완전히 닫힌다.

3) 피부

이제 막 세상에 태어난 신생아의 모습은 대부분 온몸이 주름 투성이고 피부는 매우 얇아 붉은빛이 많은 분홍빛을 띤다. 그러나 수일 내에 정상적인 피부색을 갖게 된다. 일부 신생아는 태내기 동안 몸을 덮고 있던 라누고(lanugo)라 불리는 많은 솜털이 아직 빠지지 않은 경우도 있다. 대개 미숙아의 경우에 솜털이 많은데 출생 후 며칠이 지나면 자연적으로 빠진다. 모든 신생아는 황백색의 크림 같은 끈적끈적한 태지(vernix caseosa)로 둘러싸여 있는데, 이것은 세균감염을 막기 위한 유성의 보호막으로서 자연적으로 말라버리거나 옷에 묻어서 혹은 씻을 때 없어진다.

막 태어난 신생아는 남아, 여아를 불문하고 젖가슴이 볼록하게 부풀어 있으며,

성기가 부어 있다. 간혹 신생아의 유두에서 마치 젖과 같은 하얀 분비물이 나오기도 하고 일부 여아들의 질에서 핏빛 배설물이 나오기도 하는데, 이는 출생 직전 어머니의 태반에서 분비된 높은 수준의 여성호르몬인 에스트로겐(estrogen)의 영향 때문이다. 이는 출생 직후 나타나다가 2~3일 안에 자동적으로 사라진다.

4) 신생아의 생리 현상

갓 태어난 신생아는 생리적으로 여러 가지 특징적인 현상들을 나타낸다.

(1) 신생아의 생리적 체중감소

대부분의 신생아는 생후 2~3일경부터 체중이 감소하기 시작하여 생후 일주일이나 열흘까지 출생 시 체중의 약 5~10% 정도 감소하는 경향이 있다. 이는 출생 후 폐로 호흡을 시작하면서 신생아의 폐와 몸 표면에서 수분이 증발하고 대변이나 소변으로 수분이 빠져나가며 먹는 양이 적기 때문이다. 초기에 젖을 잘 먹지 못하여 영양섭취량이 적은 신생아는 생명유지를 위해 저장지방을 열량원으로 사용하여 소비함으로써 이로 인해 체중이 줄기도 한다. 그러나 신생아가 젖을 잘 먹게 될수록 체중이 다시 늘기 시작하여 대개 출생 후 약 일주일 안에 출생 시 체중을 되찾으며 이후부터는 빠른 속도로 증가한다.

(2) 신생아의 탈수열

신생아의 탈수열은 갈열(渴熱)이라고도 하며, 신생아가 생후 3~5일경의 생리적 체중감소에 따라 38~39℃ 또는 그 이상으로 열이 나는 경우이다. 탈수열의 원인은 적은 포유량으로 인해 수분섭취량은 적은데 체표면에서의 수분 증발과 대소변의 배설 등으로 인한 계속된 체내 수분 손실과 신생아의 체온 조절 기능이 충분히 발달하지 않았기 때문이다. 신생아의 탈수열은 수분을 공급하면 즉시 회복된다(이소희 · 이경희, 2000, p. 149).

(3) 몽고반점

우리나라에서 태어나는 대부분의 신생아는 엉덩이 부근에 푸른색의 넓은 점이 있다. 이 점은 몽고민족에게 나타난다고 하여 몽고반점 혹은 아반이라고 불리는데, 아시아계 민족의 아이들에게서 주로 나타나고, 유럽이나 미국 아동에게는 거의 나타나지 않는다. 이것은 세 살까지는 뚜렷하지만 유아기에 서서히 흐려져 열 살 경에는 거의 없어진다. 이 밖에도 얼굴이나 몸에 작은 빨간 점이나 붉은 흔적이 있을 수 있지만 생후 몇 주 안이나 영아기 동안 서서히 사라진다.

(4) 신생아 황달

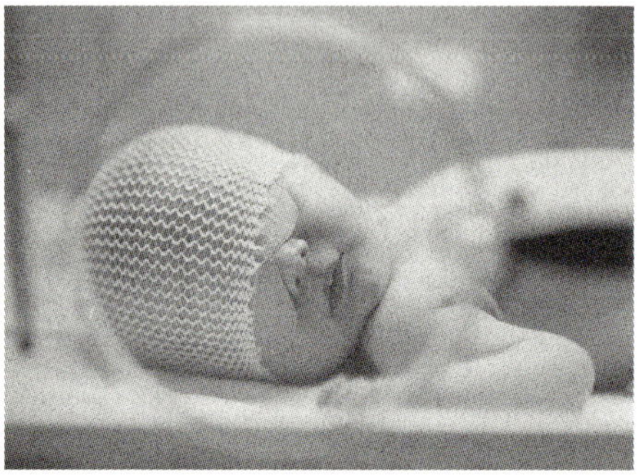

그림 5-3 신생아 황달을 치료하는 아기

대부분의 신생아는 생후 3~4일이 지나면 피부와 눈동자가 노란색을 띄는 신생아 황달 증상이 나타난다. 이는 신생아의 간이 아직 충분히 성숙하지 않아 기능을 제대로 수행하지 못하기 때문에 나타나는 현상으로 생후 일주일 정도 지나 간 기능이 원활해지면서 자연스럽게 사라진다. 특히 어머니와 신생아의 혈액형이 맞지 않을 때 황달 현상이 더 많이 나타나는 경향이 있고 미숙아에게 흔히 나타난다. 생리적 황달을 치료하기 위해 종종 아기를 형광 불빛 아래에 두기도(light therapy) 한다.

2. 신생아의 생리적 적응

신생아가 자궁 내에서 바깥 세계의 생활로 전환하여 적응하는 데는 아기에 따라 더 긴 기간을 필요로 하는 경우가 있다. 특히 저체중 출생아는 신체기관이 덜 발달된 채로 세상에 태어나기 때문에 더 많은 시간이 필요하다(조연순 · 이영, 1997, p. 148). 신생아는 모체 속에서 완전히 보호받던 태내 생활과 달리 스스로 호흡하고, 먹고, 잠자는 등의 활동을 통해 새로운 외부 환경에 적응해야 하므로 다양한 생리적 적응을 해야만 한다.

1) 호흡기관

태내에서 탯줄을 통해 산소를 공급받던 태아는 출생하자마자 대개 20~30초 안에 첫울음과 더불어 스스로 호흡을 시작한다. 이때의 호흡은 산소 부족, 이산화탄소의 증가, 찬 공기의 접촉 등으로 인해 야기되는 반사적인 행동이다. 일반적으로 어머니의 뱃속에 있는 동안 태아의 폐를 채우고 있던 액체는 아기가 산도를 통과해 나오는 동안 자연스럽게 배출되거나 출생 직후 의사에 의해 인위적으로 제거된다. 그러나 제왕절개술로 태어난 신생아의 경우에는 폐 속에 액체가 그대로 남아 있어 호흡이 어려운 경우도 있다.

출생 후 2분 이내에 첫울음이 시작되지 않으면 신생아에게 문제가 생길 수 있고 3~5분이 경과해도 호흡하지 않으면 산소결핍증으로 인해 두뇌에 손상이 생길 수도 있으며, 최악의 경우에는 호흡기 문제로 사망할 수도 있다(강문희 · 신현옥 · 정옥환 · 정정옥, 2004, p. 107). 그러나 대다수의 신생아는 정상적으로 호흡을 하게 되는데 이때는 복식호흡에 의해 1분당 30~50회 정도로 성인보다 거의 두 배 정도 빠르고 불규칙하게 호흡을 한다.

2) 순환기관

태내기 동안 어머니와 태아는 서로 독립된 순환기관을 유지하며 생활하지만 태아는 탯줄을 통해 태반으로부터 모체에서 깨끗한 혈액을 공급받고 자신의 피를 되돌려보내는 식으로 혈액순환을 한다. 그러나 신생아는 출생과 더불어 모체로부터 완전히 독립하여 스스로의 힘으로 신체 각 부분에 혈액을 순환시키게 된다. 신생아의 순환기가 완전히 안정되기까지 신생아의 심장박동은 어른보다 빠르고 불규칙하지만 생후 약 열흘 정도 지나면 안정된다.

3) 소화기관

신생아는 출생 후 스스로 음식물을 섭취하고 배설한다. 이를 위해 신생아는 젖을 빨기 위한 강한 빨기반사 행동을 보일 뿐만 아니라 젖을 소화시킬 수 있는 분비액이 위에서 자동적으로 분비된다. 또한 장이 가득 차면 괄약근이 자동적으로 열리면서 자연스럽게 배변이 이루어진다.

4) 체온조절

출생 후 신생아가 스스로 몸의 체온을 조절하여 주변 환경의 온도변화에 적응하기까지는 약간의 시간이 걸린다. 일반적으로 신생아는 성인보다 체온이 조금 높은 편인데, 갓 태어난 신생아는 체온 조절 기능이 미숙하여 태내 체온보다 떨어져 저체온 상태로 있다가 약 4~8시간 내에 정상으로 돌아온다. 또한 신생아는 피하지방이 적고, 몸의 크기에 비해 체표면적이 넓으며 양수에 젖어 있던 상태여서 성인보다 네 배 정도 쉽게 체열을 손실할 수 있다(박성연 · 도현심, 2003, p. 106). 따라서 출생 직후 신생아들은 너무 덥거나 너무 추운 환경에 노출되지 않도록 겉싸개나 옷을 이용하여 일정한 체온을 유지할 수 있도록 해주어야 한다.

일반적으로 임신 주수를 모두 채우고 태어난 신생아는 태내기의 마지막 2개월 동안 지방층이 잘 형성되어 웬만한 온도 변화에 대해 체온을 유지할 수 있는 능력이 있지만, 미숙아나 조산아인 경우에는 지방층이 잘 형성되지 못하여 특별한 주의가 필요하다.

3. 반사행동

반사(reflex)란 외부에서 어떤 자극이 주어졌을 때 이에 대해 무의식적이고 자동적으로 반응하는 것을 말한다. 신생아의 많은 행동은 본능적이며, 비자발적인 반사로 나타나는데 선천적으로 20여 가지 이상의 반사행동을 나타낸다. 이러한 반사행동은 신생아가 세상에서 살아남기 위해 기본적으로 갖추고 있는 기제라고 할 수 있다. 대부분의 반사행동은 생후 수 주 또는 몇 달 이내에 영아의 신경조직이 발달하면서 점차 사라지기 시작하여 생후 1년 정도 되면 거의 모든 반사가 없어지거나 의도적인 행동으로 대치된다.

반사행동은 크게 두 가지로 분류된다. 하나는 생존반사 혹은 적응적 반사로서 신생아의 생존을 위해 반드시 필요한 반사행동들이며, 다른 하나는 비생존반사, 원시적 반사, 보호반사 혹은 특수반사로 명명된 반사들로서 신생아의 생존과 직접 관련되지는 않지만 선천적으로 신경계에 내재되어 있는 반사행동들이다(Seifert, 1995, p. 104).

1) 생존반사

생존반사란 인간의 생존이나 보호와 관련된 것으로서 위험으로부터 신생아를 보호하는 역할을 한다. 신생아의 생존과 직접 관련된 반사로는 젖찾기반사, 빨기반사, 삼키기반사 등 주로 수유와 관련된 것들이 많다. 이같은 반사행동들은 대부분 신생아기를 지나 영아기에 접어들면서 점차 사라진다.

(1) 젖찾기반사

신생아의 입 주위에 손가락이나 고무젖꼭지로 자극을 주면 그 자극물을 향해 고개와 입을 돌리고 무언가 입으로 빨려고 하는데 이 반사행동을 젖찾기반사(rooting reflex) 혹은 근원반사라고 한다. 처음에 이 반사행동은 입에서 먼 뺨에 자극물을 가져다 대도 나타나지만 생후 2~3개월 정도 지나면 젖을 먹을 때, 혹은 입 주위의 자극에만 반응을 나타낸다. 특히 이러한 반응은 자극의 위치가 입에 가깝거나 배고플 때 민감하게 나타나기 때문에 나중에는 신생아가 배가 고픈지 알아보는 방법으로도 응용된다.

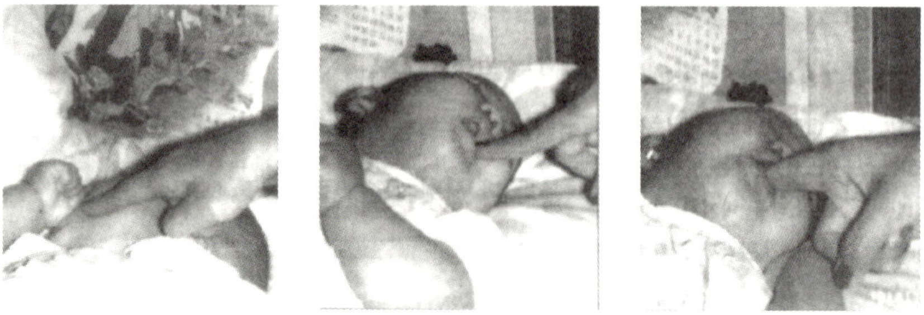

그림 5-4 젖찾기반사

〈출처〉 김광웅 · 방은령(2003). **아동발달**, p. 185.

(2) 빨기반사

신생아는 입에 닿는 것은 무엇이든지 힘차게 빨려고 하는데 이를 빨기반사(sucking reflex)라고 한다. 빨기반사도 생존을 위해 필수적인 행동이지만 삼키기반사와 호흡이 동시에 이루어져야 하는 상당히 복잡한 반사행동이다. 이는 성장하면서 서서히 사라져 의식적인 빠는 행동으로 대치된다.

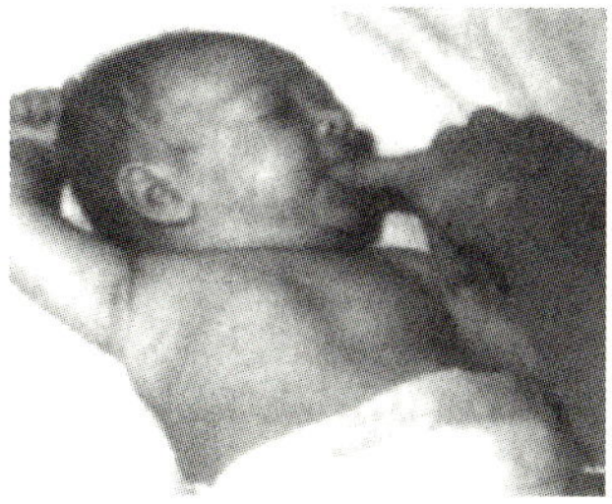

그림 5-5 빨기반사

〈출처〉 Gander, M. J. & Gardiner, H. W. (1981). *Child and adolescent development*, p. 114.

(3) 위축반사

신생아는 손발에 고통스러운 자극이 오면 손발을 오므리고 다리를 움츠리는 반응을 보이는데 이때 나타나는 반사행동을 위축반사(withdrawal reflex)라고 한다. 이는 위험으로부터 신체를 보호하려고 하는 신생아의 본능적인 행동에서 비롯된다.

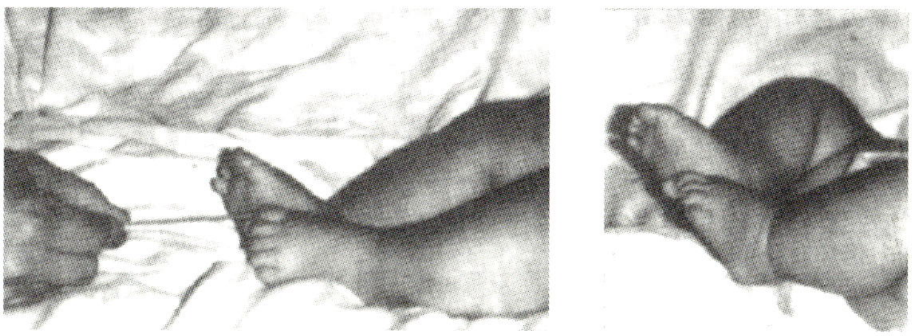

그림 5-6 위축반사

〈출처〉 김광웅 · 방은령(2003). 아동발달, p.186.

(4) 기침 · 하품 · 재채기반사

기침반사, 하품반사, 재채기반사 등은 호흡과 관련하여 생존가치를 갖는 반사행동들이다. 기침반사와 재채기반사는 기도를 깨끗이 하는 기능을 하며, 하품반사는 한꺼번에 다량의 산소가 요구될 때 산소를 공급하는 기능을 한다(강문희 외, 2004, p. 110).

이상과 같은 반사 외에 생존과 관련된 반사로는 입에 들어오는 음식물을 식도로 넘기는 삼키기반사, 갑작스러운 강한 빛에 눈을 깜박이는 눈깜박거리기반사, 그리고 주변 밝기에 따라 눈동자의 크기를 조절하는 동공반사 등이 있다. 이같은 반사들은 성인이 되어도 그대로 남아 있다.

2) 비생존반사

비생존반사는 출생 시 이미 잘 발달되어 있는 뇌간이나 중뇌에 의해 통제되는 무의식적 반사행동으로 신생아의 생존과는 직접 관계되지 않는 원시적인 반사이다. 이러한 원시적인 반사들은 두뇌의 피질부분이 발달하여 보다 복잡한 두뇌활동을 함으로써 점차 의식적이고 자발적인 행동이 가능해지는 생후 6개월~1년 정도에 사라진다. 신생아에게 선천적으로 내재되어 있는 비생존반사는 뇌 손상이 있는 신생아의 경우에는 잘 나타나지 않아서 신생아의 신경계통 이상을 살펴보는데 유용하다.

(1) Moro모로반사

Moro라는 학자가 발견했다 하여 모로반사(Moro reflex)로 불리는 이 반사는 신생아를 놀라게 하면 나타나는 반사행동이다. 즉, 신생아의 머리를 약간 들어올렸다 떨어뜨려 신생아의 머리 위치를 갑자기 변경하거나 신생아가 누워 있는 근처를 세게 두드려 큰 소리가 나게 하는 등 신생아에게 놀랄 만한 자극을 주면 신생아는 머리를 뒤로 젖히고 등은 활처럼 휘며 두 팔과 다리를 벌림과 동시에 손가락을 쫙 펴서 허공에서 무언가를 잡으려고 하는 행동을 보이다가 다시 금방 가슴으로 손을 모으는 행동을 나타낸다. 생후 며칠 안에 나타나는 이 반사행동은

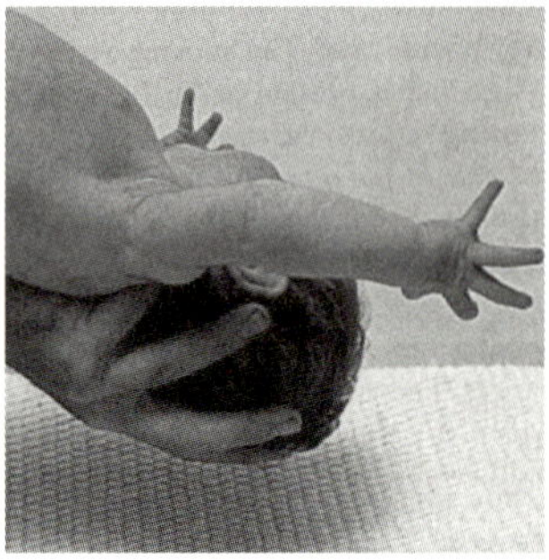

그림 5-7 Moro반사
〈출처〉 Santrock, J. W. (1997). *Life-span development*, p.134.

생후 6개월 정도 지나면 사라진다.

(2) 파악반사

신생아의 손바닥에 손가락이나 물체로 자극을 주면 신생아는 무의식적으로 손에 닿는 것을 쉽게 빼내기 힘들 정도로 세게 움켜쥐고 놓지 않는 반응을 보이는데 이를 파악반사(grasp reflex)라 한다. 이때 신생아의 쥐는 힘은 막대기에 1~2분 정도 매달릴 수 있을 만큼 매우 강하다. 이는 다윈반사(Darwin reflex)라고도 하는데 원숭이의 파악운동을 예로 들 수 있다. 즉, 새끼 원숭이는 생존을 위해 움직이는 어미 원숭이에게 매달려 있어야 하는 필요성 때문에 이러한 잡기행동이 잔존되어 나타나는 본능적인 반사로 해석하기도 한다. 신생아의 물체를 쥐는 힘은 1개월이 지나면서 점차 약해져 생후 3~4개월이 되면 의도적인 잡기행동으로 대치된다.

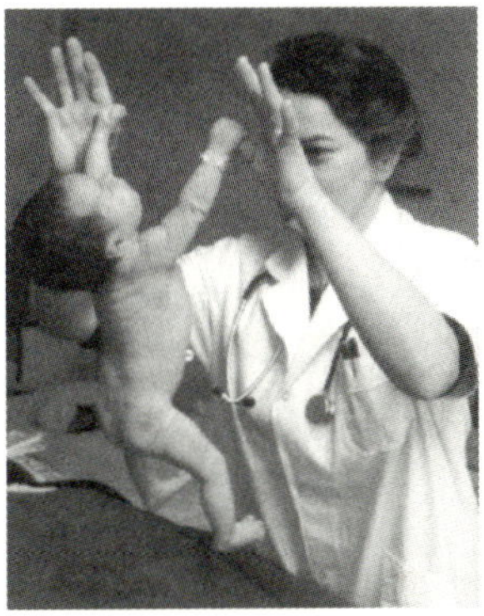

그림 5-8 파악반사
〈출처〉 Berk, L. E. (1999). *Infants and children*, p.150.

(3) Babinski반사

바빈스키반사(Babinski reflex)는 신생아 발바닥의 오목하게 들어간 부위를 손가락이나 펜으로 살짝 쓸어주면 발가락 다섯 개를 발등을 향하여 부챗살처럼 쫙 폈다가 다시 오므리는 행동이다. 일반적으로 생후 6개월 정도부터 서서히 없어져 1년 안에 사라진다.

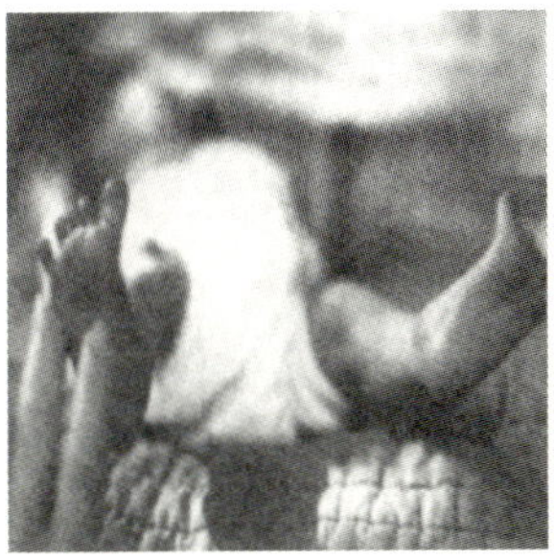

그림 5-9 Babinski반사
〈출처〉 Berk, L. E. (2008). *Infants and children*,

(4) 걷기반사

신생아의 겨드랑이에 두손을 넣어 부축하고 편편한 바닥에 발바닥이 닿도록 바로 세운 후 상체를 약간 앞으로 쏠리게 해주면 신생아는 무릎을 구부리면서 두 다리를 번갈아 이용하여 마치 걸음을 걷는 것과 같은 동작을 취한다. 이를 걷기반사(stepping reflex)라고 하는데 생후 2개월 정도가 되면 사라진다.

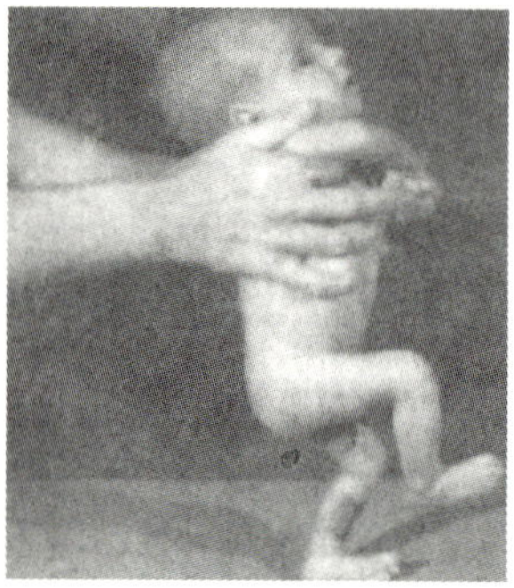

그림 5-10 걷기반사
〈출처〉 한국인간발달학회(1997). 유아의 심리, p. 87.

(5) 긴장성목반사

긴장성목반사(tonic neck reflex)는 신생아를 눕히고 아기의 머리를 한쪽으로 돌리면 머리가 향한 방향의 팔과 다리를 앞으로 쭉 펴고 반대편 팔과 다리는 구부려서 마치 펜싱을 하는 사람과 같은 자세를 취하는 것이다. 이 반사행동은 생후 2개월경까지 나타나다가 서서히 사라진다.

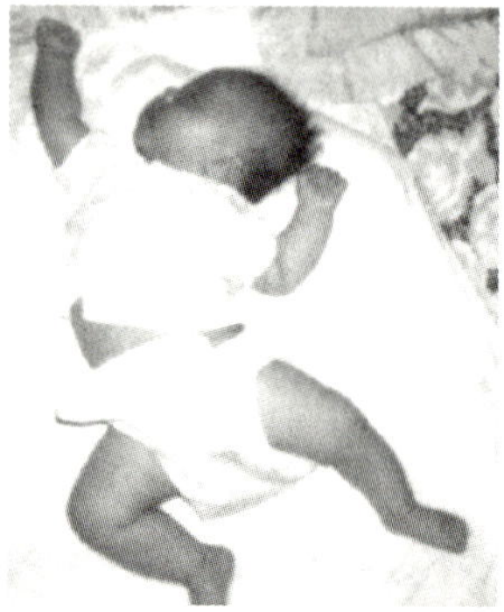

그림 5-11 긴장성목반사
〈출처〉 조성연(2006). 예비 부모 교육, p. 218.

(6) 위치잡기반사

위치잡기반사(placing reflex)는 신생아의 발등을 평면의 가장자리에 닿게 해주면 아기는 발을 움츠리며 마치 계단을 오르는 것과 같은 동작을 나타내는 것으로 생후 3~4개월경에 사라진다.

이 밖에도 신생아가 어떤 자극에 대해 어떤 형태로든 반사적인 반응을 보이는 정향반사(orienting reflex), 신생아의 무릎뼈 아래를 가볍게 두드리면 갑자기 무릎을 뻗는 반사행동으로 평생 지속되는 슬개건반사(knee-jerk reflex), 신생아의 얼굴을 아래로 향하게 하고 물에 넣으면 마치 수영을 하듯 팔과 다리를 교대로 움직이는 수영반사(swimming reflex) 등이 있다.

표 5-1 신생아의 반사행동

반사행동	행동	발달	의미
호흡반사	반복적으로 숨을 들이마시고 내쉰다.	영구적이다. 부분적으로 자의적이라 볼 수 있다.	산소를 마시고 이산화탄소를 배출한다.
젖찾기반사	자극 방향으로 뺨을 돌린다.	생후 몇 주 후부터 6개월까지 지속되다 사라진다.	젖이나 우유병에 관심을 갖는다.
빨기반사	목구멍, 입, 혀로 강하게 빤다.	점차 자의적인 조절로 변한다.	음료수를 마시려 한다.
삼키기반사	목구멍 안으로 삼킨다.	영구적이다. 부분적으로 자의적이라 볼 수 있다.	질식하지 않고 음식을 먹는다.
눈깜박거리기반사	눈을 깜박거린다.	영구적이다. 부분적으로 자의적이라 볼 수 있다.	물체나 밝은 빛으로부터 눈을 보호한다.
동공반사	동공이 밝은 빛에서는 작으나 어두운 빛에서는 커짐으로써 그 크기가 변한다.	영구적이다.	밝은 빛으로부터 보호하고 어두운 빛에서 더 잘 본다.
모로반사	신생아가 큰 소리에 팔을 바깥쪽으로 폈다가 활모양으로 몸을 휜다.	팔동작과 몸을 활모양으로 휘는 것은 6개월이 지나면 곧 없어지지만, 깜짝 놀라는 반응은 일생 동안 계속된다.	정상적인 신경조직 발달이다.
파악반사	신생아의 손바닥에 작은 물건을 쥐어주면 꽉 쥔다.	생후 3개월이 되면 사라지고, 6개월이 되면 자의적으로 물건을 쥔다.	정상적인 신경조직 발달이다.
긴장성목반사	신생아를 반듯이 뉘였을 때, 머리를 돌리고 팔과 다리를 같은 방향으로 뻗는다.	생후 2~3개월이 지나면 사라진다.	정상적인 신경조직 발달이다.
바빈스키반사	발바닥을 간질일 때 발가락을 폈다가 오므린다.	생후 8~12개월이 지나면 사라진다.	정상적인 신경조직 발달이다.
걷기반사	신생아를 세워놓으면 마치 걷는 것처럼 다리를 움직인다.	생후 8주가 지나면 사라진다.	정상적인 신경조직 발달이다.
수영반사	신생아를 물속에 넣으면 다리를 움직이고 호흡한다.	생후 4~6개월이 지나면 사라진다.	정상적인 신경조직 발달이다.

〈출처〉 조복희(2000). **아동발달**, p. 147.

4. 신생아검사

신생아의 정상성 여부와 건강상태를 측정하는 대표적인 검사로 Apgar척도(Apgar Scale)와 Brazelton 신생아 행동평가척도(Brazelton Neonatal Behavior Assessment Scale)를 들 수 있다.

1) Apgar척도

병원에서 출생한 대부분의 신생아들은 Apgar척도를 사용하여 건강검진을 받는다. Apgar척도는 Virginia Apgar가 1953년에 개발한 검사로서 출생 직후 신생아의 건강상태를 측정하는데 사용하는 가장 대표적인 의학적 검사이다. 피부색, 심장박동률, 자극에 대한 반사능력, 근육상태, 호흡의 다섯 가지 하위척도로 구성되어 있으며, 신생아는 생후 1분 후와 5분 후, 총 2회에 걸쳐 검사를 받는다. 각 척도마다 0점, 1점, 2점을 주어 최종 점수를 합산하는데 최하 0점에서 최고 10점의 점수범위를 이룬다. 일반적으로 7~10점은 정상으로 판단하며, 4~6점은 원활한 호흡을 위해 도움이 필요하다는 것을 의미하고, 0~3점은 위험한 상태로 즉각적인 조치가 필

표 5-2 Apgar척도의 기준과 점수

척도	0점	1점	2점
피부색(appearance)	몸 전체가 푸르고 창백함	몸은 연붉은빛, 사지는 푸른빛	몸 전체가 분홍빛
심장박동률(pulse)	없음	느림(분당 100 이하)	빠름(분당 100회 이상)
반사능력(grimace)	무반응	약한 반사 반응	강한 반사 반응
근육상태(activity)	축 늘어져 있음	약하고 비활동적	강하고 활동적
호흡(respiration)	없음	불규칙, 느림	양호, 울음

요하다는 것을 뜻한다.

2회의 Apgar점수 중 분만 후 1분 뒤에 측정한 점수가 낮다고 해서 신생아가 질식 상태라는 것을 의미하지는 않는다. 왜냐하면 어머니가 분만과정에서 처치받은 진통제 혹은 마취제의 양이나 신생아의 신경상태나 심장, 호흡기상태가 행동이나 반응성에 영향을 미칠 수 있기 때문이다. 특히 미숙아들은 그들의 생리적 미성숙 때문에 매우 낮은 점수를 받을 수도 있다(Steinberg & Belsky, 1991). 대부분의 경우에 신생아의 Apgar점수가 낮다고 해도 발달을 자극하는 지지적인 환경에서 자라면 정상적으로 잘 자랄 수 있다(박성연 · 도현심, 2003, p. 116).

출생 후 1분 뒤에 측정한 Apgar검사에서 4점 미만을 받은 신생아가 즉각적인 의료적 조치를 통해 점수가 4점 이상이 되면 심각한 장기적인 영향은 없으나, 5분 후에 측정한 두 번째 점수도 0~3점인 경우에는 심각한 문제가 생길 수 있다(Steinberg & Belsky, 1991).

2) Brazelton 신생아 행동평가척도

Brazelton 신생아 행동평가척도는 신생아가 주위 환경에 반응하는 방식을 알아보기 위해 Thomas B. Brazelton이 1973년에 개발한 검사이다. 이 검사는 생후 5일이 채 안 된 신생아를 대상으로 감각반응, 반사와 운동수준, 달래지는 정도, 사회적 상호작용의 네 개 하위영역에 대한 신생아의 개별적인 행동의 차이를 평가한다.

Brazelton척도는 다음과 같은 세 가지 기본 가정에 따라 제작하였다. 첫째, 갓 태어나서 아무것도 할 수 없는 것처럼 보이는 신생아도 이미 어머니 뱃속에 있었던 기간 동안의 경험을 거쳐 새로운 환경에 반응하기 위하여 오감을 사용하고 자신의 행동을 통제할 수 있는 능력이 있다. 둘째, 신생아는 발달할 수 있는 복잡한 구조를 가진 유기체로서 태어나는 순간부터 양육자와 끊임없이 비언어적인 의사소통을 하면서 자신의 환경을 단계적으로 조절해 나간다. 셋째, 신생아는 자신의 상태를 서서히 조절해 가면서 주변 환경에 적응해 가는 매우 독특한 자신만의 개성을 가진 사회적 존재이다. 그러므로 Brazelton척도는 타고난 반사운동 등을 통하여 주변 환경에 적응해 나가는 신생아의 능력을 높이 평가하고 신생아 간의 개인차를 존중하며 인정한다.

Brazelton척도를 실시하는 방법은 매우 까다롭다. 먼저 신생아의 상태를 일곱 가지 중 하나로 진단하고 자고 있는지, 깨어 있는지, 각성상태인지, 울고 있는지에 따라 그 시작하는 순서를 달리한다(그림 5-12 참조). 또한 시시각각 변하는 신생아의 상태에 따라 검사실시자가 융통성있게 검사를 실시한다. 신생아를 대상으로 1회 검사하는데 적어도 30분 정도 소요되기 때문에 모든 신생아를 대상으로 간단하게 실시할 수 있는 검사는 아니다. 그러나 이 척도는 신생아의 발달을 평가할 수 있는 유일한 포괄적인 도구이고, Apgar척도보다 신생아의 미래 발달을 더 잘 예측할 수 있는 지표로 평가되고 있어 발달연구자들이 많이 사용하고 있다. 그러나 Brazelton 척도가 절대적으로 신생아의 모든 미래 발달을 예측하는 지표가 될 수 없다는 의견

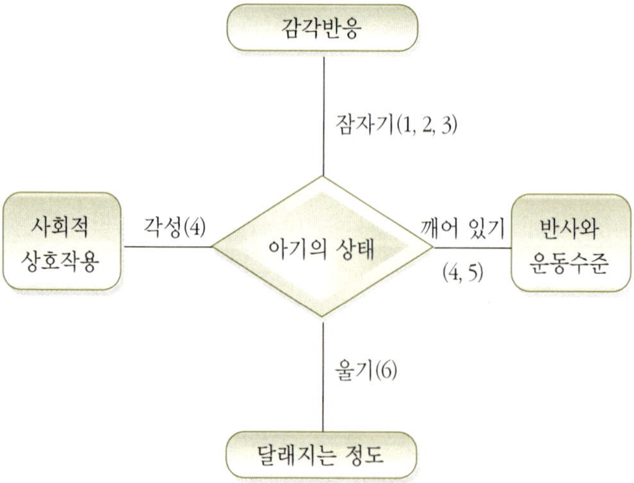

그림 5-12 Brazelton 신생아 행동평가척도의 실행 순서

〈출처〉 Brazelton, T. B. & Nugent, J. K. (1995). *Neonatal Behavioral Assessment Scale(NBAS) handbook*, p. 11.

도 있다. 왜냐하면 신생아의 발달은 생의 초기에 상당한 변화가 일어나고, 그러한 변화 양상이 미래의 발달을 예측하는데 더 중요한 지표가 되기 때문이다(Stenberg & Belsky, 1991).

5. 신생아의 일상생활

1) 수면

신생아는 하루의 대부분인 약 16~18시간 동안 자며, 한 번 자면 배가 고프거나 춥거나 배변을 하거나 신체적으로 불편할 때를 제외하고는 거의 깨지 않는다. 대부분의 신생아들은 약 2시간 정도 자다가 깨어났다가 다시 잠이 드는 것을 반복한다. 신생아가 안정적으로 환경에 적응하고 소화기관이 성숙하고 위가 커져서 섭취하는 수유량이 늘어남에 따라 이 주기는 약 3~4시간 간격으로 늘어나게 된다.

일반적으로 신생아들은 수면과 각성 정도에 따라 깊은 수면과 불규칙 수면의 두 가지 수면상태, 활동적인 각성상태와 깨어 있으나 졸린 두 가지 각성상태, 그리고 울거나 칭얼거리는 상태 등의 다섯 가지 상태를 나타낸다. 신생아들은 이 다섯 가지 상태를 개별적으로 일정한 주기를 갖고 반복한다. 즉, 자다가 깨어나서 울고, 젖을 먹고, 조금 깨어 있는 상태를 유지하다가 다시 얕은 잠에 빠졌다가 깊은 잠에 빠지는 일을 수없이 반복한다(Bee, 1997). 신생아들의 이러한 상태에 대한 주기는 신생아와 부모 간의 상호작용 양상이나 신생아의 발달과 밀접하게 관련된다(박성연 · 도현심, 2003, p. 107).

신생아들의 수면양상은 성인과 상당히 다르다. 즉, 신생아는 수면 중 반 이상을 활동적 수면이라는 불규칙한 수면을 취한다. 성인들은 활동적 수면 동안 주로 꿈을 꾸지만, 신생아들은 중추신경계의 성장을 위해 필요한 자극을 받는다(Berk, 1999, p. 204). 신생아가 거의 하루 종일 자는 것같이 보일지 모르지만 자는 동안 적어도 반 이상은 깨어 있을 때와 비슷한 뇌활동을 하고 근육운동과 사지운동을 수반하는 불규칙적인 수면을 하면서 스스로 필요한 발달을 계속해 나간다.

표 5-3 신생아의 수면상태와 각성상태

상 태	특 징
깊은 수면 (규칙적 수면)	눈을 꼭 감고 몸의 움직임이 거의 없음. 호흡이 규칙적이고 순조로움. (non-rapid eye movement sleep)
활동적 수면 (불규칙적 수면)	얼굴 표정이 자주 바뀜. 눈은 감았으나 가끔씩 눈거풀 아래로 눈동자가 빠른 움직임을 보임. 호흡이 불규칙함(rapid eye movement sleep).
조용하게 깨어 있음 (졸림)	눈은 뜨고 호흡은 규칙적임. 신체적 움직임이 없음.
활동적으로 깨어 있음	눈을 뜨고 팔다리를 움직임. 호흡이 불규칙함.
울거나 칭얼대기	눈은 반쯤 또는 완전히 감은 상태임. 울음과 칭얼대는 소리와 함께 심하게 움직임.

〈출처〉 박성연 · 도현심(2003). **아동발달**, p.108.

2) 수유

출생 직후 신생아는 젖을 가까이 대면 빨 수 있는 능력을 나타내고 빨고 싶어 하는 것처럼 보이기도 한다. 그러나 초기에는 아직 빠는 힘이나 기술이 충분히 발달하지 않아서 신생아와 어머니 또는 양육자가 수유방식에 익숙해지기까지는 어느 정도의 시간이 걸린다.

신생아가 젖을 빠는 것은 아마도 신생아가 깨어 있는 상태에서 가장 열심히 생존을 위해 노력하는 행동일 것이다. 신생아가 처음 젖을 빨 때는 익숙하지 않아서 공기까지 들이마시는 경우가 있어 가끔 토하기도 한다. 또한 신생아의 위가 작고 수직형으로 되어 있어서 신생아는 한꺼번에 많이 먹지도 못하여 두세 시간 간격으로 하루에 7~12회 정도 먹는다. 특히 모유는 조제분유보다 소화가 더 잘 되기 때문에 더욱 자주 먹는다. 신생아가 생리적으로 안정되고 수유간격도 어느 정도 일정해지는 생후 3~4주 정도가 지나면 신생아는 서너 시간 간격으로 젖을 먹는다.

출산 후 1~2일이 지나면 산모에게서 누르스름하고 약간 끈적끈적한 젖이 나오는데 이를 초유라고 한다. 초유에는 단백질, 지방, 비타민 A 등의 영양성분이 포함되어 있어 신생아의 태변 배설에 도움을 주고 전염병에 대한 저항력도 높여준다(강문희 외, 2004, p. 107).

3) 배변

신생아는 생후 1~2일경에 태변이라고 하는 아주 짙은 녹색이나 갈색의 끈적끈적한 변을 보는데 이것은 어머니의 뱃속에서 생긴 장의 분비물, 담즙, 점액, 양수에서 삼켰던 물질들이 태내에 축적되어 있다가 배출되는 것이다. 태변을 보고 며칠이 지나면 정상적인 변을 보기 시작하여 하루에 4~7회 정도 대변을 본다. 또한 신생아의 신장은 출생 전 이미 기능을 하고 있어 70% 가량의 신생아가 출생 후 24시간 이내에 소변을 본다. 소변은 하루에 10~20회 정도 보는데 양은 30~40ml 정도로 적다. 신생아의 월령이 증가할수록 소변의 양은 증가하고 횟수는 줄어든다. 신생아의 소변은 어른에 비해 빛깔도 엷고 냄새도 진하지 않다.

4) 울음

신생아들은 기본적으로 깨어 있는 시간이 적고 깨어 있는 시간 동안 자신의 의사를 표현하는 방법도 다양하지 않다. 칭얼거리거나 울음소리를 내는 것이 신생아가 자신의 의사를 표현하는 유일한 방법인데 신생아의 상태에 따라 울음소리가 다르다. 그러므로 신생아의 울음의 원인을 잘 살펴서 적절하게 대처해야 한다(조성연,

2001, p. 285).

- **통증** 아프거나 괴로워서 울 때는 먼저 숨을 급히 들이쉰 후 비명을 지르면서 일정한 간격을 두고 운다.
- **정상** 정상적인 울음소리는 높낮이가 규칙적이며 숨을 쉴 때 끊어진다. 주로 배가 고프거나 놀아달라는 표시를 할 때의 울음이다.
- **불만** 용변 때문에 기저귀가 축축해졌거나 배가 고플 때, 피곤하거나 다른 불만을 나타내는 경우는 울음소리가 작고 낮다. 칭얼대는 소리처럼 들리는 경우가 흔하다.

이외에 너무 춥거나 너무 더워 온도가 맞지 않거나 화가 났을 때도 우는데 이 경우에는 비슷한 음조로 울다가 불규칙하게 운다. 또한 낯선 소리와 갑작스러운 움직임이 있는 경우, 혹은 혼자 내버려두었을 때도 우는데 이때는 큰 소리로 운다.

정상적인 신생아의 경우에는 하루 중 2~11% 정도 우는데, 생후 첫 6주 동안은 울음이 계속 증가하다가 그후 점차 감소한다. 울음은 배고픔, 불편함, 분노 등 양육자에게 어떤 신호를 나타내기 위한 표현방법으로 그 각각의 요구와 신생아의 상태에 따라 양상이 다르므로 양육자는 신생아의 요구에 따른 울음소리를 알아두는 것이 좋다. 울음에는 개인차가 있어 아기의 15~20%는 매일 오후 늦게 혹은 이른 저녁시간에 특별한 이유 없이 아주 심하게 우는데, 복통(colic)이라 불리는 이러한 울음은 생후 2주경에 나타나서 3~4개월에는 자연적으로 사라진다(Bee, 1997, p. 187). 복통은 기질적 이유나 호흡조절이 원활하지 못하다든지, 생체 리듬과 수면주기가 잘 안 맞는 등의 생리적인 이유 때문에 나타나므로 그리 염려할 필요는 없다(Sroufe et al., 1992).

06

CHAPTER

영아기

1. 신체발달

2. 인지발달

3. 언어발달

4. 사회정서발달

CHAPTER 06

영아기

생후 4주부터 2세까지의 영아기는 여러 발달영역에서 매우 빠른 성장을 보이는 시기이다. 하루 중 대부분의 시간을 누워 지내면서 제공되는 자극만 쳐다보던 영아는 혼자서 앉고 걷고 뛰는 이동능력을 획득함으로써 행동반경이 넓어지고 더 많은 탐색을 하게 된다. 또한 울음으로만 의사를 표현하던 영아가 단어와 문장으로 자신의 생각과 감정을 표현하고 타인의 말도 이해할 수 있게 된다. 뿐만 아니라 영아는 감각과 운동발달을 통해 감각운동적 사고가 가능해지고, 자신에 대한 인식을 통한 자아개념도 생기며, 사람과 물체에 대한 인식 및 기억 능력도 발달하게 된다. 따라서 본 장에서는 커다란 변화를 통해 많은 능력을 획득한 영아가 어떤 신체발달, 인지발달, 언어발달, 사회정서발달을 이루어나가는지에 대해 살펴보고자 한다.

1. 신체발달

출생 후 가장 빠른 신체성장을 보이는 시기를 성장급등기라 한다. 인간에게는 두 번의 성장급등기가 있는데 첫 번째 성장급등기가 바로 영아기이고, 두 번째 성장급등기가 사춘기이다.

1) 신체적 성장

영아기의 신체적 성장은 놀라울 정도로 빠르게 진행된다. 체중과 신장뿐만 아니라 근육, 골격, 뇌 등의 성장도 빠른 속도로 이루어진다.

(1) 신체와 체중 변화

출생 시 3.0~3.5㎏ 정도였던 체중은 생후 3~4개월 만에 출생 시의 약 두 배가 되고, 1세에는 출생 시의 세 배가 되며, 2세경에는 출생 시의 약 네 배가 된다. 2세 때의 약 12㎏의 체중은 성인 체중의 20% 정도에 해당한다. 신장은 출생 시 51㎝ 정도이던 것이 생후 1년이 되면 1.5배인 약 75㎝가 넘고, 2세경에는 성인의 절반 정도인 84~85㎝가 된다. 전반적으로 남아가 여아보다 체중과 신장 모두 약간 더 크다. 또한 출생 후 1개월까지는 머리둘레(두위)가 가슴둘레(흉위)보다 약간 더 크지만 생후 6개월쯤 되면 머리둘레와 가슴둘레가 비슷해지며, 생후 1년이 되면 가슴둘레가 머리둘레보다 더 커진다.

(2) 신체비율의 변화

임신에서 출생까지는 머리 부분이 가장 빠르게 성장하지만, 출생 후 1년 동안은 몸통, 생후 1년 이후부터 청년기까지는 다리가 가장 빠르게 성장한다. 영아기 때 머리가 신체에서 차지하는 비율은 신생아의 경우 $\frac{1}{4}$, 생후 2세경에는 $\frac{1}{5}$, 성인이 되면 $\frac{1}{8}$이 된다.

표 6-1 우리나라 아동과 청소년의 신체발달 정도

남자				연령	여자			
체중 (kg)	신장 (cm)	체질량지수 (kg/m²)	머리둘레 (cm)		체중 (kg)	신장 (cm)	체질량지수 (kg/m²)	머리둘레 (cm)
3.41	50.12		34.70	출생시	3.29	49.35		34.05
5.68	57.70		38.30	1~2개월	5.37	56.65		37.52
6.45	60.90		39.85	2~3개월	6.08	59.76		39.02
7.04	63.47		41.05	3~4개월	6.64	62.28		40.18
7.54	65.65		42.02	4~5개월	7.10	64.42		41.12
7.97	67.56		42.83	5~6개월	7.51	66.31		41.90
8.36	69.27		43.51	6~7개월	7.88	68.01		42.57
8.71	70.83		44.11	7~8개월	8.21	69.56		43.15
9.04	72.26		44.63	8~9개월	8.52	70.99		43.66
9.34	73.60		45.09	9~10개월	8.81	72.33		44.12
9.63	74.85		45.51	10~11개월	9.09	73.58		44.53
9.90	76.03		45.88	11~12개월	9.35	74.76		44.89
10.41	78.22		46.53	12~15개월	9.84	76.96		45.54
11.10	81.15		47.32	15~18개월	10.51	79.91		46.32
11.74	83.77		47.94	18~21개월	11.13	82.55		46.95
12.33	86.15		48.45	21~24개월	11.70	84.97		47.46
13.14	89.38	16.71	49.06	2~2.5세	12.50	88.21	16.34	48.08
14.04	93.13	16.29	49.66	2.5~3세	13.42	91.93	16.01	48.71
14.92	96.70	15.97	50.10	3~3.5세	14.32	95.56	15.76	49.18
15.91	100.30	15.75	50.43	3.5~4세	15.28	99.20	15.59	49.54
16.97	103.80	15.63	50.68	4~4.5세	16.30	102.73	15.48	49.82
18.07	107.20	15.59	50.86	4.5~5세	17.35	106.14	15.43	50.04
19.22	110.47	15.63	51.00	5~5.5세	18.44	109.40	15.44	50.21
20.39	113.62	15.72	51.10	5.5~6세	19.57	112.51	15.50	50.34
21.60	116.64	15.87	51.17	6~6.5세	20.73	115.47	15.61	50.44
22.85	119.54	16.06	51.21	6.5~7세	21.95	118.31	15.75	50.51
24.84	123.71	16.41		7~8세	23.92	122.39	16.04	
27.81	129.05	16.97		8~9세	26.93	127.76	16.51	
31.32	134.21	17.58		9~10세	30.52	133.49	17.06	
35.50	139.43	18.22		10~11세	34.69	139.90	17.65	
40.30	145.26	18.86		11~12세	39.24	146.71	18.27	
45.48	151.81	19.45		12~13세	43.79	152.67	18.88	
50.66	159.03	20.00		13~14세	47.84	156.60	19.45	
55.42	165.48	20.49		14~15세	50.93	158.52	19.97	
59.40	169.69	20.90		15~16세	52.82	159.42	20.42	
62.41	171.81	21.26		16~17세	53.64	159.98	20.77	
64.46	172.80	21.55		17~18세	53.87	160.42	21.01	
65.76	173.35	21.81		18~19세	54.12	160.74	21.13	

〈출처〉 보건복지부 질병관리본부(2007. 10. 19). 소아 청소년 성장곡선(신체발육 표준치) 새로이 제정.

(3) 근육발달

출생 시 신생아의 근육조직은 약 39% 정도가 수분으로 되어 있어 출생 후 1년까지는 근육이 제 기능을 할 만큼 충분히 발달하지 못한다. 그러나 그 이후 수분이 많이 줄어들면서 근육섬유는 성인이 될 때까지 계속 성장하여 점차 두꺼워지고 단단해진다. 근육발달도 위에서 아래로의 발달원칙에 따라 머리와 목 쪽의 근육부터 발달하고 점차 몸통, 팔, 다리의 근육이 발달해 나간다.

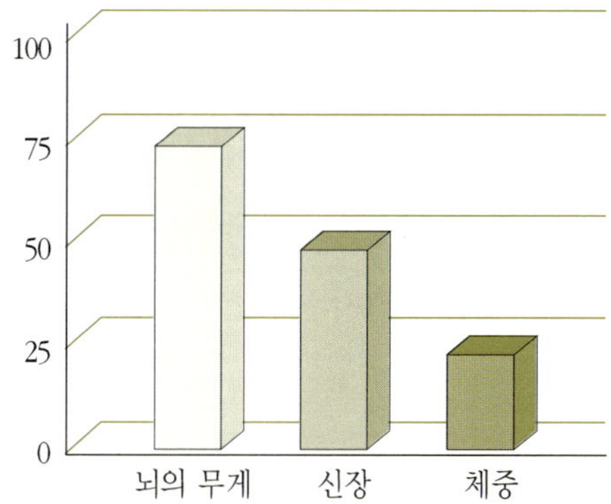

그림 6-1 성인과 비교한 2세 영아의 뇌의 무게, 신장, 체중

〈출처〉 Berger, K. S. (2003). *Developing person through childhood and adolescence*, p. 140.

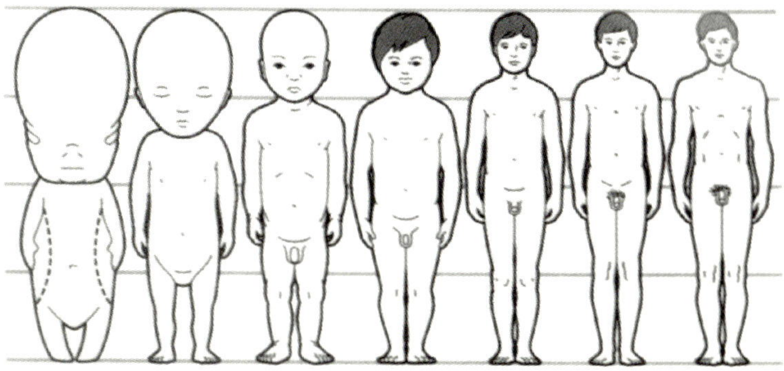

그림 6-2 신체 비율의 변화

〈출처〉 정옥분(2002). **아동발달의 이해**, p. 237.

(4) 골격발달

영아의 뼈는 매우 약하고 부드러우며 그 수도 성인보다 적다. 예를 들어, 손목뼈의 경우에 성인이 아홉 개인 데 반해, 생후 1년 된 영아는 세 개밖에 없다. 그러나 성장하면서 뼈의 수도 늘어나고, 뼈도 단단해지는데 이를 경골화(硬骨化)라고 한다. 영아는 태어날 때 두개골의 뼈가 완전히 닫혀 있지 않으며, 닫혀 있지 않은 연한 두개골 부분인 숫구멍(fontanel)이 있다(그림 5-2 참조).

(5) 치아발달

어린아이의 치아를 유치 혹은 젖니라 하며 이의 개수는 모두 20개이다. 대개 출생 후 6개월부터 이가 나기 시작하여 2세 반이면 모두 나게 된다. 생후 6개월경에 아래쪽 앞니부터 나기 시작하여 어금니, 송곳니의 순서로 이가 난다. 치아가 나는 시기는 개인차가 커서 출생 시부터 이가 나 있는 경우도 있고, 첫돌 무렵에 첫 이가 나는 경우도 있다.

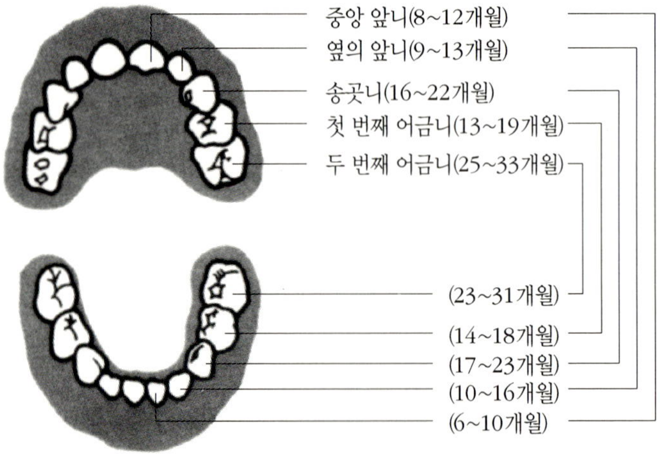

그림 6-3 유치가 나는 순서

〈출처〉 조성연(2006). **예비 부모교육**, p. 241.

(6) 뇌발달

영아기는 뇌성장의 급등기로서 그 성장 속도가 매우 빠르며, 뇌의 크기는 다른 영역의 발달을 가져오는 뇌기능과 상관이 있다. 출생 시 뇌의 무게는 평균 300~400g으로 성인의 $\frac{1}{4}$ 정도, 출생 후 6개월경이면 $\frac{1}{2}$ 정도, 2세 무렵에는 $\frac{3}{4}$ 정도가 된다. 뇌의 무게뿐만 아니라 머리둘레의 크기도 생후 1년 동안 가장 빠르게 성장한다. 출생 시 34㎝이던 두위가 생후 1년이 되면 46㎝로, 2년이 되면 48㎝ 정도로 증가하는데 이를 통해 두개골 내 성장이 어느 정도 이루어지고 있는지에 대해 알 수 있다.

뇌 발달과정에 있어 무엇보다 중요한 것은 뇌 전달체계의 변화이다. 뇌의 기본 전달체계는 정보를 저장하고 전달해 주는 신경세포인 뉴런(neuron)에 의해 이루어진다. 인간이 갖는 뉴런의 수는 1,000~2,000억 개 정도로 대부분 임신 중반기에 형성된다. 뉴런은 한 개의 축색돌기(axon)와 여러 개의 수상돌기(dentrite), 신경세포체(cell body), 종말단추(terminal button)로 구성되어 있다. 축색돌기는 뉴런에서 중심이 되는 돌기로 신경돌기라고도 하며 신경충격을 신경세포체로부터 다음 뉴런으로 전달한다. 수상돌기는 신경세포의 세포질로부터 돌출된 가지로서 비교적 짧은 몇 개의 돌기가 수용체로부터 자극을 신경세포체로 받아들이는 역할을 한다. 신경세포체란 돌기와 구별할 때만 사용하는 명칭으로 보통 신경세포라 부르는데, 핵과 세포질을 가지고 있으며 주로 대사 유지와 뉴런의 성장에 관여한다. 종말단추는 축색의 끝부분에 있는 작은 신경전달체로서 종말단추에 접근해 있는 시냅스(synapse)와 뉴런에 영향을 준다(정영래 · 정경아, 1994, pp. 70-71).

축색돌기는 신경전류의 전달속도를 촉진시켜 주는 미엘린(myelin)이라는 지방성 물질로 싸여 있는데, 미엘린이 축색돌기 둘레에 막을 형성하는 현상을 수초화라고 한다. 수초화는 영아기 동안 급속도로 진행되며, 특히 감각 및 운동영역의 수초화는 두 돌경이 되면 성인 수준에 도달한다. 영아기 동안 수상돌기의 밀도도 수초화와 함께 빠른 성장을 보여 생후 2년이 되면 출생 시의 다섯 배가 됨으로써 뉴런들이 점점 복잡하고 빠르게 연결된다.

두 개의 뉴런이 연결되는 지점, 즉 뉴런의 종말단추와 다른 뉴런의 수상돌기가

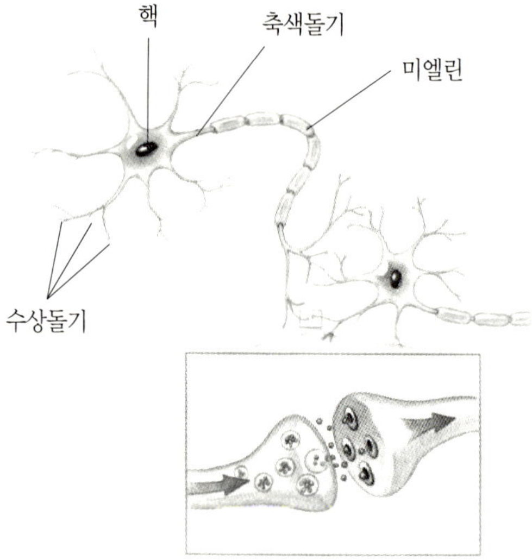

그림 6-4 뉴런의 구조

〈출처〉 Berger, K. S. (2003). *Developing person through childhood and adolescence*, p. 142.

연결되는 부분인 시냅스의 수도 생후 1년 동안 놀라운 속도로 증가하며 이후 그 속도가 둔화된다.

뇌의 기본 전달체계인 뉴런과 시냅스의 대부분은 대뇌피질(cortex)에 있다. 대뇌피질은 인간 뇌의 최대 구조로서 뇌 무게의 85%를 차지하며 끊임없이 성장하기 때문에 뇌의 다른 어떤 부분들보다 환경의 영향에 매우 민감하다(Berk, 2008, p. 172). 이러한 대뇌피질은 특수한 기능을 수행하는 몇 개의 다른 영역들로 구분된다. 대표적인 영역들로는 사고 및 기억, 운동기능을 관장하는 전두엽(이마엽, frontal lobe), 언어, 신체적 감각, 공간, 추상 능력을 관장하는 두정엽(마루엽, parietal lobe), 시각적 정보를 관장하는 후두엽(뒤통수엽, occipital lobe), 감정, 행동 및 청각적 기능을 관장하는 측두엽(관자엽, temporal lobe) 등이 있다. 대뇌피질의 각 영역의 발달 시기는 모두 다른데 후두엽과 측두엽은 출생 후 3~4개월부터 발달하며, 두정엽은 영아기 후기에서 학령 전기까지 급속도로 발달한다. 전두엽은 가장 늦게 발달하는데 영아기 후반부터 발달하기 시작하여 청년기, 성인기까지 계속 발달한다.

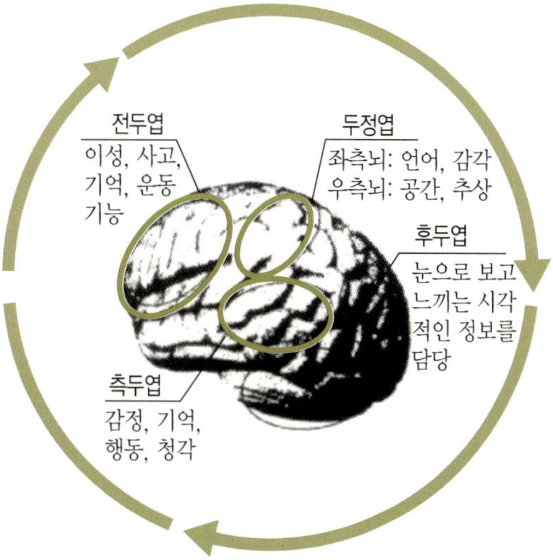

그림 6-5 뇌발달과 학습능력

〈출처〉 동아일보(2003. 3. 16). [건강] 뇌 집중해부〈2〉뇌발달과 학습능력.

2) 생리적 기능

(1) 수면

영아는 하루 중 대부분의 시간 동안 잠을 잔다. 영아들이 잠을 많이 자는 이유는 분명하지 않지만 잠자는 동안 뇌로부터 성장호르몬이 많이 나오기 때문이라고 보는 견해가 지배적이다. 그리하여 영아는 밤낮의 구별 없이 일정 간격으로 자다 깨는 것을 반복한다. 생후 6개월된 영아는 낮 동안 3~4회 낮잠을 자고, 생후 6개월 이후부터 12개월까지는 약 2시간씩 하루 2~3회의 낮잠을 자며, 2세가 되면 오전, 오후 한 차례씩 약 1~2시간 동안 낮잠을 잔다. 영아기 후반으로 접어들수록 대부분의 영아들이 밤에 자고 낮에는 깨어 있는 수면 양상을 나타내며, 점차 밤에 자는 시간이 길어지고 낮잠 자는 시간은 짧아진다. 즉, 생후 1개월경에 16~18시간 동안 잠을 자던 영아가 1세경에는 13시간 정도로 수면시간이 줄어든다.

수면에는 두 가지 상태가 있다. 하나는 눈이 빠르게 움직이며 빠른 뇌파의 움직임을 보이는 렘(Rapid Eye Movement: REM) 수면상태이고, 다른 하나는 완만한 곡선의 뇌파를 그리며 조용하고 깊은 잠이 들어 호흡과 맥박이 규칙적이며 몸의 움직임이 적은 비렘(non-Rapid Eye Movement: non-REM) 수면상태이다. 출생 후에는 렘 수면상태가 비렘 수면상태보다 많지만 연령이 증가하면서 렘 수면상태의 비율이 점차 줄어든다. 그리하여 신생아 때 50% 정도였던 렘 수면상태가 2세경에는 30% 정도로 감소한다.

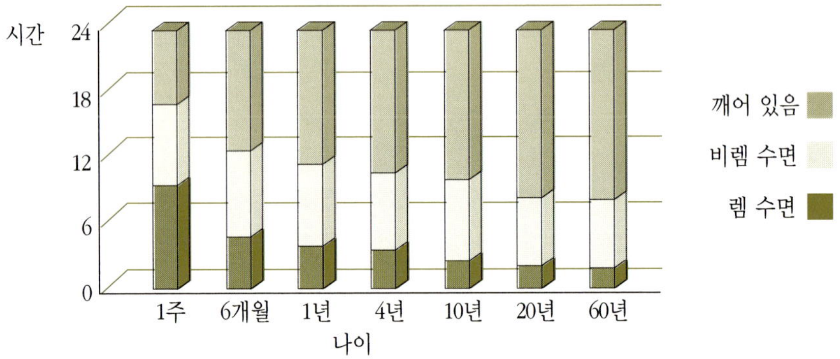

그림 6-6 수면상태

〈출처〉 Berger, K. S. (2003). *Developing person through childhood and adolescence*, p.139.

(2) 섭식

영아기 초기에는 모유나 조제유를 통해 영양분을 섭취하지만 이가 나고 활동량이 많아지면서 점차 고형음식을 섭취하게 된다. 영아에게 제공되는 수유량은 영아의 개월 수가 증가함에 따라 점차 증가한다. 1회 표준 수유량은 정해져 있으나 개인차가 크기 때문에 반드시 이를 따를 필요는 없고, 수유시간 간격도 영아의 특성에 따라 다르다.

영아가 생후 5~6개월이 되면 모유나 조제유만으로 필요한 영양소를 충족시켜줄 수 없고, 치아가 나기 때문에 젖 이외의 반고형음식을 섭취할 필요가 있어 이때부터 이유를 시작하게 된다. 이유 시기는 영아마다 조금씩 다르지만 대개 4개월경부터 아주 소량의 주스를 주기 시작하는데, 일반적으로 6개월 이후부터 이유식을 시작한다.

(3) 배설

대소변을 가리는 시기는 영아마다 차이가 있는데 혼자 걸을 때쯤이면 배변 훈련이 가능하다. 일반적으로 대소변을 가리는 것은 괄약근과 방광 조절능력이 발달하면서 자연스럽게 이루어진다. 대변은 약 13~15개월 정도가 되어야 가리기 시작하며, 소변은 20개월이 지나야 가릴 수 있다. 그러나 대소변을 잘 가리다가도 4~5세 때까지는 실수를 하기도 하고, 동생이 태어나 퇴행현상을 보이는 경우에 실수를 하기도 한다.

3) 운동기능

(1) 대근육운동

영아의 대근육운동능력은 신체 성장 정도에 따라 차이가 있으나, 연령별 발달과정은 일정하여 머리, 목, 어깨, 팔, 손에서 허리, 다리, 발의 순서로 위에서 아래로 운동발달이 진행된다. 생후 1개월에 엎드린 자세에서 턱을 들고, 2개월에는 가슴까지 든다. 4개월에는 뒤에서 받쳐 주면 앉아 있을 수 있고, 7개월이 되면 혼자서 앉고 긴다. 8~10개월에는 도움을 받아 서거나 가구를 붙잡고 선다. 11개월경에는 잡아주면 걷고, 12개월이 되면 혼자 걷는다. 18~22개월에는 자전거를 탈 수 있으며, 18~24개월에는 달리기, 공차기, 공 던지기 등도 할 수 있다.

그림 6-7 이동능력발달

〈출처〉 Berk, L. E. (1999). *Infants and children* (3th ed), p. 184.
__________. (2008). *Infants and children* (6th ed), p. 188.

영아의 대근육운동 발달과정은 일정하지만 운동능력을 발달시키는데 필요한 기술을 획득하는 시기는 개인마다 차이가 있다. 표 6-2는 미국 영아들 중 50%의 영아와 90%의 영아가 대근육발달에 필요한 운동기술을 획득하는 시기를 제시한 것이다.

표 6-2 대근육운동기능의 월령별 성공률

운동기술	50%의 성공률(개월)	90%의 성공률(개월)
엎드려 90도 고개 들기	2.2	3.2
구르기	2.8	4.7
고개 세우고 도움받아 앉아 있기	2.9	4.2
혼자 앉기	5.5	7.8
붙잡고 서기	5.8	10.0
잡고 걷기	9.2	12.7
잠깐 혼자 서기	9.8	13.0
혼자 서기	11.5	13.9
잘 걷기	12.1	14.3
뒤로 걷기	14.3	21.5
도움 받아 계단 오르기	17.0	22.0
공 앞으로 차기	20.0	24.0

〈출처〉 덴버 발달판별검사(Denver Developmental Screening Test)의 일부.

(2) 소근육운동

소근육운동이란 주로 손, 손가락, 팔 등의 움직임을 말하며, 팔, 손, 손가락의 순서로 발달이 진행된다. 만지기와 잡기의 발달과정에서 신생아들은 물체를 보면 잡으려는 듯 무조건 손을 휘젓지만 눈과 손의 협응이 안 되어 물체를 제대로 잡지 못한다. 생후 2개월경에 영아는 잡을 수 있는 범위에 매달려 있는 물체를 쳐다보고 흥분하여 잡기 위해 팔을 움직여 보지만 여전히 잡지 못하며, 3개월경에도 같은 현상이 지속된다. 4개월경에는 눈과 손의 협응력이 많이 발달하여 간혹 물체를 잡는데 성공하기도 하나, 물체를 응시하여 확실하게 잡을 수 있는 시기는 6개월경이다. 물체를 이 손에서 저 손으로 옮길 수 있는 시기는 6~7개월경이고, 8~9개월경에는 손바닥으로 물건을 잡을 수 있으며, 10개월이 되면 서투르기는 하나 엄지와 검지 두 손가락을 사용해서 물체를 잡을 수 있고, 11~12개월이 되면 조금 큰 물체를 잡기 위해 두 손을 함께 사용한다(Berger, 2003, p. 151).

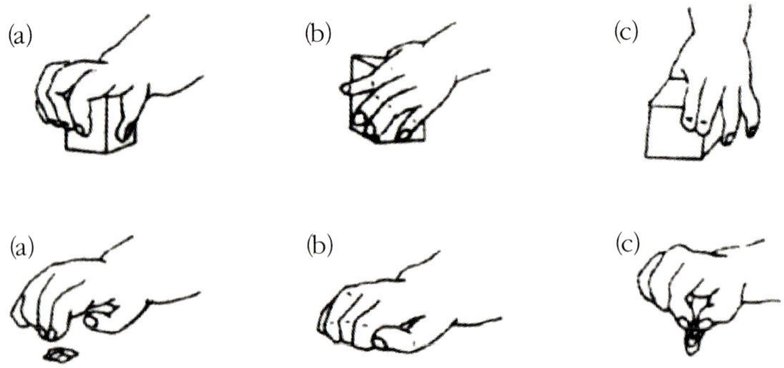

그림 6-8 영아의 잡기기술의 발달과정

〈출처〉 송명자(2008). **발달심리학**, p. 70.

영아가 소근육운동 기술을 사용하여 혼자서 양말, 옷, 신발 등을 벗을 수 있는 시기는 생후 12~18개월이고, 숟가락을 사용하여 음식을 먹기 시작하는 시기는 첫돌 무렵이다. 그러나 이 시기는 아직 눈과 손의 협응력 발달이 미숙하여 음식을 많이 흘리는 편이며, 2세쯤 되어야 음식을 흘리지 않고 먹을 수 있다.

2. 인지발달

인지(cognition)란 감각을 통해 사물을 지각하고 지각한 정보를 기억해 두었다가 필요할 때 재생시켜 사고하며 문제를 해결하는 과정, 즉 세상을 이해하고 적응해 나가는 과정을 의미한다. 인지활동에는 지각, 사고, 기억, 학습, 언어 등이 포함되는데 이 절에서는 지각발달과 사고발달을 중심으로 살펴보고자 한다.

1) 지각발달

지각(perception)은 감각기관을 통해 들어온 자극을 해석하고 조직하는 과정으로서 영아는 이 과정을 통해 세상을 인식하고 이해하며 적응해 나간다. 지각은 기초적인 인지활동으로써 의사소통이 원활하지 못한 영아의 지각발달을 살펴보기 위해서는 선호도 측정법, 습관화 연구, 뇌파측정법(유발전위법), 빨기반응 연구 등의 다양한 방법을 활용한다(정옥분, 2002, pp. 254-255).

첫째, 선호도 측정법은 Fantz(1963)가 고안한 방법으로 영아에게 동시에 두 가지 이상의 자극을 제시한 후 각 자극에 대한 응시시간을 측정하여 보다 더 오랫동안 응시한 자극을 영아가 선호하는 것으로 판단하는 것이다. 특정한 자극을 선호한다는 것은 물체를 변별할 수 있다는 것을 의미한다.

둘째, 습관화 연구는 영아가 이미 익숙해진 자극에는 주의를 기울이지 않고 새로운 자극에 더 주의를 기울인다는 가정하에 영아에게 단순한 형태의 학습으로 같은 자극을 여러 번 반복 제시했을 때 영아가 더이상 그 자극에 반응을 보이지 않으면 그 자극에 습관화된 것으로 판단하는 것이다. 영아가 익숙한 자극에 흥미를 갖고 새로운 자극에 주의를 기울이는 것은 두 자극을 구별한다는 것을 의미한다.

셋째, 뇌파측정법은 뇌파측정기를 이용하여 영아의 머리에 전극을 부착함으로써 시각적 자극에 대한 뇌의 반응을 기록한다. 제시된 자극에 대해 뇌파의 변화가 나타나면 이것으로 영아가 자극을 감지할 수 있다고 판단하는 방법이다.

넷째, 빨기반응 연구는 빨기 속도나 강도를 기록할 수 있는 고무젖꼭지에 전선을 연결하여 영아가 이 젖꼭지를 빠는 속도와 세기를 살펴봄으로써 자극 변별을 알아보는 방법이다.

(1) 시각

영아의 감각능력 중 가장 늦게 발달하는 것이 시각이지만 정보의 80%를 시각을 통해 얻기 때문에 인간이 정보를 얻는 과정에 있어 시각은 매우 중요한 역할을 한다(Banks & Salapatek, 1983; Dobson & Teller, 1978). 출생 시 영아의 시력은 시각조절에 필요한 뇌회로가 충분히 성숙해 있지 않아 시력이 매우 약한 편이다. 또 심한 근시이기도 해서 가시거리가 20~38㎝ 정도에 불과하며(조성연, 2006, p. 283), 첫돌이 되어야 정상시력인 1.0 정도가 된다(정옥분, 2002, p. 255). 영아의 시각능력은 시각적 정확성(예민성)과 색지각, 형태지각, 깊이지각, 시각항상성 등으로 나누어 살펴볼 수 있다.

① 시각적 정확성과 색지각

영아는 생후 14주경 초점을 맞추기 위해 양 눈을 조정하기 시작하여(Held, 1995), 생후 1년경이 되어야 비로소 시각피질의 발달에 의해 시각적 정확성이 성인 수준에 도달한다(Kellman & Banks, 1998). 또한 신생아는 색지각에 있어 녹색과 적색 두 가지 색을 구별할 수 있고, 3개월경 스펙트럼에 있는 세 가지 색을 구별할 수 있어서 성인과 거의 비슷한 정도의 색지각능력을 나타낸다(Adams & Courage, 1995; Kellman & Bank, 1998). 뿐만 아니라 영아는 특정 색을 선호하는 경향이 있어 3개월경에는 노랑이나 빨강을 파랑이나 초록보다 더 좋아하며, 원색을 다른 색보다 더 오래 쳐다본다(Adams, 1987).

② 형태지각

Fantz(1963)의 연구결과에 따르면 영아들은 전체보다는 부분을, 정지된 것보다는 움직이는 것을, 흑백보다는 유색(컬러)을, 직선보다는 곡선을 더 선호하는 경향이 있고, 처음에는 단순한 것을 좋아하다가 점차 복잡한 것을 좋아하며, 밝은 색과 대비가 강한 것, 일정한 패턴이 있는 것과 크기가 큰 것을 더 좋아한다. 그러나 영아들은 물체보다는 인간의 얼굴을, 친숙하지 않은 얼굴보다 친숙한 얼굴을, 눈, 코, 입이 잘 조화를 이룬 매력적인 얼굴을 더 선호한다(Rubenstein, Kalakanis, & Langlois,

1999). 또한 영아들이 사람의 얼굴을 볼 때는 그림 6-9와 같이 생후 1개월은 얼굴의 턱 부분에서 시작하여 머리 쪽으로 응시하면서 주로 얼굴 윤곽을 많이 응시하지만, 3개월이 되면 눈과 입술 등 얼굴 안에 있는 부분을 더 많이 응시한다(Maurer & Salpatek, 1976).

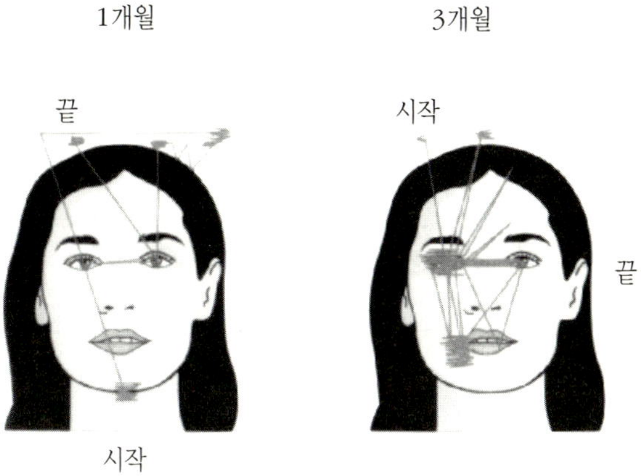

그림 6-9 영아의 얼굴 응시 방향

〈출처〉 Kail, R. V. (2002). *Children*, p. 144.

③ 깊이지각

영아가 장애물이나 벼랑 등과 같은 위험 요소를 피할 수 있는 것은 깊이지각을 할 수 있기 때문이다. Gibson과 Walk(1960)는 그림 6-10과 같은 실험 장치를 고안하여 영아들이 깊이지각을 할 수 있는지 살펴보았다. 그 결과, 7개월 전후의 기어다닐 수 있는 영아들 중 대부분이 벼랑처럼 느껴지는 부분에 가서는 기기를 멈추고 머뭇거리는 반응을 보임으로써 이 시기의 영아들조차 깊이지각을 할 수 있다는 사실을 밝혀내었다.

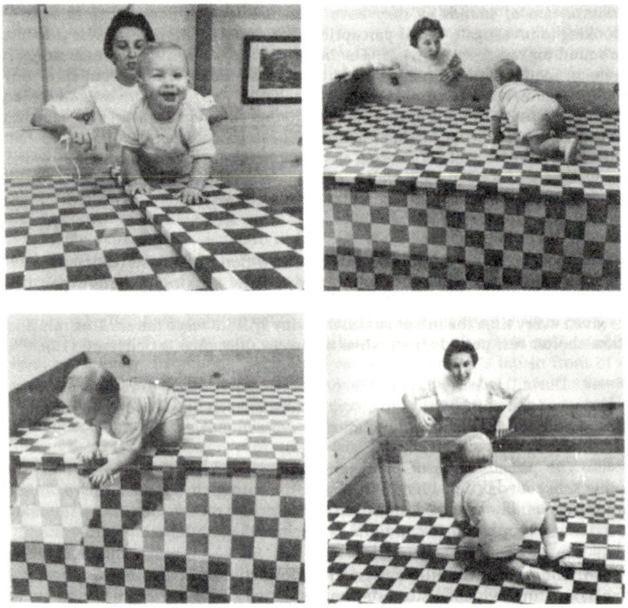

그림 6-10 깊이지각 실험

〈출처〉 Gibson, E. J. & Walk, R. R. (1960). The "visual cliff". *Scientific American*, 202, p. 64.

④ 시각항상성

시각항상성이란 물체를 바라보는 위치가 변한다 할지라도 그 물체의 모양이나 크기는 늘 일정하다는 것을 의미하는데 이에는 크기항상성과 모양항상성이 있다. 크기항상성은 물체가 눈으로부터 떨어져 있는 거리에 따라 망막에 맺히는 상의 크기가 달라진다 해도 물체의 실제 크기는 항상 같다는 사실을 아는 것이다. 크기항상성이 획득되는 시기는 학자에 따라 차이가 있어 생후 4개월경에 생긴다는 입장(Aslin, 1987; Dannemiller & Stephen, 1998)과 물체와 시야 사이의 거리에 따라 크기 항등성 획득 여부가 결정된다는 입장(Mckenzie, Tootell, & Day, 1980)이 있다.

모양항상성은 위치 등의 변화에 따라 망막에 비치는 물체의 모양이 달라진다 해도 물체 고유의 모양은 동일하다는 사실을 아는 것이다. 예를 들면, 그림과 같이 문이 완전히 열렸을 때, 반쯤 열렸을 때, 닫혔을 때 망막에 비치는 상은 모두 다르지만 문의 원래 모양에는 변화가 없다는 것을 아는 것이다.

그림 6-11 모양항상성

〈출처〉 Kail, R. V. (2002). *Children*, p. 140.

(2) 청각

출생 시 신생아는 외청도에 양수가 들어 있기 때문에 청각능력이 완전히 발달하지 않은 것처럼 보인다. 그러나 영아의 청각능력은 이미 임신 4개월경부터 외부의 소리에 반응하는 것을 통해 완전히 발달되었음이 증명되었다.

영아의 청각능력과 관련하여 성인과 영아의 듣기능력을 비교한 Aslin, Jusczyk와 Pisoni(1998)는 영아가 성인보다 작은 소리를 잘 듣지는 못하지만, 매우 높거나 낮은 소리가 아닌 인간의 말소리 정도의 고저 내에 있는 소리는 잘 들을 수 있다는 사실을 밝혀냈다. 또한 2~3주된 영아는 남자의 목소리보다는 여자의 목소리를 더 좋아하고(Ashmead, 1976), 낯선 사람의 목소리보다 엄마의 목소리를 더 좋아하며(Hulsebus, 1975; Mills & Melhuish, 1974), 4개월 반 정도가 되면 자신의 이름을 알 수 있다(Jusczyk, 1995; Mandel, Jusczyk, & Pisoni, 1995)는 연구결과들도 있다.

물체의 위치를 파악하기 위해 영아들이 청각적 정보를 사용한다는 결과를 보고한 연구도 있다. Clifton, Perris와 Bullinger(1991)는 7개월이 된 영아에게 딸랑이를 보여주고 어두운 방에서 영아로부터 각각 15㎝와 60㎝ 떨어져 딸랑이를 흔들어보았다. 그 결과, 영아는 15㎝ 떨어져 딸랑이를 흔들었을 때는 딸랑이가 있는 방향으로 몸을 움직였으나, 60㎝ 떨어져 딸랑이를 흔든 경우에는 딸랑이가 있는 방향으로 몸을 움직이지 않았다. 이러한 결과는 7개월 된 영아가 위치를 판단하는데 소리를 이용한다는 사실을 지적해 준다.

(3) 후각

인간은 태어나면서부터 여러 가지 냄새를 식별할 수 있기 때문에 영아라 할지라도 얼굴 표정과 신체 움직임으로 냄새를 식별한다. 예를 들면, 영아들은 달콤한 냄새가 날 때 만족스럽고 편안한 얼굴 표정을 짓지만, 썩은 달걀 냄새나 암모니아 냄새가 날 때는 얼굴을 찡그리고 돌리는 반응을 나타낸다. 또한 신생아에게 엄마의 젖이나 향수를 묻힌 패드와 그렇지 않은 패드를 코에 대면 엄마의 젖이나 향수가 묻은 패드 쪽으로 고개를 돌린다는 연구결과(Porter, Makin, Davis, & Christensen, 1991)와 영아는 엄마의 젖 냄새로 엄마가 자신과 가까이 있음을 안다는 연구결과(MacFarlane, 1977) 등을 통해 어린 영아들도 후각능력이 발달되어 있음을 알 수 있다.

(4) 미각

임신 7개월경이면 미각은 이미 발달되었기 때문에 출생 후 아기들의 미각은 상당히 예민한 편이다. 아기들은 태어나면서부터 맛을 구별할 줄 알아서(Rostenstein & Oster, 1997) 단 것을 주면 입맛을 다시며 빨아먹지만, 신 것이나 쓴 것을 주면 얼굴을 찡그린다(Kaijura, Cowart, & Beauchamp, 1992). 영아는 생후 2~3개월이 되면 자기 나름대로의 좋아하는 맛이 생기며, 4개월이 되면 짠맛을 좋아한다(Harris, Thomas, & Booth, 1990). 2세 끝 무렵이 되면 미각은 더욱 예민해져 맛에 대한 기호가 결정된다.

(5) 촉각

영아들은 촉각을 통해 사물을 이해하기도 하고 대인관계를 형성하기도 한다. 영아들은 입과 손 등 자신의 신체를 이용하여 물체를 탐색하면서 물체에 대한 지식을 얻고, 양육자와의 신체적 접촉을 통해 안정감과 신뢰감을 형성하기도 한다. 또한 영아기 초기에는 체온을 안정되게 유지할 수 있는 기제가 미숙하고 피부와 지방층이 얇기 때문에 체온조절을 잘 하지 못한다. 아픔을 느끼는 통각은 이미 태내기에 촉(觸)자극을 감지하면서 통증을 느낄 수 있을 정도로 발달되어 있다(Williamson, 1977).

(6) 감각정보 통합

사람은 여러 감각기관을 통해 들어온 정보를 통합하여 사물을 지각한다. 뿐만 아니라 인간은 한 감각기관, 즉 시각을 통해 얻은 정보를 다른 감각기관으로 예측하거나 알아맞힐 수 있는데 이는 통합감각(intermodal perception) 혹은 감각 간 지각(intersensory perception)이 가능하기 때문이다. 감각 간 지각이란 어떤 감각을 통해 익힌 물체를 다른 감각에 의해 알아내는 능력으로 생후 6개월된 영아도 이를 통해 정보를 통합할 수 있다(Bahrick, 1992).

통합감각에는 Piaget(1954, 1960)의 통합이론(enrichment theory)과 Gibson(1969, 1992)의 분화이론(differentiation theory)의 두 가지 상반되는 이론이 있다. Piaget의 통합이론에 따르면 처음에는 모든 감각기관들이 독립적으로 분리되어 있기 때문에 각기 독립적으로 감각기관이 발달하다가 점차 경험에 의해 각각의 감각기관으로부터 얻은 정보를 비교함으로써 감각기관들이 통합된다. 이와 달리 Gibson의 분화이론은 태어날 때부터 모든 감각기관들이 통합되어 있기 때문에 영아에게 어떤 자극이 주어지면 모든 감각기관을 통해 주어진 자극을 탐색하지만 연령이 증가함에 따라 자극의 특성에 따라 변별해 나간다고 본다. 그러므로 Gibson은 출생 시부터 감각 간 지각이 가능하다고 주장하였다. 현재는 Gibson의 분화이론이 여러 연구결과들을 통해 더 지지되고 있다.

영아들이 감각 간 지각을 할 수 있다는 것을 입증해 주는 연구결과들이 있다. Meltzoff와 Borton(1979)은 생후 6개월 된 영아들에게 부드러운 젖꼭지와 울퉁불퉁한 젖꼭지를 보여주지 않고 둘 중 하나만을 빨게 한 뒤 두 개의 젖꼭지를 보여주었다. 그 결과, 영아들은 자기들이 빨았던 젖꼭지를 더 오래 쳐다보았다. 이러한 결과는 입으로만 경험한 것을 시각적인 모양과 연결함으로써 감각 간 지각이 이루어졌다는 것을 잘 보여준다. 뿐만 아니라 영아들은 청각과 시각을 통합하기도 한다(Bahrick, Netto, & Hernandez-Reif, 1998; Spelke & Owsley, 1979). 즉, Spelke와 Owsley(1979)의 연구결과에 의하면 생후 3개월 반 된 영아는 어머니의 목소리가 들릴 때는 어머니를, 아버지의 목소리가 들릴 때는 아버지를 더 오랫동안 쳐다보았다.

2) 사고발달

영아들이 어떤 내용을, 어떤 과정을 거쳐 사고하는지에 대해 Piaget는 인지발달이론으로 설명하였고, 최근에는 정보처리이론도 인간의 사고과정에 대해 설명하고 있다.

(1) Piaget의 인지발달이론

Piaget는 인간은 누구나 동일한 과정을 거쳐 인지가 발달하는데 인지발달은 동화와 조절에 의해 이루어지는 적응과정으로 설명하였다. 생후 2년 동안 영아는 감각운동적 협응과정을 통해 인지발달이 이루어진다고 보고 이 시기를 감각운동기라고 명명하였다. 이 기간 동안 영아는 주로 감각기관과 운동기능을 통해 세상을 이해하게 된다. 감각운동기는 반사운동기(출생~1개월), 1차 순환반응기(1~4개월), 2차 순환반응기(4~10개월), 2차 순환반응의 협응기(10~12개월), 3차 순환반응기(12~18개월), 정신적 표상기(18~24개월)의 6개 하위 단계로 나뉜다.

Piaget는 감각운동기의 중요한 발달의 하나로 대상영속성(object permanence) 개념 혹은 물체영속성 개념을 들었다. 대상영속성이란 현재 눈 앞에 물체가 보이지 않는다 해도 그 물체는 계속 존재하고 있다는 사실을 아는 것이다. 대상영속성은 영아가 사라진 물건의 이동에 대해 마음속으로 상상할 수 있는 표상적 사고가 가능할 때, 즉 감각운동기의 마지막 단계인 정신적 표상기가 되어야 완전히 획득할 수 있다.

표 6-3 감각운동기의 인지발달과 대상영속성 개념 발달 양상

감각운동 단계	개월	인지발달 양상	대상영속성 개념 발달 양상
1	0~1	반사능력 적용	대상이 사라져도 아무런 반응이 없다.
2	1~4	단순한 순환반응	대상이 사라져도 아무런 반응은 없으나 보았던 대상에 대해 막연히 기대한다.
3	4~10	의도가 담긴 보다 복잡한 순환반응	부분적으로 가려진 대상을 탐색한다.
4	10~12	이미 알고 있는 과정을 새로운 상황에 적용	완전히 가려진 대상을 탐색한다.
5	12~18	적극적인 실험을 통한 새로운 과정 발견	보고 있는 동안 옮겨진 대상을 탐색한다.
6	18~24	정신적 표상을 통한 사고	보지 못한 동안 옮겨진 대상도 탐색한다.

(2) 정보처리이론

정보처리이론은 인간이 받아들이는 많은 정보를 얼마나 잘 조직하여 사용하느냐, 즉 어떻게 기억하고 학습하여 문제해결을 하느냐에 초점을 둔다. 이 이론은 인간이 사고하는 과정을 컴퓨터가 정보를 처리해 가는 과정에 비유함으로써 컴퓨터의 하드웨어에 해당하는 인간의 정신과 신경구조, 컴퓨터의 소프트웨어에 해당하는 특정 과제를 해결하는 정신적 프로그램을 기본 구성요소로 삼고 있다(Kail, 2002, p. 162). 기본 구성요소는 부호화(encoding), 저장(storage), 인출(retrieval)이라는 세 가지 기본과정의 기초가 된다. 부호화는 정보가 필요할 때 잘 기억해 낼 수 있도록 다양한 방법을 사용하여 기록하는 것이고, 저장은 정보를 기억 속에 넣어두는 것이며, 인출은 저장된 정보를 필요할 때 꺼내는 것이다.

정보를 찾기 쉽게 체계적으로 분류하여 정리하는 부호화과정이 이루어지면 정보는 저장과정으로 넘어간다. 저장과정에는 감각기억(sensory memory), 단기기억(short-term memory), 장기기억(long-term memory) 등의 세 가지 과정이 있다. 감각기

억은 오관을 통해 들어온 정보가 입력되어 아주 짧은 시간 동안(1초 이내)만 기억되었다가 곧 사라지는 원자료의 저장소이다. 감각기억 속에 머물러 있던 자극 중 유기체가 주목하는 자극은 단기기억으로 넘어간다. 단기기억은 1분 이내의 짧은 기간 동안 지속되는 기억으로써 유기체가 기억하기 위해 의식적으로 노력하지 않는 한 사라진다. 이러한 단기기억은 적은 양의 정보를 잠깐 기억하는 일차기억(primary memory)과 어떤 정보를 버리고 어떤 정보를 기억할 것인지, 또 어떻게 정보를 처리할 것인지 등을 결정하는 인지적 과정인 실행기억(working memory)으로 나뉜다. 장기기억은 무제한이며 영구적으로 지식 저장고에 정보를 기억해 두는 것으로써 프로그램과 자료를 비교적 장기적으로 저장할 수 있는 컴퓨터의 하드 드라이브에 해당한다.

영아가 익숙한 물건과 새로운 물건을 식별할 수 있는 것은 익숙한 물건을 기억하여 인출하기 때문이다. 인출은 장기기억 속에 저장된 정보를 언제든 꺼내서 활용하는 것으로 이에는 회상(recall)과 재인(recognition)이 있다. 회상은 과거에 경험한 것에 대한 영상으로 그 당시의 사건이나 경험을 떠올려 장기기억 속에 있는 많은 정보 중에서 내가 원하는 정보를 찾아내는 것이다. 영아들은 자신이 이해하고 표상한 것을 언어적으로 설명할 수 없기 때문에 어떤 것을 회상할 수 있는지에 대해 알아보기가 쉽지 않다. 그러나 대상영속성의 획득과 지연모방이 가능하다는 사실로 영아들도 회상능력이 있다는 것을 알 수 있다. 즉, 눈앞에 있지 않은 물건을 기억해 낼 수 있어야 그 물건을 찾을 수 있으며, 며칠 전에 있었던 일을 기억할 수 있어야 재연이 가능하기 때문이다.

재인은 이전에 경험했던 사실을 기억을 통해 다시 확인하는 것으로서 사물이 눈앞에 있을 때 일어난다. Rovee-Collier(1987, 1997)는 생후 3개월 된 영아의 재인기억에 관해 실험하였다. 그림 6-12에서 볼 수 있듯이 영아의 침대에 모빌을 매달고 영아의 발에 모빌과 연결된 리본을 묶어 영아가 발로 차면 모빌이 움직이도록 하였다. 몇 주 후 영아의 발에 모빌과 연결된 리본을 묶지 않은 채 지난 번과 같은 모빌이 달린 침대로 다시 데려가 눕혔더니 영아는 계속 발로 차는 행동을 하였다. 그러나 영아는 다른 모빌을 매달아 놓은 침대에서는 발차기를 하지 않았다. 이러한 결과는 영아가 발로 차면 모빌이 움직인다는 것을 기억할 뿐만 아니라 자신이 봤던 모빌과 새로운 모빌을 구분함으로써 재인도 가능하다는 사실을 입증하는 것이다.

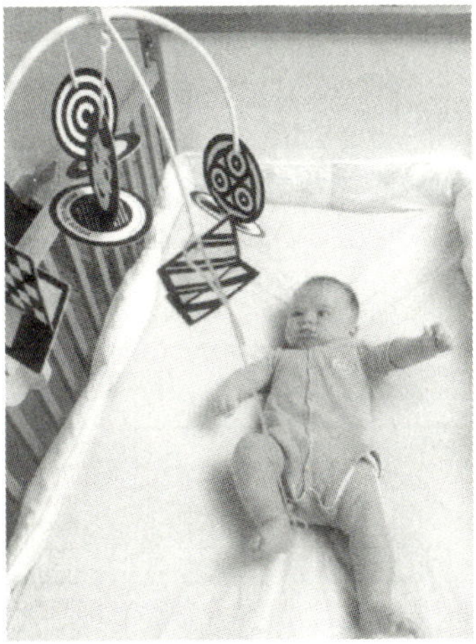

그림 6-12 Rovee-Collier의 재인 기억 실험

〈출처〉 Berger, K. S. (2003). *Developing person through childhood and adolescence*, p. 183.

영아는 모방능력이 있어 이를 통한 학습도 가능하다(Barr & Hayne, 1999). Meltzoff와 Moore (1989, 1994)는 생후 2~3주된 영아가 성인의 행동을 모방할 수 있다고 주장하였다. 그러나 Anisfeld (1991, 1996)는 영아의 모방이 완전하고, 진정한 것은 아니라는 입장을 보였다.

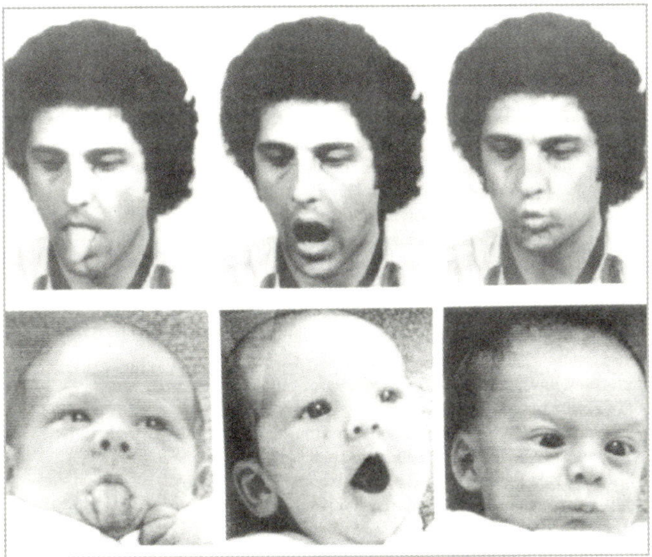

그림 6-13 영아의 성인 표정 모방

〈출처〉 Kail, R. V. (2002). *Children*, p. 144.

(3) 지능발달검사

영아는 지연모방이나 대상영속성 개념을 획득함으로써 이미 많은 지식을 가지고 있다고 볼 수 있는데 이를 측정할 수 있는 검사도구로는 Bayley 유아발달척도(Bayley Scales of Infant Development: BSID)와 Gesell의 발달스케줄(Gesell

표 6-4 Bayley 유아발달척도 문항의 예

지능척도		운동척도	
연령(개월)	문항	연령(개월)	문항
0.1	종소리에 반응한다.	0.1	어깨에 기대 세워 안으면 머리를 가눈다.
1.5	사회적 미소를 짓는다.	0.4	기는 동작을 한다.
2.2	소리가 나는 곳을 눈으로 살펴본다.	1.7	머리를 든다: 등을 바로 세운다.
4.4	거울에 비친 자신의 모습을 보고 거울에 가까이 간다.	2.3	등을 받쳐주면 앉는다.
4.8	* 낯선 사람을 식별한다.	3.7	손바닥으로 나무토막을 집는다.
5.4	거울에 비친 자신의 모습을 보고 미소짓는다.	5.3	혼자 잠시 앉는다.
7.0	* 네 개의 다른 음절을 발음한다.	6.9	혼자 앉는다: 협응이 잘 되어 있다.
9.1	말로 요구하면 반응을 보인다.	8.6	가구를 붙잡고 일어선다.
10.0	책 속의 그림을 본다.	9.6	도움을 받아 걷는다.
11.2	크레파스를 능숙하게 집는다.	11.0	혼자 선다.
12.0	책장을 넘긴다.	12.6	일어선다.
13.4	병에서 작은 알을 꺼낸다.	13.3	* 공을 던진다.
14.2	* 두 개의 단어를 말한다.	14.1	옆으로 걷는다.
15.3	신발, 옷, 자기의 장난감을 보여준다.	16.1	도와주면 계단을 오른다.
17.8	물건 이름을 한 개 말한다.	17.8	평형대 위에 서려고 애쓴다.
18.8	* 말로 의사 표현을 한다.	22.7	왼발만으로 선다.
20.6	* 두 단어로 된 문장을 말한다.	23.4	두 발로 깡충 뛴다.
23.0	토막을 여섯 개 쌓아올린다.	25.7	발끝으로 몇 발자국 걷는다.
27.9	종이를 접는다.	27.8	뒤로 약 3m 걷는다.
30+	'한 개' 라는 개념을 안다.	30+	5cm 높이의 줄을 뛰어넘는다.

* 우연히 관찰될 수 있음.

Developmental Schedule: GDS), Denver 발달판별검사(Denver Developmental Screening Test: DDST), Uzgiris와 Hunt의 지능검사 등이 있다.

Bayley 유아발달척도는 영아의 발달상태를 측정하기 위해 가장 널리 사용하는 검사로서 생후 2개월에서 30개월 사이의 영유아들을 대상으로 전반적인 발달상태를 평가하고 정상 범위에서의 이탈 정도를 알아본다. 이 검사는 지능척도(mental scale), 운동척도(motor scale), 영아 행동기록(infant behavior record)의 세 부분으로 구성되어 있다.

Gesell의 발달스케줄은 가장 오래된 영유아 발달척도로서 성숙이론에 입각하여 생후 4주에서 5세까지 영유아의 정상적인 발달 여부를 살펴보기 위해 고안된 검사로서 해당 연령 영유아의 규준을 정하고 그 규준과 비교하여 발달 상태가 느린지, 빠른지를 판별한다. 이 검사는 적응행동, 대근육운동, 소근육운동, 언어발달, 사회적 행동 등 다섯 개 영역에 대해 평가한다.

Denver 발달판별검사는 Frankenburg와 Dobbs가 생후 2주에서 6세 사이의 영유아를 대상으로 발달상의 문제점을 판별하기 위해 제작한 검사이다. 이 검사는 전체운동능력, 언어능력, 미세운동 및 적응발달, 사회성발달의 네 개 영역으로 구성되어 있으며, 규준과 비교하여 얼마나 일탈되었는지를 살펴본다.

Uzgiris와 Hunt의 지능검사는 Piaget의 인지발달이론에 근거하여 영아의 문제해결능력을 살펴보기 위해 제작된 검사이다. 이는 시각적 추구와 대상영속성, 원하는 것을 얻기 위한 수단의 발달, 모방능력, 기대행동의 발달, 공간인식, 사물과 사물의 관계파악 등 여섯 개 영역으로 구성되어 있다.

3. 언어발달

인간이 다른 동물과 구별되는 여러 요소 중의 하나가 언어이다. 언어는 인간이 발달할 수 있게 하는 가장 근본적인 힘으로써 자신의 생각과 느낌을 표현하는 하나의 수단이며 인지발달, 사회성발달 등과도 밀접한 관계가 있다.

1) 언어발달단계

울음이나 얼굴 표정, 몸짓 등의 비언어적 형태로 의사소통을 하던 영아들은 대개 생후 12개월경이 되면 사람들이 알아들을 수 있는 단어를 말하기 시작한다. 그 후 2세 말경이 되면 200개 정도의 어휘를 구사하면서 자신의 의사를 표현하고 타인과의 관계도 형성해 나간다. 영아기는 언어발달에 있어 매우 중요한 시기이며 그 발달과정은 대부분 동일하나 언어를 획득하는 시기에는 개인차가 있다.

(1) 울음

영아들이 태어나서 처음으로 내는 소리가 울음이다. 울음은 영아가 자신의 욕구를 표현하는 의사소통의 수단으로 중요한 의미를 갖는다. 신생아기 동안의 울음은 미분화상태여서 우는 이유를 알기 어렵지만 월령이 증가하면서 그 울음은 곧 분화되어 점차 이해할 수 있는 상태로 변한다. 그러므로 배고플 때, 졸릴 때, 화날 때, 아플 때 영아가 우는 울음의 고저, 강도, 음조 등이 다르기 때문에 양육자는 울음을 통해 영아의 욕구상태를 알 수 있다.

(2) 쿠잉과 옹알이

출생 후 2개월이 되면 '우우우', '아하하' 와 같은 모음으로 된 소리를 내기 시작하는데 이를 쿠잉(cooing)이라 한다. 쿠잉은 아기가 숨쉴 때 호흡에 맞추어 내는 소리로 아기가 매우 홍분해 있거나 즐거울 때 내는 소리일 뿐 별다른 의미를 담고 있지 않다. 쿠잉은 곧 옹알이(babbling)로 발달하는데 '다하', '바하'와 같이 모음과 자음이 합쳐진 소리로 5개월경에 나타난다. 처음에 짧게 내던 옹알이 소리는 '바하바하바하', '다하마하바하'와 같이 점차 길어진다. 옹알이는 일종의 놀이이며 발성연습의 효과도 있는데 일반적으로 기분이 좋을 때 많이 한다. 영아가 처음 옹알이할 때는 옹알이하는 그 자체가 재미있어서 하지만 점차 자기가 하는 옹알이가 다른 사람들에게 미치는 영향을 알게 되면서부터는 옹알이를 더 많이 한다. 예를 들어, 영아는 어머니나 주변 사람들로부터 옹알이에 대한 반응을 얻게 되면, 그것이 강화되어 옹알이를 더 자주하고 그러는 가운데 점차 모국어를 습득해 나간다. 생후 6개월을 전후로 옹알이는 양적, 질적으로 매우 발달하여 영아들은 상대방의 반응에 따라 자신의 소리를 수정하기도 하고, 곁에 사람이 없어도 혼자 옹알이를 하기도 한다. 생후 7개월경이 되면 영아가 하는 옹알이에 음의 고저가 들어간다. 옹알이 속에는 세계 각국의 음소가 다 들어 있으며 생후 1년 동안에 영아가 내는 옹알이 소리는 세계 어느 나라나 동일하다.

(3) 자기소리 모방

생후 6개월경의 영아는 자신이 낸 소리를 반복함으로써 자기소리를 모방할 수 있다. 영아는 우연히 자신이 낸 소리에 자극을 받아 계속 동일한 소리를 반복하는데 주로 자음과 모음이 결합된 단순한 형태의 소리를 내지만 의미는 없다.

(4) 타인소리 모방

생후 9개월경이 되면 영아는 자기 주변의 사람들이 낸 소리를 의도적으로 모방한다. 이 시기의 모방은 의미를 알고 하는 것이 아니라 단지 소리를 그대로 따라 하는 반향어이다.

(5) 한 단어 문장(일어문)

영아가 다른 사람들의 말을 이해하는 것에 비해 자신의 생각을 언어로 표현하는 것은 아직 미숙하다. 그러나 생후 1년경이 되면 영아는 하나의 단어를 사용하여 자신의 생각을 표현할 수 있다. 주로 '엄마', '아빠', '까까' 등 사물이나 사건을 지칭하는 말이나 자신의 기분을 표현하는 말이 대부분이고, 대개 자음 하나와 모음 하나가 합쳐진 말을 반복한다. 단어 하나가 전체 문장을 의미하고, 여러 상황을 설명하기 때문에 일어문이라고 한다. 즉, '엄마'라는 말이 엄마를 부르는 것이기도 하지만 어느 경우에는 배가 고파 먹을 것을 달라는 의미가 되기도 하고, 어느 때는 같이 놀아달라는 의미가 되기도 한다. 이 시기 영아들이 사용하는 단어 수는 10개 정도이며, 한 단어를 과잉확대시켜 적용하는 경우가 많다. 즉, 모든 남자를 다 '아빠'라고 하거나, 동물은 모두 '멍멍이'라고 한다.

(6) 두 단어 문장(이어문)

생후 1년이 지나면서 영아가 사용하는 단어 수는 급격하게 증가하여 50개 단어를 사용할 수 있게 되면서 영아는 두 개의 단어를 조합하는 능력과 언어모방능력이 빠르게 증가한다. 특히 두 개의 단어를 연결한 이어문은 전치사나 동사를 빼고 중요한 단어만 나열하기 때문에 마치 전보와 같다 하여 전보식 또는 전문식 언어라고 한다.

이 시기 영아는 주변에서 들리는 소리를 열심히 듣고 따라 하며, 전에 들어본 적이 없는 소리도 따라해보려고 노력한다. 15개월이 되면 영아는 일주일에 두세 개의 단어를 배우고, 18개월이 지나면서 일주일에 열 개 이상의 단어를 배우게 되어 2세 전후로 300개 이상의 어휘를 사용할 수 있게 된다. 이처럼 놀라운 언어발달 속도로 인해 2세 전후를 언어의 폭발적 팽창기라고 한다.

표 6-5 영아의 언어발달 과정

지표	평균 연령(개월)
쿠잉	2~3
옹알이	5~6
자기소리 모방	6
타인소리 모방	8
첫 단어	10~14
일어문(10단어 사용)	12
이어문(전보식 언어)	15~36
삼어문	24~48

2) 언어발달에 영향을 미치는 요인

영아의 언어발달에는 성, 형제 간 연령차이, 가족구조, 사회경제적 수준 등 다양한 요인들이 영향을 미친다.

(1) 성

어휘 수, 언어 이해, 문장 길이, 문장의 복잡성 등 다양한 측면의 언어능력에서 여아가 남아보다 우수하다는 결과들이 보고되고 있다. 또한 일반적으로 남아가 여아보다 언어발달이 느리고 언어장애를 가지는 성향도 더 높다.

(2) 연령차

언어발달에 있어서는 출생순위보다 형제 간의 연령차가 더 중요하다. 형제자매 간의 터울이 짧거나 쌍생아인 경우에는 다른 영아에 비해 부모와 지내는 시간이 적고, 형제자매 간의 언어적 상호작용이 더 많아져 바람직한 언어경험이 줄어들면서 언어발달이 늦어질 수도 있다.

(3) 가족구조

대가족의 경우에는 가족구성원의 수가 많아 이야기를 나눌 수 있는 시간이 많지만 핵가족화되고 맞벌이가구가 늘어나고 자녀 수가 감소하면서 가족구성원들 간의 대화시간이 줄어들게 되었다. 따라서 이야기를 나눌 가족구성원 수가 적으면 영아들은 언어발달이 지연될 수 있다.

(4) 사회경제적 수준

가정의 사회경제적 수준에 따라 사용하는 언어의 수준과 형태가 달라져 영아의 언어발달에 영향을 미칠 수 있다. 즉, 사회경제적 수준의 높고 낮음에 따라 부모들이 사용하는 언어가 보다 정교할 수 있고, 때로 제한적일 수도 있다. 정교한 언어(elaborated code)를 사용하는 부모들은 표현이 명확하면서도 다양하며, 상황이나 중심인물에 대해 보다 구체적으로 설명해 준다. 그러나 제한된 언어(restricted code)를 사용하는 부모는 개념을 설명할 때 정확하지 않으며 짧고 단순한 문장, 한정된 어휘, 적합하지 못한 언어적 표현을 많이 사용한다. 그러나 부모가 사용하는 언어는 모델이 되어 영아의 언어발달에 영향을 줄 수 있기 때문에 부모는 영아들에게 좋은 언어모델이 되어주어야 한다. 그러므로 제한된 언어를 사용하는 가정의 영아들의 언어능력은 정교한 언어를 사용하는 가정의 영아들에 비해 더 낮을 수 있다.

3) 언어발달이론

언어능력이 선천적으로 타고난 것인지, 후천적인 학습에 의해 획득되는지에 대해서는 오늘날까지도 학자들 간에 논쟁의 대상이다. 이에 따라 언어발달의 심리학적 기제를 설명하는 이론들도 다양한데 여기서는 학습이론적 관점, 성숙이론적 관점, 인지이론적 관점을 중심으로 살펴보고자 한다.

(1) 학습이론

학습이론에 따르면 언어는 자극과 반응의 연합이며, 이에 수반되는 강화에 의해 획득됨으로써 강화와 모방이 언어획득의 주요 기제가 된다. Skinner(1953)는 언어도 다른 행동과 마찬가지로 조작적 조건형성에 의한 강화를 통해 학습된다고 주장하였다. 즉, 영아가 무심코 낸 소리에 부모나 주위 사람들이 미소나 칭찬 등으로 강화해 주면 영아는 그 소리를 계속 자주 내고, 강화받지 못한 소리는 내지 않음으로써 자신들이 속한 문화권의 언어를 획득한다. 사회학습이론가인 Bandura(1977)는 모방에 의해 언어가 발달한다고 설명하였다. 즉, 영아는 주위 사람들이 내는 소리를 듣고 관찰하면서 이를 그대로 모방함으로써 언어를 배우며, 모방한 소리가 정확할 때 주변 사람들로부터 강화를 받게 되어 언어발달이 더 촉진된다. 그러나 언어 중에는 언어획득의 속도나 시기, 언어의 창조성 등 강화받지 않고도 발달하는 부분이 있기 때문에 언어발달을 학습이론만으로 설명하는 데는 무리가 있다.

(2) 성숙이론

세계 어느 나라의 영아든지 일정 시기에 일정한 언어발달 유형을 나타낸다는 사실에 근거하여 Chomsky(1957), Lenneberg(1967) 등은 언어발달의 선천적인 측면을 강조하여 설명하였다. 이들은 언어란 환경적 요인보다 생물학적 요인에 더 많은 영향을 받아 발달한다고 주장하였다. Chomsky는 인간에게는 언어를 이해하고 창조해 내는 능력이 있다고 보고 이를 언어획득장치(Language Acquisition Device: LAD)라는 개념으로 설명하였다. 그에 따르면 인간은 선천적으로 뇌 속에 언어획득장치를 가지고 태어나며, 이를 통해 소리를 수용하고 소리에 담긴 언어자료를 처리하고 규칙을 형성하며 문법에 맞는 문장을 산출한다. 또한 그는 언어가 두 개의 구조로 되어 있다고 설명하였다. 하나는 표면구조로서 문법에 맞게 산출된 언어이고, 다른 하나는 심층구조로서 산출된 언어나 표현한 말의 의미이다. 특히 Chomsky는 언어에 있어 문법보다 의미를 강조함으로써 표면구조보다는 심층구조를 더 중요하게 생각하였다.

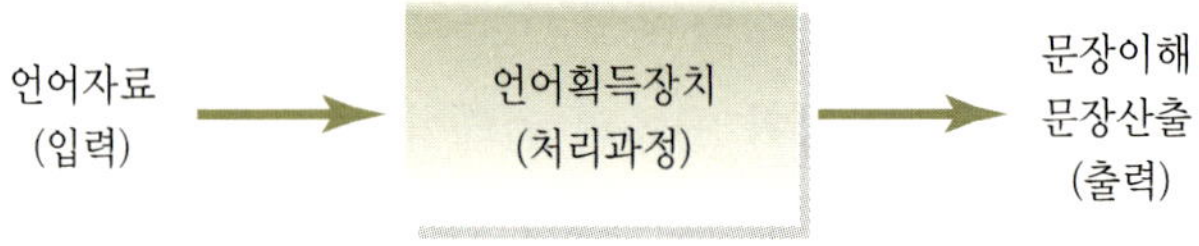

그림 6-14 Chomsky의 언어획득 과정

Lenneberg는 언어란 종 특유의 고유능력이며, 어느 문화권에서나 동일한 시기에 옹알이를 시작하고, 첫 단어를 말하며, 이어문을 형성한다는 점에 근거하여 언어발달이 생리적 발달을 전제로 한다고 주장하였다. 그는 언어란 뇌의 청각조직 발달과 밀접한 관련이 있어 뇌가 성숙해 감에 따라 언어도 발달한다고 설명하였다.

그러나 언어발달은 인간이 타고난 종 특유의 특징만으로 설명할 수 없는 부분이 있다. 예를 들면, 언어습득기제를 작동하게 하는 것은 무엇이고, 뇌가 모두 성숙한 이후에도 언어발달은 끊임없이 이루어지는데 그 이유가 무엇인지에 대해 성숙이론적 입장만으로 설명하기에는 어려움이 있다.

(3) 인지이론

인지이론에서는 언어가 사고와 밀접한 관계를 맺으며 발달한다고 주장한다. 대표적인 학자로 Piaget, Vygotsky, Luria 등을 들 수 있다.

① Piaget

Piaget는 언어를 인지발달에 따라 나타나는 상징적 표상의 일부로 보고 인지가 발달하면 언어도 함께 발달한다고 설명하였다. 그에 의하면 영아가 자기중심적인 언어를 사용하는 것은 영아의 사고력이 아직 다른 사람의 입장에서 생각하고 느끼고 추론할 수 있을 정도로 발달하지 못하였기 때문이다. 영아가 사용하는 자기중심적 언어형태로는 반복, 독백, 집단적 독백이 있다. 반복이란 영아가 누구에게 의사를 전달하려는 목적과 관계없이 아는 단어를 계속 사용하는 것으로 그 자체를 즐기는 것이며, 독백은 다른 사람이 알아듣지 못할 정도로 혼자서 자신에게 말하는 것이다. 집단적 독백은 영아가 누군가와 함께 있으면서 이야기를 하지만 그 말의 의미가 타인에게 전달되기를 기대하지 않으며 단지 상대방에게 자극을 주는 정도로 말하는 것이다. Piaget는 집단적 독백을 초보적 대화로 보았고, 실제 사물을 통한 논리적 사고가 가능해지는 구체적 조작기가 되어야 비로소 사회적 언어를 사용한다고 보았다.

② Vygotsky

Vygotsky는 언어와 사고가 처음에는 분리되어 기능하다가 어느 시점이 되면 언어가 사고에, 사고가 언어에 영향을 주면서 상호작용하게 된다고 설명하였다. 그는 사물을 언어로 표현하게 되면 그 사물에 대한 개념이 형성되고, 이것이 사고발달로 이어짐으로써 사고발달이 언어에 의해 결정된다고 주장하였다.

Vygotsky는 언어발달을 네 단계로 나누어 설명하였다. 첫째 단계는 초기 언어단계(primitive speech stage)로 대개 2세까지이다. 이 단계는 언어와 사고가 결합되기 전 시기로서 비언어적이고 비사고적이며, 2세 말경이 되어야 비로소 언어가 사물을 지칭하거나 자신의 요구를 표현하는 기능을 한다. 둘째 단계는 순수 심리단계(naive psychological speech stage)로서 유아는 단어가 상징적인 기능을 가지고 있다는 사실을 알고 다양한 질문을 하며 언어를 통해 자신의 주변에 있는 물체와 현상 등을 이해한다. 이 시기는 유아가 언어의 여러 기능 중 단지 문법적 측면에서만 언어를 사용하기 때문에 그는 순수단계라 명명하였다. 그러나 이때부터 언어와 사고가 상호 영향을 미치게 되므로 언어가 사고의 도구로 사용된다. 셋째 단계는 자기중심적 언어단계(egocentric speech stage)로서 유아는 독백형식으로 언어를 구사하기 때문에 자신의 말에 대한 누구의 반응을 기대하지 않는다. 자기중심적 언어는 외적 언어에서 내적 언어로 발달해 가는 과도기적인 언어로서 언어의 자기조절기능과 의사소통기능이 분명하게 구별되지 않은 상태이다. 넷째 단계는 내적 성장 언어단계(ingrowth speech stage)로서 7세 이후가 되어야 비로소 도달한다. 이 시기의 아동은 논리적 기억을 사용하여 머릿속으로 언어를 조작할 수 있다. 즉, 아동은 자신에게 소리 없이 말하는 내적 언어를 사용하게 되며, 언어가 사고과정에서 중요한 역할을 한다. 이러한 일련의 발달단계를 거치는 Vygotsky의 언어발달 과정은 외적 언어에서 자기중심적 언어로, 이는 다시 내적 언어로 이루어진다.

③ Luria

Luria는 사고의 수준이 낮으면 언어도 제한되고, 언어의 수준이 낮으면 사고도 제한된다는 언어와 사고의 상호작용을 주장하였다. 그는 언어기능 중 의사소통에 관심을 가졌는데 특히 정보전달보다는 통제적 기능에 초점을 두었다. 그러므로 Luria는 유아가 타인의 지시, 요구 등 타인의 통제적 언어에 의해 통제를 받다가 점차 자신의 언어나 행동을 통해 타인이나 자신을 통제할 수 있다는 것을 알게 됨으로써 언어의 통제기능이 발달해 나간다고 보았다. 또한 Luria는 언어의 통제방향과 통제유형의 발달에 대해 설명하였다. 언어의 통제방향은 타인이 자신을 향해 소리내어 말하는 타인 외적 언어에서 점차 자신이 자신에게 소리내어 말하는 자기 외적 언어로, 이후 자신이 자신에게 소리 내지 않고 말하는 자기 내적 언어로 발달한다. 언어의 통제유형은 단순한 물리적 자극에 의한 충동적 단계(impulsive stage)에서 언어의 의미가 가지고 있는 내용에 따라 행동하는 의미론적 단계(semantic stage)로 발달한다.

언어발달에 대한 Piaget, Vygotsky, Luria 등의 인지이론은 언어발달과 인지발달이 관련되어 있다는 점은 동일하지만 사고와 언어 간의 관계를 설명하는 입장에서는 서로 차이가 있다. 이러한 인지이론은 주위 사람들로부터 받는 강화나 모방에 의한 언어발달과 전세계적으로 언어획득의 시기나 처음 발성하는 음소가 동일한 이유를 설명하는데 어려움이 있다.

4. 사회정서발달

흥분 상태로 태어난 아기들은 며칠 지나지 않아서 만족에 의한 기쁨과 불편함에 따른 슬픔 등의 기본 정서를 나타낸다. 정서는 연령이 증가하면서 점차 분화되어 2세경이 되면 인간이 가지고 있는 대부분의 정서가 나타나며 개인 특유의 기질적 특성도 나타난다. 또한 영아기에는 양육자와의 정서적 유대감인 애착과 또래와의 관계도 형성된다.

1) 정서

정서는 성격, 사회성, 언어, 인지 등의 다른 영역의 발달과 밀접한 관계가 있는데 영아들도 정서를 효과적으로 표현할 수 있다. 또한 현대사회에서는 자신의 정서조절과 통제능력, 타인 정서에 대한 바른 인식능력, 그리고 상황에 맞는 정서표현능력인 정서지능(emotional quotient: EQ)이 중요시되면서 정서에 대한 관심이 더욱 높아지고 있다.

정서(emotion)는 흔히 감정(feeling 또는 affect)이라는 말과 혼용되는데, 그 어원은 라틴어의 'movere' (움직이다)에 접두어 'e' (로부터)가 붙은 것으로 이는 '움직여 나간다' 의 뜻을 지닌다. 정서에 대한 정의는 다양하나 일반적으로 어떤 일을 경험하거나 생각할 때 일어나는 복잡한 상태로서 외적 자극이나 내적 상념과 관련하여 느끼는 정적 경험들이다(김경희, 1995, p. 12). 이는 생리적, 표현적, 인지적 요소를 포함하는 감정보다 더 포괄적인 개념이다(김춘경 외 2002, p. 130). 반면, 감정(feeling)은 쾌, 불쾌, 좋음, 싫음, 애정과 같이 하위의 정적인 경험을 의미하는 것으로(유아교육사전, 1996, p. 497) 정서에 비해 주관적이고 표현적인 요소가 더 강하다.

(1) 정서발달에 대한 접근방법

정서발달은 정서를 진화과정의 산물로 보는 발생학적 접근, 생리적인 뇌 성숙에 의한 것으로 보는 생리적 접근, 사고와 관련하여 살펴보는 인지발달적 접근, 강화와 모방에 의해 학습된 것으로 보는 학습이론적 접근 등 다양한 관점에서 설명된다.

① 발생학적 접근

발생학적 접근은 Darwin의 이론에서 비롯되었다. 그는 정서란 유기체가 생활하는데 필요한 적응의 의미를 가지고 있으며, 생물학적인 구조 내에 이미 계획된 것이라고 보았다. 그리하여 정서는 진화과정을 통해 얼굴 근육이 점차 분화되어 얼굴 표현으로 나타나는 것이라고 보았다. 또한 정서란 환경의 영향을 설명하는 문화적 요소보다는 성숙에 의한 생물학적 요인에 의해 더 강하게 영향을 받는다고 보았다(김춘경 외, 2002, p. 130). 이 입장을 지지하는 Izard와 Dougherty(1982, p. 98)는 정서표현이란 선천적인 것으로서 영아가 양육자와 상호작용하면서 필요할 때 발생학적으로 나타나는 것이라고 설명하였다.

② 생리적 접근

생리적 접근에서 정서발달은 정서와 관련되어 있는 대뇌피질이 분화되고 시상하부가 발달하면서 이루어지는 것이라고 본다. 즉, 정서는 중추신경계에서 발생한다는 것이다. 이런 입장에서 Cannon은 고양이를 대상으로 뇌의 여러 부분을 제거시켜 실험한 결과, 정서를 유발하는 부분이 뇌의 시상, 시상하부 및 변연계라는 사실을 밝혀냈다(김춘경 외, 2002, pp. 130-131).

③ 인지적 접근

인지적 접근에서는 정서발달을 영아가 성장하면서 나타내는 인지발달의 결과로 이루어지는 것이라고 본다. 대표적인 학자로 Sroufe와 Wunsch가 있다. 그들은 4~8개월 된 영아를 대상으로 가면을 쓴 낯선 사람과 어머니에 대한 반응을 비교하였다. 그 결과, 낯선 사람이 가면을 쓰고 영아에게 다가오면 영아는 울지만, 영아의 어머니가 가면을 쓰고 영아에게 다가오면 영아는 울지 않고 웃었다(Sroufe & Wunsch, 1972). 이러한 결과로 영아는 상황에 따라 어떤 정서를 표현해야 하는지 알고 있으며, 정서와 인지가 관련이 있다는 것을 알 수 있다.

④ 학습이론적 접근

학습이론에 의하면 대부분의 정서반응은 경험을 통해 획득된다. 즉, 정서발달은 양육과정에서 나타나는 모방과 강화를 통해 혹은 사회나 문화의 영향을 받아 이루어진다. Malatesta(1985), Picken과 Field(1993)는 영아들이 어머니의 얼굴 표정을 모방하고 이런 모방이 강화되면서 영아의 정서가 발달한다는 실험결과를 보고함으로써 정서가 학습된다는 것을 주장하였다.

(2) 정서분화

정서는 보는 관점에 따라 인간은 처음부터 분화된 특수정서를 가지고 태어난다고 보는 입장과 연령이 증가함에 따라 점차 다양한 정서로 분화된다고 주장하는 입장이 있다. 전자는 출생 시 모두 분화되어 더이상 분화될 정서가 없다고 봄으로써 생후 1개월 된 영아들도 성인이 가지고 있는 정서를 모두 가지고 있다고 주장한다. 반면, 후자는 분화이론으로 인간은 출생 시 두 가지 기본적 상태, 즉 긍정적 상태인 쾌와 부정적 상태인 불쾌의 양극적인 정서를 가지고 태어나 점차 복잡한 정서로 분화된다고 본다. 분화이론에서는 정서발달도 신체발달이나 언어발달처럼 어느 정도 연령규준을 따른다고 본다. Watson과 Rayner(1920)는 영아가 가지는 기본 정서를 공포, 분노, 애정의 세 가지로 보았다. Bridges(1932)는 태어날 때의 흥분 상태에서 2~3개월경에 쾌와 불쾌의 정서로 분화되고, 생후 5~6개월에 불쾌의 정서인 분노, 혐오, 공포가, 10~12개월에 쾌의 정서인 의기양양과 애정이, 2세경에 질투심이 나타나 성인에게서 볼 수 있는 정서가 거의 다 분화된다고 보았다. 또한 Berger(2003)는 갓 태어난 아기는 불만족과 만족 두 가지 정서만을 가지고 있다고 보았다. 그에 따르면 신생아들은 배가 고프거나 고통을 느낄 때, 혹은 때로 분명한 이유 없이 울다가 배가 부르고 잘 자고 나면 행복해한다. 영아는 출생 후 몇 주가 지나면서 새로운 물건, 새로운 소리, 움직이는 것 등에 대해 흥미를 보이며, 사람에 대한 관심은 기쁨으로 나타나 생후 6주경 사회적 미소로, 3~4개월에는 웃음으로 표현되며, 입을 크게 벌리고 뺨이 올라가는 큰 미소는 생후 4개월이 되어서야 비로소 나타난다고 하였다. 분노는 자신이 기대한 대로 되지 않을 때 나타나는데, 4개월경에는 자신이 갖고자 하는 물건을 갖지 못할 때 화를 낸다. 9개월경에 분노는 절정에 달하여 낯선 사람에 대한 분노와 양육자로부터의 분리불안이 나타난다. 생후 1년 말경이 되면 정상적인 대부분의 영아들은 기쁨, 불만족, 흥미(호기심), 공포, 분노의 정서를 가지며, 생후 2년이 되면 일반적인 분노와 공포가 격분(격노)과 놀람으로 바뀌고, 2세 말경이면 자부심, 수치심, 당황, 때로는 죄책감 등이 생긴다.

정서발달에 대한 분화이론과 타고난 것이라는 관점 외에 이미 선천적으로 특수한 정서를 가지고 태어나지만 다른 구조가 성숙할 때까지 정서가 나타나지 않는다고 주장하는 견해도 있다(김춘경 외, 2002, p. 133).

표 6-6 영아의 정서발달

출현 시기	정서
출생	불만족
	만족
6주	사회적 미소
3개월	웃음
	호기심
4개월	환한 미소
	분노
9개월	낯선 이에 대한 공포
	분리불안
18개월	자부심
	수치심
	당황

〈출처〉 Berger, K. S. (2003). *Developing person through childhood and adolescence*, p. 203.

(3) 정서의 종류

정서는 일차 정서와 이차 정서로 나뉜다. 일차 정서는 모든 영아들에게서 볼 수 있는 기본 정서이며 선천적 정서로서 주관적 감정, 심리적 변화, 외현적 행동 등의 세 가지 요소로 이루어진다(Izard, 1991). 일차 정서로는 기쁨, 분노, 공포, 행복, 놀람, 혐오, 슬픔 등이 있으며, 이의 표현방법은 거의 모든 사람이 동일하다. 예를 들면, 공포의 표현은 눈을 크게 뜨고, 눈썹이 올라가며, 입이 약간 벌어진다. 이것은 생물학적으로 정서를 표현하는 일정 방법이 인간에게 프로그램화되어 있기 때문이다(Kail, 2002, p. 185). 이차 정서는 한 가지 이상의 정서를 통합할 줄 아는 보다 복잡한 인지능력을 필요로 하는 것으로 18개월 이후에 나타나는 복잡한 정서이다(Lewis, 1992). 이에는 애정, 만족, 감정이입, 질투, 고통, 수치, 죄책감, 부러움, 자부심, 당황, 자긍심 등이 포함된다.

① 기쁨, 미소, 웃음

쾌의 정서인 기쁨은 즐겁고 신이 날 때, 기분이 좋을 때 미소를 짓거나 소리를 내어 웃거나 손뼉을 치거나 팔짝 뛰는 등의 신체적 표현과 함께 나타난다. 출생 직후 나타나는 배냇미소는 기쁨의 표현이라기보다는 단순한 선천적, 반사적 반응이며, 생후 2개월 이후가 되어야 영아는 자신들이 좋아하는 사람들에게 사회적 미소를 보인다. 생후 4개월이 되면 영아는 신체 부분을 간지르거나 위로 들어올려줄 때 큰 소리로 웃는다. 생후 1년이 지나면 영아는 사회적 신호로 미소와 웃음을 사용한다. 즉, 영아는 다른 사람과 기쁨을 나누고 싶을 때, 같이 놀고 싶을 때 미소 짓고 웃는다.

② 공포

공포는 신체적으로나 심리적으로 위험하다고 느낄 때 표출되는 정서로 불안과 연결되어 있다. 공포는 낯선 사람을 경계하기 시작하는 생후 6개월경에 나타나기 시작한다. 이후 빈번하게 표출되는 공포는 분리불안으로 연결되어 표현된다. 낯선 사람에 대한 두려움이나 불안은 6개월부터 조금씩 나타나다가 9~14개월에 가면

최고조에 달한다. 양육자와 떨어질 때 나타나는 분리불안도 이 시기에 절정에 이른다. 영아들에게 공포를 일으키는 대상은 다양하여 큰 소리, 높은 곳, 낯선 사람, 낯선 곳, 처음 보는 이상한 물건, 어두운 곳, 강아지, 고양이 등을 무서워한다.

③ 분노

분노는 영아기에 가장 많이 나타나는 정서 중 하나이다. 영아는 처음에 신체적으로 불편하거나 고통을 느낄 때 울음으로 분노를 표현하지만, 점차 자신이 원하는 것을 못하게 되어 욕구좌절을 느낄 때 울음이나 소리지르기, 떼쓰기, 발버둥치기 등의 신체적 표현을 수반하면서 분노를 표현한다. 분노는 운동능력과 의식적 인식능력과 관계가 있다. 생후 4~6개월이 되면 분노가 나타나기 시작하는데 이 시기에 영아는 운동능력이 부족하여 자신이 갖고자 하는 물건을 마음대로 잡지 못하거나 자신이 원하는 것을 하지 못할 때 화를 낸다.

④ 질투

질투는 영아기 후반에 동생이나 또래와 같은 경쟁자에게 자신의 애정대상을 빼앗길 것을 두려워하여 나타내는 정서로서 미움과 선망이 섞여 있으며, 공격적 행동과 연결되어 나타나곤 한다.

⑤ 애정

애정은 좋아하는 사람을 쳐다보기, 미소 짓기, 붙잡기, 껴안거나 안기기, 입 맞추기 등 다양한 형태로 표현된다. 생후 1년 6개월경부터 나타나기 시작하는 애정은 사물보다 사람에게 먼저 나타나며, 사람 중에서도 성인에 대한 애정이 또래에 대한 애정보다 먼저 나타난다.

⑥ 감정이입과 동정심

감정이입과 동정심은 생후 18개월 이후 나타난다. 감정이입은 다른 사람이 경험하는 정서를 같이 느끼는 것이고, 동정심은 슬픔이나 고통에 대한 느낌과 반응이다. Zahn-Waxler와 Radke-Yarrow(1990)는 생후 21개월 된 영아가 다쳐서 아파하는 엄마의 얼굴을 보고 근심 어린 표정으로 무슨 일인지 묻고 엄마를 달래는 행동을 할 수 있다는 결과를 제시함으로써 2세도 감정이입과 동정심을 나타낼 수 있다는 것을 증명하였다(박성연 · 도연심, 1997, p. 182).

⑦ 자부심, 수치심, 죄책감

실패했거나 하지 말아야 할 것을 했을 때 영아는 수치심과 죄책감을 느끼며, 어떤 일을 성공적으로 수행했을 때는 자부심을 느낀다. 이러한 정서들은 생후 24개월에서 36개월 사이에 나타난다.

정서표현은 영아의 사회적 경험, 특히 부모들이 영아의 정서표현에 대해 나타내는 반응과 영아의 기질 등에 따라 달라질 수 있다. 또한 영아가 표출하는 정서 중 어떤 정서는 가족과 문화가 수용하고 격려하지만, 반대로 수용하지 않는 경우도 있어서 영아는 어떤 정서가 인정받고, 인정받지 못하는지를 알게 된다. 즉, 영아는 자신의 정서표현에 대한 타인의 인식을 알게 된다.

(4) 초기 정서의 특징

영아는 자신의 정서를 통제하지 않고 자신이 느끼는 대로 표현하기 때문에 상당히 강하게 표현하여 기쁨이나 슬픔을 과장될 만큼 격하게 표현한다. 또한 영아의 정서표현은 강하지만 지속시간이 길지 않기 때문에 슬프게 울다가도 달래면 한순간에 쉽게 울음을 그치곤 한다. 뿐만 아니라 영아의 정서표현은 상황에 따라 반응이 쉽게 바뀌면서 다양한 정서반응을 나타내어 울다가 금방 웃고, 무서워하다가도 금방 궁금해 한다.

2) 자아인식

자아인식(self-awareness) 또는 자아인지(self-cognition)는 영아기 후반에 나타나는 정서적 성장의 표시로서 다른 사람과 자신이 다른 개체임을 아는 것이다. 즉, 영아가 타인의 신체, 정신, 행동과 자신의 신체, 정신, 행동이 분명히 다르다는 것을 아는 것이다. 이러한 자아인식은 자부심에서부터 죄의식, 수치심, 당혹감에 이르기까지 다른 측면의 정서발달을 촉진시킨다. 또한 자아인식은 타인에 대한 인식에서 비롯되기 때문에 사회적 맥락의 정서로 본다. 이는 다른 사람에 대한 새로운 의식, 즉 반항, 질투, 감정이입, 애정과 같은 타인 지향적 정서를 야기한다(Berger, 2003, p. 213).

Mahler 외(1975)에 의하면 영아는 생후 4개월까지 자신을 어머니의 일부분으로 여기지만 5개월경부터 자신을 어머니로부터 분리시키기 시작하여 생후 1년 동안 어머니로부터 분리된 자신에 대한 인식을 계속 발달시켜 나간다. Harter(1998)도 생후 15~18개월까지의 기간이 영아에게 있어서는 지식대상으로서 개인에 대한 자기인식이 나타나는 중요한 시기라고 설명하였다.

영아의 자아인식을 살펴보기 위해 Lewis와 Brooks-Gunn(1979)는 코에 립스틱을 칠한 영아가 거울을 보면서 어떻게 반응하는지 살펴보는 실험을 하였다. 거울을 보고 자기의 코를 만지는 영아는 거울 속에 있는 아기가 자기임을 아는 것인데, 실험 결과 생후 9개월에서 24개월 사이의 영아 중 12개월 미만의 영아는 거울 속의 아기 코를 만졌고, 15개월에서 24개월 사이의 영아는 호기심과 당황스러움의 감정을 가지고 자신의 코를 만졌다. 이런 결과로 볼 때 영아들은 생후 1년 정도 지나야 자아인식이 형성됨을 알 수 있다.

자아인식은 자기에 대한 평가인 자아개념과도 연결된다. Kelley 외(2000)는 두 살 된 영아를 대상으로 이들에 대한 어머니의 평가를 종단적 연구를 통해 살펴보았다. 그 결과, 어머니가 영아에 대해 부정적으로 평가한 경우에 세 살된 영아는 자신에 대한 자부심을 증가시키려는 노력을 덜 하고 수치심을 증가시켰으며, 어머니가 중립적인 평가를 한 경우에는 영아가 자신이 하던 일을 완성하려는 의지와 영아기 이후 새로운 것에 도전하려는 의지력을 촉진시키는 것으로 나타났다. 그러나 어머니가 영아에 대해 긍정적으로 평가하는 경우에는 영아의 자부심이나 수치심의 증감에 아무런 영향을 미치지 않았다.

3) 기질

기질은 정서, 운동, 주의반응성, 자기조절에서 보이는 타고난 개인차(Rothbart & Bates, 1998, p. 109)로서 유전적인 요인과 생물학적 요인에 의해 영향을 많이 받지만 임신부의 영양상태와 건강 등 임신 중의 환경, 출생 후 환경과 성장하면서 처하게 되는 사회적 맥락, 개인의 경험 등에 의해서도 영향을 받는다.

(1) 기질의 구성요소와 기질유형

Thomas와 Chess(1977)는 1956년에 시작된 뉴욕 종단연구(New York Longitudinal Study)를 통해 아홉 가지 기질 구성요소를 밝혀냈다. 아홉 가지 기질 구성요소는 활동수준(activity level), 규칙성(rhythmicity), 접근/회피(approach-withdrawal), 산만성(distractability), 적응성(adaptability), 주의력과 지속력(attention span and persistence), 반응강도(intensity of reaction), 반응 역(threshold of responsiveness), 기분(quality of mood) 등이다.

Thomas와 Chess는 규칙성, 접근/회피, 적응성, 반응강도, 기분에 기초하여 기질유형을 순한 기질, 까다로운 기질, 느린 기질로 분류하였다. 일반적으로 순한 기질의 아동은 40%, 까다로운 기질은 10%, 느린 기질은 15% 정도이다. 순한 기질의 영아는 잠에서 깰 때 충분한 수면으로 행복한 모습을 짓고, 장난감을 가지고 혼자서도 잘 놀며 낯선 것에 대해서도 쉽게 당황하지 않는다. 또한 생물학적 시간표에 따라 수유나 수면도 규칙적으로 이루어지고, 낯선 사람에게 미소를 잘 짓고, 낯선 사람이 주는 음식도 잘 받아먹으며, 새로운 생활습관에도 쉽게 적응한다. 그러나 까다로운 기질의 영아는 잠에서 깰 때 눈을 뜨기 전부터 울고 생물학적 기능도 불규칙하다. 행복해 보이지 않는 경우가 많고 적대적인 반응을 자주 보이며, 조그만 좌절에도 강하게 반응하고, 새로운 사람이나 상황에 적응하는 데도 시간이 많이 걸린다. 느린 기질의 영아는 수동적이며 새로운 상황에 처하면 움츠러드는 경향이 있고, 새로운 상황을 좋아하지 않지만 다시 기회를 주면 흥미를 가지고 참여한다.

표 6-7 Thomas와 Ches의 기질 구성요소와 행동특성

구성요소	행동 특성
활동수준	일상생활에서의 신체 활동 양
규칙성	수유, 배설, 수면 등의 규칙성
산만성	외부 자극으로 인해 현재 하고 있는 활동이 방해받는 정도
접근/회피	새로운 사람이나 사건을 수용하고 회피하는 정도
적응성	환경변화에 대한 적응의 용이성
주의력과 지속력	장애물이 있거나 산만한 활동에 집중하는 시간
반응강도	자극에 대한 반응강도
반응 역	새로운 반응을 유발하는데 필요한 자극강도
기분	즐거운 행동이나 불쾌한 행동의 균형

(2) 기질과 양육

부모의 양육행동도 영아의 기질에 영향을 미친다. 순한 기질의 영아는 낯선 장소, 낯선 사람에게 쉽게 적응하며, 평소 해왔던 것이 아니어도 크게 거부하지 않기 때문에 부모로서 자녀를 돌보는 것이 비교적 쉽다. 그러나 영아의 입장에서 보면 순한 기질의 영아는 요구를 많이 하지 않기 때문에 부모로부터 관심을 적게 받을 수 있다. 반면, 까다로운 기질의 영아는 자주 울고 보채기 때문에 부모를 힘들게 하고, 부모 스스로 자신이 무능하다는 생각까지 들게 한다. 그리하여 까다로운 기질을 가진 영아의 어머니는 영아의 욕구에 민감하지 못하며 자주 통제하는 양육행동을 보이고(최영희, 1995; Bates, 1980), 온정과 반응성도 낮고(Campbell, 1979; Klein, 1984), 영아에 대해 애정적인 태도도 적게 보인다(임양미, 1994; 최영희, 1995). 느린 기질의 영아는 처음에는 적응을 잘 하지 못하지만 시간이 지나면서 서서히 적응하며 표현이 격렬하지 않기 때문에 부모가 돌보는데 큰 어려움이 없다. 이처럼 부모가 영아의 기질에 따라 양육행동을 조절하면 조화로운 관계를 형성할 수 있으나, 그렇지 못하면 부모나 영아 모두 갈등을 겪는다.

4) 타인과의 관계

(1) 애착

애착은 영아기에 나타나는 중요한 사회적 발달 현상 중 하나로 한 개인이 자신과 가장 가까운 사람에게 느끼는 강한 정서적 유대관계이다. 영아는 대부분 주양육자인 어머니와 애착을 형성한다. Freud가 심리발달에 있어 아기와 어머니의 정서적 유대가 중요하다는 사실을 처음으로 강조하였으나, 애착은 동물행동학에서 가장 많이 연구되었다. 애착과 관련하여 대표적인 학자로 Bowlby, Ainsworth 등을 들 수 있다. Bowlby(1969)에 따르면 애착은 종족을 보존하기 위한 목적으로 주위 환경에 적응해 나가는데 필수적인 요소이며 애정이나 사랑과 같은 긍정적 정서의 의미를 지닌다. 반면, Ainsworth(1973)는 애착이란 한 사람 또는 동물이 자신과 다른 특정한 개체 사이에 형성하는 정서적 유대로서 시간과 공간을 초월하여 그들을 결속시키는 유대감으로 보았다.

영아기에 형성된 애착의 질은 이후의 발달과 밀접한 관계가 있다. 안정된 애착관계를 형성한 영아는 사람에 대한 신뢰감이나 자신감, 호기심, 타인과의 관계에서 긍정적인 성향을 나타내고 어려운 과제도 잘 해결하며 좌절도 잘 참아내고 문제행동도 덜 보인다. 반면, 불안정한 애착을 형성한 영아는 아동기 후기에 적대적이고 공격적인 성향을 보이며, 다른 사람과 좋은 관계를 형성하는 것이 어렵다.

그림 6-15 Harlow의 실험
〈출처〉 조복희(1999). 아동발달, p. 135.

Bowlby의 애착이론은 애착이 배고픔과 같은 일차적 욕구충족에 의한 것만은 아니라는 Harlow의 실험결과에 근거를 둔다. Harlow는 새끼 원숭이를 어미 원숭이와 격리시킨 후 우유가 나오는 철사로 만든 어미 원숭이와 우유는 나오지 않지만 표면을 부드러운 천으로 감싼 어미 원숭이와 함께 있게 하였다. 그 결과, 새끼 원숭이는 배가 고플 때만 우유가 나오는 철사로 된 어미 원숭이에게 가서 우유를 먹고, 대부분의 시간은 부드러운 천으로 감싼 어미 원숭이에게 가서 매달려 있었다. Harlow의 이러한 연구결과는 배고픔을 해결해 주는 수유만이 애착을 형성하는데 중요한 요인이 아니라는 사실을 제시해 준다.

① 애착형성단계

Bowlby(1969)는 애착형성 기간을 아동기 말까지로 보고 애착형성단계를 네 단계로 설명하였다.

첫째 단계는 무분별한 사회적 반응단계(undiscrimininating social responsiveness)로서 출생 후부터 3개월까지이다. 이 시기의 영아는 특정 대상을 구별하지 않고 모든 대상에게 붙잡기, 미소 짓기, 울기, 눈 응시하기, 잡기, 소리 내기 등을 통해 양육자와 주위 사람들과 가까운 관계를 유지한다. 애착이 형성되지 않았기 때문에 영아는 낯선 사람과 함께 혼자 남겨져도 별로 개의치 않는다.

둘째 단계는 변별적인 사회적 반응단계(discriminating social responsiveness)로서 생후 3개월부터 6개월까지이다. 이 단계의 영아는 친숙한 사람과 낯선 사람을 구별하면서 본격적으로 애착을 형성하기 시작한다. 첫 단계에 비해 친숙한 사람에게 더 적극적으로 접근하고 접촉을 유지하기 위한 행동을 보인다. 그리하여 영아는 친숙한 사람에게 더 많이 웃고, 미소 짓고, 옹알이도 더 자주 하고, 친숙한 사람과 멀어질 때는 울기도 한다. 또한 친숙하지 않은 사람에게는 낯가림을 보여 친숙한 사람에게 했던 것과는 다른 변별적인 행동을 보이기 시작한다.

셋째 단계는 적극적이고 능동적인 접근과 접촉추구단계(active initiative in seeking proximity and contact)로서 생후 6개월부터 3세까지이다. 이 단계의 영아는 혼자 이동할 수 있게 되면서 애착이 형성된 사람에게 적극적으로 접근하고 접촉을 시도한다. 자신이 설정한 목표를 달성하기 위해 다양한 애착행동을 보이며, 애착대상이 떠나면 분리불안을 나타낸다.

넷째 단계는 목표-수정적인 동반자단계(goal-corrected partnership)로서 3세부터 아동기 말까지이다. 이 시기의 아동은 애착대상의 행동을 조금씩 예측하게 되고, 애착대상의 행동에 영향을 주는 것이 무엇인지도 알게 된다. 아동은 애착대상과 상호 협조적인 관계를 맺으면서 자신이 원하는 방향으로 애착대상의 행동을 수정한다.

② 낯가림과 분리불안

영아가 특정 대상과 애착을 형성하면 나타나는 현상이 낯가림(stranger anxiety)과 분리불안 혹은 격리불안(seperation anxiety)이다.

가. 낯가림

영아가 누군가와 애착을 형성하게 되면 낯선 사람이 다가오거나 안으려고 할 때 낯선 사람과 얼굴 마주치기를 회피하며 큰 소리로 운다. 이런 반응을 낯가림이라고 하는데, 이는 생후 6~8개월경에 나타나기 시작해서 첫돌 전후에 최고조에 달했다가 서서히 감소한다. 낯가림은 영아가 낯선 사람을 싫어해서라기보다는 낯선 사람과 익숙한 사람을 구별할 수 있는 능력이 생겼다는 것을 의미하며, 영아가 인지적으로 발달했다는 증거가 되기도 한다. 다시 말하면, 낯가림은 친숙한 사람에 대해 형성된 도식을 낯선 사람에게 적용했을 때 도식이 맞지 않아서 생기는 혼란스러움을 표현하는 것이다. 그러므로 낯가림을 전혀 하지 않는다는 것은 낯선 사람과 친숙한 사람에 대한 변별력이 없는 것이라고 볼 수 있다.

대부분의 영아들이 낯가림을 하지만 그 정도나 시기는 영아의 기질이나 환경요인, 어머니의 양육태도에 따라 차이가 날 수 있다. 즉, 부모나 친숙한 성인이 함께 있는 상황인 경우에 기질적으로 순한 영아는 낯가림을 덜 하고, 어머니가 수용적인 양육태도를 보일 때 낯가림이 더 일찍 나타난다.

나. 분리불안

분리불안은 영아가 부모나 애착대상과 떨어질 때 나타내는 불안반응으로서 생후 8~9개월경부터 나타나기 시작하여 15개월에 절정에 달하고 2세경이 되면 사라진다. 일반적으로 안정 애착을 형성한 영아가 불안정 애착을 형성한 영아보다 분리불안을 덜 보이며, 어머니를 안전기지로 삼아 주변 환경을 더 많이 탐색한다. 또한 어머니가 수용적인 양육태도를 보일 때 분리불안 현상이 더 일찍 나타난다(이주혜, 1981). 이는 어머니가 수용적인 태도를 보이면 영아는 어머니와 애착을 더 잘 형성하고, 애착형성이 잘 될수록 영아는 대상에 대한 개념형성이 더 빨라지기 때문이다.

(2) 또래와의 관계

어린 영아들도 또래와 상호작용할 수 있다. 생후 3개월경이면 다른 아기를 쳐다보고, 3~4개월이 되면 다른 아기에게 손을 내밀거나 만지려 한다(박성연 · 도연심, 1999, p. 190). 6개월이 되면 쳐다보고 웃고, 15~18개월이 되면 또래와 나란히 앉아 비슷한 놀이를 하며, 2년이 되면 초보 협동놀이인 숨바꼭질을 하는 등 또래와의 관계가 빠르게 발달한다(Kail, 2002, pp. 196-197).

07

CHAPTER

유아기

1. 신체발달
2. 인지발달
3. 언어발달
4. 사회정서발달

CHAPTER 07

유아기

유아기는 영아기가 끝나는 만 2세부터 초등학교에 입학하기 전까지의 시기이다. 유아기는 영아기에 이어 여러 발달 측면에서 계속적인 발달이 이루어져 신체의 성장과 더불어 운동기능의 발달이 점차 세분화되고, 스스로 자신의 신변처리를 할 수 있다. 인지발달도 눈에 띄게 증가하여 유아는 표상적 사고를 하며, 영아기에 비해 기억능력이 크게 향상된다. 특히 유아기에는 언어발달이 급속하게 이루어지는데, 사용하는 단어의 수가 증가하고 여러 단어를 연결하여 문장을 만들며, 문법과 의사소통기술도 현저하게 발달한다. 뿐만 아니라 유아기에는 정서의 표현이 다양해지고, 놀이를 통해 또래와의 관계를 형성해 감에 따라 사회성도 발달하여 자아를 인식하게 되고 자기통제가 가능해지는 등 자아가 발달하며, 도덕성과 성역할도 발달한다. 따라서 본 장에서는 이러한 유아기의 발달을 신체발달, 인지발달, 언어발달, 사회정서발달로 구분하여 살펴보고자 한다.

1. 신체발달

유아기의 신체발달은 신체적인 성장과 운동기능의 발달로 구분하여 설명할 수 있다.

1) 신체적 성장

(1) 신장과 체중의 증가

영아기에는 급속한 신체적 성장을 보이지만 유아기가 되면 성장속도는 다소 둔화되나 꾸준하게 성장한다. 영아기 말 85㎝ 정도이던 신장은 그후 매년 7㎝ 정도씩 증가하여 5세 유아의 경우에는 출생 시의 두 배(약 110㎝), 유아기 말인 6세경에는 성인의 65% 정도(약 117㎝)가 된다. 또한 영아기 말에는 12㎏ 정도이던 체중이 매년 2㎏씩 증가하여 5세경에는 출생 시의 다섯 배(약 18.5㎏) 정도가 되며, 6세에는 성인의 30% 정도(약 21.1㎏)가 된다. 일반적으로 남아가 여아보다 신장이 더 크고 체중도 더 나간다. 유아기의 신체발달 정도는 6장의 표 6-1에 제시되어 있다.

(2) 신체비율의 변화

유아기가 되면 신체의 성장과 함께 신체의 비율과 체지방의 구성 비율이 변화되어 점차 아기의 모습에서 벗어난다. 출생 시 머리의 크기는 전체 키의 $\frac{1}{4}$정도, 영아기 말에는 $\frac{1}{5}$ 이지만 점차 머리의 비율이 낮아져 6세 정도가 되면 $\frac{1}{6}$ 정도가 된다도가 된다(그림 6-2 참조). 유아기에는 체지방이 꾸준히 감소하고 팔다리가 길어지면서 머리의 비율이 점차 작아지고 통통하던 모습이 홀쭉한 모습으로 변한다. 유아는 팔과 다리가 길어짐에 따라 이동성이 증가한다.

그림 7-1 유아와 영아의 모습

(3) 뇌의 발달

뇌의 발달도 영아기와 마찬가지로 급속하게 이루어져 뇌의 무게가 영아기 말에는 성인의 75% 정도에 이르고, 5세경에는 90%에 이른다. 6세 유아의 체중이 성인의 30% 정도인데 비해 뇌의 무게가 성인의 90% 이상이 되어 뇌의 발달이 다른 부분의 신체적 성장에 비해 영유아기에 매우 급속하게 이루어짐을 알 수 있다.

인간의 이성, 사고, 기억, 운동기능 등 종합적인 사고를 관장하는 전두엽은 영아기 후반부터 발달하기 시작하는데, 만 3~6세 때 빠른 속도로 집중적으로 발달하여 이 시기 유아의 전두엽 성장률은 60~80%에 달한다(서유헌, 2006). 전두엽은 성인기까지 계속해서 발달하기 때문에 인간성, 도덕성, 종교성 등의 사고기능은 나이가 들수록 계속해서 발달한다.

(4) 골격과 치아의 발달

2세 이후 연골은 점차 단단해진다. 골격의 발달은 운동발달과 몸의 균형에도 중요한 영향을 미치며, 근육의 발달과 더불어 유아들은 힘도 세어진다. 머리의 윗부분이 크고 턱이 작던 영아는 이 시기에 치아와 턱뼈가 발달함에 따라 얼굴의 턱 부분이 둥글게 커진다. 2세 반경이 되면 20개의 유치(젖니)가 모두 나오며, 6세경부터 유치가 빠지면서 영구치가 나온다.

2) 운동기능의 발달

(1) 대근육운동

유아기에는 신장에 대한 머리 크기의 비율이 작아지면서 몸의 무게 중심이 아래로 내려간다. 이에 따라 유아는 균형을 잡을 수 있게 되고 대근육운동기능도 발달한다. 대근육운동이란 큰 근육을 사용해서 움직이는 것으로 걷기, 달리기, 뛰기, 공 던지기, 계단 오르내리기 등을 말한다.

첫돌을 전후해 걷기 시작한 영아는 영아기가 끝날 무렵이면 달리기 시작한다. 3세경에는 잘 달리지만 달리면서 방향을 바꾸지는 못한다. 3세 유아는 두 발로 제자리뛰기를 할 수 있고, 미끄럼틀에 올라가 미끄럼을 탈 수 있으며, 그네, 세발자전거 또는 큰 바퀴의 페달을 밟을 수도 있다. 또한 큰 공을 차거나 크게 튀는 공을 양팔을 뻗어 잡을 수도 있다.

그림 7-2 대근육을 이용하여 운동하는 유아

4세 유아는 한 발로 깡충뛰기를 할 수 있고, 바닥에 한 줄로 줄을 그어 놓으면 그 위를 똑바로 걸을 수도 있으며, 30㎝ 정도 높이의 물건 위로 뛰어넘을 수 있고, 사다리, 나무, 놀이터 놀이기구에 오르내리고, 달리고, 멈추고, 장애물을 쉽게 돌아가기도 한다. 4세가 되면 신체조절능력이 발달해서 공을 던질 때 팔을 머리 위로 올려 던질 수 있고 거리와 정확도도 향상된다.

표 7-1 대근육운동기능의 발달

연령(세)	걷기	달리기	뛰기	페달 밟기	오르기	던지기
2~3	율동적으로 잘 걷는다.	몸을 뻣뻣하게 세우고 달린다. 방향을 바꾸거나 갑자기 멈추는 것이 어렵다.	두 발로 깡충 뛴다.	장난감 자동차에 올라타고 두 발로 민다.	계단을 오를 때 한쪽 발을 먼저 올려놓은 후 다른 쪽 발을 그 옆에 놓는다. 높은 곳에 올라갈 수 있지만 내려오지는 못한다.	목표물을 향해 공을 던질 때 두 팔을 사용한다. 발이나 몸은 움직이지 못한다.
3~4	팔을 앞뒤로 흔들며 걷는다. 직선 위를 잘 걷는다.	유연하게 잘 달리고 출발과 정지를 잘 한다.	두 발로 높이 뛰어오른다. 한 발로 장애물을 뛰어넘는다.	세발자전거를 탈 수 있다.	계단을 오를 때는 한 발로 차례차례 오르지만 내려올 때는 두 발을 모아서 내려온다.	몸을 앞뒤로 흔들며 한쪽 팔로 공을 던진다.
4~5	곡선 위를 걷는다. 평균대 위를 걷는다.	빨리 잘 달리고 달리면서 방향을 바꿀 수 있다.	깡충깡충 뛰면서 앞으로 나아간다.	세발자전거를 빠르고 유연하게 잘 탄다.	발을 번갈아 가면서 계단을 오르내린다. 사다리, 정글짐, 미끄럼틀, 나무 등을 타고 오르내린다.	팔꿈치를 사용해서 공을 던진다.
5~6	성인처럼 걷는다.	속력을 내서 잘 달린다.	높이뛰기와 멀리뛰기를 할 수 있다. 줄넘기를 한다.	두발자전거를 탈 수도 있다.	성인처럼 오르고 내린다.	발을 앞으로 내밀고 팔을 쭉 뻗어 공을 던진다.

〈출처〉 정옥분(2002). 아동발달의 이해, p. 353.

5세가 되면 유아는 운동능력이 거의 완벽하게 발달하여 무릎을 굽히지 않고 발가락을 잡을 수 있으며, 몸의 균형을 이뤄 성인처럼 걷는다. 10초 동안 한 발로 설 수 있고, 세발자전거를 속도를 내면서 탈 수 있으며, 몇몇 아이들은 두발자전거도 탈 수 있다. 균형잡기도 완전해지는데 보통 남아가 여아보다 빠르다. 어른처럼 두 발을 번갈아가며 계단을 오를 수 있다. 또한 달리면서 방향을 바꿀 수 있고 달리다가 갑자기 멈출 수도 있다. 뛰기도 가능하여 제자리 뛰기만이 아니라 멀리뛰기도 할 수 있다.

(2) 소근육운동

유아기에는 대근육운동과 함께 작은 근육을 사용하는 소근육운동기능도 발달한다. 소근육운동은 눈과 손의 협응에 의해서 발달한다. 3세경이 되면 손가락으로 물건을 집을 수 있고, 많은 양의 액체가 담긴 컵이나 용기를 엎지르지 않고 옮길 수 있으며, 주전자에 담긴 물을 다른 용기에 부을 수 있고, 옷의 큰 단추와 지퍼를 채울 수 있다. 또한 검지, 중지와 엄지손가락을 사용하여 크레파스를 잡을 수 있으며, 끼적거리기단계에서 발전하여 가로, 세로, 둥근 선이 나타난다.

그림 7-3 붓을 쥐고 그림을 그리는 유아

4세가 되면 실로 작은 구슬들을 꿸 수 있고, 올바른 방식으로 크레파스를 쥘 수도 있다. 목적을 가지고 그림을 그리지만 대부분 뜻대로 잘 되지 않아 종종 완성품의 제목이 달라지기도 한다. 또한 자신의 이름과 몇 개의 숫자를 쓸 수도 있다.

5세경이 되면 손의 움직임이 세밀해져서 완벽하지는 않아도 가위로 대부분의 모양을 선을 따라 자를 수 있고, 연필을 정확하게 잡을 수 있으며, 선 안으로 색을 칠할 수 있다. 펜을 쥐고 균형 잡힌 문자를 빠르게 쓸 수 있다. 또한 유아기에는 그리기, 오리기, 자르기, 붙이기, 찢기, 접기 등의 활동을 통해 소근육운동을 발달시킬 수 있다.

소근육이 발달함에 따라 유아는 그리는 능력이 발달한다. Kellogg(1969)는 유아의 그림을 분석하여 네 단계로 그림발달단계를 제시하였다.

- **제1단계(1세 반~2세)** 끼적거리기단계 또는 낙서단계
  뚜렷한 형태가 없는 점이나 선을 그린다. 끼적거림은 이후에 직선, 나선, 곡선, 원으로 발달한다.
- **제2단계(2~3세)** 단순한 형태단계
  원, 삼각형, 사각형 등의 단순한 기하학적 형태를 그린다.
- **제3단계(3~4세)** 무늬를 그리는 단계
  직선이나 곡선, 단순한 형태를 합하여 무늬를 그린다.
- **제4단계(5~7세)** 실제 사물을 그리는 단계
  사람, 동물, 자동차, 나무, 집 등 실제 사물을 그리고, 사람의 세부적인 부분도 자세히 묘사한다.

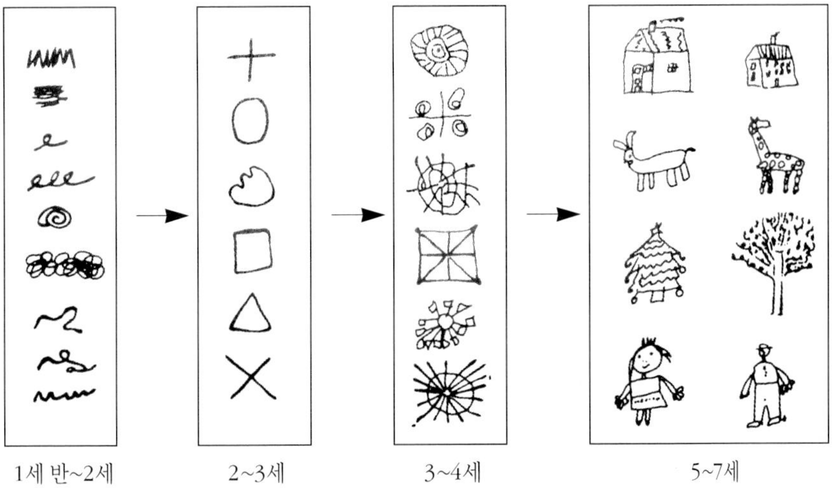

그림 7-4 Kellogg의 그림발달단계에 따른 예

〈출처〉 장휘숙(1995). **아동심리학**, p. 246.

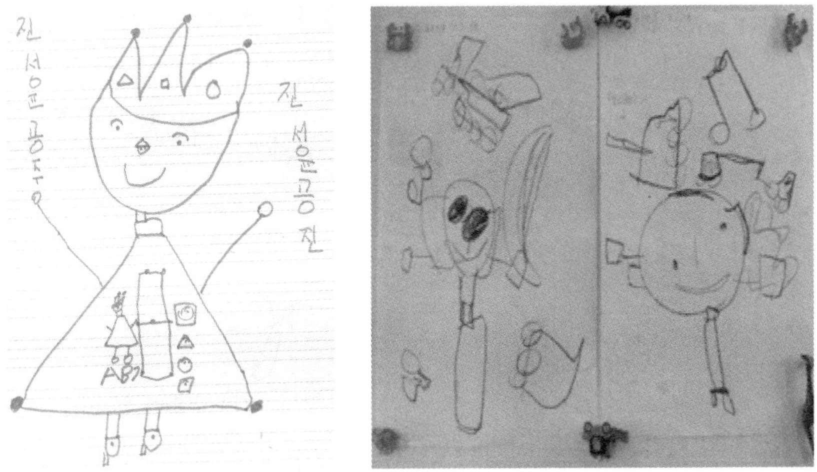

그림 7-5 4세 유아가 그린 그림

그림 7-6 5세 유아가 그린 그림

(3) 자조기술

자조기술(self-help skills)은 대소변가리기, 밥먹기, 옷입기 등 스스로 신변처리를 할 수 있는 기술을 말하는데, 이는 중추신경과 근육운동의 협응이 성숙되어야 가능하다. 유아기에는 다양한 자조기술이 발달한다.

2세경에는 대소변가리기를 할 수 있으며 대소변을 가리는 시기는 괄약근의 성숙, 부모의 배변훈련태도, 유아의 성에 따라 차이가 있다. 일반적으로 여아가 남아에 비해 대소변을 가리는 시기가 더 빠르다. 섭식행동의 경우에도 2세경이면 혼자 음식을 먹을 수 있다. 3세경에는 숟가락과 젓가락을 효율적으로 사용할 수 있고, 6~7세경이 되면 흘리지 않고 왼손이나 오른손으로 제대로 식사를 할 수 있다. 또한 3세경에 혼자서 옷을 벗을 수 있고, 4세경에는 혼자서 옷을 입을 수 있으며, 5~6세가 되면 단추나 지퍼를 열고 잠글 수 있다. 신발도 신고 벗어서 가지런히 놓을 수 있다.

그림 7-7 혼자서 옷을 입는 유아

2. 인지발달

유아기는 Piaget의 인지발달단계 중 전조작기에 해당한다. 이 시기의 유아는 눈앞에 존재하지 않는 대상에 대해서도 표상을 통해 상징적 사고를 할 수 있다. 또한 표현능력도 증가하지만 여전히 사고의 수준이 미숙하여 논리적으로 사고하지 못하고 자아중심적이고 직관적으로 사고하는 특징을 보인다.

1) 유아기 사고의 특징

(1) 상징적 사고

유아기에는 정신적 표상에 의한 상징적 사고를 할 수 있다(Piaget, 1962). 상징적 사고란 의미를 부여한 단어, 숫자, 이미지 등의 정신적 표현을 사용하는 능력으로써, 어떤 대상에 대한 생각을 하기 위해 감각기관의 신호나 운동적 단서를 필요로 하지 않는 것이다(이영 외, 2009, p. 258). 유아가 상징적 사고를 할 수 있게 되면서 눈 앞에 보이지 않아도 사물을 기억하고 생각할 수 있게 됨에 따라 지연모방이나 상징 놀이가 나타난다. 유아가 엄마나 아빠가 자신에게 한 행동을 인형에게 하거나 친구와 소꿉놀이를 할 때 그대로 재현하면서 노는 것을 볼 때 이 시기의 유아는 지연 모방이 가능하다는 것을 알 수 있다.

(2) 자아중심적 사고

유아는 자아중심적 사고를 보이는데 이는 조망수용능력과 자아중심적 언어에서 나타난다. 이 시기의 유아는 다른 사람의 위치나 감정 또는 관점을 이해하는 조망수용능력이 발달되어 있지 않아 공간조망이나 감정조망 모두에서 자아중심적 사고를 나타낸다. 유아는 공간조망능력이 없기 때문에 다른 사람의 위치에서 보는 것이 자신의 위치에서 보는 것과 동일하다고 생각하고, 감정조망능력이 없기 때문에 다른 사람의 감정을 이해하지 못하고 다른 사람도 자신과 같은 감정을 가지고 있다고 생각한다. 예를 들면, 엄마의 생일에 스티커를 선물한 유아는 엄마가 스티커를 매우 좋아할 거라고 생각하는 것이다.

유아의 자아중심적 사고는 언어에서도 나타나 자기의 생각만을 말하는데, 이는 조망수용능력이 부족하기 때문에 나타나는 의사소통능력의 한계이다. 3세경의 유아는 의사소통의 절반가량이 자아중심적인 언어로 이루어져 있다.

(3) 물활론적 사고

이 시기의 유아는 물활론적 사고를 한다. 4세 이전의 유아는 모든 사물은 살아 있다고 생각하나, 4~5세가 되면 물활론적 사고가 감소하기 시작하여 움직이는 것만이 살아 있다고 생각하고, 아동기에 가서야 비로소 생물과 무생물의 개념을 파악하게 되어 더이상 물활론적 사고를 하지 않는다(Bullock, 1985). 그러나 3~4세 정도의 유아도 친숙한 사물에 대해서는 물활론적 사고를 하지 않고 생물과 무생물을 어느 정도 구분할 수 있다는 연구도 있다(Wellman & Gelman, 1998).

(4) 현상론적 인과관계

유아기에 유아는 원인과 결과의 관계에 대해 이해하기 시작하지만 이를 논리적으로 파악하지는 못한다. 유아는 하나의 사건을 다른 사건의 원인으로 생각하는 전환적 사고를 하는데, 특히 두 사건 간에 시간적 간격이 별로 없으면 두 사건이 아무런 관계가 없는데도 인과관계가 있는 것으로 생각하는 현상론적 인과관계를 보인다. 예를 들면, 유아는 자신이 친구와 싸웠다는 사실과 저녁에 배가 아프다는 사실을 연결시켜 자신이 친구와 싸운 것이 나쁘기 때문에 배가 아픈 것이라고 생각한다. 그러나 이해하기 쉬운 사건이나 물리적으로 익숙한 사건에 대해서는 유아도 원인과 결과를 명확하게 연결시켜 이해할 수 있다는 연구결과도 있다(Wellman & Gelman, 1998).

한편, 유아는 인공론적인 사고를 보여 사물이나 자연현상이 자신을 위해 존재한다고 생각하고, 비는 나무를 자라게 하기 위해 내린다고 생각하는 것과 같은 목적론적인 사고를 한다. 또한 유아는 주변 사물이나 사람에게 많은 관심을 보이고 질문을 하는데, 이러한 행동도 목적론적인 사고의 측면에서 이해할 수 있다.

(5) 직관적 사고

유아는 겉으로 드러난 사물의 속성을 바탕으로 보이는 대로 사고하는 직관적 사고를 한다. 전조작기 유아는 상황의 한 측면에만 집중하고 다른 측면은 무시하는 중심화(centration) 현상을 보이는데 직관적 사고는 중심화현상과 연결된다(Piaget, 1973). 유아기의 직관적 사고는 보존개념, 서열화, 분류화 등의 특징에서 살펴볼 수 있다.

유아기에는 수, 길이, 양, 무게, 부피 등의 보존개념을 획득하지 못하다가 연령이 증가하면서 유아는 쉬운 개념에서부터 어려운 개념으로 보존개념을 획득한다. 즉, 수의 보존개념은 5~6세, 길이의 보존개념은 6~7세, 양, 면적, 무게의 보존개념은

7~8세, 부피의 보존개념은 11~12세에 획득한다. Piaget(1973)에 의하면 유아는 하나의 차원에만 주의를 집중하는 중심화 현상 때문에 보존개념을 획득하지 못한다. 즉, 이 시기의 유아는 전조작기로서 사물의 한 차원이 변형되었을 때 다른 차원도 변형되어 이를 보상한다는 것을 알지 못하고 눈에 보이는 변형만을 고려하여 사물의 특성이 변하였다고 판단한다.

일정한 특성에 따라 사물을 순서대로 늘어놓는 서열화의 경우에 3~4세의 유아는 서열화를 할 수 없기 때문에 여러 길이의 막대기를 크기 순서대로 나열하지 못한다. 5~6세가 되면 어느 정도 순서대로 막대기를 나열하기는 하나, 전체적으로는 아직 순서대로 완성하지 못하고 한쪽만 맞추기도 한다. 서열화를 완전하게 할 수 있는 것은 구체적 조작기가 되어야 가능하다.

같은 속성을 가진 것끼리 묶는 분류화의 경우에도 유아는 상위유목과 하위유목을 구분하여 분류하지 못하고 전체와 부분의 관계를 이해하는 유목포함도 잘 이해하지 못한다. 분류화도 구체적 조작기가 되어야 완전하게 이해할 수 있다.

2) 기억발달

영아기에 비해 유아기가 되면 기억능력이 크게 향상된다. 기억의 과정은 정보처리 과정과 유사하게 부호화(encoding), 저장(storage), 인출(retrieval) 과정을 거친다. 부호화 과정은 정보에 코드를 붙여 저장할 수 있도록 준비하는 과정으로서 정보처리의 입력(input)과정이라고 할 수 있다. 저장은 부호화한 정보를 창고 속에 넣어두는 것을 말한다. 이때 감각기억, 단기기억, 장기기억의 단계를 거쳐 정보가 저장된다. 인출은 저장된 정보를 필요할 때 꺼내는 것을 말하는데, 회상과 재인을 통해 정보를 얻는다. 회상(recall)은 눈앞에 보이지 않는 과거의 경험을 떠올려 정보를 찾아내는 것이고, 재인(recognition)은 사물이 눈앞에 있을 때 이전에 경험했던 사실을 기억해 내는 것이다.

기억능력의 향상은 기억용량이 증가하고 재인과 회상능력이 발달하는 것을 의미한다. 기억용량은 정보를 저장할 수 있는 공간으로 감각기억, 단기기억, 장기기억의 용량을 말한다. 감각기억과 장기기억은 연령에 따라 용량에 변화가 거의 없으나, 단기기억은 연령의 증가에 따라 그 용량이 증가한다(Bjorklund, 1995).

단기기억의 용량을 측정하기 위해서는 기억 폭(memory span) 검사를 한다. 이 검사는 유아에게 몇 개의 숫자를 불러준 후, 불러준 숫자의 순서대로 숫자를 말해 보게 하는 것이다. 이때 정확하게 회상한 개수를 세어 기억 폭을 측정하는데 기억 폭은 유아기에 급속히 증가한다. Dempster(1981)의 연구결과, 2세 유아는 2개 정도의 숫자를 회상하고 5세 유아는 4.5개 정도를 회상하였다. 성인의 경우는 7~8개 정도의 숫자를 회상하였다.

유아는 기억하기 위해 주의를 기울일 줄도 안다. 3세경의 유아에게 장난감을 숨기면서 장난감이 숨겨진 곳을 기억하라고 하면 유아는 그런 말을 하지 않았을 때보다 더 자주 장난감이 숨겨진 곳을 쳐다본다. 그러나 2세경의 유아는 숨겨진 곳을

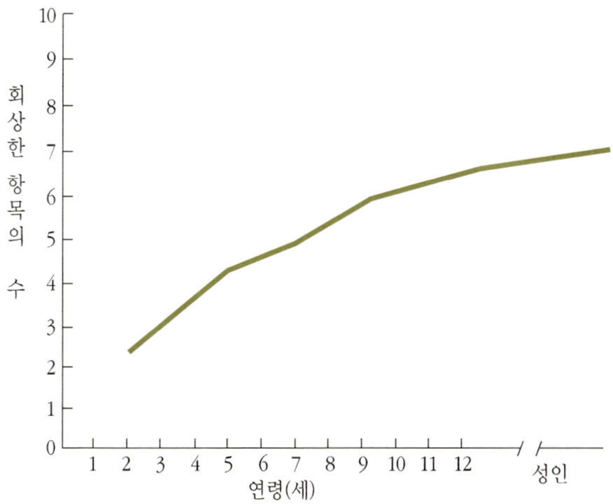

그림 7-8 연령에 따른 기억폭의 증가

〈출처〉 Dempster, F. N. (1981). Memory span: Sources of individual and developmental differences. *Psychological Bulletin*, *89*(1), p. 66.

기억하라는 지시를 준 경우와 지시를 주지 않은 경우에 숨겨진 곳에 주의를 기울이는 것에 별 차이가 없다(유안진, 1999, p. 268).

유아는 아동에 비해 기억용량이 제한되어 있고 기억을 체계화하는 능력이 부족하기 때문에 유아들의 기억은 체계적이지 못하고 부정확하기도 하다(Case, 1985). 예를 들면, 낮에 유치원에서 있었던 일을 물어보면 유아는 사실과 다르게 대답하는 경우가 있는데 이는 유아가 거짓말을 하는 것이 아니라 기억을 제대로 하지 못하기 때문이다.

유아의 기억발달에는 여러 요인들이 영향을 미친다(이영 외, 2009, pp. 276-277). 첫째, 유아의 지능이나 언어능력, 개념형성의 차이, 뇌 발달의 차이 등 개인적인 능력의 차이가 상황에 대한 이해와 인지, 언어적 기술에 영향을 미치므로 이에 따라 기억능력에 차이가 난다. 둘째, 유아는 익숙한 경험보다는 새롭고 특별한 사건을 더 잘 기억하므로 사건의 특이성에 따라 기억에 차이가 난다. 셋째, 유아는 단순히 보기만 한 것보다는 직접 경험한 것을 더 잘 기억한다. 넷째, 부모나 성인이 유아에게 과거의 사건에 대해 이야기하는 방식에 따라 유아의 기억이 달라진다. 즉, 유아의 말에 대꾸만 하는 것보다는 자연스럽게 이야기를 주고받는 경우, 실질적인 목적으로 대화하는 실용적인 대화방식보다는 경험이나 사건에 대해 이야기하는(narrative) 형태의 대화방식을 사용하는 경우, 반복적인(repetitive) 대화보다는 정교한(elaborative) 대화방식을 사용하는 경우에 유아가 기억을 더 잘 한다(Haden & Fivush, 1996).

효과적으로 기억하기 위하여 사용하는 기억책략은 연령이 증가함에 따라 증가한다. 기억책략의 사용에 관한 연구에 따르면, 2세 유아는 자유회상 동안 사물들을 장난감, 옷, 과일과 같은 친숙한 범주로 묶는 경향을 보였으며(Rossi & Rossi, 1965), 3~4세 유아는 기억하려는 것을 반복해서 연습하는 시연(rehearsal)을 사용하는 것으로 나타났다(Ornstein, Naus, & Liberty, 1975). 그러나 유아가 사용하는 기억책략은 아직 비효율적이고, 아동기가 되어야 보다 효과적으로 사용할 수 있다.

3. 언어발달

유아기에는 표상을 통한 상징적 사고를 할 수 있는데 이것이 유아의 언어에 큰 영향을 미친다. 유아가 상징을 사용하게 되면 빠른 속도로 많은 단어를 획득하고, 일단 말을 하기 시작하면 사회적 상호작용도 활발해져 언어발달이 빠르게 진전된다. 그리하여 5세경이 되면 유아는 언어를 유창하게 구사할 수 있게 된다.

1) 단어 수의 증가

유아기에는 사용하는 단어의 수가 급속하게 증가한다. 2세경에는 약 200개의 단어를 알고, 3세경에는 900개, 4세경에는 1,600개, 5세경에는 2,500개, 유아기 말에는 10,000개 정도로 단어 수가 급증한다. 이처럼 단어의 수가 급속하게 증가하는 현상은 유아의 빠른 인지능력의 발달과 함께 경험하는 내용도 다양해지기 때문이다. 유아는 추상적 의미의 단어보다는 구체적 의미의 단어를 더 빨리 획득한다. '더 많다', '더 크다', '더 작다' 등의 비교급의 단어나 '~전에', '~후에' 등의 시간개념을 나타내는 단어는 유아기 말 정도가 되어야 획득된다. 단어 습득 속도에는 성차가 나타나 일반적으로 여아가 남아보다 더 빠른 경향이 있다(Barrett, 1995).

또한 유아가 획득하는 단어의 수나 단어의 종류에는 개인차가 있다. 사물이나 사람을 가리키는 단어(예: 엄마, 아빠, 멍멍이 등)는 주로 사물의 이름을 붙이는 곳에 사용하는데, 이를 참조적 양식(referential style)이라고 한다. 반면, 다양한 형태의 개인적, 사회적 감정이나 관계들을 나타내는 단어들(예: 싫어, 미워, 고맙습니다 등)은 표현적 양식(expressive style)이라고 한다. 일반적으로 대부분의 유아들은 명사나 명사구를 정교화해서 사용하는 참조적 양식의 단어들을 사용하고, 유아들의 일부만이 동사를 정교화하는 표현적 양식의 단어들을 사용한다(Bates et al., 1994). 이는 문화에 따라서도 차이가 있어 대인관계를 중시하는 아시아권 유아들이 서구 문화권의 유아들보다 표현적 양식의 단어를 더 빨리 습득한다는 연구도 있다(Choi & Gopnik, 1995). 우리나라 유아는 동사를 풍부하게 사용하는데, 이는 우리나라 어머니들이 미국 어머니들에 비해 동사를 더 많이 사용하고 사물을 지칭하는 명사를 덜 사용하는 경향과 관계가 있다(주영희, 2001, p. 122).

2) 단어 의미의 발달

유아는 추상적인 언어비유나 은유, 유머나 농담 등을 이해하지 못하고, 한 가지 단어가 다양한 의미를 가질 수 있다는 것도 알지 못한다. 또한 주어진 상황에서 유사성을 추출하여 이를 근거로 단어의 의미를 과잉확대시키기도 하고 과잉축소시키기도 한다.

과잉확대(overextension)란 단어의 의미를 원래의 범주보다 더 확대해서 사용하는 것이다. 예를 들면, 유아가 강아지를 멍멍이로 알고 있을 때 고양이나 소처럼 네 발이 있고 털이 있는 짐승을 보면 모두 멍멍이로 부르는 것이다. 이처럼 유아가 과잉확대 현상을 보이는 이유는 몇 가지 측면에서 설명할 수 있다. 첫째, 유아는 자신이 명칭을 붙여 말하는 사물들이 모두 같은 범주에 속하며 성인들도 같은 의미로 사용할 것이라고 생각하기 때문이다. 둘째, 유아가 적절한 단어를 모르거나 기억하지 못하기 때문이다. 셋째, 유아가 새로운 단어를 습득하는 책략으로 과잉확대를 활용하기 때문이다. 즉, 유아는 고양이가 멍멍이가 아니라는 것을 알면서도 성인이 알맞은 단어를 제시한다는 사실을 알기 때문에 가장 유사한 단어라고 생각하는 멍멍이로 고양이를 지칭한다는 것이다(de Villiers & de Villiers, 1979, p. 35).

반면, 과잉축소(underextension)란 단어의 의미를 실제 범주보다 축소해서 사용하는 것이다. 예를 들면, 포유동물에만 국한해서 동물이라고 부른다든지, 원추형의 콘에 들어 있는 아이스크림만을 아이스크림이라고 하고 컵에 들어 있는 아이스크림은 아이스크림이 아니라고 하는 것 등이다. 유아의 과잉축소 현상은 부모의 언어사용 형태와도 관계가 깊다. 즉, 대부분의 부모들은 유아에게 꽃의 종류에 따라 꽃 이름을 세분화해서 말하지 않고 모두 '꽃'이라고 하거나, 천 원권, 만 원권을 모두 '돈'이라고 말함으로써 유아가 꽃의 종류를 세분화하거나 돈의 단위를 구체화해서 이해하고 표현하는 것을 기대하지 않는다. 또한 물고기나 새가 동물이라는 사실을 이해하고 표현하는 것도 별로 기대하지 않는다(주영희, 2001, p. 123).

이와 같은 과잉확대나 과잉축소 현상은 유아가 어떤 단어를 처음 배울 때 특정 장면을 관찰하면서 그 단어를 듣지만 그 장면의 어떤 부분이 참조되는지를 정확하게 알지 못하는 데서 비롯되는 현상이다. 또한 이것은 유아가 단어의 의미를 습득하기 위해 자기만의 방식으로 단어를 범주화한다는 것을 의미하기도 한다. 단어의 의미를 발달시키는 초기에는 일반적으로 과잉확대보다는 과잉축소 현상이 더 자주 나타난다(Barrett, 1995).

3) 문장의 발달

한 단어로 문장의 의미를 나타내는 시기를 거쳐 2세경이 되면 유아는 두 단어로 문장을 만들어 사용할 수 있게 된다. 예를 들어, "엄마, 맘마"라는 두 단어 문장은 "엄마, 배고프니까 밥 줘요."라는 의미를 표현하는 것이다. 이처럼 두 단어로 만들어진 문장을 전문식(telegraphic) 언어라고 한다. 전문식 언어란 조사나 접미사, 접속사 등을 생략하고 핵심적인 단어로만 문장을 만들어 전달하는 것이다. 두 단어 문장을 사용하면서 유아는 이전보다 더 효과적으로 의사소통을 할 수 있게 된다.

3세경이 되면 유아는 2~4개 정도의 단어로 문장을 만들어 사용하게 되고, 4세경에는 3~7개 정도의 단어로 문장을 만들 수 있기 때문에 거의 완전한 문장을 구사할 수 있다. 또한 5세경에는 6~12개의 단어를 사용하여 문장을 구사하기도 한다(유안진, 1999, p. 263).

유아는 두 단어로 문장을 만드는 전문식 언어를 사용하다가 세 단어 이상으로 문장을 만들게 되면서 문법적 형태소를 사용하기 시작한다. 유아가 문법적 형태소를 획득함에 따라 전문식 언어는 감소하고 말의 길이가 점차 길어진다(조성윤, 1992).

4) 문법의 발달

두 단어 문장을 사용할 때는 품사의 순서가 중요하지 않고 문법적 형태소도 출현하지 않는다. 그러나 2~3세가 되어 유아가 세 단어 문장을 사용하기 시작하면서부터 품사의 위치가 정해지고 문법적 형태소를 사용하기 시작한다. 즉, 유아는 주어, 동사, 목적어 외에 문장의 요소들을 첨가하기 시작한다. 그리하여 유아는 어간에 어미를 붙이고, 접미사나 조사를 사용하게 되며, 복수형을 만든다든지 부정어를 사용하는 등의 문법을 배우게 된다. 유아들이 가장 먼저 사용하는 형태소는 누군가를 부르는 호칭어미와 문장 뒤에 붙여 사용하는 문장어미이다. 다음으로 공존에 관한 형태소, 장소에 관한 형태소, 시제에 관한 형태소 등으로 형태소가 나타난다.

부정문은 2세경부터 나타나는데 초기에는 '안 먹어', '안 예뻐' 등 '안~'의 형태를 사용하여 부정문을 만든다(신경혜, 1994). 또한 '이게 뭐야?' 처럼 간단한 질문이나 '먹어?' 처럼 말끝을 올려 질문을 하는 등 의문문도 사용한다. 3세경이 되면 '싫어', '아니', '안 해' 등의 부정문을 많이 사용하게 되며 복수형에 대한 개념도 갖게 된다.

4~5세경에는 부사나 형용사를 사용하여 문장을 만들고, 어간에 어미를 다양하게 붙여 문장을 변형시킨다. 또한 점차 다양한 의문사를 사용하여 의문문을 만드는데, '언제, 어디서, 누가, 무엇을, 왜, 어떻게'와 같은 6하 원칙에 입각한 의문사를 모두 사용할 수 있게 된다.

이 시기의 유아는 단어를 습득하면 모든 경우에 이를 사용하고 특정한 문법 규칙도 모든 경우에 일괄적으로 적용하는 과잉일반화(overgeneralization) 또는 과잉규칙화(overregularization) 현상을 보이기도 한다. 과잉일반화의 예는 주격 조사인 '~

표 7-2 우리 말 문법적 형태소의 평균 출현 순위

순위	문법적 형태소	사용 예
1	호칭어미(야), 문장어미(야, 라, 자)	엄마야 / 내 거야 / 빨리 가자 / 잘자라
2	공존(랑, 하고, 도, 같이)	엄마랑 애기랑 / 나도 / 엄마하고 / 엄마같이
3	장소(에, 로, 한테)	엄마 앞에 / 산(으)로 / 엄마한테
4	과거(었, 았)	산에 갔어 / 새 봤어 / 어려웠어 / 아팠어
5	미래(ㄹ)	낸내 할 거야 / 쉬 할래
6	주격(가)	엄마가 / 오빠가 / 병아리가
7	진행(ㄴ, ㄴ다)	내가 먹는다
8	수동(이, 히)	내가 입혀줄게 / 토끼가 놀랬어
9	주어(은, 는)	나는 사자다
10	목적(을, 를)	그냥 귤을 먹어 / 노래를 불러
11	도구(로)	몽둥이로 맴매해

〈출처〉 조명한(1982). **한국 아동의 언어획득 연구**, p. 114.

가' 의 사용에서 쉽게 볼 수 있는데, 유아는 주격을 나타내는 조사로 '엄마가' 나 '아빠가' 뿐만 아니라 '선생님이가', '인형이가' 등으로 말을 만들어 사용한다(조명한 외, 2003, p. 468). 또 다른 예는 '안~' 의 형태로 부정문을 만드는 것에서 볼 수 있다. '안 먹어', '안 예뻐' 등과 같이 부정문을 만드는 규칙을 과잉일반화시켜 '안 코 자', '안 밥 먹어' 등으로 무조건 앞에 '안~' 을 붙여 부정문을 만든다.

5~6세경이 되면 유아는 복잡한 일부 변형들까지 다 파악하지는 못하지만 대부분의 문법규칙을 숙달한다. 5~10세경은 가장 미묘하고도 복잡한 문법적 기술을 획득하는 중요한 시기이며 이때 거의 성인들이 사용하는 문법에 접근하게 된다.

우리 말의 특징인 존칭어의 경우, 2세 이후에 경어 어미를 사용하는 상대 높임을 습득하고, 3세 6개월 이후에 경어 어미의 존칭을 사용하며, 5세 이후에는 '~께서' 등의 존칭형 주격조사가 나타난다(이순형, 2000, p. 67).

5) 의사소통기술의 발달

유아기에는 단어의 수가 급속하게 증가하고 여러 단어를 사용하여 문장을 만들게 되며 문법규칙을 이해하게 됨에 따라 다양한 문장을 구사할 수 있어 타인과 효율적인 의사소통이 가능해진다. 그러나 자아중심적인 유아기 사고의 특징 때문에 자아중심적인 언어를 사용하며, 아직 사회화된 언어를 사용하지 못한다. 유아의 자아중심적인 언어는 반복, 독백, 집단적 독백 등의 형태로 나타난다. 그리하여 어떤 경우에는 유아가 상대방과 이야기를 하고 있지만 그 말의 의미는 자신의 사고에 국한된다. 그러다가 유아기 말이 되면 자아중심적인 언어가 감소하면서 점차 사회화된 언어를 사용한다(정옥분, 2002, p. 389).

유아는 효과적인 의사소통을 하기 위해 물리적 상황이나 사회적 맥락에 적절한 언어를 사용하는 방법을 배운다(Newcombe, 1996). 즉, 단어가 가지고 있는 의미나 문법뿐만 아니라 의사소통을 하는 상대와 장소, 그리고 시간에 맞는 언어를 사용하는 방법을 배운다. 유아는 2세 정도만 되어도 대화라는 것이 무엇인지 알기 때문에 누가 질문을 하면 대답해야 한다는 사실을 안다. 4세 정도가 되면 의사소통하는 상

그림 7-9 혼자 놀면서 독백하는 유아

대를 고려하여 상대의 수준에 맞게 화법을 조절해야 한다는 것도 알기 때문에 자신보다 어린 유아에게 이야기할 때는 쉬운 단어를 사용하거나 천천히 말을 반복하여 듣는 사람이 이해하기 쉽게 말을 한다. 반면, 성인에게는 존칭을 사용하는데 선생님이나 낯선 성인에게는 부모나 가족에게 이야기하는 것보다 더 공손하게 존칭을 사용하여 이야기한다.

4. 사회정서발달

1) 정서발달

Bridges(1932)에 의하면 유아의 정서분화는 생후 2, 3개월 무렵부터 시작되어 2세경이 되면 성인이 보이는 거의 모든 정서를 나타낸다. 그러나 유아의 정서 반응은 아직 미숙하며, 일반적으로 불쾌한 정서가 유쾌한 정서보다 먼저 발달한다.

(1) 유아기 정서표현의 특징

유아의 정서는 미숙하여 지속시간이 짧고 정서표현의 변화도 매우 급격하다. 유아의 정서 변화가 급격한 것은 정서가 불안정하기 때문이다. 그래서 유아들은 울다가도 금방 기분이 좋아져 잘 논다. 즉, 유아는 쾌와 불쾌의 양극단의 정서를 심하게 오가면서 정서를 표현하며 지속시간이 짧은 만큼 자주 정서를 표출한다. 유아는 정서표현이 강렬하기 때문에 사소한 일에도 쉽게 흥분하여 강한 반응을 나타내고, 정서의 통제가 미숙하여 화나는 일이 있으면 참지 못하고 그대로 표현한다.

유아의 정서표현은 연령에 따라 점차 구체화되지만 행동적인 표현은 감소한다. 분노를 예로 들면, 유아기 초에는 온몸으로 분노를 표현하기 때문에 몸부림을 치거나 격렬한 울음소리를 내고 상대방에게 공격을 가하기도 한다. 그러다 유아기 말에 이르면 신경질을 부리거나 눈물을 흘리고 울상을 짓는 등 분노의 표현을 억제한다. 이처럼 분노의 표현은 강하고 직접적인 것에서 약하고 간접적인 것으로 변해 간다. 즉, 공격적인 행동이 욕이나 놀리기, 흉보기 등의 언어적인 공격으로 변화되어 표현된다. 또한 인지발달에 따라 공포를 울음만으로 나타내다가 점차 울음 섞인 외침으로 표현하고, 후에는 두려운 상황에서 도망치는 등 구체적이고 분명하게 정서를 표현한다(유안진, 1999, p. 281).

그림 7-10 유아들의 다양한 정서표현

(2) 정서의 유형

① 기쁨

2세경까지는 기쁨을 웃음이나 동작으로 표현하지만 3세경부터는 언어가 발달함에 따라 언어로 표현한다. 영아기에는 생리적, 감각적, 운동적인 원인에 의해 기쁨을 느끼지만 유아기가 되면 사회적인 인간관계에서 기쁨을 느낀다. 또한 인지능력이 발달하여 몸짓이나 농담 등을 이해할 수 있어 이에 대해서도 웃음을 보이게 된다. 3세경에는 신기한 자극에 대해 재미를 느끼기 때문에 많은 사람들이 하지 않는 특이한 행동이나 동작을 보고 매우 즐거워하기도 한다.

② 분노

하는 일을 방해받거나 원하는 것을 할 수 없을 때, 자신의 요구를 거절당하거나 무엇을 빼앗겼을 때 유아는 분노를 표현한다. 대체로 1세경이 지나면 유아는 떼를 쓰게 되는데 연령이 증가하면서 격렬한 분노를 다소 억제할 수 있으며 직접적인 방해물에 화를 내다가 4세경이 되면 공격적인 행동으로 분노를 나타낸다. 5세 말경이 되면 언어가 발달함에 따라 공격적인 행동보다는 욕설을 하는 등의 공격적인 언어로 분노를 표시한다(유안진, 1999, p. 283).

③ 공포

유아는 어두움, 큰 소리, 새로운 상황 등 많은 것에 대해 공포를 느낀다. 공포는 과거의 경험과 연관된 것이 많아 어떤 대상에게 놀라거나 다친 경험이 있는 유아는 그 대상에게 계속해서 공포 반응을 보인다. 또한 유아기의 상징적 사고로 인해 직접 경험하지 않은 사건까지도 상상하여 공포를 느낀다.

3세 말경이 되면 유아는 개나 고양이 같은 특정 대상을 두려워하는데 이는 시각적인 것에 공포를 느끼기 때문이다. 4세경에는 공포가 심해져 이유 없는 공포심이 생겨난다. 이 시기의 공포심은 꿈으로 나타나 유아들은 악몽을 꾸기도 한다. 6세경이 되면 유아의 상상력이 발달하여 귀신이나 도깨비처럼 존재하지 않는 대상에 대해 공포심을 가지며, 공포에 대한 반응이 학습되어 다른 사람이 무서워하는 대상을 보고 자신도 공포를 느낀다. 또한 유아의 경험이 확장되어 공포대상이 증가하면서 공포심이 더 심해진다(유안진, 1999, pp. 281-282).

④ 질투

질투는 1세 반경이 되면 나타나기 시작하는데 동생이 생기면 질투가 더 심해져 퇴행행동을 보이기도 한다. 퇴행행동이란 이전 연령 때 했던 행동을 다시 나타내는 것이다. 예를 들면, 동생처럼 사랑받기 위해 동생이 하는 행동을 보여 손가락 빨기, 오줌 싸기, 애기처럼 소리 내기, 젖병 빨기 등의 행동을 나타낸다. 3~4세경에는 질투가 매우 심해져 울음으로 질투를 표현하기도 한다. 5~6세경에는 유치원에서 선생님이 다른 아이들에게 관심을 보이면 심한 질투를 나타낸다. 그러나 연령이 증가할수록 사회성이 발달하고 이에 따라 질투의 표현도 억제된다.

⑤ 애정

애정은 자기를 사랑해 주는 사람에게 사랑을 표현하는 것으로 상호적이다. 영아기에는 자신을 주로 돌보아 주는 양육자에게 애정을 보이지만 3세경이 되면 또래간에 애정을 갖기 시작하며, 4~5세경이 되면 어린 아기를 귀여워하고 돌보아 주기도 한다.

그림 7-11 유아의 애정적인 정서표현

(3) 정서이해와 정서조절능력의 발달

유아기에는 정서의 표현과 더불어 정서를 이해하는 능력이 발달한다. 일반적으로 슬픔과 같은 부정적 정서보다는 좋다거나 행복하다는 등의 긍정적 정서를 더 쉽게 이해한다. 3~4세 유아의 경우에 반 이상이 '좋다' 라는 단어를 사용하고, '슬프다' 라는 단어를 사용하는 경우는 드물다. 또한 유아는 성인과 거의 같은 수준으로 다른 사람의 긍정적 정서를 이해하지만 부정적 정서를 이해하는 것은 서툴다(Fabes et al., 1994).

3~4세경의 유아는 기쁨, 슬픔, 분노, 놀람 등의 비교적 단순한 정서를 이해하기 시작한다. 그리하여 유아는 혼났을 때, 게임에 졌을 때, 바라던 선물을 받았을 때 등의 다양한 상황에서 이야기 속의 주인공이 어떠한 정서를 경험할 것인가를 예측할 수 있다(Stein & Trabasso, 1989). 그러나 유아는 상대방이 실제로 느끼는 정서와 표현하는 정서가 다를 수 있다는 것을 이해하기는 어렵다. 즉, 유아기는 보이는 대로 판단하는 직관적 사고가 강한 시기이기 때문에 다른 사람의 감정을 추론하는데 있어서는 외현적인 정서표현에만 주의를 기울여 판단한다. 정서이해능력은 연령이 증가함에 따라 발달하므로 6세경이 되면 '샘내는', '뽐내는', '난처한', '가련한' 과 같은 보다 복잡한 정서를 이해할 수 있다.

정서조절이란 상황에 따라 직접적인 정서표현을 보류하고 합리적으로 행동하는 것을 말한다. 정서조절능력은 좌절상황에서 유아가 어떻게 행동하는가로 판단할 수 있는데, 만 2세경이 되면 나타나기 시작하여 유아기에 급격하게 증가한다(Bridges & Grolnick, 1995). 좌절상황에서 유아는 만족지연을 함으로써 정서조절을 한다. 만족지연이란 즉각적인 보상을 받는 대신 이를 지연시켰다가 나중에 더 큰 보상을 받는 것을 말한다. 즉, 나중에 받을 더 큰 보상을 기대하면서 현재의 보상을 포기하고 참는 것이다. 유아는 성인이 도와준다면 대부분 만족지연 상황을 잘 견딜 수 있고, 이러한 만족지연 능력은 연령이 증가하면서 계속 증가한다. 성인이 없는 상황에서의 만족지연은 아동 중기가 되어야 비로소 가능해진다(Mischel, Shoda, & Rodriguez, 1989).

2) 사회성발달

(1) 자아의 발달

① 자율성의 발달

Erikson의 심리사회적 발달단계이론에 의하면 건강한 자아발달은 자율성에서 주도성으로, 그리고 근면성으로 발달한다. 이를 잘 발달시키지 못하면 반대로 수치심과 회의감, 죄책감, 열등감이 발달하게 된다.

유아는 2세 정도가 되면 능숙하게 걷고 자신의 신체를 조절할 수 있게 되면서 무엇이든 스스로 하려고 한다. 어른의 도움을 뿌리치고 스스로 하려고 고집하며 '싫어', '안 돼', '내가' 등의 표현을 자주 사용한다. 자율성이 발달함에 따라 유아는 어머니와의 짧은 분리에 점차 적응하며 어머니에게 가까이 가려 하거나 신체적 접촉을 유지하려는 행동도 조금씩 줄어든다. 유아는 3~4세가 되면 분리불안 반응을 보이지 않고 애착대상에게서 분리될 수 있는데, 이는 곧 부모와 자신이 다른 개체라고 인식하는 개체화(individuation)가 이루어지기 때문이다. 2세경부터 유아는 사물을 스스로 조작할 수 있는 조작능력이 발달하고 자신이 부모나 주위 사람에게 영향을 미칠 수 있다는 것을 알게 되면서 자아가 발달함에 따라 개체화가 이루어진다.

이 시기의 유아는 주도성이 강해지면서 점차 독립심과 자신감을 얻는다. '나' 에 대한 의식이 강해지면서 부모에게서 벗어나 자기 스스로 결정하고 행동하기 시작한다. 그리하여 사회 속에서 나를 인식함으로써 자아개념을 확립한다. 이 시기에 유아는 관심의 대상이 가족에서 또래로 옮겨감에 따라 경험의 폭이 넓어지며 인지적인 성장도 촉진된다.

② 자아인식의 발달

자아인식 또는 자아인지는 자신의 내재적 특성에 대한 이해로서 유아는 타인과의 상호작용에서 타인이 나를 어떻게 인식하고 평가하는가를 반복하여 지각하는 과정을 거치면서 점차 자기 자신에 대한 개념적 표상을 통합적으로 형성해 나간다

(Shaffer, 1999, p. 435).

Selman(1980)은 아동의 자아인식은 관찰 가능한 외적인 행동으로부터 내재적인 심리적 특성을 추론하는 인지과정을 통해 발달한다고 하였다. 그는 영아부터 청소년까지 다양한 연령을 대상으로 자신이 만든 이야기를 들려주고 이야기에 대한 질문에 응답한 내용을 분석하여 자아인식이 연령에 따라 발달한다는 결과를 제시하였다.

2~5세경 유아는 자신과 타인을 성별, 나이 등의 범주에 따라 구분함으로써 자신을 이해하고, 신체 특징과 같은 외현적 특성을 중심으로 자신을 진술하는 등 자아인식이 크게 발달한다. 즉, 이 시기의 유아는 언어능력이 급속하게 발달하면서 자신의 특성들을 언어로 표현할 수 있다. 이를 분석해 보면 유아 자신의 신체적 특징('나는 얼굴이 까매요.'), 기호('나는 사탕을 좋아해요.'), 소유('나는 곰돌이가 있어요.'), 인간관계('나는 친구랑 사이좋게 지내요.') 등 외현적 특성을 자주 언급한다. 그러나 4세 유아의 자아인식은 내재적 특성을 고려하지 못하는 한계를 지니므로 '나는 행복해', '나는 열심히 노력해' 등과 같은 자신의 심리적 특성에 대한 진술은 거의 하지 못한다(송명자, 2008, p. 255).

③ 유아의 자기통제

자기통제(self-control)는 어떤 목표를 위해 충동이나 욕구를 자제하고 즐거움과 만족을 지연시키는 능력으로(Shaffer, 1999, p. 445), 비교적 어린 시기부터 발달한다. Kopp(1987)는 자기통제가 연령에 따라 발달한다고 지적하였다. 1~2세의 시기에 영아들은 다른 사람의 지시나 요구에 순종하는 행동을 보이는데 이러한 순종행동은 자기통제의 일차적인 표현이다(Howes & Olenick, 1986). 그러나 이 단계의 통제는 내면화된 자기통제가 아니라 외적 통제에 대해 반응하는 것이다. 유아가 2~3세가 되면 본격적인 자기통제가 나타나는데(Bullock & Lutkenhaus, 1990), 이 시기의 유아는 부모의 지시나 금지가 없어도 해서는 안 될 것에 대해 스스로 자신의 행동을 통제할 수 있다.

유아의 자기통제는 부모나 양육자의 양육방식과도 관련이 있다. 부모가 유아의 충동적인 행동에 대해 일관성 있게 반응하고 훈육하며, 유혹에 저항하는 행동을 도와주고, 이러한 행동을 했을 때 강화해 주면 유아의 자기통제가 증가한다(Hetherington & Parke, 1993). 자기통제는 유혹에 저항하는 능력, 만족을 지연하는 능력, 충동을 억제하는 능력으로 구성된다(송명자, 2008, p. 262).

유혹에 저항하는 능력은 일반적으로 3~4세경에 나타나기 시작하여 유아기 동안 발달한다(Flavell, 1990; Golden, Montare, & Bridger, 1977). 유아가 가지고 놀고 싶어 하는 장난감을 옆에 두고 만지지 말라고 지시한 후에 방에 유아만을 남겨놓고 유아의 행동을 관찰하였다. 관찰결과, 3세경부터 유아는 장난감을 가지고 놀고 싶은 유혹을 억제하는 능력을 보이기 시작하였고, 5~6세경이 되면 유아는 자기 나름대로의 책략을 사용하여 장난감의 유혹에 적극적으로 저항하였다. 그러한 책략들로 유아는 장난감을 쳐다보지 않거나 장난감을 보이지 않게 가리는 등 장난감과 자신을 분리시키는 자기이탈전략(self-distraction strategy)을 사용하거나, '장난감을 만지면 안 되지' 등 자기 스스로에게 소리 내어 타이르는 언어적 자기지시전략(verbal self-instruction strategy)을 사용한다(Shaffer, 1999, p. 446).

만족을 지연하는 능력은 비교적 일찍 나타나기 시작하는데 유아가 만족을 지연할 수 있는 시간은 2~3세 때 크게 증가한다. 1세 반(18개월)에서 2세 반(30개월)의 영유아에게 흥미로운 장난감을 준 후 만지지 못하게 하고 얼마간 만족을 지연할 수 있는지 알아본 실험에서 1세 반 된 영아는 20초, 2세 유아는 70초, 2세 반 유아는 100초가량 만족을 지연시키는 것으로 나타났다(Vaughn, Kopp, & Krakow, 1984). 이로써 18개월에 이미 만족을 지연하는 능력이 나타나고, 연령의 증가와 함께 만족을 지연하는 시간도 증가한다는 것을 알 수 있다.

감정, 정서, 행동 등의 충동을 억제하는 능력은 일반적으로 유아기에 발달하기 시작하여 아동기에 많이 획득된다. 정서를 억제하는 능력은 4세 정도에 형성되는데 이 시기의 유아는 흔히 낯선 사람 앞에서 울음을 참는 행동을 보인다.

(2) 타인과의 관계

① 또래관계

영아기를 지나면서 유아는 점차 또래지향적이 된다. 또래란 사회적 위치, 인지 능력, 행동 등이 유사한 수준에서 상호작용하는 동년배를 말하는데 유아에게 또래는 많은 영향을 미친다. 또래와의 관계를 통해 유아는 사회적인 규범과 가치를 습득하고 다른 사람과 상호작용하는 법을 배우며 상황에 따라 스스로를 표현하고 조절하며 문제를 해결하는 방법을 터득한다(Raver & Zagler, 1997).

또래는 유아의 발달에 중요한 영향을 미친다(임말수 · 김경옥 · 김영선, 1997; Berns, 1997, pp. 337-354). 첫째, 또래는 유아에게 소속감을 제공해 준다. 유아는 또래집단에 소속됨으로써 다른 사람들과 사회적 상호작용을 할 수 있고 부모나 다른 성인들이 개입되지 않은 경험을 할 수 있다. 집단소속감을 통해서 얻는 안정감은 부모와의 애착에서 얻는 안정감과는 다르다. 둘째, 또래는 유아에게 사회적 지지(social support)를 제공해 준다. 가족이나 또래의 사회적 지지기능을 높게 평가한 유아일수록 사회적 적응을 더 잘한다. 셋째, 또래는 유아에게 행동의 지침을 제공해 준다. 또래는 유아가 모방할 수 있는 모델이 될 뿐만 아니라 강화자이기도 하다. 넷째, 또래는 유아의 자아개념과 개인적 정체감(personal identity) 발달에 영향을 미친다. 유아는 또래와의 상호작용을 통해 자신의 생각, 감정과 능력 등을 또래와 비교해 보고 이를 통해 자아개념, 자아존중감 등을 발전시킨다. 다섯째, 또래는 유아의 사회적 기술습득을 도와준다. 유아는 부모와의 상호작용을 통해 사회적 위계 속에서 취할 수 있는 태도를 습득하지만, 또래와의 상호작용을 통해서는 대등한 인간관계 속에서 살아가는 방법을 배울 수 있다.

유아는 성장하면서 또래와 보내는 시간이 점점 증가하는 반면 성인과 보내는 시간은 점차 줄어든다. 그로 인해 미시체계의 하나인 또래집단이 차지하는 상대적인 비중은 점차 증가하고 또래관계의 양과 질도 변화한다. 2~3세의 유아와 4~5세의 유아를 비교해 보면 더 어린 유아들은 성인 가까이에 머물면서 신체적 접촉을 추구하지만, 더 나이든 유아들은 성인보다 또래를 지향한 행동을 좀더 많이 하는 경향이 있다(Harper & Huie, 1985; Hartup, 1983).

유아기에는 다른 사람에 대한 이해가 발달하기 시작하지만 아직 성숙한 우정을 형성하지는 못한다. 유아들은 아직 다른 사람의 관점을 이해하지 못하기 때문에 친구로부터 자신이 원하는 것만을 생각한다. 이 시기의 유아는 에너지와 활동 정도가 비슷하고 같은 활동에 참여하는 동성의 친구와 친한 경향이 있다. 즉, 자신을 좋아하고 유사한 유형의 놀이를 함께 즐기는 친구를 좋아한다. 또한 친구의 외모가 멋있거나 무엇을 잘 주기 때문에 친하다고 하기도 한다(황혜정, 2002; Hartup, 1992).

유아가 점차 또래지향적이 되면서 이들의 상호작용 특성도 변화한다. 이는 놀이에서도 나타나 유아는 다른 유아를 관찰하는 것에서부터 점차 사회적인 놀이를 하게 된다.

그림 7-12 유아의 또래관계

② 사회적 행동

사회적 행동이란 다른 사람과 원만한 관계를 가지며 주변 환경에 잘 대처하는 것이다. 이중 친사회적 행동이란 긍정적인 사회적 행동, 즉 도움 주기, 나누어 갖기 등 사람들 사이의 우호적인 관계를 촉진하나 유지하는 행동이다(이숙재 · 이봉선, 1999, p. 255). 이러한 친사회적 행동은 유아기에도 가능하여 2~3세경의 유아도 다른 유아를 도와주거나 장난감을 나눠주기도 하고 위안을 주려고 노력하기도 한다. 그러나 자기가 먹기에도 부족한 과자를 나누어 먹는 것과 같은 자발적이고 자기희생적인 친사회적 행동은 드물게 나타난다(Shaffer, 1999, pp. 523-524). 친사회적 행동은 연령의 증가와 함께 발달한다(유효순, 2007, p. 278).

3) 놀이의 발달

놀이는 유아의 생활이다. 놀이를 통해 유아는 지식을 획득하고 신체발달을 촉진하며, 또래와의 놀이를 통해 사회성이 발달한다.

(1) 놀이이론

놀이는 정신분석이론, 인지발달이론, 학습이론 등으로 설명할 수 있다.

① 정신분석이론

정신분석이론에 의하면 놀이는 유아의 심리적 갈등을 완화시켜 주는 수단이다. 놀이를 통해 유아는 갈등이나 긴장을 자연스럽게 표현하고 사회적으로 용인된 방법으로 이를 해소한다. 특히 가상놀이를 통해 유아는 자신이 가진 부정적인 감정을 투사함으로써 감정을 정화(catharsis)시킬 수 있다. 즉, 유아는 놀이를 통해 현실에서 억압된 감정을 해소하고 현실에서 이룰 수 없는 것을 충족할 수 있다. 그러므로 놀이는 치료적 효과가 있다. 이러한 놀이의 치료적 기능에 근거해서 Anna Freud는 유아의 문제행동을 치료하기 위한 놀이치료요법을 발전시켰으며(Freud, 1965), 이는 Axline에 의해 체계화되었다.

② 학습이론

학습이론에서는 놀이를 학습된 행동으로 본다. 즉, 유아는 강화받은 놀이를 더 자주 하고, 강화받지 못한 놀이는 점차 하지 않는다. 예를 들면, 남아가 소꿉놀이를 하거나 여아가 전쟁놀이를 하면 부모나 주변 성인들은 이를 제지하기 때문에 남아나 여아는 점차 그런 놀이를 하지 않게 됨으로써 성에 따라 놀이가 분화된다.

사회학습이론에서는 유아가 관찰이나 모방을 통해 놀이를 하며, 놀이는 사회적 기술을 습득하는 방법이라고 본다. 즉, 유아는 놀이를 통해 사회적 행동이나 역할을 시험해 볼 수 있으며, 그에 따라 사회적 관계를 형성하고 사회성을 발달시킨다.

③ 인지발달이론

인지발달이론에 의하면 놀이는 인지발달을 촉진시키는 수단이다. 유아는 놀이를 통해 새로운 사물이나 개념을 배우고 새로운 기술을 습득하며 문제해결능력을 발달시킨다. 그에 따라 인지발달이론에서는 놀이의 교육적 기능을 강조한다.

Piaget는 인지발달 수준에 따라 놀이의 종류도 달라진다고 설명하면서 놀이의 종류를 기능놀이(functional play), 구성놀이(constructive play), 가상놀이(pretend play), 규칙 있는 게임(games with rules)의 네 종류로 구분하였다(Smilansky, 1968). 영아기에는 단순히 근육을 움직이는 기능놀이를 주로 하고, 유아기에는 구성놀이와 가상놀

그림 7-13 구성놀이를 하는 유아들

이를 주로 한다. 구성놀이는 블록이나 기타 여러 재료로 무엇인가를 구성하고 만들어 내는 놀이를 말하며, 가상놀이는 유아의 표상적 사고에 따라 실제 있지 않은 것을 있다고 가정하는 놀이로 병원놀이, 소꿉놀이 등이 이에 속한다. 규칙 있는 게임은 아동기에 주로 하는데 미리 만들어진 규칙에 따라 놀이를 하는 것으로 윷놀이, 숨바꼭질 등이 이에 속한다.

(2) 놀이의 유형

Parten(1932)은 놀이에서 사회적 상호작용이 빈번하게 일어나는 것을 발견하고 유아들의 놀이를 관찰함으로써 여섯 가지 사회적 놀이 유형을 제시하였다.

① 몰입되지 않은 행동(unoccupied behavior)

몰입되지 않은 행동이란 영아가 놀이에 직접 참여하지 않고 자신의 신체를 가지고 노는 것이다. 이때 영아가 놀지 않는 것처럼 보이지만 여전히 영아는 주변의 일에 관심을 보인다.

② 방관자적 행동(on-looker behavior)

방관자적 행동이란 유아가 직접 놀이에 참여하지는 않고 다른 유아가 노는 것을 물끄러미 바라보며 시간을 보내는 것이다. 다른 유아에게 말을 하거나 놀이에 대해 제안을 하지만 방관자적 입장을 취한다.

③ 혼자놀이(solitary play)

혼자놀이는 유아가 주위에서 일어나는 사건에 관계하지 않고, 옆에 있는 유아가 무엇을 하는지에도 관심을 갖지 않고 가까이 하려는 시도도 하지 않으면서 혼자 노는 것이다. 2~3세경의 유아들에게서 많이 관찰되는 형태로 유아는 혼자 책보기, 그림 그리기, 블록 쌓기 등을 한다.

④ 평행놀이(parallel play)

평행놀이 혹은 병행놀이는 유아가 다른 유아와 같은 공간에서 동일한 유형의 놀이를 하지만 서로 접촉하거나 간섭하지 않고 가까워지려는 어떠한 노력도 보이지 않으면서 각자 노는 것이다. 다른 유아와 함께 놀지는 않지만 옆의 유아가 놀이를 그만두면 자신도 그만두는 경우가 많다. 2~4세 유아에게서 많이 나타나며, 미끄럼 타기, 모래쌓기 등의 놀이에서 볼 수 있다.

⑤ 연합놀이(associative play)

연합놀이는 두 명 이상의 유아가 공통적인 활동을 하며 놀이 내용에 대해 이야기를 주고받거나 장난감을 빌려주면서 노는 것이다. 그러나 함께 놀이를 하면서도 각자의 방식대로 행동하며 역할을 분담하거나 공동의 목표를 달성하기 위해 협력하지는 않는다. 또한 놀이의 리더가 놀이를 이끌어 가기보다는 여러 유아가 함께 놀이를 진행한다.

⑥ 협동놀이(cooperative play)

협동놀이는 유아들이 역할을 분담하고 공동의 목표달성을 위해 조직적으로 진행하는 집단놀이다. 규칙에 따라 놀이가 이루어지며, 리더, 공동의 목표, 역할분담 등이 있다. 4~6세 유아들에게서 볼 수 있는 병원놀이, 학교놀이 등이 이에 속하며, 이러한 놀이를 통해 유아는 소속감을 느낀다.

이러한 여섯 가지 유형의 사회적 놀이는 유아기 동안 점차 사회화된 형태로 발전한다. 그리하여 Parten은 놀이를 통한 사회성의 발달을 세 단계로 나누어 설명하였다. 첫 번째 단계는 비사회적 놀이 형태로 몰입되지 않은 행동, 방관자적 행동, 혼자놀이가 이에 속한다. 이는 두 번째 단계에서 평행놀이와 같은 제한된 사회적 활동으로 발전하고, 마지막 단계에서 연합놀이나 협동놀이처럼 진정한 사회적 상호작용 형태로 발전한다(Berk, 2008, p. 374).

유아의 연령이 증가하고 사회성이 발달해 감에 따라 혼자놀이와 평행놀이는 감소하는 반면, 연합놀이와 협동놀이는 보다 더 보편화된다. 그러나 이같은 놀이 유형이 모든 연령층의 유아에게서 발견되는 것은 아니며, 혼자놀이가 반드시 비사회적인 것도 아니라는 견해도 있다. 오히려 혼자 노는 유아가 독립심과 성숙함을 보이기도 한다(Eckerman, Davis, & Didow, 1989). 또한 현대사회처럼 형제 수가 적고, 정교한 장난감이 많이 보급되어 있으며, 텔레비전이나 컴퓨터, 오락기 등이 보편화된 상황에서는 혼자놀이의 비중이 점차 커지고 있다(정옥분, 2002, p. 405).

4) 도덕성발달

유아기에는 초보적인 양심이 발달하기 시작한다. 유아는 부모의 가치나 기대, 태도 등을 자신의 행동지침으로 사용하기 시작하면서 올바른 행동에 대한 가치관과 원리를 확립하기 시작한다. 즉, 유아는 사회의 가치를 내면화시키면서 도덕성을 발달시킨다.

Piaget는 인지발달에 따라 도덕성이 발달한다고 보고 도덕성의 발달을 타율적인 도덕성과 자율적인 도덕성으로 구분하였다. 타율적 도덕성(external morality)은 규칙이란 신성하고 불변적인 것이므로 규칙에 일치하는 행동은 착한 행동이고 규칙에 어긋나는 행동은 나쁜 행동이라고 생각하는 것이다. 예를 들면, 엄마를 도와주기 위해 그릇을 닦다가 그릇을 열 개 깨뜨린 유아와 엄마가 먹지 말라는 과자를 꺼내 먹다가 그릇을 한 개 깨뜨린 유아가 있을 때 누가 더 나쁘냐는 질문을 하면, 전조작기 유아는 그릇을 열 개 깨뜨린 유아가 더 나쁘다고 대답한다. 왜냐하면 그릇을 한 개 깨뜨린 것보다 열 개 깨뜨린 것이 결과적으로 그릇을 더 많이 깨뜨렸기 때문이다. 즉, 이 시기의 유아는 행동의 동기나 의도를 고려하지 않고 결과만을 보고 도덕성을 판단한다. 이는 전조작기 유아가 보이는 직관적 사고의 영향이기도 하다.

자율적 도덕성(internal morality)이란 모든 사람이 동의하면 규칙이란 경우에 따라 변할 수도 있다는 것을 인식하는 것이다. 이는 행동의 동기나 의도를 고려하여 도덕성을 판단하는 것으로 구체적 조작기 이후에 나타난다.

5) 성역할발달

성역할(gender role)이란 이 사회에서 남성과 여성에게 각각 기대되는 행동양식이다. 자신의 성을 알고 이에 따른 성역할을 인식하며 그에 알맞게 행동하는 것은 사회화 과정에서 매우 중요하다.

(1) 성역할발달이론

① 생물사회학적 이론

과거 많은 학자들은 유전인자나 성호르몬 같은 생물학적 요인에 의해 성역할이 결정된다고 생각하였다. 남녀의 신체적인 차이처럼 성격이나 태도, 행동 등의 심리적인 특성도 생물학적 요인에 의해 차이가 난다고 보았다(Hinde, 1983). 그러나 인간발달의 모든 특성이 유전과 환경의 상호작용에 의해 이루어지므로 성역할도 사회적 영향을 받는다는 견해에 따라 생물사회학적 이론이 대두되었다.

생물사회학적 이론은 유전인자나 성호르몬, 염색체 등의 생물학적 요인이 성차를 나타내는 기초적인 요인이지만 이들은 성차를 촉진하거나 억압하는 환경적인 요인들과 서로 영향을 주고받음으로써 남녀 간의 실제적인 성차를 결정한다고 본다. 예를 들면, 남아인지 여아인지에 따라 부모와 주변 사람들의 태도가 달라지며, 이들의 태도가 유아의 성역할에 영향을 준다는 것이다.

② 정신분석이론

Freud의 정신분석이론에서는 동일시 과정에 따라 성역할이 발달한다고 본다. 심리성적 발달단계의 3단계인 남근기에 유아는 외디푸스 콤플렉스와 엘렉트라 콤플렉스를 겪으면서 이들 콤플렉스를 해결하기 위한 수단으로 성역할 동일시를 발달시킨다. 이러한 동일시 과정을 거쳐 남아는 남성의 역할을, 여아는 여성의 역할을 습득한다.

③ 학습이론

학습이론에 의하면 성역할은 환경과 경험에 의해 획득된다. 유아는 가정에서 부모와 가족이 가지고 있는 가치나 기대에 의해 성역할 행동을 강화받거나 억압받는다. 유아의 성역할행동이 바람직하면 격려받고 그렇지 않으면 금지된다. 이러한 과정을 통해 유아는 사회적으로 적절한 성역할행동을 학습하게 된다.

사회학습이론에서는 유아가 가정에서 부모의 성역할행동을 관찰함으로써 동성부모의 성역할을 학습한다고 본다. Bandura(1977)는 아동이 동성과의 유사성으로 인해 동성 모델에 더 많은 주의를 기울이고 동성의 행동을 모방함으로써 성역할을 획득한다고 설명하였다.

④ 인지발달이론

인지발달이론은 유아가 인지능력이 발달함에 따라 성역할 개념을 이해하고 스스로 이에 맞추어 나가면서 성역할을 획득한다고 본다. 즉, 유아는 단순히 사회적인 영향을 받아들임으로써 수동적으로 성역할을 획득하는 것이 아니라 자신의 성에 적합한 지식들을 적극적으로 구성함으로써 성역할을 발달시킨다(Kohlberg, 1966).

Kohlberg(1966)에 의하면 성정체성은 세 단계를 거쳐 이루어진다. 3세경 유아는 기본적인 성정체감 형성단계에 도달하여 자신을 남자 또는 여자로 구분짓는 능력인 성정체성(gender identity)이 발달한다. 즉, 유아는 자신의 생물학적인 성이 무엇인지를 인식한다. 4세경이 되면 시간이 흘러도 성은 변하지 않아 남아는 남자 어른이 되고 여아는 여자 어른이 된다는 성안정성(gender stability)을 획득하는 성안정성 단계에 도달한다. 이로써 유아는 사람이 평생을 같은 성으로 살아간다는 것을 이해하게 된다. 마지막 단계는 성항상성단계로 5~6세경이 되면 옷이나 머리 모양, 행동 등이 달라져도 성은 변하지 않는 것이라는 성항상성(gender constancy)을 획득한다(Kohlberg & Ullian, 1978). 유아는 자신의 성항상성을 먼저 인식하고, 이후에 동성, 이성의 성항상성을 이해한다. 이는 Piaget가 말한 보존개념의 획득에 따라 나타나는 현상이다.

⑤ 성도식이론

성도식이론은 사회학습이론과 인지발달이론이 결합된 형태로서 성역할발달을 정보처리적인 관점에서 설명하는 인지이론이다. 성도식(gender scheme)은 성에 관한 인지구조로서 유아가 성에 관련된 정보에 주의를 기울이고 조직화하며 이를 기억하는데 사용하는 일종의 신념과 기대체계이다. 성도식은 사람들로 하여금 일상생활에서 남성적 특성 또는 여성적 특성을 구분하게 해준다. 유아는 이러한 성도식을 형성하고 정교화하는 과정을 거쳐 성역할을 발달시킨다(Bem, 1987; Martin & Halverson, 1987).

유아는 2~3세경이 되면 기본적인 성정체성을 바탕으로 성에 관한 여러 정보들을 학습하며 이 정보들을 성도식에 통합시킨나. 처음에 유아는 '남자 것' 과 '여자 것' 으로 여러 대상물을 구분하다가 자신의 성에 맞는 성도식을 형성한다. 유아는 자신의 성도식에 맞는 대상과 활동에 더 흥미를 갖고 이에 따라 자신의 성에 맞는 성역할을 발달시킨다.

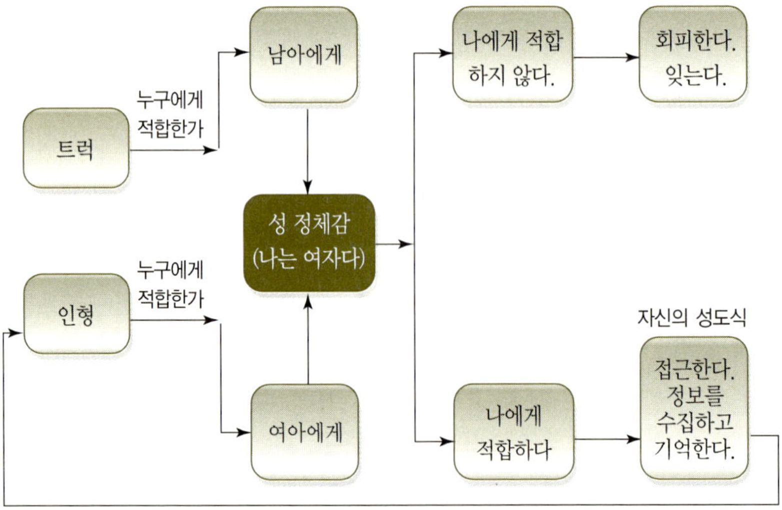

그림 7-14 성도식 모형

〈출처〉 Berk, L. E. (2008). *child development*, p. 397 .

(2) 유아기의 성역할발달

일반적으로 사회에서는 남성과 여성에게 각각 다른 성역할을 기대하고 있다. 남성에게는 지배적, 권위적, 공격적, 외향적, 능동적, 경쟁적, 독립적인 특성을 기대하고, 여성에게는 감정적, 보호적, 애정적, 내성적, 수동적, 의존적인 특성을 기대한다. 이러한 사회분위기 속에서 남아와 여아는 각각의 성에 기대되는 성역할을 습득하며 성장해 간다. 그리하여 유아기에 성역할을 인식하여 여아는 여자다운 것을, 남아는 남자다운 것을 선택하고 그에 따라 행동한다. 사회에서는 일반적으로 색에 대한 선호나 놀이유형 등에서도 성에 따른 차이가 현저하게 나타나고, 친구관계에서도 동성끼리 더 잘 어울린다. 즉, 2세경이 되면 유아는 옷, 장신구, 소품 등을 남성의 것과 여성의 것으로 구분할 수 있다(Fagot, Leinbach, & Hagan, 1986). 3세경이 되면 장난감을 성에 따라 구분할 수 있으며(Weinraub & Brown, 1983), 4세에는 파란색과 갈색은 남자색이라고 생각하고, 분홍색은 여자색이라고 생각한다(Picariello, Greenberg, & Pillemer, 1990). 5세가 되면 사회적 행동과 성을 관련시킨 지식을 나타내기 시작하여 공격성이나 지배성은 남성적인 특징인 반면, 친절하고 정서적인 것은 여성적인 특징이라고 이해하지만, 이러한 구분은 주로 아동기에 발달한다(Weinraub & Brown, 1983).

성역할 고정관념이란 성에 따라 승인된 외모, 행동양식, 말투, 감정 등이 일정하다고 생각하는 것이다. 성역할 고정관념의 획득 시기에 관한 연구에서 2세 유아도 성역할에 대한 고정관념을 가지고 있다는 결과가 보고된 바 있다(Kuhn, Nash, & Brucken, 1978). 많은 연구들은 유아기에 성역할 고정관념이 형성되며, 유아가 자신의 성을 알게 되는 성정체성을 획득하고 나서 성안정성과 성항상성을 이해하는 일련의 과정이 2~7세 사이에 이루어진다는 결과들을 제시하고 있다(정옥분, 2002, p. 421). 유아는 주로 직업, 성격특성, 행동특성, 놀이 등에 대한 성역할 고정관념을 갖는다. 그러나 아동이 양성성을 가질 경우 남성적인 독립성과 여성적인 민감성을 모두 가지기 때문에 상황에 적응하고 대처하는 능력이 더 높다(Taylor & Hall, 1982). 그러므로 전형적인 성정체성과 이에 따른 성역할을 강조하거나 성역할 고정관념에 얽매이기보다는 상황에 따라 남성적 역할과 여성적 역할을 적절하고 융통성 있게 수행할 수 있는 양성성을 갖도록 교육하는 것이 바람직하다.

08

CHAPTER

아동기

1. 신체발달
2. 인지발달
3. 언어발달
4. 사회정서발달

CHAPTER 08

아동기

아동기는 아동이 초등학교에 다니는 6~11세까지의 시기로서 흔히 학령기로 불린다. 이 시기는 Freud의 정신분석이론에서 성격형성에 중요한 성적 에너지가 억압되고 잠복되는 시기에 해당하므로 초기의 발달심리학자들로부터 관심을 적게 받았다. 그러나 Erikson이 근면성을 발달시키고, Piaget가 인지적 조작능력을 습득하는 시기라고 지적함으로써 발달심리학자들이 다시 주목하기 시작하였다.

아동기는 생활의 중심이 가정에서 학교로 옮겨짐에 따라 학교생활이 중요해지고 이를 통해 다양한 사회적 관계를 형성하는 시기이다. 또한 사회적 관계집단으로서 또래집단의 비중이 커지는 시기이므로 도당기(gang age)라고도 한다. 뿐만 아니라 아동기는 건전한 사회구성원이 되기 위하여 알아야 할 기초적인 기술과 성역할의 습득 및 인지능력의 발달이라는 발달과업을 수행해야 하는 중요한 시기이기도 하다. 이 시기 동안 아동들은 신체발달과 운동능력, 언어능력 등에서 개인차가 두드러진다. 이러한 발달을 통해 아동은 자신의 욕구를 표현하고 조절함으로써 아동기 말이 되면 개성 있는 사람으로 성장한다. 따라서 본 장에서는 아동기의 발달양상을 신체발달, 인지발달, 언어발달, 사회정서발달로 나누어 살펴보고자 한다.

1. 신체발달

1) 신체적 성장

(1) 아동기의 신체발달

아동기의 신체발달은 영유아기나 사춘기에 비해 완만한 편이지만 꾸준하게 성장한다. 6세경에는 뇌 무게가 거의 성인 수준에 이르기 때문에 아동기에서의 뇌 성장은 매우 느린 편이다. 그러나 뇌의 편측성과 수초화현상은 아동기에도 계속된다. 뇌의 편측성이란 뇌의 두 반구가 완전히 대칭적이지는 않지만 편측화되어 좌뇌와 우뇌로 다소 분리되는 것이며, 수초화현상은 미엘린이라는 지방성 물질이 뉴런의 외부 연장선인 축색돌기의 둘레에 막을 형성하는 것으로 축색돌기가 분리, 증가되고 정보의 전달을 가속화시킨다. 또한 팔다리의 성장이 몸통보다 빠르고, 몸통이나 팔다리가 가늘어지며, 머리 크기는 신장의 $\frac{1}{7}$~$\frac{1}{8}$ 정도로 성인의 모습과 비슷해진다. 얼굴 모양은 동그란 모습에서 길쭉한 모습으로 변하며, 코와 입이 커지고 넓어져 전체적인 얼굴 모습도 달라진다.

아동기에는 신장과 체중이 점차 증가한다. 신장은 1년에 평균 5.5㎝씩 증가하여 11세경에는 약 146㎝로 성장하고, 체중은 1년에 평균 2.7㎏씩 증가하여 11세경에는 약 40㎏으로 늘어난다. 출생 시 체중이 두 배가 되려면 6개월이 걸리는데 비해 6세 아동의 체중이 두 배가 되려면 6년이 걸림으로써 아동기의 신체 성장은 영아기에 비해 매우 느리게 진행된다(6장의 표 6-1 참조).

아동기는 근육이 성장하는 시기이므로 지방보다는 근육의 증가로 체중이 늘어난다. 이 시기 동안 10~20%의 아동은 근육이 당기는 듯한 느낌의 통증, 즉 성장통(growing pains)을 경험하게 되는데(정옥분, 2002, p. 449; Sheiman & Slomin, 1988), 이는 보통 밤에는 심하지만 아침에는 없어진다. 성장통의 원인은 정확히 알려져 있지 않지만 뼈의 빠른 성장에 의한 주위 근육의 통증이나 아동이 일상적으로 받는 스트레스 때문이라고 추측한다. 이와 함께 아동기 동안 가장 눈에 띄는 신체적 변화 중 하나는 젖니가 빠지는 것이다. 6세경 젖니가 한두 개 빠지기 시작하여 1년에 약 4개씩 젖니가 영구치로 대체된다.

(2) 사춘기의 신체발달

성적으로 성숙하는 연령이 점차 낮아지면서 아동기 말에 사춘기를 맞게 되는 경우가 늘어나고 있다. 사춘기(라틴어 어원은 pubertas로 '털이 난다'는 뜻임)는 급격한 신체적, 성적 성숙이 이루어져 아동에서 성인으로 신체적 전환이 이루어지는 시기이다. 이 시기는 신체의 크기와 모습이 극적으로 변화하는 제2의 성장급등기와 성적인 성숙에 도달하는 중요한 두 가지의 변화로부터 시작된다(Pinyerd & Zipf, 2005; Shaffer & Kipp, 2007, p. 212). 성숙의 가속화 현상은 양질의 영양섭취와 성적인 자극에 쉽게 노출될 수 있는 환경요인 때문으로 보인다.

사춘기는 신체의 크기와 모습이 극적으로 변화하는 제2의 성장급등기이다. 일반적으로 여아에 비해 남아의 성장이 더 빠르지만, 여아의 사춘기 성장급등은 남아보다 2~3년 더 일찍 시작하기 때문에 10~12세경 여아가 남아의 성장을 앞지르게 된다. 그러나 그 이후 남아의 성장급등이 시작되면 이러한 경향은 역전된다. 남아의 성장급등은 2~3년이 늦은 13세에 시작되고 14세에 최고 성장률을 보인 후 16세까지 점진적으로 성장한다.

두 번째 변화요인인 성적 성숙은 개인차가 있으나 여아는 9세부터 16세 사이에, 남아는 10세부터 18세 사이에 이루어져 2차 성징이 나타난다. 1차 성징이 출생 시 생식기의 형태상 차이에 의한 성 특징이라면, 2차 성징은 사춘기의 성호르몬 분비에 의해 나타나는 신체상의 형태적, 기능적인 성 특징을 의미한다. 이 시기의 남아는 남성호르몬의 분비로 고환에서 정자가 만들어지고 이것이 점액과 함께 음경을 통해 방출되는 사정과 꿈에서 성적 자극을 받아 잠든 사이에 사정하는 몽정을 경험한다. 또한 어깨와 가슴이 벌어지고 근육이 발달하며, 턱, 성기, 겨드랑이에 털이 나고 음성이 변한다. 여아는 여성호르몬의 분비가 증가되어 유방이 발달하고 골반

이 커지며 피하지방의 축적으로 엉덩이가 동그스름해진다. 성기와 겨드랑이에 털이 나고 월경이 시작되는 것도 이 시기이다.

2) 운동기능의 발달

아동기가 시작될 무렵, 즉 초등학교에 입학할 시기의 아동은 대근육과 소근육의 기본적인 운동기능이 거의 발달하고 운동의 속도와 강도도 증가하며 이후에는 기존의 운동능력이 더 빠르고 정교하게 발달한다. 대근육운동기능의 발달로 이 시기 대부분의 아동은 유아기에는 잘 수행하지 못했던 자전거 타기, 스케이팅, 수영, 줄넘기, 구기 종목의 운동을 할 수 있다. 아동은 운동을 하면서 운동의 기본 기술뿐만

6세	7세	8세	9세	10세	11세	12세

깡총깡총 뛸 수 있다.	눈을 감고 한쪽 발로 균형을 잡을 수 있다. 5cm 정도의 평균대 위를 넘어지지 않고 걸을 수 있다. 사방치기 놀이를 할 수 있다. 거수도약운동*을 할 수 있다.	발을 번갈아 가며 한 발로 뛸 수 있다. 여러 가지 놀이를 할 수 있다.	작은 공을 12m 정도 던질 수 있다. 25cm 정도의 높이로 뛰어오를 수 있다.	1초에 5m 정도를 달릴 수 있다.	1.5m 정도의 멀리뛰기를 할 수 있다.	1m 정도의 높이로 뛰어오를 수 있다.

* 차렷 자세에서 뛰면서 다리를 벌리고, 머리 위에서 양손을 마주해 다시 원상태로 돌아오는 운동임.

그림 8-1 아동기 대근육운동기능의 발달

〈출처〉 정옥분(2002). **아동발달의 이해**, p. 458.

그림 8-2 초등학생 아이스하키 클럽의 경기 모습

〈출처〉 http://gbmunhwa.nwsk.kr

아니라 놀이와 스포츠 게임에도 참여함으로써 또래와 우정관계를 형성하고 팀의 구성원과 협동하고 게임 규칙을 준수하는 태도를 배운다.

아동기 동안 중추신경계의 수초화현상으로 정보가 근육에 더 빨리 전달되어 근육의 통제가 더 잘 되어 소근육운동기능이 발달한다(Paus et al., 1999; 정옥분, 2002, p. 459). 그리하여 7세경에는 글씨 쓰는 속도가 빨라지며, 8세경부터 양손을 따로 쓸 수 있다. 10~12세경에는 성인 수준의 손놀림이 가능하여 수공예품을 만들거나 어려운 곡의 악기연주를 할 수 있다. 또한 소근육운동기술의 발달은 일상생활을 영위하는데 필요한 자조행동인 혼자서 옷 입고 벗기, 신발끈 매기, 수저 사용 등을 가능하게 할 뿐만 아니라 아동의 독립심도 증가시킨다.

아동기의 운동능력은 운동의 속도와 강도가 증가하면서 발달한다. 자발적인 운동반응에 걸리는 시간은 4세에 0.4초이던 것이 11.5세에 0.2초로 짧아지고, 운동의 세기를 보여주는 악력(grasping power)은 6세에 비해 12세에 2.3배가 증가한다(강봉규, 2003, p. 147).

운동능력의 발달에서 개인차와 더불어 몇 가지 이유에서 성차도 점점 두드러지게 나타난다. 첫째, 신체발달 측면에서 남아가 여아에 비해 근육이 더 잘 발달하고 순환계도 더 효율적으로 발달한다(김광웅 · 방은령, 2003, p. 420). 둘째, 17세까지 운동능력이 계속 발달하는 남아와 13세경에 최고조에 달한 운동능력이 이후부터는 쇠퇴하거나 유지하는 수준에 머무는 여아 간에 발달적 차이(정옥분, 2002, p. 456)가 있다. 셋째, 운동과 활동에 대한 사회적 기대와 참여정도에서의 차이(박성연 · 도현심, 2003, p. 321)가 있다. 즉, 아동기에 남아는 여아에 비해 운동능력의 발달에 필요한 활동을 더 많이 하며, 운동을 할 때도 보다 격렬하고 능동적으로 움직일 것으로 기대한다.

아동기 동안 신체적인 발달과 더불어 운동능력이 발달하고 호기심이 왕성해지면서 아동의 활동량은 매우 증가한다. 그에 따라 아동기에 교통사고, 익사, 추락사고 등이 많이 발생한다. 이는 사고로 인한 사망과 신체장애 발생의 주요인이 되므로 아동기에는 안전에 유의하여 사고를 예방하도록 노력해야 한다.

3) 신체발달과 사회성발달의 관계

아동기의 신체 및 운동발달과 사회성발달은 서로 상호작용하면서 밀접하게 관련된다. 즉, 아동의 신체 및 운동발달은 자아개념의 한 측면인 신체상(body image)에 영향을 미쳐 아동이 자신의 체격, 건강 정도에 대한 태도를 긍정적 또는 부정적으로 형성하게 된다. 자신의 체격이 왜소하고 운동기능이 좋지 못하다고 생각하는 아동은 스포츠 게임에 참여하는 것을 회피하게 되고, 운동 연습의 기회도 줄어들게 되면서 운동기능이 잘 발달하지 못하고 소극적이고 내성적인 성격이 된다. 반면, 아동의 운동능력이 잘 발달한 경우에 또래나 교사, 부모는 아동에게 신체적인 활동 기회를 더 많이 제공해 주고 기대수준도 높아 사회적인 성격발달을 고무시킨다.

사춘기의 시작이 이른 경우에 남아는 어른 같은 모습으로 운동에 유리한 신체조건을 갖추게 되어 또래들에 비해 능력을 과대평가받고 특권을 누릴 수 있어 유리한 위치를 차지한다. 반면, 조기 성숙한 여아는 아직 사춘기가 시작되지 않은 또래에 비해 덜 뛰어나며 인기가 없거나 불안과 우울증상을 보이기도 하므로 심리적 스트레스의 위기에 처하기 쉽다. 따라서 조기 성숙은 여아에 비해 남아에게 유리하게 작용한다(Shaffer & Kipp, 2007, p. 222-223).

2. 인지발달

Erikson(1975)에 의하면 아동은 학령기 동안 학교생활에 근면해야 한다. 이는 사회적 · 인지적 기술의 습득과 학업성취를 위해 노력하는 것을 의미하므로 이 시기에는 머리가 좋은지, 나쁜지의 인지적 능력에 대해 관심이 높다. 인지적 능력의 발달은 인지발달적 접근, 심리측정적 접근, 정보처리적 접근에 의해 주로 연구된다(송명자, 2008, p. 135). 인지발달적 접근으로는 Piaget의 이론에 근거한 인지발달, 심리측정적 접근으로는 지능이론에 근거한 지능의 발달, 그리고 정보처리적 접근으로는 기억의 과정과 발달양상에 관하여 살펴보고자 한다.

1) 인지발달적 접근: 구체적 조작능력의 발달

아동기는 Piaget의 인지발달단계 중 구체적 조작기에 해당한다. 유아기에 비해 인지능력이 매우 증가하는 시기라고 볼 수 있지만 여전히 사고의 한계가 있다. 즉, 구체적인 대상에만 논리적인 사고를 할 수 있으며 가설적, 추상적, 언어적인 문제 등에 대한 조작은 어렵다.

(1) 논리적 조작

구체적 조작기의 중요한 발달은 조작의 습득인데 논리적 조작은 어떤 현상을 머릿속에서 본래의 상태로 전환시킬 수 있는 가역성을 특징으로 한다. 이 시기의 아동은 더이상 눈에 보이는 지각적 특성에 의존하지 않고 논리적 조작에 의해 보존문제를 풀 수 있다.

분류과제의 해결은 대상을 직관적 사고에 의해 분류하던 전조작기를 벗어나 7세 이후에는 대상의 속성을 기준으로 일관되게 분류하는 논리적 조작을 통해 가능하다. 단순유목화에서 나아가 다중유목화는 물론 분류와 관련하여 상위유목과 하위유목 또는 전체와 부분의 관계를 이해하는 능력인 유목포함(class inclusion)도 이해하게 된다. 또한 이 단계에서 이동은 유목들을 통합하거나 가역적으로 분류하는 과제를 수행을 할 수 있다.

서열은 사물을 증가하거나 감소하는 순서대로 배열하는 논리적 조작을 요구하므로 시행착오적인 조작을 보였던 전조작기의 아동과 달리 구체적 조작기의 아동은 전체 중에서 가장 큰 것, 나머지 중에서 가장 큰 것을 고르는 방식으로 서열화를 할 수 있다. 보존개념과 마찬가지로 서열화에서도 수평적 격차가 나타나 길이는 7~8세, 무게는 9세, 부피는 11~12세경에 가능하다.

(2) 탈중심화

구체적 조작기의 아동은 가족, 또래를 비롯한 여러 다른 사람들과 상호작용하면서 서로의 생각을 비교하고, 다른 요소들을 무시한 채 한 가지 요소에만 주의를 집중하는 자신의 사고에서의 모순점들을 발견하게 된다. 사회적 경험이 늘어남에 따라 아동의 자기중심성은 감소하고 자극의 여러 요소들에 주의를 기울이게 되는 탈중심화가 일어난다. 탈중심화는 자극의 여러 특성에 주의를 기울여 새로운 지식들을 얻게 함으로써 지각적 오류를 감소시키고 타인의 조망이나 입장을 고려하는 것을 가능하게 함으로써 사회성발달에도 기여한다.

2) 심리측정적 접근: 지능발달

(1) 심리측정적 접근

Piaget의 인지발달이론은 아동의 지적인 발달특성을 이해하는데 도움을 주지만 보다 구체적이고 실용적으로 아동이 지니고 있는 지적 능력의 크기를 이해하는 데는 한계가 있다. 이를 보완하여 심리측정적 접근에서는 지능을 개인 간 능력의 차이를 나타내는 특성으로 간주하여 그러한 지능의 구조를 파악하고자 한다. 따라서 심리측정적 접근은 지능발달을 지능지수(intelligence quotient: IQ)의 개념으로 수량화하고 개인 간 비교를 함으로써 개인차를 진단하고자 한다.

일반적으로 지능은 추상적 사고를 수행하는 능력(Terman, 1921)이나 목적에 따라 행동하고 합리적으로 사고하며 환경에 효율적으로 대응할 수 있는 능력(Wechsler, 1958) 등으로 정의한다(송명자, 2008, p. 136). 아동의 연령이 증가함에 따른 지능의 구조적 발달은 다음과 같은 두 가지 가설로 설명된다(Vasta, Haith, & Miller, 1992; 송명자, 2008, p. 141). 첫째 가설은 연령이 낮은 아동의 지능은 상대적으로 미분화된 일반적 지능으로 구성되지만 연령이 증가하면서 점차 분화되어 독립적인 특수한 능력이 나타난다는 것이다. 둘째 가설은 영아기의 지각 및 운동기능을 중심으로 구성되던 지능이 연령이 증가함에 따라 점차 상징적이며 언어적인 능력의 출현으로 보다 추상적인 사고가 감각운동능력을 대치하게 됨으로써 지능을 구성하는 하위요인이 본질적으로 변하게 된다는 것이다. 이러한 가설들은 그 타당성이 입증된 바 있으며(Sternberg, 1988), 지능이 대체로 아동기를 지나 15, 16세경부터 20세까지의 시기에 정점에 도달하게 된다는 이유도 여기에 있다(김태련 외, 2004, p. 197).

아동의 연령이 증가함에 따라 지능의 안정성도 증가한다. 2세 이전의 영아기 지능은 아동기나 청소년기 지능과 낮은 상관관계를 나타내지만, 2세부터는 안정성이 크게 증가하며, 특히 초등학교 입학 후에 측정된 지능지수는 18세까지의 지능지수와 상당히 높은 상관관계가 있다(Sameroff et al., 1993; 김태련 외, 2004, pp. 197-198). 그러나 아동에 따라서는 지능이 안정적이지 않고 일관성 있게 증가하거나 감소하기도 한다. 일반적으로 부모가 자녀의 지적 성장에 관심이 많아 지적 자극을 풍부하게 제공해 주고 너무 엄격하거나 느슨하지 않게 양육하면 아동의 지능지수가 증가한다. 그러나 아동이 빈곤한 환경에서 양육되거나, 특히 부모의 지적 수행정도가 낮은 경우에는 지능지수가 감소하는 경향이 있다(김태련 외, 2004, p.198).

(2) 대안적인 관점

심리측정적 접근 이론가들이 지능발달의 개인차를 판별하기 위해 사용하는 지능검사는 타당성 측면에서 비판을 받고 있다(송명자, 2008, p. 145). 즉, 기존의 지능검사는 이미 경험하거나 학습된 지적 수행 수준을 진단함으로써 아동이 발휘할 수 있는 지적 잠재력을 보여주지 못하기 때문이다. 이러한 점에서 Vygotsky의 근접발달영역 개념은 대안을 제시해 준다. 또한 기존의 지능검사가 한정된 학업지능을 진단하여 학교 학습능력을 예언하는 지표를 제공해 주지만 성인이 실제 사회생활에서 활용할 수 있는 보다 포괄적인 지적능력의 발달수준은 보여주지 못한다는 지적도 있다. 1980년대와 1990년대에 들어 Sternberg, Gardner, Salovey와 Mayer 등이 전통적인 지능 외에 다양한 지능개념을 찾으려 노력한 것은 이같은 배경에서 비롯되었다.

① Sternberg의 성공적 지능이론

Sternberg(1985)는 기존의 지능이론이 실생활과 무관하고 단편적인 능력을 측정한다는 점을 비판하면서 이러한 문제점들을 극복하기 위해서는 지능의 세 가지 근원, 즉 한 개인이 처한 상황, 그 개인이 측정한 과제를 경험한 정도 및 그 과제에 대한 인지적 처리 방식을 종합적으로 고려해야 한다는 지능의 삼원이론(triadic theory of intelligence)을 제시하였다. 성공적 지능(successful intelligence)이론은 삼원이론을 일반인들이 알기 쉽도록 설명해 놓은 것이다. 성공적 지능은 다음과 같은 세 가지의 지능으로 구성되며 각각은 서로 구분되는 독립적 지능이며, 이 지능들이 균형을 이룰 때 지적수준이 높다고 할 수 있다(Sternberg, 1999; 김태련 외 2004, pp. 191-192).

- 분석적 지능: 기존의 심리측정적 지능과 유사하며 주로 학교 장면에서 활용하는 학업적 지능이다.
- 창의적 지능: 비교적 새로운 장면과 과제에 대처하는 능력으로 독창성이나 통찰력과 같은 능력을 의미한다.
- 실제적 지능: 개인이 처한 삶의 현실이나 상황에서 당면하는 문제를 파악하고 해결하는 실용적 능력을 의미한다.

② Gardner의 다중지능이론

Gardner(1983)는 기존의 지능이론이 언어적 지능과 논리 수학적 지능을 지나치게 강조하며, 지능이 높은 아동이 모든 영역에서 우수하다고 보는 획일적인 지능관을 갖는다고 비판하였다. 이에 그는 지능이란 여러 가지 내용을 다룰 수 있는 능력이지만 하나의 내용을 다루는 능력은 다른 내용을 다루는 능력과 무관하다는 입장을 취하고 지적 능력은 단 하나의 일반지능 요인이 아니라 개별적인 중다지능으로 구성된다는 다중지능이론(theory of multiple intelligences)을 제시하였다. Gardner (1999, 최경숙, 2006, pp. 161-162)에 의하면 인간은 아홉 가지의 서로 다른 지능을 가지고 있고, 각 지능은 독립적이고 뇌의 특정 부위와 연결되어 있으며, 동등한 가치와 중요성을 지니며, 각기 다른 발달과정을 거친다. 아홉 가지의 지능은 다음과 같다.

- 언어지능: 단어의 의미를 이해하는 능력, 새로운 개념을 이해하기 위해 단어들을 사용하는 능력, 의미를 전달하기 위해 언어를 사용하는 능력
- 논리-수학지능: 사물, 행동, 개념 간의 관계를 이해하는 능력, 수학적으로 조작하는 능력
- 공간지능: 3차원적으로 생각하는 능력, 사물을 정확하게 지각하고 마음의 눈으로 상상하는 능력
- 신체운동지능: 대상을 지각하는 능력, 신체적으로 숙련되는 능력, 고도로 분화된 방식으로 신체를 사용하는 능력

- 음악지능: 음의 고저, 멜로디, 리듬, 음색의 다양성을 이해하고 만들어 내는 능력
- 대인 간 지능: 다른 사람을 이해하고 감정, 기분, 동기, 의도를 식별하는 능력, 다른 사람과 효과적으로 상호작용하는 능력
- 개인 내 지능: 자신을 이해하고 자신의 삶을 효과적으로 감독하는 능력, 자신의 정서를 이해하고 자신의 강점과 약점을 아는 능력
- 자연주의자 지능: 자연 속의 유기체들의 체계와 관련 요인들에 대한 예민성
- 영적 지능: 삶의 의미, 죽음과 인간 존재에 관련된 문제에 대한 예민성

Gardner는 모든 사람이 서로 다른 지능 프로파일을 나타내며, 개인마다 각 지능이 나타나는 정도는 다르지만 나름대로 우수한 하나 이상의 지능이 있고, 각 지능이 나타나는 활동 형태도 사람마다 차이가 있다고 보았다. 또한 그는 각각의 지능을 어느 정도까지는 발달시킬 수 있는데, 특히 아동기의 환경조성을 통해 지능을 촉진시킬 수 있다고 보았다. 그리하여 그는 교사는 개별 아동의 강점을 포착하여 강화시켜 주고 약점은 보완해 주는 역할을 해야 한다고 강조하였다(최경숙, 2006, p. 162; Shaffer & Kipp, 2007, pp. 343-345).

Gardner의 이론은 전통적인 학업지능 중심의 지능과 달리 지능의 개념을 음악, 신체-운동, 개인 내적 지능 등을 포함하여 보다 다양한 측면으로 확장시켰다는 점에서 긍정적으로 평가된다(김태련 외, 2004, p. 192). 그러나 지능을 여러 가지 내용을 다룰 수 있는 능력이라고 보는 것은 지나치게 포괄적이라는 점, 그리고 아홉 가지의 지능이 과연 지능의 '여러 가지 내용'을 포괄하고 있는지, 이러한 능력들이 서로 독립적인지를 결정할 수 없다는 점에서 비판을 받기도 한다(이정모 외, 2004, p. 397).

③ Salovey와 Mayer의 정서지능

Salovey와 Mayer(1990)는 전통적인 학업지능 혹은 적성 외의 다양한 지능의 존재 가능성을 탐색해 보려는 노력의 일환으로 정서지능의 개념을 제시하였다. 정서지능은 정서의 발생과 그에 따른 대처행동이 다분히 의식적이며 자율적인 통제가

가능한 일종의 정보처리과정이라는 것을 전제로 한다. Mayer와 Salovey(1997)는 인지체계와 정보체계를 포함하는 정서지능의 모델을 제시하고 정서지능의 하위요인을 정서적 지각, 정서적 통합, 정서적 이해, 정서적 권리의 네 가지 요인으로 나누었다.

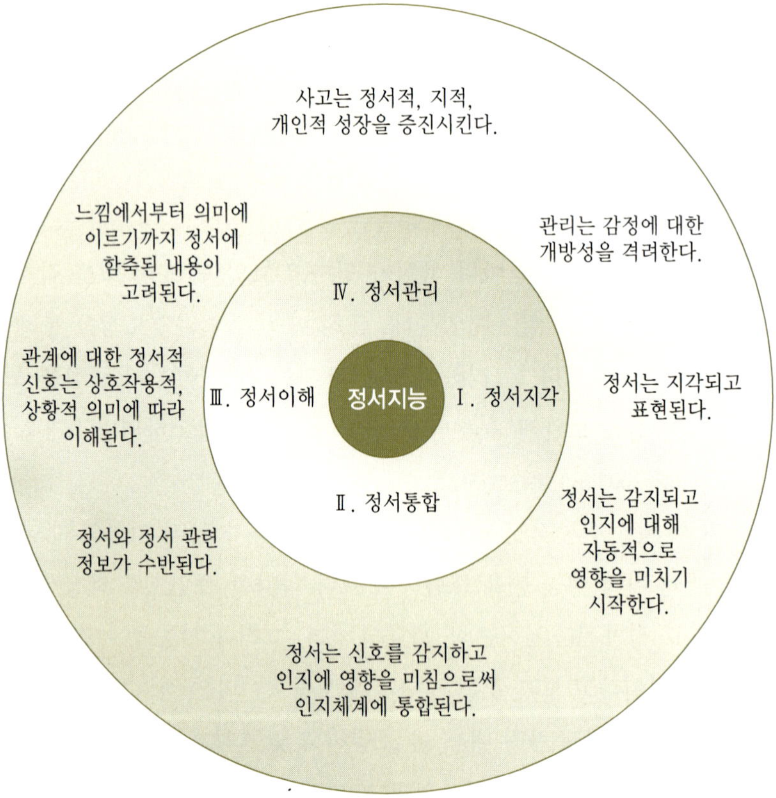

그림 8-3 Mayer와 Salovery의 정서지능의 4요인 모델

〈출처〉 정옥분(2006). **사회정서발달**, p. 131.

3) 정보처리적 접근: 기억발달

기억은 일상생활에서 수많은 인지활동을 수행하는데 필수 불가결한 요소로 작용하며 연령이 증가함에 따라 기억과제를 더 잘 수행하게 되는 발달경향을 보인다. 1960년대 중반 이후 정보처리적 접근의 영향을 받아 기억의 수행과정에서의 발달유형과 기제를 설명하고자 하는 연구들이 많이 이루어졌다.

(1) 기억책략의 발달

① 주의집중과 배분능력의 발달

인지심리학자들은 인지과정에서 주의(attention)를 필수적인 것으로 간주한다. 왜냐하면 인간의 마음은 제한된 정보처리 용량을 갖고 있으므로 이를 보호하기 위해서는 정보처리에 순차성(serial processing)을 부여해야 하기 때문이다(이정모 외, 2004, p. 112).

아동기 동안 중추신경계의 성숙에 따라 아동은 주의집중능력이 크게 증가하는데 단순히 주의집중 시간만이 증가하는 것이 아니라 필요한 정보에 선택적으로 주의를 할당하는 주의배분(attention allocation)능력도 함께 발달한다. 이는 우연학습과제 실험(Miller & Weiss, 1981; 송명자, 2008, p. 158)에서 잘 드러난다. 이 실험은 7세, 10세, 13세 아동들에게 각종 동물장난감들을 숨기는 장면을 관찰하게 한 후, 숨겨진 곳과 유사한 장소에 집에서 사용하는 친숙한 물건들을 함께 숨겨두고 동물을 찾아내게 하는 것이다. 연구결과, 연령이 증가할수록 동물이 숨겨진 장소를 기억하는 의도적 기억량이 많고, 연령이 어릴수록 집에서 사용하는 물건이 있는 장소를 기억해 내는 우연적 기억량이 더 많았다. 이는 연령이 증가함에 따라 과제와 관련되는 정보에만 주의를 집중하고, 관련되지 않는 정보에 대해서는 주의를 차단하는 효율적인 주의배분능력이 발달함을 보여주는 것이다. 아동은 7세경 훈련을 통해 기억과제 중 중심이 되는 과제에 주의를 집중시키는 능력이 증진될 수 있다(Shaffer,

1993; 송명자, 2008, p. 158).

② 시연책략의 발달

시연책략(rehearsal strategy)은 나중에 회상할 것을 생각하여 미리 기억해야 할 대상이나 정보를 눈으로 여러 번 보거나 말로 되풀이하면서 그 내용을 기억하려는 방법이다. 시연책략은 약 7세경에 나타나며, 연령이 증가함에 따라 시연을 자발적으로 사용하게 된다. 시연의 특성도 아동의 연령이 증가함에 따라 변화한다. 9세 아동은 기억해야 할 새로운 단어를 하나씩 따로 반복하지만, 13세 아동은 새로 제시되는 단어와 기존의 단어를 점점 누적적인 묶음으로 구성하여 시연한다. 이와 같은 누적적 시연(cumulative rehearsal)은 기억하는데 훨씬 효과적이다.

③ 조직화책략의 발달

다음의 열 개 항목으로 구성된 목록을 외워보자. 대부분의 사람들은 목록 2를 더 쉽게 외운다. 열 개의 항목들이 의미상 세 가지의 범주로 묶일 수 있기 때문이다.

목록 1: 배, 성냥, 손톱, 코트, 잔디, 코, 연필, 개, 컵, 꽃
목록 2: 칼, 셔츠, 차, 포크, 배(boat), 바지, 양말, 트럭, 숟가락, 접시

조직화책략(organization strategy)은 기억해야 할 자료를 기억하기 쉬운 형태로 구성하여 기억하려는 방법이다. 일상적인 맥락에서 서로 연관된 것끼리 묶는 연합적 군집화(associate clustering)는 학령전기 아동에게서도 나타나지만, 단어의 의미와 관련지어 기억하는 범주화(categorization)는 9~10세경이 되어야 가능하다. 단, 친숙하거나 전형적인 성격의 과제에서는 4~6세경에도 범주화 책략이 획득될 수 있다.

조직화책략의 발달경향은 시연책략의 발달경향과 유사하다. 아동은 연령이 증가할수록 조직화책략을 더 많이 사용하는데 이때 관계가 있는 단어나 의미상 관련성이 높은 항목들을 조직화하여 동일하게 분류하는 경향이 있다.

④ 정교화책략의 발달

정교화책략(elaboration strategy)은 기억하고자 하는 내용에 새로운 것을 덧붙이거나 다른 정보와 서로 관련시켜 기억을 보다 용이하게 하는 방법이다. 비교적 늦게 청년기에 나타나 성인 초기까지 점진적으로 발달하는데, 그 이유는 아동의 작업기억 용량에 한계가 있어 복잡한 정교화를 하기 어렵기 때문이다(최경숙, 2006, p. 195). 그러나 5세 유아에게 초보적인 정교화책략을 훈련시키면 이들도 정교화책략을 사용하여 기억수행이 증가할 수 있다는 연구결과도 있다(송명자, 2008, p. 161).

⑤ 인출책략의 발달

인출책략(retrieval strategy)은 저장되어 있는 정보를 찾으려 할 때 사용하는 기억책략으로서 필요한 정보를 정확하고 신속하게 꺼낼 수 있는 방법을 말한다. 보다 효율적으로 인출하기 위해서는 머릿속에 저장된 정보를 탐색해야 하지만 정보가 떠오르지 않을 때는 인출단서를 활용해야 한다. 6, 7세 아동에게도 정확한 인출단서를 제공하면 회상률이 높아진다. 우리나라 초등학교 1학년 아동을 대상으로 연구한 결과, 인출단서를 제공해 주었을 때 회상수행률이 증가하였다(박명자 · 최경숙, 1990). 이러한 결과는 인출단서를 사용하는 능력이 문화에 따라 별다른 차이 없이 발달한다는 것을 나타낸다.

(2) 지식구조의 발달

아동이 주어진 정보를 장기기억 속에 저장하는 방법이나 기억구조에 대한 것 등은 중요한 기억연구 과제이다. 일반적으로 장기기억 속의 정보들은 어떤 형태로든 상호 관련된 구조를 형성하는데 이러한 구조를 지식구조(knowledge structure)라고 한다(성현란 외, 2004, p. 307).

아동이 장기기억 속에 저장한 지식을 확장시키는 것은 기억수행에서의 발달적 변화를 보여주는 것이다. 장기기억에 정보를 저장하는 형태는 구성기억과 내용지식 측면에서 살펴볼 수 있다(Berk, 1997, p. 277). 구성기억(constructive memory)은 유아기에 발달하는 것으로 일상적인 경험을 중심으로 일의 진행을 기억하는 사태도식(event scheme), 자신의 일상적인 경험을 기억하거나 자기 자신에 대한 정보를 기억하는 자서전적 기억(autobiographical memory) 등으로 정보를 저장하는 것이다.

학령기 아동은 추상적이고 일반적인 지식으로 구성되는 의미적 기억을 할 수 있게 됨에 따라 보다 관련 있는 개념들로 구성하여 기억하려는 위계망 구조를 취하는데 이는 내용지식(content knowledge)이 발달하기 때문에 가능하다. 또한 특정 분야에 대해 잘 발달된 내용지식 구조인 영역특정 지식(domain-specific knowledge)의 발달은 관련된 영역의 새로운 정보를 학습하거나 기억을 용이하게 해준다. 그림 8-4는 아동이 동물에 관한 지식들을 위계적인 구조로 조직하여 관련된 정보를 보다 효율적으로 사용하는 것을 보여주는 예이다.

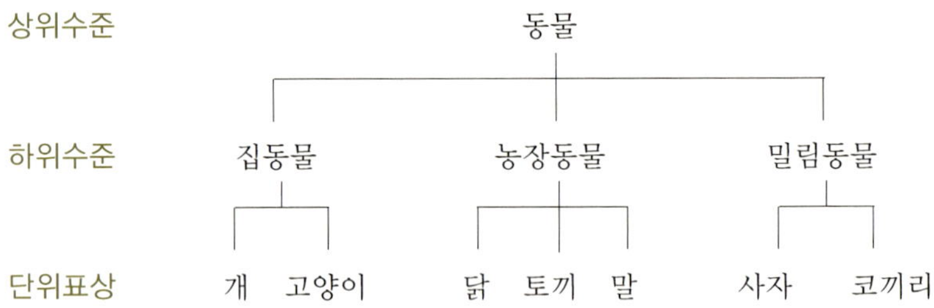

그림 8-4 동물에 관한 내용지식의 위계망 구조

〈출처〉 송명자(2008). 발달심리학, p. 166.

(3) 상위기억능력의 발달

상위인지가 아동의 인지과제 수행에 중요한 기능을 담당하고 있듯이 상위기억(metamemory)능력도 아동이 기억과제를 효율적으로 처리하고 수행하는 과정에 영향을 미친다. 상위기억능력은 상위인지적 지식, 즉 기억현상에 관한 지식과 기억과정을 통제하는 자기조정능력을 포함한다.

① 기억에 대한 상위인지적 지식의 발달

아동의 상위인지적 지식 중 첫째, 자신이나 타인의 기억용량을 정확하게 판단하는 지식은 초등학교 입학 이후에 발달한다. Flavell 외(1993; 성현란 외, 2004, pp. 318-319)는 아동에게 열 장의 그림을 한꺼번에 보여주고 몇 장의 그림을 정확하게 기억할 수 있는지에 대해 실험하였다. 그 결과, 열 장 모두를 외울 수 있다고 답했던 유치원 아동은 실제로는 몇 장밖에 기억하지 못하였으나, 초등학생은 예언량과 실제 기억량이 거의 일치하는 정확한 판단력을 보여주었다.

둘째, 상위인지적 지식 중 과제에 대한 지식은 기억해야 할 과제가 요구하는 작업량이나 난이도를 정확히 판단하는 지식으로서 과업수행을 효율적으로 계획하는 데 중요한 상위인지 능력이다. 학령전기의 유아도 과제의 양이 많을수록 암기하는 데 더 많은 시간이 걸리며, 이전에 학습했던 과제를 다시 암기하는 것은 처음 외우는 것보다 훨씬 더 쉽다는 사실을 안다. 그러나 기억해야 할 항목 간에 의미 있는 관계가 구성될 때 더 효과적으로 기억할 수 있다고 판단하는 능력은 학령기 이후에 발달하기 시작한다.

셋째, 책략의 효과에 대한 상위인지적 지식은 과제가 단순하고 친숙할 경우에는 학령전기의 유아에게서도 나타난다. 예를 들면, 유아들도 보물찾기놀이를 할 때 보물이 숨겨진 곳을 유심히 보고 그곳에 어떤 표시를 해두면 나중에 더 찾기 쉽다는 것을 충분히 이해한다. 이러한 책략사용에 대한 지식은 연령이 증가함에 따라 양적, 질적으로 증가한다. 연령이 많은 아동은 더 어린 아동에 비해 생각하는 책략의 수가 더 많고, 더욱 체계적이고, 계획적이며 성인의 책략과 유사하다. 예를 들어, 내일 학교에 실내화를 잊지 않고 가져가는 방법을 물어보면, 학령전기의 유아는 눈에 띄는 곳에 두거나 어머니에게 부탁하거나 심지어는 실내화를 신고 자는 등 외적인 행동에 의존하는 책략을 주로 사용한다. 그러나 학령기 아동은 되풀이하여 생각하거나 시연하는 것과 같은 내적인 사고에 의존하는 책략을 사용한다.

② 기억에 대한 자기조정능력의 발달

기억에 대한 자기조정(self-monitoring)능력은 과제가 요구하는 방향에 따라 자신의 기억수행 행동을 계획, 진행, 평가하는 전체적인 기억작용의 통제과정을 의미한다. 이러한 과정 속에는 기억하는 사람, 기억해야 할 과제, 기억할 때 사용하는 책략에 대한 상위인지적 지식이 포함된다. 예를 들어, 3일에 걸쳐 열 과목의 시험을 치러야 하는 학생은 시험 준비 과정에서 기억에 대한 자기조정능력을 발휘한다.

대체로 상위기억 조정능력은 초등학교 입학 이후에 성공과 실패를 경험하면서 발달하지만 더 이른 시기에 나타날 수도 있다. 우리나라 유아의 상위기억능력 발달 연구(정갑순, 1993)에 의하면 3세 유아는 기억과제를 수행할 때보다 또래와 상호작용하는 경우에 상위인지 지식을 더 많이 사용함으로써 자기조정능력을 나타냈다.

(4) 사회적 맥락에서의 기억발달

기억발달은 기억책략, 지식구조, 상위기억능력 등 개인의 능력과 관련된 것 외에 사회적 맥락에 의해서도 영향을 받는다. 기억에 관한 연구들은 최근까지지도 회고적 기억(retrospective memory)인 과거 정보에 대한 회상에 초점을 두었다. 그러나 기억이 일상생활에서 중요한 역할을 하는 또 다른 기능적 측면은 미래의 사건에 대해 주의를 기울일 것을 기억하는 전망적 기억(prospective memory)이다. 예를 들어, 유치원 통학버스 시간에 맞추어 기다리기, 친구 생일에 맞추어 카드 보내기, 10분 후쯤 물이 끓으면 가스불 끄기 등을 기억하는 것이다.

아동은 미래의 어떤 시각에 과제를 수행하라고 요구받으면 책략적 시간조정(strategic time-monitoring)능력, 즉 주어진 시간을 효율적으로 사용하고 관리하는 능력을 활용한다. 집과 실험실에서 각각 오븐에 굽고 있는 과자를 30분 후에 꺼내는 과제에 대해 10세와 14세 아동이 시간을 어떻게 보내는지 살펴보았다. 그 결과, 10세 아동은 친숙한 상황인 집에서 과자굽기를 한 경우에는 30분을 효율적으로 관리하였으나, 친숙하지 않은 실험실 상황에서는 시계를 쳐다보는 빈도가 점차 늘어나는 불안한 시간관리능력을 나타냈다. 이에 비해 14세 아동은 장소에 관계없이 시계를 쳐다보는 빈도가 더 적고 30분의 시간을 비교적 자유롭게 사용하였다. 따라서 전망적 기억은 연령뿐만 아니라 생태학적 맥락에 의해서도 영향을 받는다고 할 수 있다(Ceci & Bronfenbrenner, 1985).

3. 언어발달

대부분의 언어능력은 유아기에 획득되지만 언어의 유능성과 관련된 부분은 주로 아동기에 발달한다.

1) 음성 · 의미 · 문법의 발달

음성학적인 발달은 초등학교 입학 전에 대개 완성되지만 일부 강세패턴은 초등학교 이후에 발달한다. 의미에서의 미묘한 차이를 가져오는 발음은 초등학교 시기에 점진적으로 발달한다(예: 눈[目]-눈[雪]). 영어의 명사와 형용사에서의 강세 위치 변화도 청소년기가 되어야 습득된다(예: m thod-meth dical, h mid-hum dity). 아동기의 음성학적 발달은 단어의 의미가 얼마나 복잡한지에 따라 영향을 받는다. 어린 아동도 단어를 쉽게 이해하기 위해서는 발음해 보는 것이 가장 좋은 방법이라는 것을 알지만, 이들에게 새로운 단어의 의미와 소리를 동시에 입력하도록 하면 정보처리 능력의 한계로 단어의 의미가 충분히 이해될 때까지 소리를 잘 내지 못한다(Berk, 1997, pp. 353-354).

학령기 말에는 아동이 습득한 단어의 수는 약 40,000개 정도인데 이는 하루 평균 20개 정도의 새로운 단어를 습득하는 것과 같다. 또한 학령기 아동은 단어의 형태학적 지식(morphological knowledge)을 습득하여 낯선 단어의 의미를 추론할 수도 있다(Anglin, 1993).

학령기 아동들은 획득한 단어들을 더 잘 조직하고 위계적으로 정리하여 더 정확하게 사용하며, 단어에 대한 사고도 달라진다(Berk, 1997, p. 359). 단어를 정의할 때, 5~6세 유아는 단어의 기능이나 외양을 언급하는 등 구체적인 면에서 기술하지만(예를 들면, 칼은 사과를 자를 때 쓴다, 자전거는 바퀴와 체인이 있다 등), 초등학교 고학년 아동은 단어의 동의어나 범주적 관계에 대해서도 설명한다(예를 들면, 칼은 자를 때 쓰는 것이다, 톱은 칼과 유사하다, 칼은 무기로 사용하기도 한다 등). 또한 학령기 아동은 언어의 분석적 접근을 통해 단어가 갖는 여러 가지 의미를 이해할 수도 있다. '날카로운(sharp)', '차가운(cool)' 이라는 단어는 물리적인 의미 외에 심리적인 의미도 있다는 것을 알게 됨으로써 은유적 표현이나 유머를 이해하게 된다.

2) 의사소통기술의 발달

효과적인 의사소통을 위해서는 수용한 언어적 메시지를 인식하는 것뿐만 아니라 상대방에 맞추어 언어적 메시지를 분명하게 산출하는 능력인 참조적 의사소통 기술(referential communication skills)도 필요하다. 학령기 아동은 상대방이나 자신의 메시지가 분명하지 않을 때 어느 부분이 모호한지를 인식하고 그 부분을 분명하게 인식할 수 있는 기술이 발달되어 있다. 그러므로 9~10세 아동은 익숙하지 않은 사물에 대해 설명할 때 듣는 사람에 맞춰 내용을 조절하면서 정보를 제공한다(송명자, 2008, p. 194; 정옥분, 2002, p. 503). 이와 같은 참조적 의사소통기술의 사용은 탈중심화와 역할수용능력이 발달하고, 사회언어학적으로는 듣는 사람에게 맞추어 말을 조정하는 언어적응력이 증가되었기 때문에 가능하다(Berk, 1997, p. 371).

4. 사회정서발달

아동이 초등학교에 입학하면 제도적 교육을 통한 사회화 경험이 추가됨으로써 기존의 가정과 유아교육기관에 의해 영향을 받아 발달된 사회성발달과 정서발달이 다른 양상을 띠게 된다. 본 절에서는 학령기 아동의 정서발달의 특성, 사회성발달의 주요 측면인 자신과 타인에 대한 이해, 도덕성, 공격성, 친사회적 행동, 성유형화의 발달에 대해 살펴보고자 한다.

1) 정서발달

학령기가 되면 아동은 유아기 동안 더욱 분화된 이차(혹은 복합) 정서인 자긍심, 자책감, 부끄러움 등을 보다 효과적으로 다루면서 자신이 아무리 좋아도 친구가 슬퍼하면 자신의 기쁨을 감추는 것과 같은 정서의 표현 규칙을 학습하고 사회적 상황에 맞게 정서를 적절히 조절할 수 있다. 예로서, 아동은 생일에 자신이 좋아하지 않는 선물을 받더라도 실망감을 표현하지 않고 자신의 진짜 감정을 숨기는 일에 점점 능숙해진다. 또한 학령기 아동은 타인의 감정을 추론하고 이해하는 능력이 발달함으로써 얼굴 표정이 그 사람의 진짜 정서를 표현하는 것이 아닐 수도 있다는 사실을 이해하고 감정이입도 할 수 있다. 아동은 가까운 사람의 정서를 설명해 주는 다양한 정보원들을 고려할 수 있으며 어느 한 정보에 치우치는 정서추론도 하지 않는다. 나아가 아동기에는 동시에 하나 이상의 정서를 경험할 수 있는데 그 정서는 긍정적일 수도 있고 부정적일 수도 있으며 강도가 다를 수도 있다는 것을 인식한다. 예를 들면, 부서진 자전거를 가지고도 웃고 있는 얼굴 표정을 짓는 아동의 그림을 보면서 그림 속의 아동은 자전거가 부서져 슬프지만 부모님이 곧 고쳐주실 것을 약속했기 때문에 행복해한다고 설명할 수 있다(Hoffner & Badzinski, 1989; Berk, 1997, p. 393).

이같은 정서이해의 발달은 두 가지 차원을 동시에 고려할 수 있는 보존개념의 발달과 함께 사회적 경험이 증가함에 따라 가능하다(Berk, 1997, p. 394). 아동의 정서발달을 위한 사회적 경험으로 가족과의 정서적인 대화 경험이 중요하다. 가족과의 대화는 아동으로 하여금 타인의 정서를 판단하고, 이해할 수 있도록 도와준다. 또한 형제와의 가상놀이도 정서학습을 위한 맥락을 제공하고 정서를 표출하며 이해할 수 있게 해준다.

2) 사회성발달

(1) 자신과 타인에 대한 이해

① 자신에 대한 이해

자아(self)는 자기에 대한 지식, 평가, 통제의 세 측면으로 나누어 볼 수 있다(Shaffer, 2000, p. 163; Shaffer & Kipp, 2007, pp. 467-481).

자기에 대한 지식은 자아인식과 같이 자신의 내재적 특성에 대한 이해를 의미한다(송명자, 2008, p. 253). 초등학교 시기 동안 아동은 점차 자신의 성격, 가치관, 생각, 신념 등 심리적 특성들을 중심으로 자기 자신에 대해 진술하고(예: 나는 노래를 못해요, 나는 엄마가 없으면 슬퍼요 등), 범주적 자아도 더 세분화되고 구체화된다(예: 나는 대한민국 사람이에요, 나는 여자고, 내 동생은 남자예요 등). 이는 학령전기 유아에 비해 사고의 구체성이 증가했기 때문이다. 학령기 아동은 자기를 서술할 때 자신의 심리적 속성은 절대적이며 불변하고 타인과의 상호작용에서도 늘 안정적으로 나타난다고 믿지만, 청소년기로 넘어가면서 자아인식은 더욱 추상적이며 심리적인 속성 중심으로 변화한다.

아동은 자아발달과정에서 자신의 신체적 · 심리적 특성들을 이해하게 될 뿐만 아니라 자신이 가지고 있다고 지각하는 속성들의 질도 평가한다. 자아에 대한 긍정적 혹은 부정적 평가인 자아존중감(self-esteem)은 학령기에 형성된다. 8세까지 아동은 안정된 자아존중감을 갖지 못하지만 그 이후에는 비교적 안정된 자아존중감을 표출할 수 있다. 아동의 자아존중감은 부모의 온정적이고 지지적인 양육방식과 자신과 또래아동을 비교하는 사회적 비교 정보(Shaffer, 2000, pp. 177-178)와 문화와 인종 요인에 의해 영향을 받는다. 서구의 개인주의 문화보다 아시아의 집단주의 문화에서 아동은 집단에 의존하여 자신의 가치를 더 낮게 판단하며, 미국의 다문화 사회에서는 불리한 지위의 미국아프리카계와 히스패닉계 인종의 아동들이 부정적인 인종관을 인식하거나 인종차별을 경험함으로써 자아존중감이 더 낮다고 보고되기도 한다(Shaffer & Kipp, 2007, pp. 478-481).

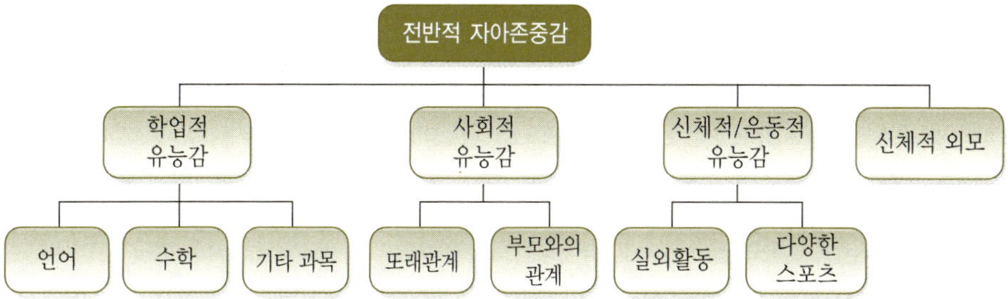

그림 8-5 아동기 자아존중감의 위계적 구조

〈출처〉 Berk, L. E. (2008). *Infants and children*, p. 484.

자아통제는 자신의 행동을 스스로 조절하고 억제하는 능력으로서 유혹에 저항하는 능력, 만족지연능력, 충동억제능력으로 구성된다(송명자, 2008, p. 262). 전자의 두 능력은 유아기에 이미 상당히 발달한다. 그러나 충동억제능력의 경우에는 정서억제능력만이 4세경에 발달하고, 충동적인 판단을 삼가고 신중하게 숙고하는 결론억제능력, 하던 행동을 중단하거나 행동을 금지하고 지시에 따르는 행동억제능력 등은 초등학교 1학년 때까지도 잘 발달하지 못한다. 또한 단기간 내에 만족할 수 있지만 보상의 크기가 작은 단기보상을 포기하고 더 오랜 시간 동안 기다려 보다 큰 만족을 가져다 줄 장기보상을 선택하는 선택억제능력은 만족지연능력과 관계가 있음에도 불구하고 12세경이 되어야 발달한다.

② 타인에 대한 이해

사회인지(social cognition)는 타인의 감정, 생각, 의도, 사회적 행동을 이해하는 능력으로서 모든 인간관계의 기본이 된다. 학령기에 접어들면 아동은 자신과 타인을 서술할 때 구체적인 속성보다는 심리적인 속성을 더 많이 사용한다. Barenboim (1981)은 6~11세의 아동들에게 잘 아는 사람 세 명에 대해 서술하도록 한 후, 그 내용에 근거하여 학령기 아동의 대인지각 발달을 다음과 같은 세 단계로 설명하였다 (Shaffer & Kipp, 2007, p. 500).

- **1단계**: 행동비교의 단계(6~8세)

  아동은 구체적인 행동용어로 친구를 비교한다. 예를 들면, '철수는 경희보다 더 빨리 뛰어.', '순희는 자기 반에서 그림을 제일 잘 그려.' 등이다. 이 단계 이전의 아동은 아직 비교급을 분명히 사용하지 못하며 절대적 기준에 따라 기술만 할 수 있다. 예를 들면, '철수가 가장 빨라.' 등이다.

- **2단계**: 심리구성개념의 단계(8~10세)

  아동은 친구의 행동에 내포된 규칙성을 보다 잘 알게 되므로 자신이 추정한 친구의 심리 속성을 토대로 인상을 형성하기 시작한다. 아동은 친구에 대해 '영수는 고집쟁이 바보야.' 혹은 '경호는 마음이 좋아.'와 같이 기술할 수 있다. 그러나 이들은 아직 심리적 차원에 따라 친구를 비교하지는 못한다.

- **3단계**: 심리비교의 단계(11세 이후)

  11~12세부터 아동은 '영수는 민호보다 더 부끄러워 해.' 등과 같이 중요한 심리적 차원에 따라 타인을 비교하기 시작한다.

아동의 대인지각은 구체적인 인상형성에서 추상적인 인상형성으로 발달하는데 이는 다음의 두 가지 인지적 이유로 설명할 수 있다(Shaffer & Kipp, 2007, pp. 501-

503). 첫째, 아동은 자신의 인지발달 수준에 의존하여 자신과 타인에 대해 이해하기 때문이다. 아동이 탈중심화된 사고를 할 수 있게 되면 사물의 외양 이상의 것을 볼 수 있으며 내면의 불변적인 요소를 추론할 수도 있다. 둘째, 인지발달의 특정한 측면으로서 아동은 자신과 타인에 대한 역할수용능력(role-taking ability)이 발달하기 때문이다. Selman(1980)에 의하면 아동은 자신의 조망과 친구의 조망이 다르며 그것이 어떻게 다른지를 알게 되면 자신과 타인을 보다 잘 이해할 수 있게 된다. 학령전기의 유아는 타인의 관점을 추정하고 그 사람의 생각, 감정, 행동을 이해할 수 있는 역할수용능력이 없으므로 타인을 외적인 속성, 즉 외모, 행동, 소유물 등으로 서술할 수밖에 없다.

Selman(1980)은 역할수용능력, 즉 다른 사람의 관점에서 그의 생각, 감정, 행동을 이해할 수 있는 능력의 발달을 연구하였다. 이를 위해 그는 나무를 잘 타는 8세 소녀 홀리가 나무에 올라가지 않기로 아버지와 약속한 상태에서 나무에 걸려 있는 친구의 고양이를 보게 된다는 대인관계에서의 갈등을 포함한 이야기를 들려주었다. 그에 따라 홀리가 무슨 생각을 할지, 아버지의 생각은 어떠할지 등에 대해 질문하여 아동의 역할수용능력의 발달을 다섯 단계로 설명하였다.

표 8-1 역할수용능력의 발달단계

역할수용능력의 단계	'홀리의 갈등' 에 대한 전형적인 반응
0. 자아중심적이거나 미분화된 관점(약 3~6세) 유아는 자신의 관점과 다른 관점이 있다는 것을 인식하지 못한다. 자신이 느끼는 것은 무엇이든 옳고 남들도 그렇게 느낄 것이라고 생각한다.	홀리가 나무 위에 올라가 위기에 처한 고양이를 구하리라고 생각한다. 나무에 올라가지 말라고 명령한 홀리 아빠가 홀리의 행동에 어떻게 반응할지 물으면, 아빠도 고양이를 좋아하므로 행복해할 것이라고 대답한다. 즉, 자신이 고양이를 좋아하므로 아빠도 좋아할 것이라고 생각한다.

역할수용능력의 단계	'홀리의 갈등' 에 대한 전형적인 반응
1. 심화-정보적 역할수용(약 6~8세) 타인의 조망이 자신의 것과 다를 수 있다는 것을 알지만, 단지 그 사람이 다른 정보를 갖고 있을 때만 그런 일이 일어난다고 생각한다. 여전히 타인의 사고에 대해 생각할 수 없어서 어떤 일에 어떻게 반응할 것인지를 예측할 수 없다.	홀리가 나무에 올라가서 아빠가 화를 냈을까라고 질문하면, "우리가 왜 나무에 올라갔는지를 모른다면 화를 내겠지만, 이유를 안다면 그럴 수밖에 없었다는 것을 알게 된다."고 대답한다. 양쪽이 같은 정보를 안다면 같은 결론을 내릴 것이라고 생각한다.
2. 자기반성적 역할수용(약 8~10세) 아동은 같은 정보를 가지고 있어도 자신과 타인의 관점이 다를 수 있다는 것을 알게 된다. 이제는 타인의 관점도 고려할 수 있고, 타인의 입장에서 자신의 행동에 대해 사람들이 어떻게 반응할 것인지를 예측할 수도 있다. 그러나 자신의 입장과 타인의 입장을 동시에 고려하지는 못한다.	홀리가 고양이를 구하러 나무에 올라갈지를 물으면, 자기가 왜 그렇게 했는지를 아빠가 이해할 것이라고 생각했기 때문에 그럴 것이라고 대답한다. 아동은 홀리의 입장에 대한 아빠의 생각에 초점을 맞춘다. 그러나 홀리가 나무에 올라가는 것을 아빠가 원할까라고 질문하면, 아빠의 입장을 가정하여 홀리의 안전에 대한 염려 때문에 아빠가 반대할 것이라고 답한다.
3. 상호적 역할수용(약 10~12세) 아동은 자신과 타인의 입장을 동시에 고려할 수 있으며, 타인도 그렇게 할 수 있다고 인식한다. 제3자의 관점을 가정하고 각 사람이 상대방의 견해에 어떻게 반응할지를 예측할 수 있다.	제3자의 입장에서 그리고 홀리와 홀리 아빠가 상대방의 생각을 안다는 것을 자신이 알고 있다면, '홀리 딜레마' 의 결과를 서술할 수 있다. 예를 들어, 한 아동은 "홀리가 고양이를 좋아하기 때문에 고양이를 구하려 했지만, 나무에 올라가서는 안 된다는 것도 알고 있었다. 홀리의 아빠는 홀리가 나무에 올라가서는 안 된다는 것을 알고 있었으나 고양이에 대해서는 알지 못했다. 그래서 홀리 아빠는 홀리가 약속을 어겼기 때문에 아마 벌을 주실 거다."라고 말했다.
4. 사회적 역할수용(약 12세 이상) 청소년은 타인의 입장을 사회적 체계의 입장(즉, '일반화된 타인' 의 입장)과 비교함으로써 이해하려고 한다. 즉, 청소년은 사람들이 사회집단의 사람들 대부분이 취하는 입장을 고려하고 가정한다고 생각한다.	홀리가 나무에 올라갔기 때문에 벌을 받아야 하는지를 질문하면, 청소년들은 아니라고 대답한다. 그리고 동물을 인간적으로 대우하는 것의 가치는 홀리의 행동을 정당화시킬 것이고 대부분의 아빠들도 이 점을 알 것이라고 말한다.

〈출처〉 Shaffer, D. R. (2000). *Social & personality development*, p. 193.
최순영(2003). 인간의 사회 · 성격 발달심리, pp. 102-102.

(2) 도덕성발달

도덕성이란 옳고 그른 것을 구분하고 인간관계에서 지켜야 할 규범을 준수하는 것이다. 그러므로 도덕성은 사회질서를 유지하며, 개인으로 하여금 자신이 속한 문화적 · 사회적 집단에서 적절히 적응하도록 도와주는 기능을 하므로 아동이 사회성발달과정에서 획득해야 할 중요한 능력이다.

① 사회적 규범 채택으로서의 도덕성

정신분석이론과 사회학습이론은 도덕적 감정의 발달과 도덕적 행동의 발달에 각각 초점을 맞추고 아동이 어떻게 도덕적인 존재가 되느냐에 대해 다른 입장을 취한다. 그러나 도덕적 발달을 내면화(internalization)하는 문제, 즉 올바른 행동에 대해 기존에 만들어져 있는 도덕적 기준을 자신의 것으로 채택한다는 점에서는 두 이론이 일치된 견해를 나타낸다. 각 이론은 도덕성이 사회로부터 개인에게로 어떻게 이동하는지, 즉 자신이 속한 사회집단의 구성원이 착한 행동이라고 폭넓게 받아들이는 규준을 아동이 어떻게 획득하는지에 초점을 맞춘다(Gibbs & Schnell, 1985).

정신분석이론에서 만 3~6세의 남근기 동안 도덕성이 출현한다고 보는 것은 남근기의 불안감을 해소하기 위해 아동이 동성의 부모와 동일시하며 초자아를 발달시키기 때문이다. 아동은 부모로부터 그들의 도덕성을 직접 획득하며, 초자아로부터의 죄책감을 회피하기 위해 도덕적 기준에 따라 행동한다. 이같은 초자아의 발달에 의한 도덕성발달은 아동중기까지 지속된다(Berk, 1997, p. 463).

사회학습이론에 의하면 특정 연령에 관계없이 행동에 대한 도덕적 기준은 학습과 모델링에 따라 설정되므로 아동은 그 기준에 비추어 자신을 평가하여 보상하거나 처벌한다. 이러한 자기통제는 행동을 통해 사회의 규칙을 지키려는 능력이 내재되어 있다는 것을 반영한다는 의미에서 규칙의 내면화, 즉 도덕성발달로 간주할 수 있다(정옥분, 2002, p. 529).

이상과 같이 사회적 규범에 동조하는 것이 도덕성발달의 핵심이라는 입장에는 한계가 있다(Berk, 1997, p. 468). 도덕성을 사회적 동조의 문제로 보는 것은 때로 사회적 규범이 윤리적 원칙과 사회적 목적에 위배되는 경우가 있기 때문에 비판의 대상이 된다. 또한 인지발달이론가들은 아동은 규칙의 내면화가 주요 수단이 아니라 정의와 공정성의 개념에 근거하여 도덕적 판단을 함으로써 도덕적 존재가 된다고 본다. 즉, 아동은 사회적 규범에 동조함으로써 단순히 규정이나 금기의 목록을 배울 뿐만 아니라 사회적 약속의 본질과 기능도 이해하게 된다.

② 사회적 이해로서의 도덕성

인지발달이론에 의하면 도덕적 이해는 인지적 성숙과 사회적 경험에 의해 물리적인 힘과 외현적인 결과를 지향하는 것에서부터 대인관계, 사회제도, 법체계를 더 깊이 이해하는 방향으로 발달한다.

Piaget는 도덕적 이해를 타율적 도덕성과 자율적 도덕성의 두 단계로 제시하였다. 아동은 전조작기 이전에는 타율적 도덕성을 나타내다가 구체적 조작기가 시작되는 10세경 이후부터 자율적 도덕성의 단계에 접어든다. 이 단계의 아동은 사람들이 각기 다른 시각을 가질 수 있고, 행동판단의 기초로서 결과보다 의도가 더 중요하다는 것을 안다. 또한 공정성의 표준으로 상호호혜성을 채택하며, 규칙은 사회적 합의에 의해 수정될 수 있다는 것을 안다. 그리하여 아동기 중반에 도덕적 추론이 완성된다.

Kohlberg는 10~16세 아동들에게 도덕적 갈등 상황을 제시하고 그들의 반응을 토대로 Piaget 이론을 확장시켰다. 그에 따르면 도덕발달은 전인습적 수준, 인습적 수준, 후인습적 수준으로 진행되며 각 수준은 하위 두 단계로 이루어진다. Kohlberg는 청소년기를 거쳐 초기 성인기까지 도덕발달이 이루어지면서 점차 도덕적 추론능력이 발달한다고 주장하였다. 즉, 도덕적 추론은 인지발달과 관련되므로 인습적 수준에서는 타인의 입장을 고려할 수 있는 역할수용능력이 필요하고, 후인습적 수준에서는 추상적 원리에 근거하여 구체적인 도덕규범의 틀을 넘어서 융통성 있게 추론할 수 있는 형식적 조작능력이 필요하다고 보았다.

도덕성은 인지능력과 적절한 사회적 환경이 수반되어야 발달한다. 그러므로 아동이 또래와 상호작용하면서 인지적 불평형을 경험하면 도덕발달이 더 촉진되고, 사회의 산업화 정도가 높을수록 성정형화 과정에 따라 남성이 여성보다 더 높은 단계의 도덕적 추론을 나타낸다(Berk, 1997, pp. 477-481). 또한 부모가 귀납적 추론 방식으로 자녀를 훈육하면 도덕적 정서와 추론 및 행동의 발달이 촉진된다(Hoffman, 1970; 최순영, 2003, pp. 224-226). 왜냐하면 귀납적 추론은 나쁜 행동이 왜 나쁜지, 그것이 남에게 어떤 영향을 끼치는지에 대해 설명해 주고, 그 행동을 보상하려면 어떻게 해야 하는지도 알려주기 때문이다.

표 8-2 Kohlberg의 도덕성발달 단계

제1수준: 전인습적 도덕수준(preconventional morality level)
• **1단계 처벌과 복종 지향**: 도덕적 행동은 처벌을 지향하고 있으며 상위의 권력에 대한 절대적인 존경을 나타낸다. 인간으로서의 의미나 가치와 상관없이 행위의 물리적 결과에 따라 선악을 결정한다.
• **2단계 도구적 상대성 지향**: 자신의 요구, 때로는 다른 사람의 요구를 도구적으로 만족시켜 주는 것이 옳은 행동이라고 생각한다. 공정함, 상호성, 똑같이 나누는 것 등의 요소들을 갖고 있으나 물질적이거나 실용적인 방법으로 해석한다. 상호성은 성실, 감사 혹은 정의가 아니라 네가 나의 등을 긁어주면 나도 너의 등을 긁어준다는 식이다.
제2수준: 인습적 도덕수준(conventional morality level)
• **3단계 착한 소년, 소녀 지향**: 착한 행동은 다른 사람을 기쁘게 하거나 도와주어 그들에게 인정을 받는 것이다. 인습적 역할순응단계로서 대다수가 생각하는 전형적인 상에 순응한다. 의도에 의해 행동들을 판단한다. 처음으로 '그는 좋은 의도를 가지고 있다'가 중요하게 되며 가끔은 지나치게 사용한다.
• **4단계 법과 질서 지향**: 권위, 고정된 역할, 사회질서에 역점을 둔다. 좋은 행동은 사회질서를 유지하는 것과 권위를 존중하면서 자신의 의무를 다하는 것이다. 사람은 의무를 다함으로써 존중받는다.
제3수준: 후인습적 도덕수준(postconventional morality level)
• **5단계 사회계약 지향**: 사회적 관계와 개인의 권리를 존중한다. 사회적 법을 보다 융통성있게 이해한다. 법이란 사회적 계약 원리에 따라 모든 집단에게 공평하게 적용해야 하며, 상호합의에 의해 변할 수 있는 것으로 본다. 다수를 위한 최대의 선을 강조한다.
• **6단계 보편적 원리 지향**: 법을 초월하는 인간 존엄, 평등, 정의 등 보편적 원리에 의해 판단한다.

(3) 공격성의 발달

아동이 다른 아동을 때리거나 밀치는 행동을 하면 그것은 다른 아동을 의도적으로 해치려는 행동이므로 성인은 그런 행동을 억제시키려고 노력한다. 이처럼 사회로부터 제지받는 대표적 특성이 공격성이다.

아동중기 동안 아동은 또래 간의 갈등을 해결하는 기술이 늘어나고, 타인의 의도를 더 잘 추론하게 되며, 가해 의도가 분명할 때만 보복하는 것을 배우면서 신체적 공격과 반사회적 공격 행동의 발생 비율은 점차 감소한다. 그러나 적대적 공격은 특히 남자 아동에게서 다소 증가하는데, 이는 추론능력의 발달로 인해 학령기 아동은 타인의 공격 의도를 잘 분별할 수 있으며, 보복적인 공격이 상대방의 도발 행동에 대한 정상적인 반응이라고 여기기 때문이다(Dodge, Murphy, & Bushsbaum, 1984; Shaffer & Kipp, 2007, pp. 538-549).

아동기 동안 대부분의 아동은 공격행동이 감소하지만 약 10%의 아동은 매우 공격적이어서 다른 아동들을 상습적으로 괴롭힌다(Egan et al., 1998; 최순영, 2003, p.185). 그런 행동에 대한 만성적인 피해아동은 사회적 자존감이 낮고, 몸이 약하며, 불안감 수준이 높고, 가정에서 신체적 학대나 피해를 경험함으로써 타인을 적대적으로 대한다. 또한 이들은 부모의 무관심, 과보호, 강압적인 양육방식으로 인해 도발적 피해자나 수동적 피해자가 된다.

아동기 때의 공격성은 비교적 안정적으로 변하지 않는 속성이어서 청소년기, 성인기의 공격행동(예: 범죄행동, 배우자와 자녀 학대 등)을 예측할 수 있게 해준다(최경숙, 2006, p. 313). 그러나 개인에 따라서는 공격적 행동이 비공격적인 상태로 변화되기도 한다(최순영, 2003, p. 187). 아동의 공격성을 통제하기 위해서는 장난감과 같은 무생물에게 공격적 충동을 표출하거나 기타 다른 방법들, 즉 운동으로 표출하는 심리적 정화기법(cathartic technique), 비공격적인 환경의 조성, 공격성에 대한 보상 제거, 모델링과 직접지도, 공감훈련의 방법들을 사용할 수 있다. 다른 아동의 공격행동에 반응하여 공격성을 보이는 반응적 공격성을 나타내는 아동에게는 사회인지적 조절법을 적용해 볼 수 있다. 이 방법은 아동이 분노를 조절하고, 감정이입능력과 타인의 관점을 조망하는 능력을 향상시켜 적대적 의도에 지나치게 귀인하지 않도록 도와준다(김태련 외, 2004, pp. 307-309).

(4) 친사회적 행동의 발달

친사회적 행동(prosocial behavior) 또는 이타적 행동(altruistic behavior)은 자신을 위한 보상을 기대하지 않고 타인을 유익하게 해주는 행동을 의미한다(Eisenberg & Miller, 1987). 유아기에 친사회적 행동의 기초가 되는 감정이입은 발달하지만 자발적으로 자기희생적 행동을 하는 경우는 드물다. 그러나 아동기의 감정이입은 고통받는 사람의 존재가 눈앞에 보일 때만 가능하다는 한계가 있지만 고통당하는 모습을 상상하는 것만으로도 감정이입이 가능하고, 특정인뿐만 아니라 가난하거나 장애가 있거나, 사회적으로 버림받은 사람 전반에 대해 이타적인 행동을 보인다(Hoffman, 1987; 정옥분, 2002, p. 536). 또한 초등학교 저학년 시기 이후부터 친사회적 행동이 점차 증가하여 초등학교 중기부터는 나누기, 돕기와 같은 이타적 관심과 배려가 일반화된다. 여아가 남아보다 더 동정심이 많고 이타적이라는 통념과는 달리 친사회적 행동에 있어서는 남녀 차이가 거의 없고, 단지 여아들이 남아들에 비해 동정심이 일어날 때 더 강한 얼굴 표정을 짓는다(최경숙, 2006, p. 320; 최순영, 2003, p. 219).

감정이입이 친사회적 행동의 간접적 요인이라고 한다면, 역할수용기술과 친사회적 도덕추론은 인지적 요인으로서 친사회적 행동의 발달에 직접 작용한다(최경숙, 2006, pp. 321-322). 역할수용기술은 타인의 입장에서 그 사람의 생각과 감정 및 행동을 이해하는 기술로서 타인의 고통을 인식하고 타인이 도움을 필요로 한다는 것을 추리할 수 있게 해준다. 친사회적 도덕추론은 자신의 희생을 요구하는 친사회적 행동을 할 것인지의 여부를 결정할 때에 갈등하면서 일어나는 사고과정이다. 아동은 나이가 많아지면서 성숙한 친사회적 도덕추론을 하게 되어 도움이 필요한 사람이 누구든지 간에 그들의 안녕을 위해 사심 없이 배려하게 된다.

(5) 성유형화의 발달

성유형화되는 경향은 성정체성의 발달, 성역할 고정관념의 발달, 성유형화된 행동발달 등 세 영역으로 나누어 살펴볼 수 있다.

① 성정체성의 발달

성정체성은 자신의 성과 그것이 내포하는 바에 대한 인식을 의미한다(Shaffer & Kipp, 2007, p. 518). 성 범주는 인간의 정보처리에 중요한 분류체계를 제공하며 많은 사회적 의미를 지닌다. 아동기의 성정체성은 유아기의 성정체성 발달에 이어 성안정성과 성항상성을 완전하게 이해한다. 학령기 초의 보존개념이 형성되는 시기에 아동은 성에 대한 보존개념도 획득한다.

② 성역할 고정관념의 발달

2~7세 아동이 자신의 성안정성과 성항상성에 의문을 가지기 시작하면서 이를 보다 분명하게 하기 위해 과장된 성역할 고정관념을 나타낼 수 있다. 이 시기의 아동은 남녀에게 적합한 장난감과 놀이, 성취영역이 무엇인지를 잘 알고, 고정관념을 위반하는 것은 잘못된 것이라고 성역할 규정을 엄격하게 받아들인다.

8~9세경 성역할에 대한 아동의 생각은 보다 융통적이고 덜 맹목적이 된다. 성역할 규칙은 관습에 의한 것으로 반드시 지켜야 할 의무가 없다고 보기 때문이다. 반면, 10~11세 아동은 성인과 비슷하게 성격 특질에 대한 성역할 고정관념을 갖는다. 여성은 약하며 정서적이고 마음이 부드러우며 섬세하고 자애로운 반면, 남성은 야심적이고 자기주장적이며 공격적이고 지배적이면서 잔인하다고 생각한다(Best et al., 1977). 또한 2차 성징이 나타나는 사춘기가 되면서 아동은 자신의 성을 확인하고 성역할 동조압력을 받게 되어 자신의 성에 일치하는 성역할 행동을 강화한다. 그러나 안정적인 성정체감을 느끼는 청년후기에 들어서면 다시 융통성 있는 성역할 고정관념을 나타낸다.

③ 성유형화된 행동의 발달

성과 관련된 인지적 지식을 획득함으로써 사회가 요구하는 남성적 · 여성적 행동을 수행하는 것은 아동의 능력을 제한하고 사회적 고정관념을 유지시키는 중요한 요인이 될 수 있다. 남녀 아동이 자신의 성에 기대하는 성유형화된 행동을 수행하는 것은 자기충족적인 예언(self-fulfilling prophecy) 효과가 있다. 자신의 성에 적합한 행동을 하는 성유형화된 행동은 성역할 고정관념을 발달시키고, 이는 다시 성역할 고정관념에 근거한 자신의 능력과 선호도에 맞춰 행동하게 함으로써 학령기 아동은 점차 성에 따른 제한된 능력을 발달시킨다.

학령전기부터 아동은 성에 따른 사회적 기대행동이 무엇인지를 알게 되고 그러한 문화적 규범에 동조하게 된다. 여아의 경우에 주목되는 발달현상은 아동중기 때 남성적인 활동과 역할에 관심을 보이며 선호를 나타낸다는 점이다(Berk, 2008, p. 505). 이는 남성적 행동이 사회에서 더 높게 인식된다는 것을 점차 이해하게 되고, 남성적인 게임이나 활동이 활발하고 동적이어서 더 재미를 느낄 수 있으며, 사회에서 남아가 여성적인 활동을 하는 것보다 여아가 남성적인 활동을 하는 것이 더 허

그림 8-6 남성적 활동에 참여하고 있는 아동중기의 여아들

〈출처〉 Berk, L. E. (1997). *Child development*, p. 521.

용되기 때문이다. 그러나 사춘기가 되면 대부분의 여자들은 여성 역할에 대한 사회적 규정을 선호하고 동조한다. 그 이유는 생리적인 면에서 이성에게 매력적으로 보이기 위해 여성스러워지기를 원하며, 인지적인 면에서는 현실적 조작이 가능해짐으로써 자신의 변화하는 신체에 대해 자의식적이 되고, 사회적인 면에서는 자신에 대한 타인의 평가에 관심이 더 많아지기 때문이다.

아동의 성유형화 발달에는 성염색체와 호르몬의 차이와 같은 생물학적 요인과 부모의 성 고정관념적인 태도가 어린 시기부터 중요한 영향을 미친다. 또래집단은 부모보다 더 중요한 성유형화의 전달자라고 주장될 만큼 아동은 또래들을 모방하며 또래집단의 규율을 수용한다(Harris, 1995). 그러므로 남녀 아동이 함께 어울려 또래집단을 이루고 노는 사회에서는 성차가 적다.

초등학교에 입학하면서 부모 못지않게 교사의 성역할 고정관념에 의한 칭찬과 주의, 격려 반응도 아동의 성유형화에 영향을 미친다. 예를 들어, 교사는 여학생의 체격이 성역할 고정관념을 위배할 정도로 크다면 그 여학생의 능력이 떨어지는 것으로 평가하고, 공손히 말하는 여학생과 주도적인 남학생에게 칭찬을 더 많이 한다(Maccoby, 1990). 또한 학교의 구조와 제도, 교과서의 내용과 교과과정 등 교육적 맥락도 아동의 성유형화에 큰 영향을 미친다. 높은 여교사의 비율, 암묵적으로 남녀의 역할을 강조하는 교과서의 내용과 삽화가 저학년일수록 더욱더 성유형화를 강화하는 요인이 될 수 있다(김태련 외, 2004, p. 366).

이외에 텔레비전이나 동화책, 비디오게임이나 컴퓨터게임의 내용에서 강조되는 성역할은 아동으로 하여금 성유형화된 활동을 선호하고 성역할 고정관념을 더 발달시킨다. 예로서, 아동이 즐기는 게임 중 15%만이 여성을 주인공이나 적극적인 역할 수행자로 그리고 있으며, 공격적인 게임일수록 여성을 피해자로 등장시키는 것으로 조사된 결과는 대중매체의 영향을 짐작하게 한다(Dietz, 1998; 김태련 외, 2004, pp. 368-369).

09

CHAPTER

발달이상

1. 발달의 정상성에 대한 기준
2. 발달이상에 대한 접근
3. 발달이상에 대한 분류
4. 발달장애의 유형별 특성
5. 심리기능장애의 유형별 특성
6. 기타 장애

CHAPTER 09

발달이상

다른 시기에 비해 발달이 급속히 일어나는 아동기는 일생의 기초를 형성하는 시기로서 이후의 발달에 많은 영향을 미친다. 그러므로 초기 발달과정에서 정상 발달 궤도로부터 일탈되거나 그럴 위험이 우려되면 이를 조기에 발견하여 적절히 중재하는 것이 사회정신건강과 장애인 복지차원에서 보다 효과적이다.

아동들은 발달특성상 일관된 행동을 하지 못하고 환경에 따라서도 다르게 행동한다. 또한 발달하는 과정 중에 있기 때문에 그 특성이 고정적이지 않고 가변적이다. 따라서 아동기의 발달이상을 다룰 때는 장애(disorder)보다는 성향(tendency) 또는 어려움(difficulties)에 초점을 둔다. 또한 지금의 상태를 기초로 앞으로의 성장정도를 판단하고 장애로 발전되는 것을 예방한다는 입장에서 접근하는 것이 바람직하다. 이러한 입장을 기초로 본 장에서는 발달이상에 대한 기준과 관점을 살펴보고 발달이상의 분류체계와 유형별 특성에 대해 살펴보고자 한다.

1. 발달의 정상성에 대한 기준

발달이상이란 정상적인 발달수준에서 벗어난 것을 의미한다. 어떤 경우를 정상성에서 벗어난 것으로 볼 것인지에 대한 해답은 그리 간단하지 않다. 발달특성상 아동들은 자기중심적이고, 주의집중시간이 짧으며, 인지적으로 미숙하기 때문에 주변 환경과 종종 마찰을 일으킨다. 또한 아동마다 개인적인 성향이 다르고, 발달속도에도 개인차가 있어 또래와 어울리는데 어려움이 있거나 말문이 늦게 트이기도 한다. 그리하여 아동들은 발달과정에서 일시적으로 적응상의 어려움을 보일 수도 있다. 경우에 따라서는 이러한 어려움이 지속되어 생활상의 기능장애를 유발하고, 성인기 장애로 이어지기도 한다.

그림 9-1 또래보다 지나치게 조숙한 유아

〈출처〉 Wenar, C. & Kerig, P. (2004). 발달정신병리학: 영아기부터 청소년기까지, p. 12.

발달이상 중 주로 기질적 요인에서 기인되는 발달지체의 정상 여부를 구분하는 기준은 보다 객관적이다. 발달지체아들은 걷기, 말하기, 이해하기 등 비교적 구체적인 행동상의 지체를 보이며 뇌파검사나 신경심리적 검사 등을 통해 뇌 기능 손상 여부가 나타나기도 한다. 그러나 부모의 양육태도, 타인과의 관계 등 주로 환경요인에서 기인되는 심리적 역기능(dysfunction)은 그 진단기준이 보다 주관적이다. 심리적 역기능이란 인지, 감정, 행동 등이 일상적 수준에서 벗어나 과도하거나 예기치 못한 양상으로 표현됨으로써 자신이나 타인에게 해를 입히거나 부적응을 야기하는 것이다. 이러한 심리적 역기능에 대한 진단은 지능검사, 성격검사 등의 심리검사 외에 아동의 행동에 대한 임상적 판단을 근거로 한다. 임상적 판단을 내릴 때 Mash와 Wolfe(1999, p. 12)는 세 가지 측면을 고려해야 한다고 강조하였다. 첫째, 증상의 강도와 빈도 및 심각성을 평가한다. 둘째, 증상의 지속성을 알아본다. 셋째, 증상이 나타나게 된 경위를 살펴보고, 치료의 방향 설정을 위하여 문제가 되는 증상뿐만 아니라 대상아동이 지닌 장점을 포함하여 전체적인 특성을 함께 고려한다.

2. 발달이상에 대한 접근

발달이상에 대한 연구는 정신병리(psychopathology) 분야에서 주로 이루어져 왔는데 정신병리라는 영어 단어는 '마음(psyche)' 과 '고통받는다(patho)' 라는 그리스어에서 유래하였다. 아동기 정신병리와 관련된 중요한 두 학문영역으로 이상심리학(abnormal psychology)과 발달정신병리학(developmental psychopathology)을 들 수 있다. 이상심리학은 비정상적인 행동에 초점을 두고 연구하면서 주로 의학적, 정신역동적 또는 행동주의적 입장에서 발달이상을 설명한다. 반면, 발달정신병리학은 유기체의 적응과 관련된 정상발달을 기초로 일탈행동을 이해하고자 하며 발달이상을 정상발달 과정으로부터의 일탈, 즉 발달병리로 설명한다.

본 절에서는 발달이상을 의학적 관점, 정신분석학적 관점, 행동주의적 관점, 발달병리적 관점에서 살펴보고, 특히 정상발달과 이상발달을 접목시킨 발달병리적 관점을 보다 자세히 다루고자 한다. 그 이유는 발달이 빠르게 이루어지는 아동기의 발달이상을 다룰 때는 발달적 관점에서 발달이상을 통합적으로 이해하는 것이 중요하기 때문이다.

1) 의학적 관점

의학적 관점은 역사적으로 중세의 악마론을 대체한 것으로 발달이상의 병인이 기질적인 요인에서 비롯된 것이라고 본다. 기질적 요인으로는 유전적 요인, 생화학적 영향, 그리고 뇌 기능 손상과 같은 신경생리학적 손상을 들 수 있다. 이 관점은 Hippocrates가 일탈된 사고나 행동을 대뇌의 질병, 즉 내분비물의 이상 때문으로 해석하면서 시작되었다.

특정한 유형의 발달이상이 유전적 요인 때문이라는 입장은 정신분열증이나 우울증을 보이는 아동의 가족 중에서 같은 증상을 지닌 가족구성원이 있을 확률이 높다는 연구결과들로 뒷받침된다. 신경화학물질이 인간의 행동에 영향을 미친다는 생화학적 입장은 우울증이나 과잉행동 등 정신병리에 대한 약물치료가 필요하다는 근거를 제공해 준다. 생화학적 영향으로는 도파민과 같은 신경전달물질의 이상, 감염, 스트레스, 부적절한 음식물 섭취, 약물이나 알코올 남용 등을 들 수 있다. 신경생리학적 손상은 유전, 임신부의 흡연과 약물복용 및 노산, 스트레스 등으로 인한 태내 손상 등 태내기부터 시작될 수 있다. 또한 출생 이후의 사고, 질병, 영양실조, 납중독 등에 의해서도 미세 뇌 기능 장애가 발생할 수 있으며 과잉행동, 학습장애 등도 이와 관련이 있는 것으로 밝혀졌다. 신경생리학적 입장은 유전적, 생화학적 입장과 공통점이 있지만 태내기의 질병, 조산, 출생 후 질병이나 사고 등 보다 다양한 원인에서 기인된 뇌 기능의 손상에 초점을 둔다는 점에서 다른 두 입장과 차이가 있다.

2) 정신분석학적 관점

정신분석학적 관점은 사회문화나 학습의 영향보다 동기나 역동 등 개인의 정신 내적 요소가 인간의 행동을 결정한다고 본다. 아동기 발달이상을 이해하는데 가장 관련이 깊은 이론 중의 하나는 Freud의 심리성적이론이다. Freud에게 있어서 적응 상태란 정신에너지의 세 가지 구성요소인 원초아(본능), 자아, 초자아가 서로 조화롭게 균형을 이룬 상태이다. 인간은 적응상태에서 정서가 안정됨으로써 물리적, 사회적 환경과 적절한 관계를 유지할 수 있지만, 세 요소들 간의 균형이 깨지면 불안이 야기되어 부적응상태가 유발된다. 예를 들면, 원초아가 지나치게 강하면 공격적이거나 충동적인 성적 행위를 보이며, 초자아가 매우 강하면 사소한 일이나 위반에도 죄책감을 느낀다. 이러한 불균형으로 불안해지면 아동은 방어기제를 사용하여 불안을 유발하는 고통스러운 감정이나 불쾌한 생각을 왜곡하거나 위장하게 되고 그 과정에서 일탈행동을 나타낸다.

정신분석이론에서 발전된 대상관계이론과 자기심리학은 정신병리를 설명할 때 자주 인용된다. 대상관계이론은 정신병리를 개인 간 맥락인 대상관계와 개인 간에 확립되는 애정적 유대감의 이상으로 설명하는데 Bowlby의 애착이론이 대표적이다. 자기심리학은 정신분석학의 세 가지 정신에너지 중 자아를 강조한다. Kohut는 자기(self)의 두 가지 핵심적 욕구, 즉 비춰지고자 하는 욕구(the need to be mirrored)와 이상화의 욕구(the need to idealize)를 강조하였다. 전자는 승인, 인정, 칭찬받고자 하는 욕구와 관련되어 야망의 근원이 되는데 이러한 욕구를 충족하는데 있어서는 어머니가 가장 중요한 대상이다. 후자는 힘센 어른을 동경하고 동일시하는 것과 관련된 욕구로서 행동목표의 근원이 되며 주로 아버지가 가장 중요한 대상이다. 자기심리학적 관점에 따르면 수용적인 어머니와 이상향을 제시하는 아버지 밑에서 자란 아동은 자아존중감과 자기확신을 가진 자율적인 사람이 된다. 그러나 부모가 적대적, 간섭적인 경우에는 자기애적 성격장애를 보이는 경향이 있고, 방치적인 부모 밑에서 자란 아동은 자극적인 대상에 집착하는 이상행동, 예를 들면, 난잡한 성교, 도착, 도박, 약물중독 등을 나타내는 경향이 있다.

3) 행동주의적 관점

행동주의적 관점에서는 환경의 영향을 절대시하여 인간의 모든 행동은 조건형성과 관찰을 통해 학습되기 때문에 아동의 일탈행동도 학습된다고 본다. 행동주의적 관점은 객관성과 과학성을 강조하여 관찰할 수 있는 행동에 대한 측정과 수량화에 초점을 둔다. 이 관점에 따라 아동의 일탈행동을 변화시키려면 먼저 관찰을 통해 변화시키고자 하는 아동의 구체적인 일탈행동을 결정하고, 그 행동과 관련된 자료를 수집하여 행동을 분석한다. 그후 행동분석을 통해 행동을 유발시킨 선행자극, 일탈된 행동, 일탈된 행동 뒤에 나타나는 후속결과를 찾아낸다. 아동의 일탈행동을 이해하게 되면 자극일반화, 강화, 행동조성, 소거, 격리, 모방 등 고전적 조건형성과 조작적 조건형성 및 관찰학습의 원리를 적용하여 일탈행동을 지도한다.

4) 발달병리적 관점

발달병리적 관점에서는 발달이상을 정상발달 궤도에서 벗어난 것으로 보고 정상발달을 기초로 유기체의 부적응을 이해하고자 한다. 이 관점은 정상발달 과정에서의 주요 발달요인과 발달단계별 과업, 더 나아가 발달경로와 정상발달 궤도로부터의 일탈과 관련된 위험요인과 보호요인 및 그러한 요인들 간의 상호작용을 이해하고자 한다. 일탈과 관련된 발달요인과 일탈경로에 대한 개념은 일탈을 예방하기 위한 지침을 제공한다는 점에서 유용하다.

(1) 발달 관련 요인

발달병리적 관점에서는 발달과 관련하여 다섯 가지 요인이 발달이상을 유발한다고 본다. 첫째 요인은 시간에 따른 변화, 즉 연령 증가에 따른 성숙요인이다. 연령별 체중이나 키, 기기, 앉기, 서기, 걷기 등의 대·소근육운동의 발달시기에 대한 기준표나 제2차 성징의 출현 등을 예로 들 수 있다. 둘째 요인은 기질적 요인으로 이는 유전이나 뇌의 구조 및 기능 등에서의 생득적인 개인차를 결정한다. 예를 들면, 정신지체 중 다운증후군은 21번 염색체 이상으로 나타나는 생득적인 장애다. 셋째 요인은 개인 내 요인으로 성, 지능, 자아정체감, 성향 등이 이에 속한다. 넷째 요인은 개인 간 요인으로 다른 사람과의 상호작용에 초점을 둔다. 부모-자녀관계가 가장 중시되어 이 부분에 대한 연구가 많이 이루어져 왔고, 특히 부모의 양육방식에 초점을 둔다. 그러나 점차 사회가 다변화함에 따라 또래관계, 형제관계, 교사-아동관계에 대한 연구의 필요성도 대두되고 있다. 다섯째 요인은 사회계층, 지역사회, 문화, 시대적 특성과 같이 개인이 속해 있는 집단의 영향이다. IMF라는 사회적 위기가 경제파탄과 가정해체로 이어져 그 가정의 자녀가 위기에 직면하게 된 경우를 예로 들 수 있다.

(2) 일탈과 관련된 주요 발달과업

발달병리적 관점은 여러 발달이론들이 강조하는 정상발달의 단계별 주요 발달과업, 즉 발달이정표를 바탕으로 발달이상을 이해하고자 한다. 이는 발달이상을 다룰 때 아동이 보이는 부적응의 정도뿐만 아니라 정상적인 발달이정표를 어느 정도 달성했는지를 함께 고려하기 때문이다. 따라서 발달병리적 관점에서 아동의 발달이상을 이해하기 위해서는 Freud의 심리성적 발달이론, Erikson의 심리사회적 발달이론, Mahler의 분리개별화이론, Piaget의 인지발달이론 등 아동발달에 대한 주요 이론들을 이해해야만 한다. 발달단계에서의 주된 발달과업에 대한 지식은 특정 아동이 잘 발달하고 있는지 또는 그 아동에게 어떤 것을 기대할 수 있는지를 판단할 때 중요하다.

(3) 발달경로

발달 관련 요인들은 서로 상호작용하면서 시간에 따라 변화하기 때문에 아동이 일탈행동을 보일 때는 언제부터, 무엇 때문에 일탈 위험에 처하게 되었는지 그 발달경로를 탐색한다. Loeber(1991, p. 97)는 발달경로를 특정한 행동들이 나타난 순서라고 정의하면서 이러한 발달경로를 탐색할 때 시간이 경과함에 따라 나타나는 행동들 간의 관계에 초점을 두었다. 이러한 발달경로 개념은 정상과 이상발달의 과정과 본질을 이해하는데 매우 유용하다.

발달경로를 탐색하면 발달이상의 시작과 결말이 매우 달라지는 것을 알 수 있다. Mash와 Wolfe(1999, pp. 7-9)는 이를 중다결말(multifinality)과 동일결말(equifinality)로 설명하였다. 중다결말은 다양한 유형의 발달병리가 시작 시점에서는 그 증상이 비슷한 경우이다. 영아기의 불안정 애착발달로 유발된 초기의 심리적 불안이 이후의 섭식장애, 불안장애, 반항장애 등 여러 병리유형으로 발전할 수 있고, 경우에 따라서는 위기가 극복되어 정상적인 생활을 할 수도 있다. 또한 아동학대와 같은 충격적인 사건을 경험한 아동은 이후의 학대에 대해 매우 다양하고 예측할 수 없는 양상을 나타내기도 한다. 반면, 동일결말은 같은 유형의 병리를 보이더라도 그 병리의 시작 시점이 다른 것이다. 유전적 요인, 기질, 가정분위기, 주변여건 등과 관련하여 다양한 취약요인과 보호요인을 가지고 자신의 발달 여정을 시작했지만 이로 인해 나타나는 이후의 병리유형은 유사할 수 있다. 예를 들면, 주의력 결핍/과잉행동 장애가 미세한 뇌 기능 손상과 같은 기질적인 요인에서 시작될 수도 있고, 부모의 높은 기대와 과도한 행동통제로 인해 비롯될 수도 있다.

(4) 위험요인과 보호요인

비슷한 어려운 상황에서도 다른 발달경로가 있을 수 있는 것은 발달과정에 위험한 영향을 주는 요인과 그러한 위험으로부터 보호해 주는 요인이 있기 때문이다. 위험요인으로는 기질적 위험, 개인 내 위험, 개인 간 위험과 불리한 주변환경 등을 들 수 있다. 기질적인 위험요인으로는 출생 시의 이상, 신경학적인 손상, 부적절한 영양, 장애를 유발하는 유전인자, 까다로운 기질 등을 들 수 있다. 개인 내 위험요인으로는 낮은 지능, 불안정 애착, 열등감, 통제력 부족 등을 들 수 있으며, 개인 간 위험요인으로는 부모의 죽음이나 이혼, 부적절한 양육, 학대나 또래로부터의 거부 등을 들 수 있다. 또한 빈민가에서 생활하는 것도 자신이 속한 집단으로부터의 위험요인이 된다. 반면, 보호요인은 역경을 극복하고 긍정적인 결과를 가져올 수 있게 하는 것으로서 높은 지능, 호감가는 인상, 사교적 성격, 재능, 강한 신념, 가족의 지지, 경제적 여유, 교육 기회 등을 들 수 있다.

발달병리적 관점에서는 정상발달의 순서와 과정을 토대로 발달이상을 이해하고자 하며 이는 환경요인 간의 상호작용 결과로 나타난다고 본다. 이는 생태학적 교류 접근으로써 이전 관점들을 통합한 것이다. 이러한 통합적인 관점은 발달의 일탈에 영향을 미치는 위험요인과 보호요인을 사전에 파악하여 일탈행동 발생을 적극적으로 예방하고자 할 때 매우 적합하다. 미국에서의 Head Start 프로그램, Sesame Street라는 TV 프로그램의 방영 등이 사회정신건강운동을 확대시키는데 크게 기여한 예방적 접근의 예라고 할 수 있다.

3. 발달이상에 대한 분류

1) 원인에 따른 분류

발달이상은 그 원인의 소재에 따라 기능적 장애와 기질적 장애로 나눌 수 있다. 기능적 장애는 선천적 요인이나 기질적 요인에는 별 취약성이 없지만 가정생활환경이나 부모의 영향 등 주로 외부 환경요인 때문에 발생한다. 반면, 기질적 장애는 유전인자 또는 뇌 손상과 같은 대뇌 병리가 행동에 영향을 주는 것으로서 상대적으로 환경의 영향이 적다. 그러나 대부분의 장애에 대한 원인은 기질적 요소와 기능적 요소를 모두 포함한다.

2) 증상 유형에 따른 분류

발달이상은 장애의 증상 유형에 따라 내재화된(internalized) 장애와 외현화된(externalized) 장애로 분류한다. 내재화된 장애는 타인에게 해가 되는 행동은 하지 않지만 자신감이 부족하거나 공포감, 죄의식 등으로 아동 스스로 고통을 받는 경우로서 불안장애나 기분장애 등을 들 수 있다. 그 증상으로는 공포증, 걱정, 위통, 위축, 매스꺼움, 구토, 강박적 행동, 불면증, 은둔, 우울, 울기 등이 나타난다. 외현화된 장애는 지시를 거부하거나 사회적 규범에서 지나치게 벗어난 반사회적 행동으로 자신의 문제를 드러내기 때문에 환경과의 갈등을 야기하는 것이다. 이의 대표적인 장애는 품행장애나 적대적 반항장애이며, 불복종, 도벽, 거짓말, 싸움, 파괴, 욕설, 분노폭발, 가출 등으로 나타난다.

3) DSM-IV 분류

현재 임상의학 현장에서 가장 널리 사용하고 있는 진단기준은 세계보건기구(WHO)가 설정한 국제질병분류(International Classification of Disease and Related Health Problems: ICD)와 미국정신의학회(American Psychiatric Association: APA)에서 만든 DSM(Diagnostic and Statistical Manual of Mental Disorder)이다. 한국에서는 1994년도에 나온 DSM-IV를 주로 사용한다. 미국정신의학회(1994, p. xxv)의 DSM-IV에서는 정신장애(mental disorder)를 '개인이 나타내는 임상적으로 중요한 행동적 또는 심리적 증후군이나 양상 때문에 개인에게 행동적, 심리적 또는 생물적 기능장애가 나타나는 것으로 이러한 증후나 양상은 특정 사건(예: 사랑하는 사람의 죽음) 때문에 나타나는 것이 아니며 자신이 속한 문화권에서도 허용되지 않는 것' 이라고 정의한다.

DSM-IV에서 분류하고 있는 정신장애 중 아동기에 적용될 수 있는 장애유형은 표 9-1에 제시한 바와 같다. 이러한 분류체계는 겉으로 드러난 현상학적 측면에서의 기능장애만을 강조한다는 제한점을 지니고 있지만, 임상현장에서 아동을 치료하기 위한 진단기준을 제공해 준다는 점에서 매우 유용하다.

표 9-1 DSM-IV에서 분류하고 있는 아동기 정신장애유형

	정신장애유형	내용
유아기, 아동기, 청소년기에 흔히 처음으로 진단되는 장애	정신지체	가벼운, 중간, 심한, 매우 심한 정도
	전반적인 발달장애	자폐증, 레트장애, 소아기 붕괴성장애, 아스퍼거장애
	의사소통장애	표현성, 혼재 수용-표현성, 음성학적 장애, 말더듬기
	운동기술장애	
	학습장애	읽기장애, 쓰기장애, 산술장애
	주의력결핍 및 파괴적 행동장애	ADHD, 반항성장애, 품행장애
	유아기나 아동기의 급식 및 섭식장애	이식증, 반추장애, 급식장애
	배설장애	유분증, 유뇨증
	틱장애	뚜렛, 만성 운동 또는 음성틱, 일과성틱
	기타	반응성 애착장애, 분리불안장애, 선택적 함구증, 상동증적 운동장애
아동기로 특정짓지는 않았으나 아동기에 적용될 수 있는 장애	불안장애	공포장애, 강박장애, 과잉불안장애, 외상 후 스트레스장애
	기분장애	우울장애
	급식장애	식욕부진증, 폭식증
	수면장애	몽유병, 악몽, 야경증

DSM-IV에 제시된 아동기 정신장애는 크게 발달장애와 심리기능장애로 구분하며, 심리기능장애는 정서와 행동 및 생리기능장애로 구분한다.

① 발달장애

발달장애는 주로 유전과 생화학적 요인 및 뇌 기능 손상과 같은 기질적 요인으로 인해 유발된다. 이에 속하는 장애유형은 지능이 많이 떨어질 때 진단되는 정신지체, 사회성에서의 문제가 핵심병리이며 전반적으로 발달에 지체가 있을 때 진단되는 전반적인 발달장애 또는 자폐장애, 그리고 특정 발달영역에서의 지체라고 할 수 있는 의사소통장애, 운동기술장애, 학습장애이다.

② 심리기능장애

심리기능장애는 대부분 환경요인에 의해 유발되는데 아동기 때의 환경은 가정, 특히 부모를 의미한다. 이 장애는 정서장애, 행동장애, 생리기능장애로 세분된다. 정서장애는 아동기에 가장 흔히 나타나는 병리유형으로서 성인기에 주로 나타나는 우울장애, 강박장애, 특정 공포장애뿐만 아니라 아동기에 특별히 나타나는 반응성 애착장애, 선택적 함구증, 분리불안장애, 틱장애가 포함된다. 행동장애에는 주의력결핍/과잉행동장애, 적대적 반항장애, 품행장애가 속하며, 생리기능장애에는 섭식장애와 배설장애 및 수면장애가 포함된다.

최근 DSM-IV의 새로운 진단명으로 '부모-자녀관계 문제(parent-child relational problem)'가 연구되고 있다. 이 장애는 심리기능장애에 포함될 수 있으며, 이에 대한 진단기준은 임상현장과 자녀양육에 많은 것을 시사하게 될 것이다.

4. 발달장애의 유형별 특성

1) 정신지체

정신지체(mental retardation)에 대한 DSM-IV의 진단기준은 '표준화된 지능검사에서 지능지수(IQ)가 70이하이고, 사회생활에 필요한 기능인 의사소통, 자기 돌봄, 가정생활, 사회적 기술과 대인관계기술, 지역사회자원의 활용, 자기관리, 기능적 학업기술, 직업, 여가, 건강 및 안전 중 두 가지 이상에서 적응기능 결함이나 장애를 나타내며, 시작 연령이 18세 이하인 경우' 이다. 또한 미국정신지체협회(Association of American Mental Retardation)는 '정신지체란 일상생활에서 일을 수행하는데 지적 한계(intellectual limitation)가 영향을 미치는 경우' 로 정의한다. 즉, 지적 한계가 개인이 기능을 수행하는데 실제로 영향을 미치지 않는다면 지능지수가 70이하라도 정신지체로 보지 않는다. 정신지체의 준거는 정상 이하의 지능뿐만 아니라 적응행동도 포함한다.

적응행동은 세 가지 영역, 즉 개인적 자기충족(personal self-sufficiency), 공동체 자기충족(community self-sufficiency), 개인적–사회적 책임감(personal-social responsibility)으로 구분한다. 개인적 자기충족은 모든 연령에서 나타나는 것으로 식사, 대소변 가리기, 옷 입기 등 개인의 생리적 욕구 충족과 관련된 기능을 포함한다. 공동체 자기충족은 물건사기, 의사소통하기, 버스 타고 원하는 장소로 이동하기 등 다른 사람들과의 관계 속에서 자신의 욕구를 충족시키는 자립적 기능과 관련된다. 개인적–사회적 책임감은 스스로 과제를 시작하여 꾸준히 수행하고 끝낼 수 있는 능력과 관련된다(Wenar, 1994, p. 396).

전통적으로 정신지체는 지체 정도에 따라 경도(IQ 55~70), 중등도(IQ 40~55), 중도(IQ 25~40), 최중도(IQ 25미만)로 분류하였다. 그러나 1992년 미국정신지체협회는 요구되는 지원의 방식과 내용에 따라 정신지체를 간헐적(intermittent) 지원, 제한적(limited) 지원, 확장적(extensive) 지원, 전반적(pervasive) 지원으로 재분류하였다. 간헐적 지원은 필요한 때에만 지원을 제공하는 것으로 특정한 시기에 단기간의 지원을 필요로 하며, 제한적 지원은 일정한 기간 동안 지속적인 지원을 필요로 한다. 확장적 지원은 장기간의 가정생활 지원처럼 시간적인 제한 없이 가정이나 직장에서 정기적인 지원을 요구하며, 전반적인 지원은 생활 전반에 걸쳐 항구적으로 고강도의 지원을 필요로 하는 것이다.

정신지체의 발생 원인은 첫째, 염색체 이상이나 신진대사 이상과 같은 유전적인 장애나 임신부의 약물복용, 질병 등의 태내기 이상, 둘째, 조산이나 난산으로 인한 산소 결핍 등 출산 전후의 손상, 셋째, 뇌수막염, 고열과 같은 질병과 교통사고나 학대 등 사고에 의한 뇌손상, 넷째, 방치나 극도의 자극 제한과 같은 문화적 박탈 등이다. 현재 정신지체를 유발하는 다양한 생물학적 원인들이 밝혀지고 있으나 아동이 정신지체를 보일 때, 특히 지체의 정도가 가벼울 때 대부분 그 지체의 원인을 규명하지 못하고 있다. Hodapp와 Dykens(1996, p. 362)는 정신지체의 유병률을 전체 인구의 1~3% 정도로 추정하였다.

2) 전반적 발달장애

전반적 발달장애(pervasive developmental disorder)의 세부 유형에는 자폐증(autism) 외에 레트(Rett)장애, 소아기 붕괴성(childhood disintegrative)장애, 아스퍼거(Asperger) 장애가 있다.

(1) 자폐증

자폐(自閉)란 사회성이 단절되고 자기 세계에 빠져 있는 것으로서 이의 병리현상인 자폐증은 1943년 Kanner가 유아자폐증(early infantile autism)으로 명명하기 전까지 주로 아동기 정신분열증으로 간주하였다.

① 핵심 증상

가. 사회적 상호작용의 심각한 결여

자폐증의 가장 핵심적인 병리증상은 극도의 고립으로서 사회적 상호작용이 심각하게 결여되는 것이다. 전형적인 행동특성은 불러도 바라보지 않으며, 눈을 맞추려고도 하지 않고, 다가가면 뒤로 물러서거나 뻣뻣해지는 등 대인관계를 형성하지 못하는 것이다.

나. 동일함에 대한 집착

자폐증은 동일한 것에 대해 집착함으로써 같은 행동을 반복하거나 관심 대상이 극히 제한된다. 예를 들면, 장난감을 일렬로 배치하거나, 바닥에 누워서 자동차를 계속 굴리거나, 자신의 손을 계속 돌리거나, 몸을 앞뒤로 흔드는 행동을 반복하는 것 등이다. 또한 특정한 TV 광고에 집착하거나 돌아가는 물체를 좋아하는 등 특정한 소리나 자극을 지나치게 좋아하거나 혹은 반대로 전혀 반응을 하지 않는다. 그리하여 자폐아는 새 옷을 입지 않으려고 하거나 머리 묶는 모양을 똑같이 해달라고 고집하는 등 조그마한 환경의 변화에도 경직되고 공포반응을 보이며 거부하기도 한다.

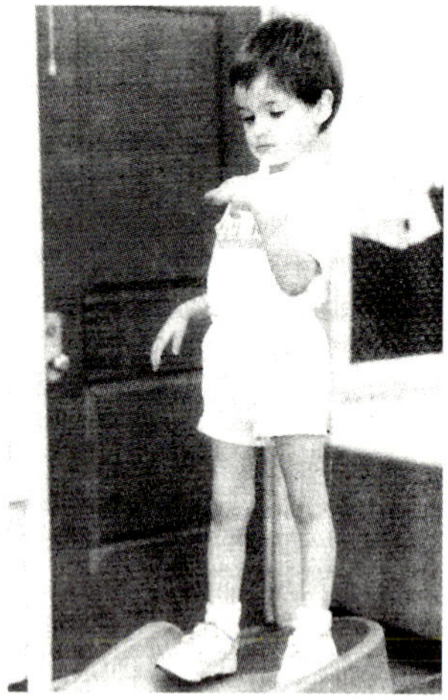

그림 9-2 자폐아의 상동행동
〈출처〉 Wicks-Nelson, R. & Israel, A. C. (2000). 아동기행동장애, p. 357.

다. 의사소통의 손상

자폐는 대체로 말이 늦어 2세가 지나도 원하는 것을 말로 하지 않고 몸짓이나 행동으로 표현한다. 예를 들어, 물이 마시고 싶으면 물을 달라고 말하기보다는 엄마 손을 잡고 냉장고로 간다. 말을 하게 되더라도 상대의 말을 따라하는 반향어(echolalia)를 사용하거나 억양 없이 로봇처럼 각 단어를 또박또박 말하거나 상황에 맞지 않는 이야기를 하는 등 의사소통을 하는데 있어 질적인 손상을 나타낸다. 예를 들면, "몇 살이니?"라고 물었을 때 "몇 살이니?"라고 그 질문을 반복하거나 "엄마 어디 가셨니?"란 질문에 "5시에 오세요."라고 문맥에 맞지 않는 대답을 한다. 후자의 예는 엄마가 나가면서 5시에 돌아올 거라고 말한 경우로 장소를 묻는 질문에 상관없이 엄마가 했던 말만을 떠올리는 것이다. 그러므로 자폐아는 언어치료를 통해 어휘를 습득하고 문법에 따라 문장을 말하게 되더라도 상대방의 의도나 관심을 이해하는 능력이 결여되어 있기 때문에 타인과 말한다기보다는 타인을 향해 말하는 것으로 여겨진다.

② 고차적 사고체계의 결함

자폐증이 뇌 기능 손상으로 인해 나타난다는 주장은 전반적으로 받아들여지고 있지만, 자폐증으로 간주되는 아동에게서 의학적인 장애가 발견되지 않는 경우도 많다. 그리하여 Wenar(1994, pp. 121-132)는 자폐아의 뇌 기능 이상으로 다음과 같은 고차적 사고체계에 결함이 있을 수 있다는 가정을 하였다.

첫째, 자폐아는 정보를 수용할 수는 있지만 그 정보를 과거경험과 연관시키지 못할 수도 있다. 즉, 이들은 Piaget가 말하는 동화기제에 결함이 있어 환경으로부터의 경험을 이해하기보다는 반향하는 경향이 있고, 그 결과로 상황-특수적인 사고를 할 수도 있다. 한 가지 예로 집 밖에 빨래를 널어두었는데 갑자기 비가 와서 엄마가 곤란해 하는 것을 본 뒤로 '밖에 빨래를 널면 안 된다' 라고 생각하여 집 밖에 빨래를 널어놓으면 계속해서 빨래를 걷어오는 행동을 하는 것이다.

둘째, 자폐아는 추상적이고 보이지 않는 내면세계를 이해하지 못할 수 있다. 이러한 사고체계 결함에 대한 가정은 자폐아들이 물리적인 세계에 존재하는 구체적이고 관찰할 수 있는 사물들은 학습할 수 있으나 옳고 그름, 좋고 나쁨과 같은 추상적인 개념은 이해하기 어려워하는 특성을 설명해 준다. 대화할 때 상대방의 의도나 상황을 이해하지 못하여 함께 대화를 한다기보다는 혼잣말을 하는 것처럼 느껴지는 특성이나 상징놀이가 나타나지 않는 특성도 이와 관련된다.

셋째, 자폐아는 환경으로부터의 자극을 부호화하고 체계화하는 능력에 결함이 있을 수 있다. 일상생활 속에는 많은 자극들이 포함되어 있으나 정상아들은 그러한 엄청난 양의 자극에 압도되지 않는다. 왜냐하면 자극 정보를 유형이나 유목에 따라 범주화하여 의미 있게 체계화함으로써 자신이 다룰 수 있는 정도까지 정보를 감소시킬 수 있기 때문이다. 그러나 자폐아는 그러한 능력에 결함이 있어 많은 자극에 압도당하여 불안해질 수 있기 때문에 자극을 제한하기 위해 제한적이고 반복적인 상동행동을 하는 것일 수도 있다.

③ 감별진단의 필요

자폐증이 알려지기 시작한 초기에는 그 병인을 부적절한 양육경험으로 보는 견해가 지배적이었으나 의학적인 연구가 진행되면서 오늘날에는 생물학적 원인에 의한 선천적인 뇌 기능 이상으로 본다. 한편, 자폐증과 매우 유사한 행동특성을 보이지만 그 원인이 부적절한 양육 때문으로 간주될 때는 '반응성 애착장애' 로 진단한다.

자폐증은 진단기준을 정확히 알고 임상적인 관찰을 토대로 신중하게 진단하는 것이 중요하다. 아동이 말이 늦고, 공룡이나 자동차 등 한 가지 장난감에 집착하며, 숫기가 없어 또래들과 잘 어울리지 못하거나 혼자 놀기를 좋아하는 경향이 있을 때 자폐증으로 간주되는 경우가 있다. 그러나 실제로 이러한 경우는 단순히 사회성이 부족하거나 애착장애나 발달지체일 수 있다.

(2) 레트장애와 소아기 붕괴성장애

자폐증과 거의 유사한 행동특성을 보이지만 그 특성을 보이기 시작하는 시기에 차이가 있을 때 레트장애 또는 소아기 붕괴성장애로 진단한다. 레트장애는 생후 5개월까지 정상발달을 보이다가 그 이후에 자폐증의 특성을 보이는 경우로, 특히 손의 사용이나 보행 등의 협응을 요하는 운동기술이 부족하다. 소아기 붕괴성장애는 적어도 생후 2년까지 정상발달을 보이다가 자폐증과 유사한 증상이 나타날 때 진단된다.

(3) 아스퍼거장애

아스퍼거장애는 사회성의 심각한 결함으로 대인관계나 사회생활을 하는데 문제가 있으나 언어발달이나 인지발달에는 심각한 일탈을 보이지 않는 경우로서 '고기능 자폐' 라고도 한다.

DSM-IV에 기술되어 있는 전반적 발달장애의 진단기준은 표 9-2와 같다.

표 9-2 전반적 발달장애에 대한 DSM-IV의 진단기준

자폐성장애(autistic disorder)

A. (1), (2), (3)의 항목 중에서 여섯(또는 그 이상) 항목과 같다. 적어도 (1)의 항목 중에서 두 항목, (2)와 (3)의 항목 중에서 각각 한 항목과 같다.
- (1) 사회적 상호작용에 질적 장애가 있다. 적어도 다음 중 두 항목과 같다.
  - (a) 사회적 상호작용을 조절하는 눈맞춤, 안면 표정, 신체 자세, 몸짓 같은 다발성 비언어적 행동을 하는데 현저한 장애가 있다.
  - (b) 발달수준에 알맞은 동료관계를 발달시키지 못한다.
  - (c) 즐거움, 흥미, 또는 성취를 다른 사람과 함께 나누려는 자발적인 노력이 부족하다(예: 흥미 있는 물건을 보여주거나 가져오거나 가리키는 데 결함이 있다.).
  - (d) 사회적 또는 정서적 상호작용이 부족하다.
- (2) 의사소통에 질적 장애가 있다. 적어도 다음 중 한 항목과 같다.
  - (a) 구어의 발달이 지체되어 있거나 전무하다(몸짓이나 흉내 같은 의사소통의 대체양식으로 보상하려는 시도가 없다.).
  - (b) 언어구사능력이 있음에도 불구하고 다른 사람과 대화를 하려하거나 유지하는 능력에 현저한 장애가 있다.
  - (c) 상동적이고 반복적인 언어나 괴상한 언어를 사용한다.
  - (d) 발달수준에 알맞은 여러 가지의 자발적인 가상놀이나 사회적 모방놀이가 부족하다.
- (3) 한정되고 반복적이며 상동적인 행동, 흥미, 활동을 보인다. 적어도 다음 중 한 항목과 같다.
  - (a) 강도나 초점이 비정상적인 하나나 그 이상의 상동적이며 한정된 흥미에 몰두한다.
  - (b) 특이한 비실용적인 판에 박힌 일이나 의식에 집착한다.
  - (c) 상동적이며 반복적인 운동 버릇을 보인다(예: 손이나 손가락의 회전운동이나 비틀어 돌리기 또는 복잡한 전신동작).
  - (d) 사물의 일부에 지속적으로 몰두한다.

B. 세 살 이전에 시작되며, 다음 영역 중 적어도 하나가 지체되어 있거나 비정상적인 기능을 수행한다.
- (1) 사회적 상호작용
- (2) 사회적 의사소통에 사용되는 언어
- (3) 상징 또는 상상놀이

C. 이 장애는 레트장애나 소아기 붕괴성장애로 더 잘 설명되지 않는다.

레트장애(Rett's disorder)

A. 다음 항목 모두와 같다.
  (1) 산전과 주산기의 발달은 정상이다.
  (2) 출생 후 5개월간의 정신운동성 발달은 정상이다.
  (3) 출생 시의 머리 둘레는 정상이다.
B. 정상적인 발달기 이후에 다음과 같은 사항 모두가 시작된다.
  (1) 5～48개월 사이에 머리의 성장이 감소된다.
  (2) 5～30개월 사이에 습득된 목적이 있는 손기술이 상실되고, 그 뒤를 이어 상동적 손동작(예: 손을 비틀거나 손씻기)이 발달한다.
  (3) 그 진행 초기에 사회적 관계를 상실한다(종종 그후에 사회적 상호작용이 발달하기도 한다.).
  (4) 보행이나 몸을 움직일 때 열악한 협응동작이 나타난다.
  (5) 심한 정신운동성 지체와 더불어 수용 및 표현언어발달에 심한 장애를 보인다.

소아기 붕괴성장애(childhood disintegrative disorder)

A. 적어도 생후 2년 동안 정상적인 발달을 한다. 연령에 알맞은 언어적 · 비언어적 의사소통, 사회적 관계, 놀이, 적응행동을 보인다.
B. 열 살 이전에 다음의 영역 중 적어도 두 가지에서 획득했던 기술을 임상적으로 유의하게 상실한다.
  (1) 표현언어나 수용언어
  (2) 사회적 기술이나 적응행동
  (3) 대변 또는 방광 조절
  (4) 놀이
  (5) 운동기술
C. 다음 영역 중 적어도 두 가지와 같다.
  (1) 사회적 상호작용의 질적 장애(예: 비언어적 행동장애, 동료관계의 미발달, 사회적 또는 정서적 교류의 부족)
  (2) 의사소통의 질적 장애(예: 구어의 지체 또는 부족, 대화의 시도나 유지의 무능력, 언어의 상동적이며 반복적인 사용, 여러 가지 가상놀이의 부족)
  (3) 상동적이며 판에 박힌 운동을 포함하여 한정되고 반복적이며 상동적인 행동, 관심, 활동
D. 이 장애는 다른 특정한 광범위성 발달장애나 정신분열증으로 더 잘 설명되지 않는다.

아스퍼거장애(Asperger's disorder)

A. 사회적 상호작용에 질적 장애가 있다. 적어도 다음 중 두 항목과 같다.
  (1) 사회적 상호작용을 조절하기 위해 행하는 눈맞춤, 안면 표정, 신체 자세, 몸짓 같은 다발성 비언어적 행동의 사용에 현저한 장애가 있다.
  (2) 발달수준에 알맞은 동료관계를 발전시키지 못한다.
  (3) 즐거움, 흥미, 성취를 다른 사람과 함께 나누려는 자발적인 노력이 부족하다(예: 흥미 있는 물건을 다른 사람에게 보여주거나 가져오거나 가리키는데 결함이 있다.).
  (4) 사회적 또는 정서적 상호작용이 부족하다.
B. 한정되고 반복적이며 상동적인 행동, 흥미, 활동을 보인다. 적어도 다음 중 한 항목과 같다.
  (1) 강도나 초점이 비정상적인 하나 또는 그 이상의 상동적이며 한정된 흥미에 몰두한다.
  (2) 특이한 비실용적인 판에 박힌 일이나 의식(儀式)에 집착한다.
  (3) 상동적이며 반복적인 운동 버릇을 보인다(예: 손이나 손가락의 회전운동이나 비틀어 돌리기 또는 복잡한 전신동작).
  (4) 사물의 일부에 지속적으로 몰두한다.
C. 이 장애는 사회적, 직업적 또는 기타 중요한 기능 수행에 임상적으로 유의한 장애를 일으킨다.
D. 언어 면에서 임상적으로 유의한 전반적인 지체가 없다(예: 두 살에 일어문을 사용하고, 세 살에 의사소통 구(句)를 사용한다.).
E. 인지발달이나 연령에 알맞은 자조기술, 적응행동(사회적 상호작용에서의 적응행동이 아님), 환경에 관한 호기심 발달에서 임상적으로 유의한 지체가 없다.
F. 다른 광범위성 발달장애나 정신분열증의 준거와 일치하지 않는다.

〈출처〉 미국정신의학회(1994). **정신장애의 진단 및 통계 편람 제4판**, p. 103-111.

3) 의사소통장애

자신의 생각이나 감정을 언어로 표현하거나 다른 사람의 말을 이해하는데 어려움이 있을 때 의사소통장애(communication disorder)로 진단한다. 이 장애로는 표현성 언어장애, 혼재 수용-표현성 언어장애, 음성학적 장애, 말더듬기 등이 있다.

표현성 언어장애(expressive language disorder)는 언어 표현에 어려움이 있는 경우로서 말하는 시기의 지연, 말의 사용이나 어휘력의 제한, 새로운 단어 습득의 어려움, 부적절한 단어사용, 짧은 문장이나 문법에 맞지 않는 문장 사용 및 문장의 중요부분 생략 등 다양한 언어적 특성을 보인다. 미국정신의학회(1994, p. 85)는 전체 아동 중 3~5%가 이 장애를 나타내며, 성장하면서 절반 정도는 호전되나 나머지는 장애가 오래 지속된다고 지적하였다. 그러나 미미한 결함은 지속될지라도 대부분 청소년 후기에 이르면 어느 정도 정상적인 언어능력을 획득한다. 언어표현뿐만 아니라 언어를 이해하는 데도 결함이 있는 경우에는 혼재 수용-표현성 언어장애(mixed receptive-expressive language disorder)로 진단된다.

말더듬기(stuttering)는 음절을 반복하거나 말의 시작이 지연되는 것이며, 음성학적 장애(phonological disorder)는 나이와 말씨에 기대되는 언어음을 적합하게 사용하지 못하는 것이다. 음성학적 장애의 예로는 ㅌ음을 ㅋ음으로 대치하기, 받침음 생략하기, 혀짧은 소리처럼 음을 왜곡하기 등이다.

DSM-IV에 기술되어 있는 의사소통장애에 대한 진단기준은 표 9-3과 같다.

표 9-3 의사소통장애에 대한 DSM-IV의 진단기준

표현성 언어장애(expressive language disorder)
A. 개별적으로 실시된 표현적 언어의 발달에 대한 표준화검사 점수가 비언어적 지적 능력과 수용적 언어의 발달에 대한 표준화검사 점수보다 현저하게 낮다. 이는 현저하게 제한된 어휘, 시제에서의 오류, 단어 회상이나 발달수준에 맞는 긴 문장이나 복잡한 문장을 만드는 어려움과 같은 장애가 나타난다.
B. 표현적 언어의 장애가 학업적, 직업적 성취나 사회적 의사소통을 방해한다.
C. 혼재 수용-표현성 언어장애나 광범위성 발달장애의 진단기준에 맞지 않는다.
D. 정신지체, 운동성 언어결함이나 감각성 언어결함, 또는 환경적 박탈이 있다면 언어장애는 통상적으로 이러한 문제에 동반되는 정도를 초과해서 심한 정도로 나타난다.
혼재 수용-표현성 언어장애(mixed receptive-expressive language disorder)
A. 개별적으로 실시된 수용적 언어의 발달과 표현적 언어의 발달에 대한 표준화검사 점수가 비언어적 지적 능력의 표준화검사 점수보다 현저하게 낮다. 이는 표현성 언어장애의 증상뿐만 아니라 단어, 문장, 또는 공간 용어 등 특정 유형의 단어를 이해하는 어려움과 같은 증상도 포함한다.
B. 수용적 언어와 표현적 언어의 장애가 학업적, 직업적 성취나 사회적 의사소통을 방해한다.
C. 전반적 발달장애의 진단기준에 맞지 않는다.
D. 정신지체, 운동성 언어결함이나 감각성 언어결함 또는 환경적 박탈이 있다면 통상적으로 언어장애는 이러한 문제에 동반되는 정도를 초과해서 심한 정도로 나타난다.

음성학적 장애(phonological disorder)
A. 나이와 말씨에 적합하고 발달적으로 기대되는 언어음을 사용하지 못한다(예: 음의 생성, 사용, 표현 또는 이것에만 국한되는 것은 아니지만 한 음을 다른 음으로 대치하기(target에서 /t/ 대신 /k/), 마지막 자음과 같은 음의 생략 등 음의 구성에서의 잘못). B. 언어음 생성장애가 학업적, 직업적 성취나 사회적 의사소통을 방해한다. C. 정신지체, 운동성 언어결함, 감각성 언어결함 또는 환경적 박탈이 있다면 언어장애는 통상적으로 이러한 문제에 동반되는 정도를 초과해서 심한 정도로 나타난다.

말더듬기(stuttering)
A. 정상적인 말의 유창성과 말하는 시간에서의 장애(개인의 나이에 부적절한)로서, 다음 중 한 가지 또는 그 이상이 빈번하게 나타나는 것이 특징이다. (1) 말과 음절의 반복 (2) 말을 길게 하기 (3) 별안간 내는 소리 (4) 깨어진 단어(예: 한 단어 내에서 머뭇거림) (5) 들을 수 있거나 조용한 상태에서의 말 머뭇거림(힘이 주어지거나 주어지지 않은 말의 멈춤) (6) 넌지시 돌려 말하기(문제 있는 단어를 피하기 위한 단어 대치) (7) 과도하게 신체적 긴장이 있는 단어 (8) 단음절의 단어 반복(예: "난-난-난-난 그를 본다.") B. 말이 유창하지 못하면 학업적, 직업적 성취나 사회적 의사소통을 방해한다. C. 운동성 언어결함이나 감각성 언어결함이 있다면 언어장애는 통상적으로 이러한 문제에 동반되는 정도를 초과해서 심한 정도로 나타난다.

〈출처〉 미국정신의학회(1994). **정신장애의 진단 및 통계 편람 제4판**, p. 87-96.

4) 운동기술장애

운동기술장애(motor skills disorder)는 근육운동조정 발달에 현저한 장애가 있을 때 내려지는 진단이다. 예를 들면, 나이에 비해 동작이 서툴고, 기기, 앉기, 신발 끈 묶기, 단추나 지퍼채우기 등의 운동발달과제의 수행에 지체를 보인다. 좀더 나이가 들어서는 퍼즐맞추기, 모형만들기, 공놀이, 그림그리기, 글씨쓰기 등을 하는데 자신의 연령에 비해 그 수행 정도가 많이 뒤떨어진다. 미국정신의학회(1994, p. 82)의 보고에 따르면 5~11세 아동들 중 6% 정도가 이러한 장애를 보인다.

DSM-IV에 기술되어 있는 운동기술장애에 대한 진단기준은 표 9-4와 같다.

표 9-4 운동기술장애에 대한 DSM-IV의 진단기준

A. 근육운동의 조정이 요구되는 일상생활에서의 수행능력이 개인의 생활연령, 측정된 지능에 비해 기대되는 정도보다 현저하게 낮다. 이는 운동발달과제(예: 걷기, 기어다니기, 앉기)가 현저하게 지연되고, 물건을 떨어뜨리며, 동작이 서툴고, 운동이나 글씨쓰기를 잘하지 못한다.
B. 기준 A항의 장애가 학업의 성취나 일상생활의 활동을 현저하게 방해한다.
C. 장애가 일반적인 의학적 상태(예: 뇌성마비, 편마비, 근이영양증)로 인한 것이 아니고, 전반적 발달장애의 진단기준에 맞지 않는다.
D. 정신지체가 있다면, 운동기술장애는 통상적으로 정신지체에 동반되는 정도를 초과해서 심한 정도로 나타난다.

〈출처〉 미국정신의학회(1994). **정신장애의 진단 및 통계 편람 제4판**, p. 83.

5) 학습장애

학습장애(learning disorder)란 읽기, 쓰기, 셈하기 등 특정한 학습영역 중 하나 이상의 영역에서 연령과 지능에 비해 그 수행정도가 심하게 떨어지는 것으로 그 원인이 정신지체나 자폐증 등 다른 장애나 교육기회의 제한에 의한 것이 아닌 경우이다. 학습장애의 대표적인 예로 난독증(dyslexia)을 들 수 있다. 특정 학습영역에서의 수행능력에 결함을 보이는 경우 외에도 전반적으로 학업성취수준이 지적 능력에 비해 매우 부진할 때 광범위한 의미에서 학습장애로 진단하기도 한다.

특정 학습장애는 출생 이전이나 이후의 뇌 발달과정에서 지각, 기억, 통합 또는 인출 기능에 결함이 생겨 발생하는 것으로 간주한다. 임상적으로는 언어능력과 지각능력 간의 불일치를 진단근거로 사용하기도 한다. Taylor(1988, p. 402)는 Wechsler 지능검사에서 언어성 점수는 평균 이상이지만 동작성 점수가 낮을 때 학습장애로 진단될 수 있다고 하였다.

DSM-IV에 기술되어 있는 학습장애에 대한 진단기준은 표 9-5와 같다.

표 9-5 학습장애에 대한 DSM-IV의 진단기준

읽기장애(reading disorder)
A. 읽기의 정확도나 이해 능력을 평가하기 위해 개별적으로 실시된 표준화검사에서 읽기 성적이 개인의 생활연령, 측정된 지능, 나이에 적합한 교육에 비해 기대되는 정도보다 현저하게 낮다.
B. 기준 A항의 장애가 읽기기술이 요구되는 학업의 성취나 일상생활의 활동을 현저하게 방해한다.
C. 감각결함이 있다면, 읽기장애는 통상적으로 감각결함에 동반되는 정도를 초과해서 심한 정도로 나타난다.
산술장애(mathematics disorder)
A. 개별적으로 실시된 표준화검사에서 산술능력이 개인의 생활연령, 측정된 지능, 나이에 적합한 교육에 비해 기대되는 정도보다 현저하게 낮다.
B. 기준 A항의 장애가 계산이 요구되는 학업의 성취나 일상생활의 활동을 현저하게 방해한다.
C. 감각결함이 있다면, 산술장애는 통상적으로 감각결함에 동반되는 정도를 초과해서 심한 정도로 나타난다.
쓰기장애(disorder of written expression)
A. 개별적으로 실시된 표준화검사(또는 쓰기기술 기능평가)에서 쓰기능력이 개인의 생활연령, 측정된 지능, 그리고 나이에 적합한 교육에 비해 기대되는 정도보다 현저하게 낮다.
B. 기준 A항의 장애는 쓰기능력(예: 문법적으로 올바른 문장과 체계적인 문단을 쓰는 것)이 요구되는 학업의 성취나 일상생활의 활동을 현저하게 방해한다.
C. 감각결함이 있다면, 쓰기장애는 통상적으로 감각결함에 동반되는 정도를 초과해서 심한 정도로 나타난다.

〈출처〉 미국정신의학회(1994). **정신장애의 진단 및 통계 편람 제4판**, p. 76-80.

5. 심리기능장애의 유형별 특성

1) 주의력결핍/과잉행동장애

주의력결핍/과잉행동장애(attention deficit/hyperactivity disorder: ADHD)는 특정 과제에 주의를 집중하는 능력에 결함이 있어 산만하고, 이로 인해 과잉행동이 초래되는 것이다. 부모나 교사들이 호소하는 ADHD 아동의 일반적인 행동특성은 아동에게 말을 해도 주의를 기울이지 않고, 지시와 다르게 행동하고, 산만하며, 잘 잊어버리고, 과제나 일을 끝내지 못하며 수업 중에 돌아다니거나 멍하니 백일몽을 꾸는 것 등이다. ADHD를 지닌 아동 중에는 자신이 좋아하는 일에는 주의를 집중할 수 있으나 그런 경우라도 관심이 없는 과제나 새로운 것을 학습해야 할 때는 다른 아동들보다 훨씬 더 어려워한다.

Mash와 Wolfe(1999, p. 146)는 과잉행동과 충동성은 함께 나타나기 때문에 이를

그림 9-3 산만하고 충동적인 아동

〈출처〉 Wicks-Nelson, R. & Israel, A. C. (2000). **아동기행동장애**, p. 250.

행동적 흥분이라는 단일차원으로 간주하였다. 즉, 충동적인 특성 때문에 ADHD 아동은 너무 빨리 또는 자주 반응하고, 기다리거나 차례지키기가 어렵다. 이런 아동들은 상대방의 말이 끝나기도 전에 자신의 생각을 불쑥 말해서 대화를 방해하기도 하고, 즉각적인 만족감을 지연시키기 어려워 비싼 시계나 컴퓨터를 분해하고는 재조립을 못해 망가트리거나 음료수를 엎지르거나 물건을 부수는 등의 사고를 흔히 일으킨다. 이러한 행동들은 결과를 생각하지 않고 단순히 보고, 듣고, 느끼는 모든 것에 즉각적으로 반응하며, 상황이나 다른 사람의 요구에 따라 자신의 행동을 멈추거나 조절하는 것이 매우 어려운 특성과 관계가 있다. 그 정도가 매우 심한 경우에는 '탄환같이 튀는 아이' 로 표현하기도 한다.

ADHD의 특성은 유아기에 이미 나타나지만 주로 초등학교에 들어가서야 부모나 주변 사람들이 그 문제의 심각성을 인식하게 된다. 왜냐하면 학업성취가 매우 부진하고 수업시간에 돌아다니는 등 과잉행동으로 수업을 방해하여 교사로부터 제재를 받거나 급우들이 비난하거나 거부하는 등 학교생활에서의 부적응이 뚜렷해지기 때문이다. 학업성취와 사회적 관계에서의 심각한 부적응은 결과적으로 자신에 대한 무능감이나 좌절감 또는 고립감 등의 부정적인 개념형성으로 이어지고, 이로 인해 반항성장애나 품행장애, 불안장애, 우울 또는 뚜렛장애와 같은 다른 장애를 수반할 위험성도 높아진다.

병인으로 유전적 요인, 출산 전후의 미세한 뇌 손상 및 부적절한 환경을 들고 있으나 아직 그 원인이 분명하게 규명되지 않고 있다. Whalen(1989, p. 131)은 미국 학생의 약 5%가 ADHD로 어려움을 보이며, 여아에 비해 남아에게서 3~6배 정도 더 많이 나타난다고 지적하였다.

DSM-IV에 기술되어 있는 ADHD의 진단기준은 표 9-6과 같다.

표 9-6 ADHD에 대한 DSM-IV의 진단기준

A. (1)이나 (2)와 같다.

(1) 다음의 부주의 증상 중 여섯 가지(또는 그 이상)의 증상이 부적응적이며 발달수준에 맞지 않을 정도로 적어도 6개월간 지속되어 왔다.

부주의

(a) 종종 세부사항에 대해 면밀하게 주의를 기울이지 못하거나, 학업, 작업 또는 기타 활동에서 부주의한 잘못을 한다.
(b) 종종 과제나 놀이활동에서 계속 주의를 집중하기 어렵다.
(c) 종종 직접 하는 말에 귀를 기울이는 것으로 보이지 않는다.
(d) 종종 지시대로 끝까지 하지 않으며, 학업, 일상적인 일 또는 작업장에서 해야 할 직무를 끝까지 하지 못한다(반항 행동이나 지시를 이해하지 못해서 비롯되는 것이 아니다.).
(e) 종종 과제와 활동 조작을 어려워한다.
(f) 종종 지속적인 정신적 노력을 요하는 과제(학업이나 숙제 등)의 수행을 피하거나 싫어하거나 마지못해 한다.
(g) 과제나 활동에 필요한 물건(예: 장난감, 숙제, 연필, 책 또는 도구 등)을 자주 잃어버린다.
(h) 외부 자극에 의해 주의가 쉽게 흩어진다.
(i) 일상적인 활동을 잘 잊는다.

(2) 다음과 같은 과잉행동과 충동성 증상 중 여섯 가지(또는 그 이상)의 증상이 부적응적이고 발달수준에 맞지 않을 정도로 적어도 6개월간 지속되어 왔다.

과잉행동

(a) 종종 안절부절못하며, 손이나 발을 만지작거리거나 좌석에서 움직거린다.
(b) 종종 교실이나 앉아 있어야 할 상황에서 자리를 뜬다.
(c) 종종 부적절한 상황에서 과도하게 뛰어다니거나 기어오른다(청년이나 성인의 경우에는 침착하지 못하다는 주관적인 감정으로 제한할 수도 있다.).
(d) 종종 조용히 놀거나 여가활동을 하기가 어렵다.
(e) 종종 끊임없이 활동하거나 자동차를 몰듯이 행동한다.
(f) 종종 말을 과도하게 한다.

충동성

(a) 종종 질문이 끝나기도 전에 불쑥 대답한다.
(b) 종종 차례를 기다리기가 어렵다.
(c) 종종 이야기 따위를 가로막거나 다른 사람에게 끼어든다(예: 대화나 게임에 참견한다.).

B. 장애의 원인이 되는 어떤 과잉행동, 충동성 또는 부주의 증상이 일곱 살 이전에 나타난다.
C. 이 증상으로 인한 어떤 장애가 두 가지 또는 그 이상의 상황에서 나타난다(예: 학교 또는 작업장과 가정에서).
D. 사회적, 학문적 또는 직업적 기능수행에 임상적으로 유의한 장애의 분명한 증거가 있어야 한다.
E. 이 증상은 전반적 발달장애, 정신분열증 또는 기타 정신병적 장애의 진행 중에 단독으로 나타나지 않으며 다른 정신장애(예: 기분장애, 불안장애, 해리성장애, 인격장애)로 잘 설명되지 않는다.

〈출처〉 미국정신의학회(1994). **정신장애의 진단 및 통계 편람 제4판**, p. 119-121.

2) 적대적 반항장애

적대적 반항장애(oppositional defiant disorder)는 권위에 대한 거부, 도전, 불복종 또는 적대적 행동과 관계가 있다. 이 장애를 지닌 아동은 버럭 화를 내거나 말대꾸를 하거나 지시나 규칙을 무시하거나 따르지 않는 특성을 나타낸다. 또한 고의적으로 타인을 귀찮게하거나 자신의 실수나 잘못을 남의 탓으로 돌리고, 기분 나빠하거나 신경질을 잘 내며, 원망하거나 악의 또는 앙심을 품기도 한다. 이러한 행동특성으로 고집이 세고 말을 듣지 않으며 양보나 타협을 하지 않는 아이로 평가된다. 때로, 아동이 복종적이고 겁이 많으며, 어른이 매우 강압적이고 위협적인 경우에는 어른의 통제에 대해 직접 반항하기보다는 꾸물거리거나 못들은 척하거나 말을 하지 않거나 무관심한 척하는 등 수동적인 형태로 거부를 나타내기도 한다.

그림 9-4 반항하는 아동
〈출처〉 Wenar, C. & Kerig, P. (2004). **발달정신병리학: 영아기부터 청소년기까지**, p. 127.

적대적 반항장애는 보통 여덟 살 이전에 분명하게 나타나며 집에서 잘 아는 사람하고 있을 때만 드러나서 학교나 낯선 대상과 있을 때는 발견되지 않기도 한다.

이러한 장애는 양육자가 자주 바뀌거나 애정적인 보살핌을 받지 못한 경우 또는 엄격하고 비일관적이거나 방임적인 가정에서 자란 아동에게서 많이 나타난다.

DSM-IV에 기술되어 있는 적대적 반항장애의 진단기준은 표 9-7과 같다.

표 9-7 적대적 반항장애에 대한 DSM-IV의 진단기준

A. 부정적, 적대적, 도전적 행동이 적어도 6개월 동안 지속된다. 그 기간 중에 다음 중 네 가지(또는 그 이상)가 나타난다.
- (1) 자주 화를 낸다.
- (2) 어른과 자주 언쟁한다.
- (3) 어른의 요구나 규칙을 적극적으로 무시하거나 거절한다.
- (4) 고의적으로 사람을 괴롭히곤 한다.
- (5) 종종 자신의 잘못이나 무례에 대한 책임을 다른 사람에게 전가한다.
- (6) 종종 고민하는 모습을 보이거나 다른 사람에 의해 쉽게 괴로움을 겪는다.
- (7) 자주 화를 내고 분개한다.
- (8) 종종 원한을 품는다.

B. 이 장애는 사회적, 학문적 또는 직업적 기능 수행에 임상적으로 유의한 장애를 일으킨다.

C. 이 행동은 정신병적 장애나 기분장애의 진행 중에 단독으로 나타나지 않는다.

D. 품행장애의 준거를 충족시키지 못한다. 18세 이상인 경우에는 반사회적 인격장애의 준거를 충족시키지 못한다.

〈출처〉 미국정신의학회(1994). **정신장애의 진단 및 통계 편람 제4판**, p. 132-133.

3) 품행장애

품행장애(conduct disorder)는 신체적 또는 언어적으로 타인을 공격하거나 재산을 파괴함으로써 다른 사람의 기본적인 권리를 침해하거나 도둑질, 방화, 거짓말, 가출 등 규범을 위반하는 것이 특징이다. 반항적 행동보다 더 공격적이고 반사회적이다. 최근 들어 그 발생률이 증가하고 있으며, 시골보다 도시에서, 여아보다 남아에게서 더 자주 나타난다. 품행장애는 5~6세경에도 나타날 수 있으나 흔히 학령기 후기 또는 청소년 초기에 나타나며, 적대적 반항장애가 선행되기도 한다.

품행장애가 있는 아동은 학습장애나 ADHD를 함께 수반하거나, 신체적 공격,

부적절한 놀이, 욕설 또는 서투른 사회적 기술로 인해 또래들로부터 따돌림을 당하는 경우가 많다. 학령기 후기로 가면서 점차 반사회적인 또래들과 어울리게 되고, 그에 따라 이전에 보이던 공격적 행동들이 도벽, 약물중독, 폭력과 같은 청소년기 범죄행동으로 변하기도 한다.

DSM-IV에 기술되어 있는 품행장애의 진단기준은 표 9-8과 같다.

표 9-8 품행장애에 대한 DSM-IV의 진단기준

A. 다른 사람의 기본 권리를 침해하거나 연령에 알맞은 중요한 사회적 규범이나 규칙을 위반하는 행동을 반복적이며 지속적으로 나타낸다. 다음의 행동 중 세 가지(또는 그 이상) 행동을 지난 12개월 동안에, 적어도 한 가지 행동을 지난 6개월 동안에 나타냈다.

사람과 동물에 대한 공격

(1) 종종 다른 사람을 못살게 굴거나 위협하거나 협박했다.
(2) 종종 신체적 싸움을 걸었다.
(3) 다른사람의 신체에 심한 상처를 입힐 수 있는 흉기(예: 방망이, 벽돌, 깨진 병, 칼, 총 등)를 사용했다.
(4) 다른 사람에게 신체적으로 무자비했다.
(5) 동물에게 신체적으로 무자비했다.
(6) 피해자를 마주 대하고 있으면서 물건을 훔쳤다(예: 강도, 날치기, 강탈, 무장 강도 등).
(7) 어떤 사람에게 성적 활동을 강요했다.

재산의 파괴

(8) 심한 손해를 입힐 의도를 가지고 고의적으로 방화를 했다.
(9) 다른 사람의 재산을 고의적으로 파괴했다(방화가 아닌 다른 방법으로).

사기나 절도

(10) 딴 사람의 집, 건물 또는 자동차를 망가뜨렸다.
(11) 종종 물건을 얻거나 총애를 받기 위해 또는 책임을 피하기 위해 거짓말을 했다(즉, 다른 사람을 속였다.).
(12) 피해자를 마주 대하지 않고 값비싼 물건을 훔쳤다(예: 가게를 부수고 들어가지 않고 가게의 물건을 훔치기, 위조 등).

심한 규칙위반

(13) 부모의 금지에도 불구하고 종종 밤에 밖에 나갔다. 13세 이전에 시작된다.
(14) 부모나 부모 대리인의 집에 살고 있으면서 적어도 두 번, 밤새 몰래 집을 나가 있었다(또는 한 번 오랫동안 돌아오지 않고 집을 나가 있었다.).
(15) 종종 학교를 무단결석했다. 13세 이전에 시작된다.

B. 이 행동장애는 사회적, 학문적 또는 직업적 기능 수행에서 임상적으로 유의한 장애를 갖게 한다.

C. 18세 이상인 경우에는 반사회적 인격장애의 준거를 충족시키지 못한다.

〈출처〉 미국정신의학회(1994). **정신장애의 진단 및 통계 편람 제4판**, p. 127-129.

4) 유아 또는 아동 초기의 섭식장애

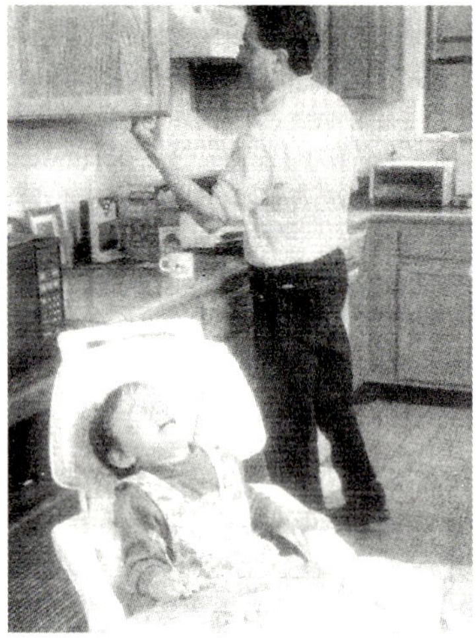

그림 9-5 먹기를 거부하는 아동
〈출처〉 Wicks-Nelson, R. & Israel, A. C. (2000). 아동기행동장애, p. 398.

아동기에 주로 나타나는 섭식과 관련된 병리유형으로는 이식증(pica), 반추장애(rumination disorder), 유아기 섭식장애(feeding disorder of infancy or early childhood)가 있다. 신경성 식욕부진증(anorexia nervosa)과 신경성 폭식증(bulimia nervosa)도 이에 속하나 대개 청소년기 이후에 나타난다.

약 두 살 이전의 영아들이 먹어서는 안 되는 물질을 먹는 일은 비교적 흔하다. 그러나 그 이후에 먹으면 안 되는 물질이라는 것을 알면서도 계속 먹으면 이식증으로 진단한다. 아동이 섭취하는 전형적인 비영양 물질은 페인트, 머리카락, 끈, 헝겊, 배설물, 모래, 진흙, 곤충, 나뭇잎 등이다. 이식증은 지능이 낮은 아동에게서 흔히 발견되며, 빈곤, 무지 또는 부모의 지도 결여에서 기인하기도 한다.

반추장애란 위 기능이 정상적임에도 불구하고 먹은 음식을 입으로 다시 올려서 되씹는 것이다. 일반적으로 반추행동을 하지 않을 때는 안절부절못하고 배고파하다가 갑자기 많은 양의 음식을 섭취하고는 바로 토해내기 때문에 영양실조에 걸릴 수 있으며 체중감소와 성장둔화로 이어지기도 한다. 미국정신의학회(1994, pp. 136-137)는 반추장애의 약 25% 정도가 사망하는 것으로 보고하였다. 이는 부모-자녀 관계에 문제가 있거나 자극결핍, 무관심 또는 심한 스트레스 등의 부적절한 심리사회적 환경으로 인해 나타나는 경우가 많다.

유아기 또는 아동기 섭식장애는 적절히 먹지 못하는 것으로 성장시기임에도 불구하고 체중이 늘지 않거나 오히려 감소하는 경우에 진단된다. 왜소발육증(deprivation dwarfism), 성장기능부전증(failure to thrive), 의존적 우울증(anaclitic depression)으로 명명하기도 한다.

이러한 다양한 섭식장애는 발달시기별로 섭식이 갖는 의미가 변화함에 따라 다르게 나타난다. 섭식은 출생 후 1년 동안의 안정감과 불안정감을 결정하는 가장 중요한 양육활동으로서 사랑이나 거부의 감정과 관련하여 영아들에게 커다란 영향을 미친다. 이와 관련하여 정신분석학자들은 최초의 자아라고 할 수 있는 신체적 자아가 섭식을 통한 신체적 즐거움이나 고통에 따라 긍정적 또는 부정적으로 형성

표 9-9 섭식장애에 대한 DSM-IV의 진단기준

이식증(pica)
A. 적어도 1개월간 비영양 물질을 계속해서 먹는다. B. 발달수준에 맞지 않게 비영양 물질을 먹는다. C. 이러한 먹는 행태는 문화적으로 시인되는 관습의 일부가 아니다. D. 이러한 먹는 행태가 다른 정신장애(예: 정신지체, 전반적 발달장애, 정신분열증)의 진행 중에 단독으로 나타날 경우에 그 증상은 독자적인 임상적 처치를 해야 할 정도로 심각한 것이어야 한다.
반추장애(rumination disorder)
A. 정상적인 기능수행에 뒤이어 적어도 1개월간 음식을 반복해서 토하여 씹는다. B. 이 행동은 관련 있는 위장 조건이나 다른 일반적인 의학적 조건(예: 식도 역류)에 기인하지 않는다. C. 이 행동은 신경성 식욕부진이나 신경성 폭식증의 진행 중에만 발생하지는 않는다. 만약 증상이 정신지체 또는 전반적 발달장애의 진행 중에만 나타날 경우라면, 그 증상은 독자적인 임상적 처치를 해야 할 정도로 심각한 것이어야 한다.
유아기 또는 아동기 섭식장애(feeding disorder of infancy or early childhood)
A. 적어도 1개월 이상 체중을 유의하게 늘리지 못하거나 체중이 유의하게 상실될 정도로 계속해서 적절히 먹지 못한다. B. 이 장애는 관련 있는 위장 조건이나 다른 일반적인 의학적 조건(예: 식도 역류)에 기인하지 않는다. C. 이 장애는 다른 장애(예: 반추장애)나 유효식품의 부족으로 더 잘 설명되지 않는다. D. 6세 이전에 시작된다.

〈출처〉 미국정신의학회(1994). **정신장애의 진단 및 통계 편람 제4판**, p. 136-140.

된 것이라고 보았다. 걸음마기에 영아와 양육자 간에는 갈등이 일어나기도 하는데 그러한 갈등 중의 하나가 먹는 것에 관한 것이다. 걸음마기 유아들은 양육자의 통제를 거부하는 수단으로 먹는 것과 관련된 병리증상을 보일 수도 있다. 청소년기에는 의존과 독립에 대한 욕구 간의 갈등으로 부모, 특히 어머니에 대한 양가감정(ambivalence)을 갖기 쉬우며, 이러한 양가감정이 먹는 것과 관련하여 나타나기도 한다.

DSM-IV에 기술되어 있는 섭식장애의 진단기준은 표 9-9와 같다.

5) 배설장애

걸음마기에 이루어지는 대표적인 자기통제훈련은 대소변가리기로서 대개 2세경에 시작하여 3세경에 이루어진다. 개인차를 고려하더라도 대변을 4세까지 가리지 못하거나 5세까지 소변을 가리지 못하면 배설장애(elimination disorder)로 간주한다. 일반적으로 유아는 소변에 비해 대변을 먼저 가리고, 밤보다 낮에 먼저 가린다. 그러므로 밤에 오줌싸는 경우가 가장 흔하고 가벼운 증상이며, 낮에 대변을 가리지 못하는 것은 가장 드물고 심한 경우이다.

배설장애는 대변을 가리지 못하는 유분증(encopresis)과 소변을 가리지 못하는 유뇨증(enuresis)으로 구분한다. 유뇨증은 출생 후 6개월 이상 소변을 가린 적이 없는 일차성 유뇨증과 일단 6개월 이상 가린 시기가 있었다가 다시 가리지 못하는 이차성 유뇨증으로 나뉜다.

DSM-IV에 기술되어 있는 배설장애의 진단기준은 표 9-10과 같다.

표 9-10 배설장애에 대한 DSM-IV의 진단기준

유분증(encopresis)
A. 불수의적이든 고의적이든 부적절한 곳(예: 옷이나 마루)에 반복해서 대변을 본다.
B. 적어도 3개월간, 적어도 한 달에 한 번은 그렇게 한다.
C. 생활연령은 적어도 4세이다(또는 발달수준이 이와 같다.).
D. 이 행동은 물질(예: 관장약)의 직접적인 생리적 영향이나 변비를 포함하는 기제(mechanism)를 제외한 일반적인 의학적 조건에 기인하지 않는다.
유뇨증(enuresis)
A. 불수의적이든 고의적이든 침구나 옷에 반복해서 오줌을 싼다.
B. 이 행동은 적어도 3개월간 한 주에 두 번의 빈도로 나타나거나, 임상적으로 유의한 고통이나 사회적, 학문적(직업적) 또는 기타 중요한 기능수행의 장애가 있는 것으로서 임상적으로 유의하다.
C. 생활연령은 적어도 5세이다(또는 발달수준이 이와 같다.).
D. 이 행동은 물질(예: 이뇨제)의 직접적인 생리적 영향이나 일반적인 의학적 조건(예: 당뇨병, 이분척추, 발작장애)에 기인하지 않는다.

〈출처〉 미국정신의학회(1994). **정신장애의 진단 및 통계 편람 제4판**, p. 150-154.

6) 틱장애

아동들의 행동 중에는 단순한 버릇이라고 보기에는 좀 이상한 행동들이 있다. 이러한 행동들로는 자기도 모르게 눈을 깜박거린다거나 코를 킁킁거리기, 얼굴, 목, 어깨 심지어는 몸 전체를 앞뒤로 또는 위아래로 흔드는 것 등이다. 이처럼 자신의 의지와는 무관하게 자주, 갑자기, 빠른 속도로 소리를 내거나 근육을 움직이는 반복적인 행동을 의학적인 용어로 틱(tic)이라고 한다. 흔히 틱은 강박적인 생각과 행동을 함께 수반하며, 비교적 자주 과잉행동과 주의산만 및 충동성을 함께 나타내기도 한다.

틱은 주의를 받으면 일시적으로 증상이 약화되는 등 특정한 상황이나 시간 동안 자신의 의지로 증세를 억제할 수 있으나 완전히 통제하기는 어렵고, 흔히 불안이나 긴장, 스트레스를 받으면 더 심해지고, 책읽기나 바느질하기와 같이 차분한 활동을 하는 동안에는 감소한다. 이는 심리적 상태가 틱 증상에 많은 영향을 미친다는 사실을 뒷받침해 준다. 틱 증상을 나타내는 아동들 중에는 부모가 아동에 대한 기대수준이 지나치게 높거나 강압적이고 지시적인 가정분위기인 경우가 많다. 따라서 아동이 틱 증상을 보일 때는 증상을 중단시키는데 초점을 두기보다는 가정분위기를 편안하게 조성하고 아동이 느끼는 부담감을 덜어줌으로써 아동을 이완시켜 주는 것이 무엇보다 중요하다.

일반적으로 틱은 눈을 깜박이는 것으로 시작하지만 코를 찡긋거리거나 입 주위를 실룩거리기도 한다. 조용하고 긴장된 상태에서 "음, 음" 또는 "큥, 큥" 등의 소리를 반복하는 것을 음성틱(vocal tic)장애라고 하며, 눈, 얼굴, 목, 어깨 등을 움찔거리거나 몸 전체를 앞뒤로 흔드는 등의 움직임을 반복하면 운동틱(motor tic)장애라고 한다. 근육의 움직임이 반복적으로 나타나는 운동틱과 소리를 반복적으로 내는 음성틱이 동시에 나타날 때 뚜렛장애(Tourette disorder)로 진단한다. 운동틱 또는 음성틱이 1년 이상 지속되는 경우에는 만성틱장애로 진단하며, 4주 동안 거의 매일, 하루에 여러 번 일어나지만 연속적으로 12개월 이상 지속되지 않으면 일과성틱으로 진단한다.

운동틱의 움직임이 커지면 상동증적 운동장애(stereotypic movement disorder)와 유사해질 수 있다. 상동증적 운동장애에 대한 DSM-IV의 진단기준은 '손 흔들기, 몸 흔들기, 머리 부딪히기, 물건 입에 넣기, 자신을 물어뜯기, 피부나 몸의 구멍 쑤시기 또는 자기 몸 때리기와 같은 비실용적인 운동행동을 적어도 4주 이상 심하게 반복하여 정상적인 활동을 현저히 방해하거나 의학적 처치를 요하는 신체적 상처를 자초하거나 예방 조치를 취하지 않으면 상처를 입게 될 수 있는 경우' 이다. 자신의 의지와 무관하게 일어나는 운동틱과 비교할 때 상동증적 운동장애는 자기 자신을 해치려는 의도를 가지고 심할 정도로 자신을 해치는 행동을 반복하는 특성을 보인다.

DSM-IV에 기술되어 있는 틱장애의 진단기준은 표 9-11과 같다.

표 9-11 틱장애에 대한 DSM-IV의 진단기준

뚜렛장애(Tourette's disorder)
A. 다발 운동틱과 하나 이상의 음성틱이 일정 기간 나타난다. 두 가지 틱이 반드시 동시에 나타나는 것은 아니다.
B. 이 틱은 1년 이상 거의 매일 또는 간헐적으로, 하루에 여러 번 나타난다. 그 기간 중에 3개월 이상 틱이 없는 기간은 없다.
C. 이 장애는 현저한 고통을 일으키거나 사회적, 직업적, 기타 중요한 기능수행에 장애가 된다.
D. 18세 이전에 시작된다.
E. 이 장애는 물질(예: 자극)의 직접적인 생리적 영향이나 일반적인 의학적 조건(예: 헌팅턴병이나 바이러스성 뇌염)에 기인하지 않는다.
만성 운동 또는 음성틱장애(chronic motor or vocal tic disorder)
A. 단발 또는 다발 운동틱 또는 음성틱이 일정 기간 나타나지만 두 가지가 동시에 나타나지는 않는다.
B. 이 틱은 1년 이상 거의 매일 또는 간헐적으로, 하루에 여러 번 나타난다. 그 기간 중 3개월 이상 틱이 없는 기간은 없다.
C. 이 장애는 현저한 고통을 일으키거나 사회적, 직업적, 기타 중요한 기능수행에 유의한 장애를 일으킨다.
D. 18세 이전에 시작된다.
E. 이 장애는 물질(예: 자극)의 직접적인 생리적 영향이나 일반적인 의학적 조건(예: 헌팅턴병이나 바이러스성 뇌염)에 기인하지 않는다.
F. 뚜렛장애 준거를 충족시키지 못한다.
일과성틱장애(transient tic disorder)
A. 단발 또는 다발 운동틱 또는 음성틱이 나타난다.
B. 이 틱은 적어도 4주 동안 거의 매일, 하루에 여러 번 나타난다. 그러나 이 틱은 12개월 이상 계속해서 나타나지 않는다.
C. 이 장애는 현저한 고통을 일으키거나 사회적, 직업적, 기타 중요한 기능수행에 유의한 장애를 일으킨다.
D. 이 장애는 물질(예: 자극)의 직접적인 생리적 영향이나 일반적인 의학적 조건(예: 헌팅턴병이나 바이러스성 뇌염)에 기인하지 않는다.
E. 뚜렛장애나 만성 운동 또는 음성틱장애의 준거를 충족시키지 못한다.

〈출처〉 미국정신의학회(1994). **정신장애의 진단 및 통계 편람 제4판**, p. 145-148.

7) 반응성 애착장애

자폐증과 매우 유사한 행동특성을 나타내는 반응성 애착장애(reactive attachment disorder)는 1987년 DSM-III-R이 나오기 전까지는 자폐증과 구별되지 않다가 그 이후부터 장애의 원인에 따라 달리 진단하는 장애이다. 자폐증은 선천적인 뇌 기능 손상을 그 원인으로 보는 반면, 반응성 애착장애는 부적절한 양육환경을 원인으로 본다. 부적절한 양육환경이란 양육자의 애정 부족이나 무관심, 또는 양육자가 자주 바뀌어 애착을 안정적으로 형성하지 못하여 장애가 발생하는 것이다. 따라서 반응성 애착장애는 애착발달에서의 심각한 일탈로 간주하며, 자폐증을 지닌 아동에 비해 신체발육이나 건강상태가 좋지 못할 수도 있다.

DSM-IV에 기술되어 있는 반응성 애착장애의 진단기준은 표 9-12와 같다.

표 9-12 반응성 애착장애에 대한 DSM-IV의 진단기준

A. 5세 이전에 시작되며 (1)이나 (2)로 나타난다. 거의 모든 상황에서 현저한 장애와 발달에 맞지 않는 사회적 관계를 보인다.
  (1) 발달에 알맞은 방식으로 거의 모든 사회적 상호작용을 시도하지 못하거나 그러한 상호작용에 반응하지 못한다. 과도하게 억압된, 지나치게 경계하는 또는 고도로 양가적인 모순된 반응을 한다(예: 양육자가 달래는 것에 대해 접근, 회피, 저항의 복합 반응을 하거나 양육자에게 얼어붙은 것 같은 경각심을 보인다.).
  (2) 적절한 선별적 애착을 보이지 못하는 분별없는 사교성으로 산만한 애착을 보인다(예: 낯선 사람에게 지나치게 친밀한 행동을 하거나 애착대상 인물의 선택에서 선별을 잘 하지 못한다.).
B. 준거 A의 장애는 발달지체(정신지체와 같은)만으로는 설명되지 않으며 전반적 발달장애 준거를 충족시키지 못한다.
C. 적어도 다음 중 하나가 원인이 될 수 있다.
  (1) 안락함, 자극, 애정 등 아동의 기본적인 정서적 요구를 지속적으로 방치
  (2) 아동의 기본적인 신체적 요구를 지속적으로 방치
  (3) 돌보는 사람이 반복적으로 바뀜으로써 안정된 애착형성이 저해됨(예: 양육자의 빈번한 교체).

〈출처〉 미국정신의학회(1994). **정신장애의 진단 및 통계 편람 제4판**, p. 164-165.

8) 분리불안장애

애착대상과 분리되는 것을 두려워하는 분리불안은 한 살 전후의 유아들이 나타내는 일반적인 반응이다. 이러한 분리불안은 대상영속성이 형성되고 주도성이 발달되면서 차츰 사라진다. 그러나 3세 이후에도 양육자와 분리되는 것을 지속적으로 심하게 두려워하여 정상적인 사회생활이 힘들다면 이는 병리적인 것으로 봐야 하며 이를 분리불안장애(separation anxiety disorder)라고 한다. 이 장애는 흔히 유치원이나 초등학교를 가지 않으려는 등교거부증으로 나타나기도 한다. 초등학교 시기가 되면 학교에 가는 것을 당연한 사실로 인식하기 때문에 이러한 장애가 있는 아동은 학교에 가지 않겠다고 직접적으로 말하기보다는 머리나 배가 아프다는 등의 신체증상(psychosomatic symptom)을 호소하거나 학교에 가는 날 아침이면 기운이 없고 우울해 보이는 등 간접적으로 표현하기도 한다. 또는 이런 장애의 아동은 교사나 또래에 대한 불평, 공부에 대한 회의, 통학의 불편 등을 호소하기도 한다.

그림 9-6 엄마와 떨어지는 것을 두려워하는 유아

〈출처〉 Wicks-Nelson, R. & Israel, A. C. (2000). 아동기행동장애, p. 128.

등교거부증의 특징은 학교를 가야 할 때는 이러한 행동특성들을 보이다가 학교를 가지 않아도 되는 순간부터는 사라진다. 등교하는 날 아침, 특히 주말이나 공휴일 또는 방학이 끝나고 다시 학교에 가야 할 때 더 심하게 나타나며, 가까운 가족이 죽었거나 큰 병을 앓고 난 뒤에 일시적으로 나타나기도 한다. 이 장애는 불안정한 애착으로 인한 불안과도 관계가 있다.

학교를 가지 않으려고 하는 등교거부증의 원인은 분리에 대한 두려움 때문일 수도 있으나 학교 환경에 대한 공포 때문일 수도 있다. 후자의 경우, 입학 초기에는 등교거부를 보이지 않다가 교우관계, 학업에 대한 심리적 부담, 집단따돌림 등 학교에서의 특정한 불쾌 경험으로 등교를 거부하기도 한다. 따라서 아동이 등교를 거부할 때는 그 원인을 정확히 파악하는 것이 중요하다.

DSM-IV에 기술되어 있는 분리불안장애의 진단기준은 표 9-13과 같다.

표 9-13 분리불안장애에 대한 DSM-IV의 진단기준

A. 가정이나 애착대상 인물과의 이별에 대한 발달상 부적절하고 과도한 불안으로 다음 중 세 가지 이상이 나타난다.
  (1) 가정이나 중요한 애착대상 인물과 이별하거나 그와의 이별이 예측될 때 심한 고통이 재발한다.
  (2) 중요한 애착대상 인물을 잃거나 위해가 발생할 것 같아 지속적이고 과도한 걱정을 한다.
  (3) 불운한 사건(예: 길을 잃어버리거나 유괴되어)으로 중요한 애착대상 인물과 이별하게 될 것 같아 지속적이고 과도한 걱정을 한다.
  (4) 이별 공포 때문에 학교나 다른 곳에 가기를 지속적으로 싫어하거나 거부한다.
  (5) 혼자 있거나 주된 애착대상 없이 지내는데 대해 지속적으로 과도하게 두려워하거나 싫어한다.
  (6) 중요한 애착대상 인물이 옆에 없을 때 잠자리에 들거나 집 밖에서 잠을 자며 지내기를 지속적으로 싫어하거나 거부한다.
  (7) 이별이 주제가 되는 악몽을 반복해서 꾼다.
  (8) 중요한 애착대상 인물과 이별하거나 그와의 이별이 예측될 때, 신체적 증상(두통, 위통, 매스꺼움, 구토 등)의 진술을 반복해서 나타낸다.

B. 이 장애는 적어도 4주간 지속된다.

C. 18세 이전에 나타난다.

D. 이 장애는 임상적으로 유의한 고통을 일으키거나 사회적, 학문적(직업적) 또는 기타 중요한 기능 수행에 장애를 일으킨다.

E. 이 장애는 전반적 발달장애, 정신분열증 또는 기타 정신병 장애의 진행과정 중에 단독으로 나타나지 않는다. 청년과 성인의 경우에는 광장공포증을 가진 공포성장애로 더 잘 설명되지 않는다.

〈출처〉 미국정신의학회(1994). **정신장애의 진단 및 통계 편람 제4판**, p. 158.

9) 선택적 함구증

선택적 함구증(selective/elective mutism)은 말을 할 수 있으면서도 특정한 장소에서나 사람에게 말을 하지 않는 경우로서 남아보다 여아에게 더 많이 나타난다. DSM-IV에서는 '기타 아동기장애'로 분류하고 있지만 선택적 함구증을 나타내는 아동들 중 90%가 사회공포증의 진단준거인 다른 사람들 앞에서 말하기를 꺼려하는 특징이 있다는 점을 들어 Leonard와 Dow(1995, p. 235)는 이 장애를 사회공포증의 하나로 간주하였다. 정신분석학적 관점에서는 선택적 함구증을 부모에 대한 원망이나 분노를 환경에 치환한 것으로 본다.

DSM-IV에 기술되어 있는 선택적 함구증의 진단기준은 표 9-14와 같다.

표 9-14 선택적 함구증에 대한 DSM-IV의 진단기준

A. 특정 사회적 상황(예: 학교에서와 같이 말을 해야 할 상황)에서 말을 하지 못한다. 그러나 다른 상황에서는 말을 할 수 있다.
B. 이 장애는 교육적 또는 직업적 성취를 방해하거나 사회적 의사소통을 방해한다.
C. 이 장애는 적어도 1개월간 지속된다.
D. 말을 하지 못하는 것은 사회적 상황에 요구되는 구어 지식의 부족과 구어로 즐거움을 느낄 수 없기 때문이 아니다.
E. 이 장애는 의사소통장애(예: 말더듬)로 더 잘 설명되지 않으며, 전반적 발달장애, 정신분열증 또는 기타 정신병적 장애의 진행 중에 단독으로 나타나지 않는다.

〈출처〉 미국정신의학회(1994). **정신장애의 진단 및 통계 편람 제4판**, p. 161.

6. 기타 장애

DSM-IV에 유아기, 아동기, 청소년기 이전에 처음 진단되는 장애로 흔히 포함되지는 않지만 아동기에 나타날 수 있는 기타 장애로 불안장애, 기분장애, 수면장애를 들 수 있다. 전통적인 신경증(neurosis)은 공포장애와 강박장애 등의 불안장애

(anxiety disorder)와 우울증과 같은 기분장애(mood disorder)로 구분되나 이들 장애는 종종 함께 나타난다.

1) 불안장애

아동기에 특징적으로 나타나는 불안장애는 분리불안장애와 학교공포증이 있다. 그외에 아동기와 청소년기에 공포증(phobia), 강박장애(obsessive-compulsive disorder), 외상 후 스트레스장애(posttraumatic stress disorder), 일반화된 불안장애(generalized anxiety disorder)가 나타날 수 있다.

공포는 환경의 위협을 경고하는 것으로 생존을 위해 적응적이고 필수적인 것이다. 그러나 그 정도가 상황에 비해 지나치고 부적응적이며 지속적일 때는 공포증으로 간주한다. 특정한 상황이나 사물에 대해 공포를 나타내며, 친숙하지 않은 사회적 상황에서 지나치게 두려워하는 사회공포증도 이에 속한다. 공포증은 대부분 심리치료로 회복되며 별다른 치료를 하지 않아도 2~3년 이내에 나아진다. 그러나 성인기까지 지속되는 경우에는 치료가 보다 어려워져 Wenar(1994, pp. 265-266)는 20~30% 정도만이 회복된다고 보고하였다.

강박장애의 특징은 강박적 사고(obsession)와 행동 혹은 충동(compulsion)이다. 예를 들면, 전염될까 봐 손씻기, 자신이나 가까운 사람에게 해로운 일이 생길까 봐 두려워하기, 문이 잠겼는지 또는 불이 꺼졌는지를 끊임없이 확인하기, 지나치게 정돈하기, 특정한 수를 되풀이하여 세기 등을 들 수 있다. 강박적인 사람은 강박적인 행동을 하는데 많은 시간을 보내며, 이런 행동을 못하게 되면 심한 불안이나 죄책감을 느낀다.

2) 기분장애

기분장애(mood disorder)의 대표적 유형인 우울증의 필수 증상은 슬프고, 희망이 없고, 의기소침하며, 거의 모든 활동에 대해 흥미나 즐거움을 상실하는 것이다. 아동기에는 이러한 우울증상이 직접 나타나기보다는 쉽게 화를 내며, 하고 싶은 것이나 먹고 싶은 것 등 원하는 것을 물었을 때 대부분 모르겠다고 대답하는 등 간접적으로 표현한다.

그림 9-7 우울한 아동

〈출처〉 Wenar, C. & Kerig, P. (2004). 발달정신병리학: 영아기부터 청소년기까지, p. 196.

우울증은 발달단계가 서로 다른 영아기와 아동중기에 대해 가장 많이 연구되어 왔다. Wenar(1994, p. 223)는 이 두 기간의 우울증을 모두 '상실'에 대한 반응으로 설명하였으며 단지 상실의 대상이 다른 것만이 차이점이라고 설명하였다. 즉, 영아기에는 사랑하는 사람을 상실한 것에 대한 반응으로, 아동중기에는 자기가치감을 상실한 것에 대한 반응으로 우울증이 나타난다고 하였다.

3) 수면장애

수면과 관련된 장애에는 몽유병(sleepwalking disorder), 악몽(nightmare disorder), 야

경증(sleep terror disorder) 등이 있다. 몽유병은 자다가 일어나서 돌아다니는 것으로 방을 나가 화장실이나 다른 방으로 가기도 하고, 먹고, 말하기도 한다. 그러나 이러한 수면 중의 행위를 잠에서 깨어났을 때 전혀 기억하지 못한다. 악몽은 수면 중에 무서운 꿈을 반복적으로 꾸는 것으로 깨어났을 때 꿈의 내용을 상세하게 기억한다. 미국정신의학회(1994, p. 750)는 3~5세 유아의 10~50%가 심한 악몽을 꾼다고 보고하였다. 야경증은 강한 공포 때문에 갑작스럽게 잠에서 깨어나는 증상으로 흔히 비명을 지르거나 울면서 갑자기 잠자리에서 일어나 앉는다. 그러나 완전히 잠에서 깨지 않은 채 다시 잠들게 되고 다음날 아침에 일어나서는 그 사실을 기억하지 못한다. 수면과 관련된 문제로는 이외에도 수면의 시작이나 유지가 어려운 불면증이나 과도하게 잠을 자는 수면과다증과 같은 수면곤란증이 있다.

신생아는 하루 중 16~20시간을 자는 등 생후 2년까지는 깨어 있는 시간보다 잠들어 있는 시간이 더 길다. Anders, Sadeh와 Appareddy(1995, pp. 7-8)는 아동은 2세까지 10,000시간(14개월) 정도를 자며, 7,500시간(10개월) 정도만 깨어서 활동한다고 하였다. 그러한 2년 동안 아동의 뇌는 성인 뇌의 90% 정도로 발달하며 인지, 언어, 신체, 사회정서 등 모든 영역에서 급속히 성장한다. '자고나면 큰다' 는 속담이 있듯이 수면은 뇌발달이나 조절에 중요한 역할을 한다. 따라서 수면문제는 전반적인 신체적, 정신적 건강에 영향을 미치지만 최근까지도 아동의 수면장애는 거의 연구되지 않았다. DSM-IV에도 수면장애는 아동기에 처음으로 진단될 수 있는 장애유형에 속해 있지 않고 성인기의 진단유형에 포함되어 있다. 수면과 관련된 문제는 아동기에 나타날 수 있는 일반적인 어려움이기 때문에 수면장애를 특별한 장애로 간주하지 않는다. 그러나 장애로 진단되지는 않더라도 아동이 수면과 관련된 어려움을 보일 때 이에 대한 적절한 지도를 해주어야 한다.

참고문헌

강문희 · 신현옥 · 정옥환 · 정정옥(2004). **아동발달**. 파주: 교문사.

강봉규(2003). **인간발달**. 서울: 동문사.

국가통계포털(2009). 저체중출생아. 대전: 통계청.

김경희(1995). 교사용 유아정서지능 평정척도 개발에 관한 연구. 연세대학교 대학원 박사학위 청구논문.

김경희(1999). **발달심리학**. 서울: 학문사.

______ (2003). **아동심리학**. 서울: 박영사.

김광웅 · 방은령(2003). **아동발달**. 서울: 형설출판사.

김정희 · 김현주 · 손은경 · 송연숙 · 정인숙(2003). **아동발달심리**. 서울: 동문사.

김춘경 · 문혁준 · 신유림 · 심미경 · 옥경희 · 위영희 외(2002). **아동학개론**. 서울: 학지사.

김태련 · 조혜자 · 이선자 · 방희정 · 조숙자 · 조성원 외(2004). **발달심리학**. 서울: 학지사.

김현택 · 박동건 · 성한기 · 유태용 · 이순묵 · 이영호 외(2001). **심리학**. 서울: 학지사.

박명자 · 최경숙(1990). 제시양식 및 부호화 조건과 단서 양식이 아동의 회상에 미치는 영향. **아동학회지**, 11(1), 45-57.

박성연 · 도현심(2003). **아동발달**. 서울: 동문사.

보건복지부(2002). **1999 · 2000년도 모성사망조사 보고서**. 서울: 보건복지부.

보건복지부 질병관리본부(2007. 10. 19). 소아 청소년 성장곡선(신체발육 표준치) 새로이 제정(보도자료). 서울: 보건복지부 질병관리본부.

서봉연 · 이순형(1983). **발달심리학**. 서울: 중앙적성출판사.

서유헌(2006). 아동발달과 뇌발달의 이해. **한국아동학회 춘계학술대회 자료집: 건강한 아동 건강한 뇌**, 3-12.

성영혜 · 김연진 · 이경화 · 윤혜경 · 송주미 · 장미경 외(1999). **영유아 발달의 이론과 실제**. 서울: 동문사.

성현란 · 이현진 · 김혜리 · 박영신 · 박선미 · 유연옥 외(2004). **인지발달**. 서울: 학지사.

송명자(2008). **발달심리학**. 서울: 학지사.

송인섭 · 김정원 · 정미경 · 김혜숙 · 신은영 · 박소연(2001). **아동 연구방법**. 서울: 학지사.

신경혜(1994). 아동용 수용검사 도구에 의한 학령 전 아동의 언어발달 수준평가. 세종대학교 대학원 석사학위 청구논문.

신명희 · 박명순 · 권영심 · 강소연(1998). **교육심리학의 이해**. 서울: 학지사.

심미경(1996). 정서 및 행동장애의 실태조사 및 심리사회적 기능과의 관계연구. **아동학회지**, 17(1), 227-243.

유안진(1999). **아동발달의 이해**. 서울: 문음사.

유효순(1998). **아동발달**. 서울: 창지사.

______(2007). **아동발달(개정판)**. 서울: 창지사.

이소희 · 이경희(2000). **아동발달과 양육**. 서울: 형설출판사.

이소희 · 이정혜 · 이용복 · 도미향 · 박동녀(2001). **다중지능이론을 바탕으로 컴퓨터를 활용한 방과후 아동지도(Ⅰ)**. 서울: 케이앤비.

이숙재 · 이봉선(1999). **영유아의 발달과 교육**. 서울: 창지사.

이순형(2000). 한국아동이 초기에 획득한 문법적 형태소의 종류 및 획득 시기. **아동학회지**, 21(4), 51-68.

이영 · 이정희 · 김온기 · 이미란 · 조성연 · 이정림 외(2009). **영유아발달**. 서울: 학지사.

이옥형(1997). **아동발달**. 서울: 집문당.

이은해(1985). **아동 연구방법**. 서울: 교문사.

______(1995). **아동발달의 평가와 측정**. 서울: 교문사.

이정모 · 김민식 · 김기택 · 김정오 · 박태진 · 김성일 외(2004). **인지심리학**. 서울: 학지사.

이정희(1993). 취업모와 자녀간 애착 안정성과 관련 변인과의 관계. 연세대학교 대학원 박사학위 청구논문.

이주혜(1981). 유아의 낯가림 및 격리불안과 어머니의 양육태도와의 관계. 성균관대학교 대학원 석사학위 청구논문.

임말수 · 김경옥 · 김영선(1997). **아동기 발달**. 서울: 양서원.

임양미(1994). 어머니 양육방식의 관련요인. 연세대학교 대학원 석사학위 청구논문.

장휘숙(1995). **아동심리학**. 서울: 박영사.

______(2000). **아동 연구방법**. 서울: 창지사.

정갑순(1993). 유아의 초인지적 발달 연구. 중앙대학교 대학원 박사학위 청구논문.

정문자 · 이은해 · 박경자(1993). 베일리 유아발달 척도의 표준화를 위한 연구. **아동학회지**, 14(1), 5-21.

정영래 · 정경아(1994). **인체생리학**. 서울: 청구문화사.

정옥분(2002). **아동발달의 이해**. 서울: 학지사.

______(2003). **아동발달의 이론**. 서울: 학지사.

______(2004). **발달심리학: 전생애 인간발달**. 서울: 학지사.

조명한(1982). **한국 아동의 언어획득 연구: 책략 모형**. 서울: 서울대학교 출판부.

______(1999). **유아발달**. 파주: 교육과학사.

______(2000). **아동발달**. 파주: 교육과학사.

조명한 · 이정모 · 김정오 · 신현정 · 이광오 · 도경수 외(2003). **언어심리학**. 서울: 학지사.

조복희 · 정옥분 · 유가효(1997). **인간발달**. 서울: 교문사.

조성연(2001). **예비부모를 위한 부모됨의 교육**. 서울: 동인문화사.

______(2006). **예비 부모교육**. 서울: 학지사.

조성윤(1992). 한국 유아의 언어습득과 그 발달 과정에 대한 고찰. 단국대학교 교육대학원 석사학위 청구논문.
조연순 · 이영(1997). **아동의 세계: 태내기에서 청년기 발달까지**. 파주: 양서원.
__________ (2002). **아동의 세계: 영유아 발달**. 파주: 양서원.
주영희(2001). **유아언어발달과 교육**. 파주: 교문사.
천희영(1992). 아동의 기질 유형화와 어머니의 양육태도. 연세대학교 대학원 박사학위 청구논문.
최경숙(2006). **아동발달심리학**. 파주: 교문사.
최순영(2003). **인간의 사회 · 성격 발달심리**. 서울: 학지사.
최영희(1987). 5~7개월아의 기질조사 연구. **아동학회지**, 8(2), 1-15.
_____(1995). 유아 기질과 어머니의 심리적 안정성의 양육태도 설명력에 관한 연구. **대한가정학회지**, 33(5), 187-196.
통계청(2004). 2003년 **사망원인통계결과**. 대전: 통계청.
한국아동학회 편(2004). **한국 아동학의 연구: 동향과 전망**. 서울: 학지사.
한국아동학회(2009). **한국 아동청소년발달백서**. 서울: 창지사.
한국유아교육학회 편(1996). **유아교육사전**. 서울: 한국사전연구사.
한국인간발달학회 편(1997). **유아 심리**. 서울: 중앙적성출판사.
한영자 · 최정수 · 서경 · 이상욱 · 오희철 · 김옥남 외(2008). 2005~2006 **영아 · 모성 사망조사**. 서울: 한국보건사회연구원, 대한의무기록협회, 보건복지가족부.
한재찬(1967). **좋은 아기 낳는 법**(태교신기의 역). 서울: 정문사.
황혜정(2002). 아동과 청소년의 친구관계 발달에 관한 연구. **아동학회지**, 23(3), 35-49.

Adams, R. J.(1987). An evaluation of color preference in early infancy. *Infant Behavior and Development, 10*, 143-150.
Adams, R, J., & Courage, M. L. (1995). Development of chromatic discrimination in early infancy. *Behavioral Brain Research*, 67, 99-101.
Ainsworth, M. S. (1973). The development of infant mother attachment. In B. M. Caldwell & H. N. Rittiuti (Eds.), *Review of child development research* (Vol. 3). Chicago: University of Chicago Press.
Ainsworth, M. S., & Bell, S. (1970). Attachment, exploration, and separation: Illustration by the behavior of one-year-olds in a strange situation. *Child Development, 41*, 49-67.
Ainsworth, M., & Witting, B. (1969). Attachment and exploratory behavior of one year-olds in a strange situation. In B. M. Foss(Ed.), *Determinants of infant behavior*(Vol. 4). London: Methuen.
Allen, K. E., & Marotz, L. R. (2000). *By the Ages: Behavior & development of children pre-birth through eight*. New York: Delmar.
American Psychiatric Association.(1994). **정신장애의 진단 및 통계 편람 제4판**. 이근후 외 (공역). 서울: 하나의학사. (1994년 원저 발간).
Ammann, A. J. (1987). Pediatric acquired immunodeficiency syndrome. In *AIDS: Information for the*

practicing physician (Vol. 1). Chicago: American Medical Association.

Anders, T. F., Sadeh, A., & Appareddy, V. (1995). Normal sleep in neonates and children. In R. Ferber & M. Kryger (Eds.), *Principles and practice of sleep medicine in the child.* Philadelphia, PA: Saunders.

Anglin, J. M. (1993). Vocabulary development: A morphological analysis. *Monographs of the Society for Research in Child Development,* 58(10, Serial No 238).

Anisfeld, M. (1991). Neonatal imitation. *Developmental Review, 11,* 60-97.

__________ (1996). Only tongue production modeling is matched by neonates. *Developmental Review, 16,* 149-161.

Ashmead, D. H. (1976). Newborn attentional responses to vocal and nonvocal stimuli. Unpublished doctoral thesis. Brown University, Providence, RI, USA.

Aslin, R. N. (1987). Visual and auditory discrimination in infancy. In J. D. Osofsky (Ed.), *Handbook of infant development* (2nd ed.). New York: Wiley.

Aslin, R. N., Jusczyk, P. W., & Pisoni, D. B. (1998). Speech and auditory processing during infancy: Constraints on and precursors to language. In W. Damon (Ed.), *Handbook of child psychology* (Vol. 2). New York: Wiley.

Bahrick, L. E. (1992). Infants' perceptual differentiation of amodal and modelity specific audio-visual relation. *Journal of Experimental Child Psychology, 53,* 180-199.

Bahrick, L. E., Netto, D., & Hernandez-Reif, M. (1998). Intermodal perception of adult and child faces and voices by infants. *Child Development, 69,* 1263-1275.

Baltes, P. B. (1979). Life-span developmental psychology: Some converging observations on history and theory. In P. B. Baltes & O. G. Brim, Jr. (Ed.), *Life-span development and behavior* (Vol. 2). New York: Academic Press.

Bandura, A. (1977). *Social learning theory.* Englewood Cliffs, NJ: Prentice-Hall.

Banks, M., & Salapatek, P. (1983). Infant visual perception. In M. M. Haith & J. J. Campos(Eds.), *Handbook of child psychology: Infancy and development psychology* (4th ed.). New York: Wiley.

Barney, T . (1987). **태아는 알고 있다.** 윤호중 (역). 서울: 홍익사. (1981년 원저 발간).

Barr, R., & Hayne, H. (1999). Developmental changes in imitation from television during infancy. *Child Development, 70,* 1067-1081.

Barrett, M. (1995). Early lexical development. In P. Fletcher & B. MacWhinney (Eds.), *The handbook of child language. Cambridge,* MA: Basil Blackwell.

Bates, E., Marchman, V., Thal, D., Fenson, L., Dale, P., Reznick, J. S., Reilly, J., & Hartung, J. (1994). Developmental and stylistic variation in the composition of early vocabulary. *Journal of Child Language, 21,* 85-123.

Bates, J. E. (1980). The concept of difficult temperament. *Merrill-Palmer Quarterly, 26*(4), 299-319.

Bayley, N. (1969). *Manual for the Bayley Scales of Infant Development.* New York: The Psycological

Corporation.

Beaty, J. J. (1986). *Observing the development of the young child.* Columbus, OH: Merrill.

Bee, H. (1997). *The developing child* (8th ed.). New York: Longman.

Beeghly, M., & Cicchetti, D. (1994). Child maltreatment, attachment, and the self system: Emergence of an internal stater lexicon in toddlers at high social risk. *Developmental Psychopathology*, 6, 5-30.

Belsky, J., Domitrovich, C., & Crnic, K. A. (1997). Temperament and parenting antecedents of individual differences in 3-year-old boys' pride and shame reactions. *Child Development*, 37, 456-466.

Belsky, J., Lerner, R., & Spanier, G. (1984). *The child in the family.* Reading, MA: Addison-Wesley.

Bem, S. L. (1987). Masculinity and femininity exist only in the mind of the perceiver. In J. M. Reinisch, L. A. Rosenblum, & S. A. Sanders (Eds.), *Masculinity/femininity: Basic perspectives.* New York: Oxford.

Berger, K. S. (2003). *Developing person through childhood and adolescence.* New York: Worth.

Berk, L. E. (1996). *Infants, children, and adolescents* (2nd ed.). Needham Heights, MA: Allyn and Bacon.

__________(1997). *Child development* (4th ed.). Boston: Allyn and Bacon.

__________(1999). *Infants and children.* Boston: Allyn and Bacon.

__________(2000). *Child development* (5th ed.). Boston: Allyn and Bacon.

__________(2008). *Infants and childen* (6th ed). Boston: Allyn and Bacon.

Berns, R. M. (1997). *Child, family, school, community: Socialization and support.* New York: Holt, Rinehart and Winston.

Bernstein, G. A., & Borchardt, C. M. (1991). Anxiety disorders in childhood and adolescence: A critical review. *Journal of the American Academy of Child and Adolescent Psychiatry*, 30, 519-533.

Best, D. L., Williams, J. E., Cloud, J. M., Davis, S. W., Robertson, L. S., Edwards, J. R., et al. (1977). Development of sex-trait stereotypes among young children in the United States, England, and Ireland. *Child Development, 48*, 1375-1384.

Bjorklund, D. F. (1995). *Children' s thinking: Developmental function and individual differences* (2nd ed.). Pacific Grove, CA: Brooks/Cole.

Blehar, M. C. (1974). Anxious attachment & defensive reactions associated with day care. *Child Development, 45*, 682-692.

Blennow, I. P., & McNeil, T. F. (1980).Questionnaire for measurement of temperament in one-and two-year-old children: Development and standardization. *Journal of Child Psychology and Psychiatry, 21*, 37-46.

Bowlby, J. (1969). *Attachment and loss: Attachment* (Vol. 1). New York: Basic Books.

Brazelton, T. B., & Nugent, J. K. (1995). *Neonatal Behavioral Assessment Scale(NBAS) handbook.*

Boston: The Brazelton Institute.

Bridges, M. S. (1932). Emotional development in early infancy. *Child Development, 3*, 324-341.

Bridges, L., & Grolnick, W. (1995). The development of emotional self-regulation in infancy and early childhood. In N. Eksenberg (Ed.), *Social development: Review of child development research* (pp. 185-211). Thousand Lakes, CA: Sage.

Bronfenbrenner, U. (1979). *The ecology of human development: Experiments by nature and design.* Cambridge, MA: Harvard University Press.

______________ (1995). The bioecological model from a life course perspective. In P. Moen, G. H. Elder, & K. Luscher (Eds), *Examining lives in context.* Washington, DC: American Psychological Association.

Bullock, M. (1985). Animism in childhood thinking: A new look at an old question. *Developmental Psychology, 21*, 217-226.

Bullock, M., & Lutkenhaus, P. (1990). Who am I? Self-understanding in toddlers. *Merrill-Palmer Quarterly, 36*, 217-238.

Campbell, S. (1979). Mother-infant interaction as a function of maternal ratings of temperament. *Child Psychology and Human Development, 10*, 67-76.

Carey, W. B., & McDevitt, S. C. (1978). Stability and changes in individual temperament diagnosis from infancy to early childhood. *Journal of the American Academy of Child Psychiatry, 17*, 331-337.

Case, R. (1985). *Intellectual development*: Birth to adulthood. Orlando, FL: Academic Press.

Ceci, S. J., & Bronfenbrenner, U. (1985). "Don't forget to take the cupcakes out of the oven.": Prospective memory, strategic time-monitoring, and context, *Child Development, 56*, 152-164.

Chance, P. (1996). **학습과 행동**, 김기석 (역). 서울: 교육과학사. (1987년 원저 발간).

Choi, S., & Gopnik, A. (1995). Early acquisition of verbs in Korea: A cross-linguistic study. *Journal of Child Language, 22*, 497-530.

Chomsky, N. (1957). *Syntactic structures.* The Hague: Mouton.

Clifton, R., Perris, E., & Bullinger, A.(1991). Infants' perception of auditory space. *Developmental Psychology, 27*, 187-197.

Cohen, D. (1983). *Piaget: Critique and reassessment.* New York: St. Martin's Press.

Costello, E. J., & Angold, A. (1995). Developmental epidemiology. In D. Cicchetti & D. J. Cohen (Eds.), *Developmental psychopathology: Theory and methods* (Vol. 1). New York: Wiley.

Crain, W. C. (1980). *Theories of development: Concepts and applications.* Englewood Cliffs, NY: Prentice Hall.

____________(1983). **발달의 이론**. 서봉연(역). 서울: 중앙적성출판사. (1980년 원저 발간).

Cunningham, F. G., MacDonald, P. C., & Gant, N. F. (1989). *Williams obstetrics.* London: Prentice-Hall International.

Curran, J. W., Jaffe, H. W., Hardy, A. M., Morgan, W. M., Selik, R. M., & Dondero, T. J. (1988). Epidemiology of HIV infection and AIDS in the United States. *Science, 239*, 610-616.

Dannemiller, J. L., & Stephens, B. R. (1998). A critical test of infant pattern preference models. *Child Development, 59*, 210-216.

Dawkins, R. (1976). *The selfish gene*. New York: Oxford University Press.

Dawson, C. (2002). *Practical research methods: A user-friendly guide to mastering research techniques and projects*. UK: How to Books.

Dempster, F. N. (1981). Memory span: Sources of individual and developmental differences. *Psychological Bulletin, 89*, 63-100.

de Villiers, J. G., & de Villiers, P. A. (1979). *Early language. Cambridge,* MA: Harvard University Press.

Dobson, V., & Teller, D. Y. (1978). Visual acuity in human infants: A review and comparison of behavioral and electrophysiological studies. *Vision Research, 18*, 1469-1483.

Dodge, K. A., Murphy, R. R., & Buchsbaum, K. (1984). The assessment of intention-cue detection skills in children: Implications for developmental psychopathology. *Child Development, 55*, 163-173.

Eckerman, C. D., Davis, C. C., & Didow, S. M. (1989). Toddlers' emerging ways of achieving social coordinations with a peer. *Child Development, 60*, 440-453.

Eisenberg, N., & Miller, P. A. (1987). The relation of empathy to prosocial and related behaviors. *Psychological Bulletin, 101*, 91-119.

Eisenberg, N., Lennon, R., & Roth, K. (1983). Prosocial development: A longitudinal study. *Developmental Psychology, 19*, 846-855.

Elder, G. H., Jr., & Caspi, A. (1988). Human development and social change: An emerging perspective on the life course. In N. Bolger, A. Caspi, G. Downey, & M. Moorehouse (Eds.), *Persons in context: Developmental processes*. New York: Cambridge University Press.

Elder, G. H., & Rockwell, R. C. (1978). Economic depression and postwar opportunities in men's lives. In R. A. Simons (Ed.), *Research in community and mental health*. Greenwich, CT: JAI Press.

Erikson, E. H. (1950). *Childhood and society*. New York: Norton.

Erikson, E. (1975). *Life history and the historical moment*. New York: Norton.

_________(1997). **아동기와 사회**. 윤진 · 김인경 (공역). 서울: 중앙적성출판사. (1950년 원저 발간).

Fabes, R., Eisenberg, N., Karbon, M., Bernzweig, J., Speer, A., & Carlo, G. (1994). Socialization of children' s vicarious emotional responding and prosocial behavior. *Developmental Psychology, 30*, 44-55.

Fagot, B. I., Leinbach, M. D., & Hagan, R. I. (1986). Gender labeling and the adoption of sex-typed behaviors. *Developmental Psychology, 22*, 440-443.

Fantz, R. L. (1961). The origin of form perception. *Scientific American, 204*, 66-72.

_________ (1963). Pattern vision in newborn infants. *Science, 140*, 296-297.

Feldman, S. S. (1987). Predicting strain in mothers and fathers of 6-month-old infants: A short-term longitudinal study. In P. W. Berman & F. A. Pedersen (Eds.), *Men' s transitions to parenthood:*

Associates.

Ferguson, L. R. (1978). The competence and freedom of children to make choices regarding participation in research: A statement. *Journal of Social Issues, 34*, 114-121.

Field, T. (1997). 영아기 발달. 박성연 · 이영 (공역). 서울: 이화여자대학교출판부. (1990년 원저 발간).

Fitzgerald, H. E., & Brackbill, Y. (1976). Classical conditioning in infancy: Development and constraints. *Psychological bulletin, 83*, 353-375.

Flavell, J. H. (1990). 인지발달(개정판). 서봉연 · 송명자 (공역). 서울: 중앙적성출판사. (1985년 원저 발간).

Fodor, J. (1983). *The modularity of mind.* Cambridge, MA: MIT Press.

Frankenburg, W. K., Frandel, A., Sciarillo, W., & Burgess, D. (1981). The newly abbreviated and revised Denver Developmental Screening Test. *Journal of Pediatrics, 99*, 995-999.

Freud, A. (1965). *The psychoanalytic treatment of children.* New York: International Universities Press.

Gable, S., & Isabella, R. A. (1992). Maternal contributions to infant regulation of arousal. *Infant Behavior and development, 15*, 95-107.

Gander, M. J., & Gardiner, H. W. (1981). *Child and adolescent development.* Boston: Little, Brown Company.

Gardner, H. (1983). *Frames of mind: The theory of multiple intelligence.* New York: Basic Books.

Gesell, A. L. (1946). The ontogenesis of infant behavior. In L. Carmichael (Ed.), *Manual of child psychology.* New York: Harper.

Gibbs, J. C., & Schnell, S. V. (1985). Moral development versus socialization. *American Psychogist, 40*, 1071-1080.

Gibson, E. (1969). *Principes of perceptual learning and development.* New York: Appleton-Century-Crofts.

________ (1992). How to think about perceptual learning: Twenty-five years later. In H. L. Pick, P. Van den Brock, & D. C. Knoll (Eds.), *Cognitive psychology: Conceptual and methodological issues.* Washington, DC: American Psychological Association.

Gibson, E., & Walk, R. D. (1960). The "visual cliff". *Scientific American, 202*, 64-71.

Giles, H., & Fowlkes, J. (1977). Development of sex-trait stereotypes among young children in the United States, England, and Ireland. *Child Development, 48*, 1375-1384.

Golden, M., Montare, A., & Bridger, W. (1977). Verbal control of delay behavior in two-year-old boys as a function of social class. *Child Development, 48*, 1107-1111.

Gopnik, A., & Meltzoff, A. N. (1997). *Words, thoughts, and theories.* Cambridge, MA: MIT Press.

Graue, E. M., & Walsh, D. J. (1998). *Studying children in context: Theories, methods, and ethics.* Thousand Oaks, CA: SAGE.

Green, M. (1989). *Theories of human development: A comparative approach.* Englewood Cliffs, NJ: Prentice Hall.

Green, M. (1989). *Theories of human development: A comparative approach.* Englewood Cliffs, NJ: Prentice Hall.

Grossman, K., Grossman, K. Spangler, G., & Unzer, L. (1985). Maternal sensitivity and newborns' orientation responses as related to quality of attachment in northen Germany. In I. Bretherton & E. Waters (Eds.), Growing points of attachment theory and research, *Monographs of The Society for Research in child Development, 50*, 233-256.

Haden, C. A., & Fivush, F. (1996). Contextual variation in maternal conversational styles. *Merrill-Palmer Quarterly, 42*, 200-227.

Harper, L. V., & Huie, K. S. (1985). The effects of prior group experience, age, and familiarity on the quality and organization of preschooler' s social relationships. *Child Development, 56*, 704-717.

Harris, G., Thomas, A., & Booth, D. A. (1990). Development of salt taste in infancy. *Developmental Psychology, 26*, 534-538.

Harris, J. R. (1995). Where is the child's environment?: A group socialization theory of development. *Psychological Review, 102*, 458-489.

Hart, D., & Chmiel, S. (1992). Influence of defense mechanisms on moral judgement development: A longitudinal study. *Developmental Psychology, 28*, 722-730.

Harter, S. (1998). Development process in the construction of the self. In T. D. Yawkey & J. E. Johnson (Eds.), *Intergrative processes and socialization: Early to middle childhood.* Hillsdale, NJ: Erlbaum.

Hartup, W. W. (1983). Peer relations. In P. H. Mussen (Ed.), *Handbook of child psychology: Vol. 4. Socialization, personality, and social development* (pp. 103-196). New York: Wiley.

__________ (1992). Friendships and their developmental significance. In H. McGuire (Ed.), *Childhood social development: Contemporary perspectives.* Hove, England: Erlbaum.

Held, R. (1995). Binocular vision. In P. D. Gluckman & M. A. Heymann (Eds.), *Developmental physiology: A pediatric perspective* (2nd ed.). London: Arnold.

Hetherington, E. M., & Parke, R. D. (1993). *Child Psychology* (4th ed.). New York: McGraw-Hill.

Hinde, R. A. (1983). Ethology and child development. In M. M. Haith & J. J. Campos (Eds.), *Handbook of child psychology: Infancy and developmental psychology* (Vol. 2). New York: Wiley.

Hodapp, R. M., & Dykens, E. M. (1996). Mental Retardation. In E. J. Mash & R. A. Barkley (Eds.), *Child psychopathology.* New York: Guilford Press.

Hoffman, M. L. (1987). The contribution of empathy to justice and moral development. In N. Eisenberg & J. Strayer (Eds.), *Empathy and its development.* Cambridge, UK: Cambridge University Press.

Homan, R. (1991). *The ethics of social research.* London: Longman.

Howes, C., & Olenick, M. (1986). Family and childcare influence on toddlers' compliance. *Child Development, 57*, 202-216.

Hughes, F. P., & Noppe, L. D. (1985). *Human development across the life span.* New York: West.

Hulsebus, R. C. (1975). Latency of crying cessation measuring infants' discrimination of mother' voices. Paper presented at meeting of American Psychological Association, Chicago.

Izard, C. E. (1991). *The psychology of emotions.* New York: Plenum Press.

Izard, C. E., & Dougherty, L. M. (1982). Two complementary systems for measuring facial expressions in infants and children. In C. E. Lzard (Ed.), *Measuring emotions in infants and children.* Cambridge, UK: Cambridge University Press.

Jacobson, J. L., Jacobson, S. W., Padgett, R. J., Brumitt, G. A., & Billings, R. L. (1992). Effects of prenatal PSB exposure on cognitive processing efficiency and sustained attention. *Developmental psychology, 28,* 297-306.

Jusczyk, P. W. (1995). Language acquisition: Speech sounds and phonological development. In J. L. Miller & P. D. Eimas (Eds.), *Handbook of perception and cognition: Speech, language, and communication* (Vol. 11). Orlando, FL: Academic Press.

Kaijura, H., Cowart B., J., & Beauchamp, G. K. (1992). Early developmental change in bitter taste responses in human infants. *Developmental Psychobiology, 25,* 375-386.

Kail, R. V. (2002). *Children.* Upper Saddle River, NJ: Prentice Hall.

Kelley, M. L., Power, T. G., & Wimbush, D. D. (1992). Determinants of disciplinary practices in low-income black mothers. *Child Development, 63,* 573-582.

Kelley, S. A., Brownell, C. A., & Campbell, S. B. (2000). Mastery motivation and self-evaluative affect in toddlers: Longitudinal relations with maternal behavior. *Child Development, 71,* 1061-1071.

Kellman, P. J., & Banks, M. S. (1998). Infant visual perception. In W. Damon (Ed.), *Handbook of child psychology* (Vol. 2). New York: Wiley.

Kellogg, R. (1969). *Analyzing children's art.* Palo Alto, CA: Mayfield.

Kerlinger, F. N. (1986). *Foundations of behavioral research* (3rd ed.). New York: Holt, Rinehart, and Winston.

Klaus, M. H., & Kennell, J. H. (1982). *Parent-infant bonding.* St. Louis, MS: Mosby.

Klein, H. A. (1984). Early childhood group care: Predicting adjustment from individual temperament. *The Journal of Genetic Psychology, 137,* 125-131.

Kohlberg, L. A. (1966). Cognitive developmental analysis of children's sex-role concepts and attitudes. In E. E. Maccoby (Ed.), *The development of sex differences.* Stanford, CA: Stanford University Press.

______________ (1976). Moral stages and moralization: The cognitive development approach. In T. Likona (Ed.), *Moral development and behavior: Theory, research and social issues.* New York: Holt, Rinehart & Winston.

Kohlberg, L., & Ullian, D. Z. (1978). Stage in the development of psychosexual concepts and attitudes. In R. C. Friedman, R. M. Richart, & R. I. Vande Wiele (Eds.), *Sex differences in behavior.* New York: Krieger.

______(1987). The growth of self regulation: Caregivers and children. In N. Eisenberg (Ed.), *Contemporary topics in developmental Psychology.* New York: Wiley.

Korones, S. B. (1981). *High-risk newborn infants.* St. Louis, MS: Mosby.

Kuhn, D., Nash, S. C., & Brucken, L. (1978). Sex role concepts of two and three-year-olds. *Child Development, 49,* 445-451.

Lenneberg, E. (1967). *The biological foundations of language.* New York: Willey.

Leonard, H. L., & Dow, S. (1995). Selective mutism. In J. S. March (Ed.), *Anxiety disorders in children and adolescents.* New York: Guilford Press.

Lerner, R. M., & Von Eye, A. (1992). Sociobiology and human development: Arguments and evidence. *Human Development, 35,* 12-33.

Lewis, M. (1987). Social development in infancy and early childhood. In J. D. Osofsky (Ed.), *Handbook of infant development.* New York: Wiley.

Lewis, M. (1992). *Shame: The exposed self.* New York: Free Press.

Lewis, M., Alessandri, S. M., & Sullivan, M. W.(1992). Differences in shame and pride as a function of children' s gender and task difficulty. *Child Development, 63,* 630-638.

Lewis, M., & Brooks-Gunn, J. (1979). Self -knowledge and emotional development. In M. Lewis & L. Rosenblum (Eds.), *The development of affect.* Cambridge, UK: Cambridge University Press.

Lillard, A. (1998). Casting the theory net wide: Review of the book words, thoughts, and theories. *Contemporary Psychology, 43,* 663-665.

Lipsitt, L. P. (1990). Learning and memory in infants. *Merrill-Palmer Quarterly, 36,* 53-66.

Loeber, R. (1991). Questions and advances in the study of developmental pathways. In D. Cicchetti & S. L. Toth (Eds.), *Rochester symposium on developmental psychopathology: Models and integrations* (Vol. 3). New York: University of Rochester Press.

Maccoby, E. E. (1990). Gender and relationships: A developmental account. *American Psychologist, 45,* 513-520.

MacFarlane, A. (1975). Olfaction in the development of social preferences in the human neonate. In Parent-infant interaction(CIBA Foundation Symposium No. 33), Amsterdam, Netherland: Elsevier.

______(1977). *The psychology of childbirth.* Cambrige, MA: Harvard University Press.

Mahler, M. S., Pine, F., & Bergman, A. (1975). *The psychological birth of human infants: Symbiosis and individuation.* New York: International University Press.

Main, M., & George, C. (1985). Responses of abused and disadvantaged toddlers to distress in agemates: A study in the day care setting. *Developmental Psychology, 21,* 407-412.

Main, M., & Solomon, J. (1986). Discovery of a new, insecure-disorganized, disoriented attachment pattern. In M. Yogman & T. B. Brazelton (Eds.), *Affective development in infancy.* Norwood, NJ: Ablex.

Malatesta, C. Z. (1985). Developmental course of emotion in the human infant. In G. Zivin (Ed.), *The*

NJ: Ablex.

Malatesta, C. Z. (1985). Developmental course of emotion in the human infant. In G. Zivin (Ed.), *The development of expressive behavior: Biology-environment interactions.* Orando, FL: Academic Press.

Mandel, D. R., Jusczyk, P. W., & Pisoni, D. B. (1995). Infants' recognition of the sound patterns of their own names. *Psychological Science, 6*, 314-317.

Markman, E. M. (1978). Empirical versus logical solutions to part-whole comparison problems concerning classes and collections. *Child Development, 49*, 168-177.

Martin, C. L., & Halverson, C. F., Jr. (1987). The roles of cognition in sex-roles and sex-typing. In D. B. Carter (Ed.), *Conceptions of sex-roles and sex-typing: Theory and research.* New York: Praeger.

Mash, E. J., & Wolfe, D. A. (1999). *Abnormal child psychology.* Belmont, CA: Brooks/Cole.

Maurer, D., & Salpatek, P. (1976). Developmental changes in the screening of faces by young infants. *Child Development, 47*, 523-527.

McCall, R. B., Applebaum, M. I., & Hogarty, P. S.(1993). Developmental changes in mental performance. *Monographs of the Society for Research in Child Development*, 38(Serial No. 150).

McCall, R. B., & Carriger, M. S. (1993). A meta-analysis of infant habituation and recognition memory performance as later IQ. *Child Development, 64*, 57-79.

McGarrigle, J., Grieve, R., & Hughes, M. (1978). Interpreting inclusion. *Journal of Experimental Child Psychology, 26*, 528-550.

Mckenzie, B. E., Tootell, H. E., & Day, R. H. (1980) Development of visual six constancy during the 1st year of human infancy. *Developmental Psychology, 16*, 163-174.

McNeill, D. (1972) *The acquisition of language: The study of developmental psycholinguistics.* New York: Harper & Row.

Meltzoff, A. N., & Borton, R. W. (1979). Intermodal matching by human neonates, *Nature, 282*, 403-404.

Meltzoff A. N., & Moore, M. K. (1989). Imitation in newborn infants: Exploring the range of gestures imitated and the underlying mechanisms. *Developmental Psychobiology, 25*, 954-962.

__________________________ (1994). Imitation, memory, and the representation of persons. *Infant Behavior and Development, 17*, 83-99.

Mills, M., & Melhuish, E. (1974). Recognition of mother's voice in early infancy. *Nature, 252*, 123-124.

Mischel, W., Shoda, Y., & Rodriguez, M. (1989). Delay of gratification in children. *Science, 244*, 933-937.

Miyake, K., Chen, S., & Campos, J. (1985). Infant temperament, mother's mode of interaction and attachment in Japan: An interim report. In I. Bretherton & E. Waters (Eds.), Growing points of attachment theory and research, *Monographs of the Society for Research in Child Development, 50*, 276-318.

Murkoff, H., Eisenberg, A., & Hathaway, S. (2002). *What to expect when you're expecting.* UK:

Simon & Schuster.

Murray, A. D., Dolby, R. M., Nation, R. L., & Thomas, D. B. (1981). Effects of epidural anasthesia on newborns and their mothers. *Child Development, 52*, 71-82.

Mussen, P. (1973). *The psychological development of the child.* Englewood Cliffs, NJ: Prentice-Hall.

Muzi, M. J. (2002). *Child development.* New York: Prentice Hall.

Newcombe, N. (1996). *Child development: Change over time* (8th ed.). New York: Harper Collins College Publishers.

Newcombe, N., & Huttenlocher, J. (1992). Children' s early ability to solve perspective-taking problems. *Developmental Psychology, 28*, 635-643.

Ornstein, P. A., Naus, M. J., & Liberty, C. (1975). Rehearsal and organizational processes in children' s memory. *Child Development, 46*, 818-830.

Parten, M. (1932). Social play among preschool children. *Journal of Abnormal and Social Psychology, 27*, 243-269.

Pederson, D. R., Gleason, K .E., Morgan, G., & Bento, S. (1998). Maternal attachment representations, maternal sensitivity, and the infant-mother attachment relationship. *Developmental Psychology, 34*, 925-933.

Pederson, D. R., Gleason, K. E., Moran, G., & Bento, S. (1998). Maternal attachment representations, maternal sensitivity, and the infant-mother attachment relationship. *Developmental Psychology, 34*, 925-933.

Piaget, J. (1954). *The construction of reality in the child.* New York: Basic Books.

________ (1962). *Play dreams, and imitation in childhood.* New York: Norton.

________ (1973). *The psychology of intelligence.* Totowa, NJ: Littlefield & Adams.

Piaget, J., & Inhelder, B. (1956). *The child's conception of space.* London: Routledge & Kegan Paul.

Picariello, M. L., Greenberg, D. N., & Pillemer, D. B. (1990). Children' s sex-related stereotyping of colors. *Child Development, 61*, 1453-1460.

Pickens, J., & Field, T. (1993). Facial expressivity in infants of depressed mothers. *Developmental Psychology, 29*, 986-988.

Pillitter, A. (1981). Maternal-newborn nursing: Care of the growing family. Boston: Little Brown.

Pinyerd, B., & Zipf, W. B. (2005). Puberty timing is everything. *Journal of Pediatric Nursing, 20*, 75-82.

Porter, R. H., & Laney, M. D. (1980). Attachment theory and concept of inclusive fitness. *Merrill-Palmer Quarterly, 26*, 35-51.

Porter, R. H., Makin, J. W., Davis, L. B., & Christensen, K. M. (1991). An assessment of the salient olfactory environment of formula-fed infants. *Physiology and Behavior, 50*, 907-911.

Raver, C. C., & Zagler, E. F. (1997). Social competence: An untapped dimension in evaluating Head Start' s success. *Early Childhood Research Quarterly, 12*, 363-385.

Rhee, U., & Shin, Y. (2000). Trends in early childhood care and educational research in Korea. *International Journal of Early Childhood Education, 5*, 111-121.

Rice, F. P. (1998). *Human development* (3rd ed.). New York: Prentice Hall.

Richards, M. H., & Siegler, R. S. (1986). Children' s understandings of the attributes of life. *Journal of Experimental Child Psychology, 42*, 1-22.

Ridley, M. (2001). 게놈. 하영미 · 전성수 · 이동희 (공역). 경기: 김영사. (1999년 원저 발간)

Rodholm, M. (1981). Effects of father-infant postpartum contact in their interaction three months after birth. *Early Human Development, 5*, 79-86.

Rose, S. A., & Wallace, I. F. (1985). Visual recognition memory: A predictor of later cognitive functioning. *Child Development, 56*, 853-861.

Rosenblith, J. F. (1992). *In the beginning: Development from conception to age two* (2nd ed.). Newbury Park, CA: Sage.

Rossi, E., & Rossi, S. I. (1965). Concept utilization, serial order and recall in nursery school children. *Child Development, 36*, 771-778.

Rostenstein, D., & Oster, H. (1988). Differential facial. *Child Development, 59*, 1555-1568.

Rothbart, M. K., & Bates, J. E. (1998). *Temperament in psychology: Social, emotional, and personality development* (Vol. 3). New York: Wiley.

Rovee-Collier, C. K. (1987). Learning and memory. In. J. D. Osofsky(Ed.), *Handbook of infant development* (2nd ed.) New York: Wiley.

__________________ (1997). Dissociations in infant memory: Rethinking the development of implict and explicit memory. *Psychological Review, 104*, 467-498.

Rubenstein, A. J., Kalakanis, L., & Langlois, J. H. (1999). Infant preferences for attractive faces: A cognitive explanation. *Developmental Psychology, 35*, 848-855.

Salovey, P., & Mayer, J. D. (1990). Emotional intelligence. *Imagination, Cognition, and Personality, 9*, 185-211.

Santrock, J. W. (1994). *Life-span development*. Dubuque, IA: Brown & Benchmark.

____________ (1997). *Life-span development*. Madison, WI: Brown & Benchmark.

Scarr, S., Weinberg, R. A., & Levine, A. (1986). *Understanding development*. New York: Harcourt Brace Jovanovich.

Seifert, K. L. (1995). Cognitive development and early children education. In B. Spodek (Ed.), *Handbook of research on the education of young children*. New York: Macmillan.

Selman, R. L. (1980). *The growth of interpersonal understanding*. New York: Academic Press.

Shaffer, D. R. (1979). *Social and personality development*. Pacific Grove, CA: Brooks/Cole.

______________(1993). *Developmental psychology: Theory, research, and applications*. Pacific Grove, CA: Brooks/Cole.

______________(1999). *Developmental psychology: Childhood and adolescence* (5th ed.). Pacific Grove, CA: Brooks/Cole.

______________(2000). *Social & personality development* (4th ed). Belmont, CA: Wadsworth.

Shaffer, D. R., & Kipp, K. (2007). *Developmental psychology* (7th Ed.). Belmont, CA: Thompson

Higher Education.

Sheiman, D. L., & Slomin, M. (1988). *Resources for middle childhood.* New York: Garland.

Smilansky, S. (1968). *The effects of sociodramatic play on disadvantaged preschool children.* New York: Wiley.

Smith, P., & Pederson, D. (1988). Maternal sensitivity and patterns of infant-mother attachment. *Child Development, 59*, 1097-1101.

Snow, C. (1998). *Infant development* (2nd ed.). Englewood Cliffs, NJ: Prentice-Hall.

Society for Research in Child Development(1990). *SRCD ethical standards for research with children.* SRCD News Letter, winter.

Spelke, E., & Owsley, C. (1979). Intermodal exploration and knowledge in infancy. *Infant Behavior and Development, 2*, 13-27.

Sroufe, L. A., & Wunsch, J. P. (1972). The development of laughter in the first year of life. *Child Development, 43*, 1324-1344.

Sroufe, L., Cooper, R., & DeHart, G. (1992). Child development: *Its nature and course* (2nd ed.). New York: McGraw-Hill.

Stanway, P. (2000). *New guide to pregnancy and child care.* New York: Simon & Schuster.

Stein, N. L., & Trabasso, T. (1989). Children' s understandings of changing emotional states. In C. Saarni & P. L. Harris (Eds.). *Children' s understandings of emotion.* Cambridge: Cambridge University Press.

Steinberg, C., & Meyer, R. (1995). *Childhood.* New York: McGraw-Hill.

Steinberg, L. & Belsky, J. (1991). *Infancy, childhood, & adolescence.* New York: McGraw-Hill.

Sternberg, R. J. (1988). Intellectual development: Psychometric and information processing approaches. In M. H. Bornstein & M. E. Lamb (Eds.), *Developmental psychology: An advanced textbook* (2nd ed.). Hillsdale, NJ: Erlbaum.

Sternberg, R. J. (Ed.) (1985). *Human abilities: An information processing approach.* New York: W. H. Freeman.

Stoppard, M. (2002). *New pregnancy and birth book.* UK: Dorling Kindersley.

Streissguth, A. P., Treder, R., Barr, H.M., Shepard, T., Bleyer, W.A., Sampson, P.D., et al. (1987). Aspirin and acetaminophen use by pregnant women and subsequent child IQ and attention decrements. *Teratology, 35*, 211-219.

Tanner, J. M. (1984). Physical growth. In P. H. Mussen (Ed.), *Carmichael's manual of child psychology.* New York: Wiley.

Taylor, H. G. (1988). Learning disabilities. In E. J. Mash & L. G. Terdal (Eds.), *Behavioral assessment of childhood disorders* (2nd Ed.). New York: Guilford.

Taylor, M. C., & Hall, J. A. (1982). Psychological androgyny: Theories, methods, and conclusion. *Psychological Bulletin, 92*, 347-366.

Thelen, E., & Smith, L. B. (1994). *A dynamic systems approach to the development of cognition and action*. Cambridge, MA: MIT Press.

Thomas, A., Chess, S., & Birch, H. G. (1968). *Temperament and behavior disorders in children*. New York: New York University Press.

Thomas, R. M. (2000). *Comparing theories of child development* (5th ed.). Balmont, CA: Wadsworth.

Toner, M. (1991). Worries mount as studies link birth defects to fathers' job perils. *Atlanta Journal, 18*, Feb., A9.

Vasta, R., Haith, M. M., & Miller, S. A. (1992). *Child psychology: The modern science*. New York: John Wiley & Sons.

Vaughn, B. E., Kopp, C. B., & Krakow, J. B. (1984). The emergence and consolidation of self-control from eighteen to thirty months of age: Normative trends and individual differences. *Child Development, 55*, 990-1004.

Ventura, S. J. (1989). Trends and variations in first births to older women in the United States, 1970-86. Vital and Health Statistics (Series 21). Hyattsville, MD: U.S. Department of Health and Human Services.

Vygotsky, L. S. (1962). *Thought and language*. Cambridge, MA: MIT Press.

__________ (1987). Thinking and speech. In R. W. Rieber & A. S. Carton (Eds.), *The collected works of L. S. Vygotsky: Problems of general psychology* (Vol. 1). New York: Plenum.

Warren, S. L., Houston, L., Egeland, B., & Sroufe, L. A. (1997). Child and adolescent anxiety disorders and early attachment. *Journal of the American Academy of child and Adolescent Psychiatry, 36*, 637-644.

Waters, E. (1995). The attachment Q-set (version 3.0). In E. Waters, B. E. Vaughn, G. Posada, & K. Kondo-Ikemura (Eds.), Caregiving, cultural, and cognitive perspectives on secure-base behavior and working models: New growing points of attachment theory and research. *Monographs of the Society for Research in Child Development, 60*, 234.

Watson, J. B. (1927). What to do when your child is afraid (interview with Beatrice Black). *Children*(March), 25-27.

Watson, J. B., & Rayner, R. (1920). Conditioned emotional reactions. *Journal of Experimental Psychology, 3*.

Weinraub, M., & Brown, L. M. (1983). The development of sex-role stereotypes in children: Crushing realities. In V. Frankes & E. D. Rothblum (Eds.), *The stereotyping of women: Its effects on mental health*. New York: Springer.

Wellman, H. M., & Gelman, S. A. (1998). Knowledge acquisition in foundational domains. In W. Damon (Series Ed.), K. Kuhn, & R. S. Siegler (Vol. Eds.), *Handbook of child psychology: Vol. 2 Cognition, perception, and language* (5th ed.). New York: Wiley.

Wenar, C. (1998). **발달정신병리학**. 이춘재 외 (공역). 서울: 중앙적성출판사. (1994년 원저 발간).

Wenar, C., & Kerig, P. (2006). **발달정신병리학: 영아기부터 청소년기까지**. 이춘재 · 성현란 · 송길연 ·

윤혜경 · 김혜리 · 이명숙 외 (공역). 서울: 박학사. (2004년 원저 발간).

Werner, E. & Smith, R. (1992). *Overcoming the odds: High risk children from birth to adulthood. Ithaca*, NY: Cornell University Press.

Whalen, C. K. (1989). Attention deficit and hyperactivity disorders. In T. H. Ollendick & M. Hersen (Eds.), *Handbook of child psychopathology*. New York: Plenum.

Wicks-Nelson, R., & Israel, A. C. (2001). **아동기행동장애**. 정명숙 · 손영숙 · 양혜영 · 정현희 (공역). 서울: 시그마프레스. (1984년 원저 발간).

Williamson, M. L. (1997). Circumcision anesthesia: A Study of nursing implications for dorsal penile nerve block. *Pediatric Nursing, 23*, 59-63.

Yelland, A., & Adamson, N. (1996). The complete book of parenting. UK: Ebury Press.

Zahn-Waxler, C., & Radke-Yarrow, M. (1990). *The origin of empathic concern. Motivation and Emotion, 14*, 107-130.

KBS 뉴스(2002. 4. 14). 간접흡연도 태아에 치명적. http://news.kbs.co.kr/world/2002/04/14/310954.html에서 2010년 1월 6일 인출.

________(2007. 10. 16). 영아 돌연사 원인은 '임신 중 흡연'. http://news.kbs.co.kr/world/2007/10/16/1442326.html에서 2010년 1월 6일 인출.

________(2009. 10. 21). 간접흡연, 소아에 '치명적'. http://news.kbs.co.kr/society/2009/10/21/1869227.html#에서 2010년 1월 6일 인출.

SBS 뉴스 (2000. 8. 25). 유아 때 급사 위험. http://news.sbs.co.kr/section_news/news_read.jsp?news_id =N0300120942에서 2010년 1월 6일 인출.

국민일보(2008. 10. 27). 흡연 임신부 조산아에 유아돌연사 위험. http://news.kukinews.com/article/view.asp?page=1&gCode=all&arcid=0921076552&code=14131701에서 2010년 1월 6일 인출.

________(2009. 3. 2). 임신중 흡연, 신생아에 수면장애. http://news.kukinews.com/article/view.asp?page=1&gCode=all&arcid=1235987853&code=14131701에서 2010년 1월 6일 인출.

동아일보(2003. 3. 16). [건강]腦 집중해부 〈2〉뇌 발달과 학습능력. http://www.donga.com/fbin/output?n=200303160047에서 2009년 1월 8일 인출.

________(2008. 11. 13). 애 안낳는 한국… 꼴찌에서 두 번째. http://www.donga.com/fbin/output?n=200811130155에서 2010년 1월 6일 인출.

________(2009. 10. 19). 가족 분만이 이혼율 높일 수 있다? http://news.donga.com/3/all/20091019/23533135/1에서 2010년 1월 6일 인출.

마이데일리(2008. 10. 21). 제왕절개분만율 최근 5년 평균 37.1%.

매일경제(2009. 7. 20). 선천성 기형 환자, 연평균 3%씩 급증. http://news.mk.co.kr/newsRead.php?rss=Y&sc=40300001&year=2009&no=393551에서 2009년 8월 11일 인출.

메디컬투데이(2009. 7. 1). 3번 이상 유산하면 다음 임신시 합병증 위험 6배. http://www.mdtoday.co.kr/health/news/index.html?cate=12&no=88891에서 2010년 1월 6일 인출.

조선일보(2007. 11. 15). '1-3주 조산아, 생후 첫주 사망위험 6배' 조사결과. http://danmee.chosun.com/site/data/html_dir/2007/11/15/2007111551050.html에서 2010년 1월 6일 인출.

_______(2008. 4. 7). "선천성기형 발생률 2.98%.. '다운증후군' 최다". http://health.chosun.com/site/data/html_dir/2008/04/07/2008040700321.html에서 2009년 9월 17일 인출.

_______(2007. 5. 17). 고령 임신부, 기형아 출산율 2배 높다. http://news.chosun.com/site/data/html_dir/2007/05/17/2007051700095.html에서 2009년 9월 17일 인출.

_______(2007. 11. 15). '1-3주 조산아, 생후 첫주 사망위험 6배'. http://danmee.chosun.com/site/data/html_dir/2007/11/15/2007111551050.html에서 2009년 9월 17일 인출.

중앙일보(2000. 1. 29). 임신중 '안전' 음주량 한계. http://article.joins.com/article/article.asp?total_id=2375422에서 2010년 1월 6일 인출.

_______(2005. 9. 15). '임신초 음주, 태아 뇌신경세포에 치명적'. http://article.joins.com/article/article.asp?total_id=2403006에서 2010년 1월 6일 인출.

한국일보(2005. 2. 25). 40% 정자운동능력 미달 '氣 빠진' 20대. http://news.hankooki.com/ArticleView/ArticleView.php?url=life/200502/h2005022518262166090.htm&ver=v002에서 2010년 1월 6일 인출.

_______(2007. 8. 8). "환경호르몬, 아동 학습장애 유발 우려". http://news.hankooki.com/ArticleView/ArticleView.php?url=health/200708/h2007080806324784490.htm&ver=v002에서 2010년 1월 6일 인출.

찾아보기

인명

장휘숙 132

Ainsworth 105, 109, 110, 289
Apgar 236
Aristotle 129
Bandura 101, 275
Berger 281
Bowlby 105, 108, 289, 376
Bridges 281, 315
Cannon 280
Chess 287
Chomsky 275
Comenius 130
Darwin 10, 105, 280
Dougherty 280
Emile 39
Erikson 52, 320, 336, 342, 378
Fantz 257, 260
Ferguson 158
Freud 33, 58, 289, 330, 336, 376, 378
Fritz 107
Gardner 346
Gesell 28, 32, 37, 39, 131, 268, 269
Gibson 259, 263
Hall 40
Harllow 289
Harter 286
Hippocrates 375
Horowitz 29
Inhelder 69
Izard 280
Jackson 155
Kanner 385
Kellogg 300, 301
Kerlinger 81, 150, 331, 364
Kohut 376
Lenneberg 275, 276
Locke 27, 94
Loeber 379
Lorenz 105
Luria 278
Mahler 378
Main 113
Mash 379, 396
Mayer 347
Parten 327, 328
Pavlov 90
Piager 86, 163
Piaget 263, 264, 269, 276, 303, 326, 329, 336, 342, 344, 364, 378, 387
Plato 129
Rayner 95, 281
Rousseau 27, 37, 130
Rovee-Collier 266, 267
Salovey 347
Schaie 135
Sears 101
Selman 81, 321, 361
Shaffer 118
Skinner 27
Solomon 113
Sroufe 280
Sternberg 345
Streissguth 205
Taylor 394
Thomas 287
Timbergen 105, 107
Vygotsky 81, 277, 345
Walk 259
Watson 27, 94, 131, 281
Wenar 387, 412, 413
Wilson 115
Wittig 110
Wolf 379, 396
Wunsch 280

내용

가상놀이 68
가설연역적 추리 79
가슴둘레 223, 245
가시거리 258
가역성 76, 343
가외변인 141
가외변인들 135
각성상태 239
각인 107

각인이론 107
간접흡연 203
간헐적 강화 99
간헐적 지원 384
갈열 225
감각 간 지각 263
감각기억 265, 307
감각운동기 64, 264
감각운동적 사고 244
감각운동적 협응과정 264
감정 279
감정이입 284, 285, 367
감정조망능력 304
감정조망수용능력 70
강박장애 412
강박적 사고 412
강화 98, 275
강화와 동기적 과정 104
개방형 질문 149
개인 간 요인 378
개인 내 요인 378
개인적 우화 80
개인적 자기충족 384
개인적-사회적 책임감 384
개인차 22, 150
개체화 320
거구증 206
거세불안 50
거시체계 120
걷기반사 234
검사 147, 150
검사운동 130
격리불안 291
결정적 시기 23, 107, 110
경골화 248
경도 394
경산 214
경제 대공황 124
경직성 목반사 44
경험 20
경험주의철학 87
계통발생적 유전 43
고기능 자폐 388
고등 정신과정 85
고립감 56
고전적 조건형성 90, 91, 95, 377
고정간격 99
고정비율 99
고착 59
고형음식 252
골격발달 248
공간적 접근성 89
공간조망 69
공간조망능력 304
공격성 366
공동체 자기충족 384
공정성 364
공포 281, 283, 317
공포증 412
과잉축소 310
과잉행동 398
과잉확대 310
관찰 154
관찰법 145
관찰학습 101, 377
구강기 50
구성기억 351
구조 61
구조적 질문 149
구조화된 면접법 147, 148
구체적 조작기 74, 76, 277, 342
국제질병분류 381
귀납적 추론 방식 365
규칙의 내면화 363
근시 258
근원반사 230
근유발달 247
근육섬유 247
근육조직 247
근접발달영역 83, 84
근접발달영역 개념 345
기능 61
기능적 비대칭 44
기능적 비대칭의 원리 44
기능적 장애 380
기능적인 자기공명영상 153
기본 정신과정 85
기본적인 정신기능 83
기분장애 381, 412, 413
기술 132, 160
기술적 도구 85
기술적 연구 140
기억 폭 307
기억책략 83, 308
기저이론 139
기질 287
기질적 요인 375, 378
기질적 장애 380
기침반사 231

기타 아동기장애 411
기형아 발생률 199
긴장성목반사 234
깊은 수면 239
깊이지각 259
까꿍놀이 66
까다로운 기질 287, 288
끼적거리기단계 299, 300

나팔관 185
낙서단계 300
난독증 394
난쟁이병 197
남근기 50, 55, 363
남근선망 51
낯가림 290, 291
낯선 상황 110
내면화 363
내분비계 장애물질 208
내용 61
내용지식 352
내재화된 장애 381
내적 성장 언어단계 277
내적 표상 103
노년기 57
노산 196
논리적 사고 79
논리적 조작 343
놀이 325
뇌 전달체계 249
뇌의 편측성 337
뇌파측정법 257
누적적 시연 350
눈과 손의 협응 255, 299
눈과 손의 협응력 256
눈깜박거리기반사 232
뉴런 249, 337
느린 기질 287, 288
능동적 개체 33
니코틴 203

다운증후군 180, 192, 197, 378
다윈반사 233
다이옥신 209
다중서열화 78
다중유목화 78, 343
다중지능이론 346
단계 31
단계이론 39
단기(간) 종단적 접근방법 135, 143
단기기억 265, 266, 307
단백질 173
단순서열화 78
단순유목화 78, 343
단순한 형태단계 300
단어의 형태학적 지식 355
단일 성염색체 191
당뇨병 206
대근육운동 253, 297
대근육운동기능 298, 339
대뇌피질 250, 280
대리적 조건형성 101
대변 253
대사장애 195
대상관계이론 376
대상영속성 66, 67, 264, 265, 266
대소변가리기 302
대천문 224
도당기 336
도덕성 329, 363
도덕적 추론 364
도식 61
독립변인 141
독백 277, 314
동공반사 232
동물의 단계 38
동물행동학 105, 289
동시성 78
동의 158
동일결말 379
동일성 76
동일시 50
동정심 284, 285
동화 63
동화기제 387
두개골 248
두정엽 250
등교거부증 409
또래 323
또래관계 323
뚜렛장애 397, 406, 407

라누고 224
라마즈 분만법 220
레트장애 388, 390
렘 252
리비도 48

만산 213

만성 운동 또는 음성틱장애 407
만족을 지연하는 능력 322
만족지연 319
만족지연능력 359
말더듬기 393
매독 207
맥락적 이론 117
맥락주의 161
머리둘레 223, 245
면접 152
면접법 148
면접자 148
모델링 363
모듈 166
모로반사 232
모방 275
모성사망비 215
모양항상성 260
모유 241, 252
모체 혈청 트리플검사 181
모체의 영양상태 198
모친학교 130
목적론 73
목적론적인 사고 305
목표-수정적인 동반자관계 290
몰입되지 않은 행동 327
몽고반점 226
몽유병 413
몽정 338
묘성증후군 194
무균법 220
무기질 173
무늬를 그리는 단계 300
무분별한 사회적 반응단계 290
무선화 142
무의식 48, 59
무조건반사 91
무조건반응 91
무조건자극 91
무통분만 219
문법적 형태소 312, 313
문장어미 312
문화기술적 방법 139
문화기술적 연구 152
문화적 상대성 58, 86
물체영속성 264
물활론적 사고 71, 72, 304
미각 177, 262
미국정신의학회 381
미국정신지체협회 384
미나마타병 209
미숙한 반응 42
미시체계 119, 323
미엘린 249, 337
민감기 23
민속학적 방법 132

바빈스키반사 233
반고형음식 252
반복 276, 314
반사 229
반사운동 238
반사운동기 64
반사유형 177
반사행동 229
반응 89
반응성 애착장애 388, 408
반추장애 402, 403
반항성장애 397
반향어 271, 386
반환성 76
발달 19
발달 경로 165
발달 방향 21
발달 방향의 원리 43
발달과업 53
발달단계 25, 38
발달병리적 관점 377
발달스케줄 268, 269
발달의 위기 53
발달의 정상성 373
발달이상 372, 373
발달이정표 378
발달장애 382, 383
발달적 신경과학 165
발달적 연구설계 133
발달정신병리학 374
발생과정 분석설계 144
발생과정분석 설계 137
발생기 25, 184, 185
발생학적 접근 280
발아기 184
방관자적 행동 327
방어기제 376
배란기 25, 184
배변 241
배변 훈련 253
배설 253
배설장애 404, 405

배아 175, 186
배아기 25, 184, 186, 206
배아모형 40
배종기 184
백지상태 87
백지설 27
벌 99
범주화 350
변별적인 사회적 반응단계 290
변화간격 99
변화비율 99
보상성 76
보존개념 73, 76, 305
보호반사 229
보호요인 377, 380
복식호흡 227
복통 203, 242
부모보고 147
부성태교 182
부적 강화 98
부정문 312
부주의 398
부호화 265, 306
분노 281, 282, 284, 317
분류화 74, 78, 305, 306
분리불안 54, 113, 282, 283, 290, 291, 320, 409
분리불안장애 409, 410
분만 214
분만 제1기 215
분만 제2기 216
분만 제3기 218
분만 횟수 210
분만방법 218
분화이론 263, 281
불규칙 수면 239
불만 242
불면증 414
불신감 54
불안 283
불안장애 381, 397, 411, 412
불안정 애착 291
불안정-저항애착 113
불안정-회피애착 113
불평형 63
비계 84
비교문화연구 161
비구조적 질문 149
비구조화된 임상적 면접법 148
비동시적 성장 22
비렘 252
비사회적 놀이 형태 328
비생존반사 229, 232
비스페놀A 209
비실험적 연구 140
비연속성 31
비조작적 연구 140
비참여관찰 145
비춰지고자 하는 욕구 376
비타민 A 200
빨기반사 61, 228, 231
빨기반응 연구 257

사례분석 132
사례연구 151
사전 결정론 37
사정 338
사주당 이씨 182
사춘기 51, 79, 338
사태도식 352
사회공포증 411, 412
사회문화적 관점 131, 164
사회문화적 맥락 86
사회문화적 인지이론 81
사회생물학 105, 115
사회인지 81, 360
사회인지적 조절법 366
사회적 미소 282
사회적 시간대 125
사회적 언어 279
사회적 행동 116, 324
사회학습이론 363
사회화된 언어 79, 314
산술장애 395
삶의 본능 48
삼키기반사 231, 232
상관계수 140
상관연구 140, 144
상동증적 운동장애 406
상동행동 387
상상 속의 관중 80
상염색체 이상 192
상위기억 능력도 352
상위인지적 지식 352, 353
상징놀이 68
상징도식 62
상징적 사고 68, 303, 309
상호결정론 102
상호결정론 모델 102

상호교류의 원리 43
상호역동성 165
상호의존 124
상호호혜성 364
색지각능력 258
생득적 단원이론 165, 166
생리기능장애 383
생리적 미성숙 237
생리적 접근 280
생물사회학적 이론 330
생물생태학적 모델 122
생물학적 시간표 39
생산성 56
생식기 51, 56, 176
생애발달적 관점 131
생애이론 123
생존가능 188
생존반사 229, 230
생태학적 관점 131
생태학적 교류 접근 380
생태학적 모델 118
생화학적 입장 375
서술형식 145
서열화 74, 305, 306
서열화능력 78
선천성 기형 189
선천성 기형아 195
선천성 이상 188
선택적 함구증 410
선형 실험설계 142
선호도 측정법 257
설명 160
섭식 252
섭식장애 403
섭식행동 302
성감대 49
성격의 구조 47
성격형성과정 43
성공적 지능 345
성도식 332
성도식이론 332
성선설 130
성숙 20, 40
성숙요인 378
성숙이론 37, 269
성숙한 반응 42
성안정성 368
성역할 330
성역할 고정관념 333, 368
성역할 동조압력 368
성역할 행동 368
성역할발달이론 330
성염색체 191
성염색체 이상 191
성유형화 368, 370
성유형화된 행동 369
성인기 56
성장 20
성장곡선 22
성장급등기 245
성장기능부전증 403
성장모형 28, 40
성장속도 295
성장통 337
성정체성 331, 368
성정형화 과정 365
성항상성 368
성향 372
세 개의 산 실험 69
세계보건기구 219, 381
소거 93
소근육운동 255, 299
소근육운동기능 340
소변 253
소변검사 179
소아기 붕괴성장애 388, 390
소천문 224
소화기관 228
수동적 개체 33
수량화 147
수면 239, 251
수면곤란증 414
수면과다증 414
수면문제 414
수면양상 239
수반성 89
수영반사 234
수용성 비타민 174
수유 240
수유간격 241
수유방식 240
수정 160
수정란 171, 185
수중분만 220
수초화 249
수초화현상 337, 340
수치심 55, 285
수평적 격차 76
순수 심리단계 277

순차성 349
순한 기질 287, 288
순환기관 228
순환반응 65
숨구멍 224
숫구멍 248
슬개건반사 234
습관성 유산 213
습관화 연구 257
시각 258
시각적 정확성 258
시각항상성 260
시간적 접근성 89
시간체계 121
시냅스 249
시연 308
시연책략 350
시클 셀 빈혈증 180
신경계 177
신경생리학적 손상 375
신경성 식욕부진증 402
신경성 폭식증 402
신경세포 249
신경전달체 249
신경증 411
신뢰감 54
신뢰도 148, 149
신생아 179
신생아 황달 226
신생아기 25, 222
신생아의 생리적 체중감소 225
신장 245, 295
신정신분석학 46
신정신분석학파 47
신천성 이상 175
신체발달 295, 337
신체비율 295
신체상 341
신체조절능력 298
신체증상 409
신파아제 이론 81
실제 사물을 그리는 단계 300
실제적 발달수준 83, 84
실행기억 266
실험설계 142
실험실 실험 141
실험연구 141, 144
실험적 연구 139
실험집단 141
심리구성개념의 단계 360
심리기능장애 382, 383
심리비교의 단계 360
심리사회적 이론 53, 58
심리생리적 방법 153
심리성적 이론 58
심리적 건강 165
심리적 도구 85
심리적 역기능 373
심리적 정화기법 366
심리측정법 접근 344
심상적 부호 103
심적 반사 90
심층구조 275
쓰기장애 395

아구티 198
아동기 26, 76
아동기 정신분열증 385
아동발달연구소 40
아동발달연구회 156
아동중심 교육철학 39
아동학회지 138, 160, 163
아반 226
아스퍼거장애 388, 391
아스피린 200
아콘드로플라시아 197
악력 340
악몽 413
안전기저 112
안전기지 291
안정애착 112, 291
알코올 203
애정 281, 284, 318
애착 108, 279, 289
애착 Q세트 114
애착안정성 114
애착이론 108, 376
애착장애 388
애착행동 115
야경증 414
약물 199
양가감정 404
양성성 333
양수 177
양수검사 179, 181
양심 329
양심의 원리 49
양육행동 288
양적 변화 20

양적 연구 139, 144
어려움 372
어문적 부호 103
언어모델 274
언어모방능력 272
언어발달단계 270
언어의 통제방향 278
언어의 통제유형 278
언어의 폭발적 팽창기 272
언어적 자기지시전략 322
언어적응력 356
언어획득장치 275
에드워드증후군 194
에스트로겐 225
엘렉트라 콤플렉스 51, 330
역동적 체계 19
역동적 체계이론 165, 166
역아 216
역할 혼미 56
역할수용기술 367
역할수용능력 356, 361, 364
역할이론 123
연골 296
연령집단이론 123
연속성 31
연속적 강화 99
연역적인 사고 79
연합 94
연합놀이 328
연합적 군집화 350
염색체 이상 190
영구치 297, 338
영상촬영기술 45
영아기 26, 54
영아돌연사(급사)증후군 201
영아돌연사(급사)증후군 혹은 요람사 202
영양소 173, 175
영역특성 지식 352
예측 160
옹알이 271, 273
왜소발육증 402
외디푸스 콤플렉스 46, 50, 330
외상 후 스트레스 412
외청도 261
외체계 120
외현화된 장애 381
우연적 기억량 349
우연학습 349
우울 397
우울증 375, 413, 413
운동기능 295
운동기술장애 383, 393, 394
운동재생과정 103
운동척도 268
운동틱장애 406
울음 241, 270
웃음 282
원시적 반사 229
원초아 48, 59
월경 171, 339
위축반사 231
위치잡기반사 234
위험요인 377, 379
유기체이론 33
유뇨증 404, 405
유목포함 75, 306, 343
유분증 404, 405
유산 213
유아기 26, 54, 55
유아기 또는 아동기 섭식장애 403
유아기 섭식장애 402
유아자폐증 385
유아전기 130, 145
유전 27
유전론 27
유전인자 40, 116
유치 248, 296
유혹에 저항하는 능력 322
윤리강령 156
융모돌기 180
융모막 채취법 179, 180, 181
음성틱장애 406
음성학적 발달 355
음성학적 장애 392, 393
음주 203
응답행동 90
의도적 기억량 349
의문문 312
의미론적 단계 278
의사소통능력 304
의사소통장애 383, 391
의식 48, 59
의존적 우울증 403
이동능력 244
이동성 295
이상심리학 374
이상주의적 사고 80
이성애착적 경향 51

이성의 단계 38
이식증 402, 403
이어문 272, 273
이유 252
이유식 255
이차 정서 283
이차성 유뇨증 404
이차적 과정 49
이타적 행동 116, 367
인간생태학적 관심 164
인공론 73
인공론적 사고 305
인과개념 72
인과관계 140, 141, 305
인과성 65
인습적 도덕수준 365
인지 60, 256
인지구조 64
인지기능 62
인지발달단계 64, 303
인지발달이론 131, 326, 331, 364
인지발달적 접근 342
인지적 능력 61
인지적 불평형 365
인지적 시연 103
인지적 접근 280
인지적 조작 76
인지체계 348
인출 265, 306
인출단서 351
인출책략 351
일과성틱장애 407
일란성 쌍생아 통제법 41
일반화된 불안장애 412
일어문 272
일차 정서 283
일차기억 266
일탈경로 377
일탈행동 376
일화기록 145
읽기장애 395
임상적 면접법 60, 147
임상적 방법 151
임신 171
임신 개월별 발달 175
임신오조 211
임신중독증 211
입덧 211

자궁 외 임신 185, 212
자궁경부 178
자궁벽 185, 186
자궁수축 214
자극 88
자극 변별화 93
자극 일반화 93
자극의 강도 89
자극패턴 89
자기 외적언어 278
자기규제 44
자기규제의 원리 44
자기보고 152, 154
자기보고식 연구 147, 149
자기소리 모방 271, 273
자기심리학 376
자기애적 성격장애 376
자기애착적 경향 51
자기에 대한 지식 358
자기이탈전략 322
자기조정 354
자기조정능력 352
자기중심성 343
자기중심적 언어단계 277
자기충족적인 예언 369
자기통제 321
자기통제력 51
자발적 회복 93
자부심 285
자서전적 기억 352
자아 49, 358
자아 통합감 57
자아개념 244, 286
자아발달 320
자아이상 49
자아인식 285, 286, 320, 321
자아인지 285
자아정체감 56
자아존중감 38, 358
자아중심성 69, 70, 80
자아중심적 사고 69, 304
자아중심적 언어 304, 314
자아통제 359
자연분만 218
자연유산 213
자연적 관찰 145
자연적 실험 141
자연적 연구 140
자유기술형 149
자유연상 46

자율성 54, 320
자율적 도덕성 329, 364
자조기술 302
자폐성장애 389
자폐증 385, 408
작동행동 90
작업기억 351
잠재기 51, 55
잠재적 발달수준 83, 84
잡기기술 256
장기기억 265, 307
장애 372
재인 266, 306
재채기반사 231
저장 265, 306
저체중 출생아 227
저체중아 201
저항하는 능력 359
적극적이고 능동적인 접근과 접촉추구단계 290
적대적 반항장애 381, 399, 400
적응 62, 63
적응적 반사 229
전개념기 68, 68
전두엽 250, 296
전망적 기억 354
전문식 언어 272, 311
전반적 발달장애 388, 389
전반적 지원 384
전보식 272
전생애적 접근 123, 164
전성설 29
전의식 48
전인과성 72
전인습적 도덕수준 365
전자기록도 153
전조작기 67, 68, 303, 343
전체성 133
전치태반 212
전환적 사고 305
전환적 추론 72
절망감 57
점진적 접근법 100
접근성 89
접촉유지 112
접촉저항 112
접촉추구 112
접촉회피 112
정교한 언어 274
정교화책략 351
정밀 색도플러 초음파검사 181
정보처리의 입력 306
정보처리이론 131, 165, 265
정보처리적 접근 349
정보체계 348
정상 242
정서 279, 279
정서 상태 209
정서분화 315
정서이해 358
정서이해능력 319
정서장애 383
정서조절 319
정서조절능력 319
정서지능 279, 347
정서표현 315
정신기능 83
정신병리 374
정신분석이론 45, 131, 325, 330, 363
정신분석학적 관점 376
정신분열증 375
정신에너지 376
정신예방성 무통분만법 219
정신장애 381
정신적 표상 303
정신지체 383
정적 강화 98
정향반사 234
젖니 248, 338
젖찾기반사 230
제2의 성장급등기 338
제2의 탄생 38
제왕절개분만 218
제한된 사회적 활동 328
제한된 언어 274
제한적 지원 384
조건반사 91
조건반응 91
조건자극 91
조건형성 377
조건화과정 91
조망수용 69
조망수용능력 79, 304
조사연구 140
조산 213
조작적 도식 62
조작적 연구 139, 140
조작적 조건형성 37, 96, 97
조절 63

조제분유 241
조제유 252
조직화 62, 63
조직화책략 350
조합적 추리 80
종단적 접근방법 133, 143
종속변인 141
좌산 218
죄책감 285
주도성 55, 58, 320
주의 349
주의력결핍/과잉행동장애 203, 204, 379, 396
주의배분 349
주의집중과정 103
죽음의 본능 48
준 실험설계 142
중간체계 120
중년기 56
중다결말 379
중도 384
중등도 384
중립자극 95
중성자극 91
중심화 74, 78
중심화현상 74
중추신경계 198, 280
지각 27
지능 344
지능검사 345
지능의 삼원이론 345
지능지수 344
지능척도 268
지선 177
지속시간 89
지시적 면접 148
지식구조 351
지연모방 67, 68, 266
지용성 비타민 173
직관적 사고 305, 319
직관적 사고기 73, 68
진통 214
진형 실험설계 142
진화론 130
진화적 방법론 116
질문지법 130, 147, 148, 149
질식 분만법 218
질적 변화 20
질적 연구 138, 144
질투 284, 317
집단생물학 116
집단용 지능검사 130
집단적 독백 71, 314

참여관찰 145, 152
참조적 양식 309
참조적 의사소통 기술 356
책략적 시간조성 354
청각 177
청각능력 261
청소년기 56, 158
체계적 둔감법 95
체온조절 228
체중 245, 295
초기 언어단계 277
초산 214
초산 연령 196
초웅증후군 192
초유 241
초음파검사 179, 180, 181
초자아 49, 363
촉각 262
촉자극 177, 263
추상적 사고 80
추이성 78
축색돌기 337
출산 간격 211
출산외상 220
출생 동시집단 설계 137, 143
출생동시집단 136
출생동시집단 계열설계 135
출생동시집단의 효과 124
충동 412
충동성 398
충동억제능력 359
충동을 억제하는 능력 322
충동적 단계 278
취학전 시기 26
측두엽 250
친밀감 56
친사회적 도덕추론 367
친사회적 행동 324, 367
침체성 57

카페인 200
칼로리 173
쾌의 정서 283
쿠잉 270, 273
크기항상성 260

클라인휄터증후군 191
키니네 200

타당도 149
타액분비 실험 91
타율적 도덕성 329, 364
타이삭스병 194
타인소리 모방 271, 273
탈리도마이드 199
탈수열 225
탈조건형성 95
탈중심화 78, 79, 343, 356
탐색행동 112
태교 182
태교신기 182
태내기 25, 170, 184
태내환경 183
태동 176
태반 171, 206
태반 박리 현상 217
태변 241
태아 187
태아기 25, 184, 187
태아만출기 216
태아사망률 197, 212
태아알코올증후군 204, 205
태아알코올효과 204
태지 177, 224
터너증후군 191
통각 263
통계방법 139
통제된 관찰 145
통제집단 141
통증 242
통합감각 263
통합이론 263
퇴행현상 253
트리조미 21
특수반사 229
티솔호르몬 210
틱 405
틱장애 405

파악반사 233
파지 103
파타증후군 194
판별검사 45
패널조사 136
페니실린 207
페닐케톤뇨증 195
평정척도 형식 146
평행놀이 327
평형 63
폐쇄형 질문 149
폭력없는 탄생 220
표면구조 275
표상 309
표상적 사고 264
표준행동목록 131
표준화 150
표준화 면접 148
표현성 언어장애 391, 392
표현적 양식 309
품행장애 381, 397, 400, 401
풍진 206
피면접자 148
피부 224
피토프로테인검사 181

하품반사 231
학동기 26
학령기 26, 55, 158
학령전기 26
학습 88
학습이론 87, 131, 281, 325, 331
학습장애 383, 394, 395
한국아동학회 160
한국행동과학연구소 134
항문기 50, 54
항체 178
행동기록 269
행동도식 61
행동목록 145
행동발달 변화 42
행동발달목록표 44
행동발달주기 41
행동비교의 단계 360
행동수정기법 100
행동연구 139
행동유형 90
행동장애 383
행동조성 98, 99
행동주의 94
행동주의 선언문 131
행동주의적 관점 377
현상론적 인과관계 305
현장관찰 노트 152
현장관찰연구 140, 152
현장실험 132, 141

현장연구 155
혈액순환 228
혈액형검사 179
협동놀이 328
형식적 조작기 79
형식적 조작능력 364
형태주의심리학 131
형태지각 258
호칭어미 312
호흡 231
호흡법 219
혼란애착 유형 113
혼자놀이 327
혼재 수용-표현성 언어장애 392
확장적 지원 384
환경 27
환경결정론 87, 94
환경론 27
환경오염물질 208
환경호르몬 208, 208
회고적 기억 354
회상 266, 306
회수율 150
회의감 55
횡단적 접근방법 134, 143
횡단적/종단적 설계 135
후각능력 262
후두엽 250
후인습적 도덕수준 365
후천성면역결핍증 207
흡연 201
히스테리아 46

1차 순환반응기 65
2차 순화반응기 65
2차 순환반응의 협응기 66
3차 순환반응기 66
6단계: 정신적 표상기 67

ADHD 396, 398
Apgar척도 236
Bayley 유아발달척도 268
Brazelton 신생아 행동평가척도 236, 237
Denver 발달판별검사 269
Fels 연구소 134
HIV 207
light therapy 226
Rh 인자 210
Skinner 상자 97
Vygotsky 이론 161
Wechsler 지능검사 394
XXX증후군 192

*

조성연
연세대학교 대학원 아동학전공(Ph. D)
호서대학교 유아교육과 교수

이정희
연세대학교 대학원 아동학전공(Ph. D)
우송정보대학 아동보육과 교수

천희영
연세대학교 대학원 아동학전공(Ph. D)
고신대학교 인문사회복지대학 아동복지학과 교수

심미경
University of London, Institute of Education 심리특수교육 전공(Ph. D)
인제대학교 유아교육과 교수

황혜정
University of London, Institute of Education 아동발달전공(Ph. D)
경기대학교 유아교육학과 교수

나종혜
Pennsylvania State University 영유아발달전공(Ph. D)
한남대학교 아동복지학과 교수

아동발달

2010년 3월 5일 1판 1쇄 인쇄
2010년 3월 10일 1판 1쇄 발행
2010년 9월 10일 1판 2쇄 발행
2011년 9월 10일 1판 3쇄 발행
2012년 3월 10일 1판 4쇄 발행
2013년 3월 10일 1판 5쇄 발행

지 은 이 조성연 이정희 천희영 심미경 황혜정 나종혜
펴 낸 이 최용구
펴 낸 곳 도서출판 신정

주 소 서울시 용산구 원효로 1가 48-1호(140-846)
전 화 3211-4782/0266(관리 · 영업부), 3211-4783(편집부)
이 메 일 shinjeong72@naver.com
홈페이지 www.sj-book.com
등 록 2001년 5월 11일 제13-702호

기획마케팅 최용구 · 장만동 · 송대용
책임편집 박정선 · 고귀숙
편집디자인 이안기획
표지디자인 SDY
인쇄제본 신화인쇄, 대광제책

ISBN 978-89-5912-146-5 93370

정가 19,000원

파본은 구입처에서 교환해 드립니다.